阪

大阪

追手門学院小学校

大阪市中央区

学用品供養祭

メディアラボ大スクリーンでの学習

オーストラリア国際交流

文化祭

体育大会

座禅会

STEAM教育研修旅行

ICTを活用した授業

大阪

関西大学初等部

高槻市白梅町

韓国の小学校と交流(2年生)

ライブラリー

ICT

授業風景(1年生)

給食

スキー体験学習(4年生)

英語

授業での発表風景(1年生)

大阪　賢明学院小学校

堺市堺区

クリスマスの集い（ナタリス）

校舎

体育大会

授業風景

創立記念ミサ

制服

登校風景

授業風景

大阪　香里ヌヴェール学院小学校

寝屋川市美井町

音楽発表会

1年生から
週3時間の英語授業

宿泊合宿を実施（2〜6年生）

英語イマージョン
（スーパーイングリッシュコース）

卒業式

和装礼法

オーストラリアホームステイ（選択制）

プログラミング学習

大阪

四條畷学園小学校
大東市学園町

ハートグローバル

そろばん教室

スキー教室

カントリーステイ　カヌー体験

囲碁教室

ハーベストステイ(稲刈り)

自然学校　カタマラン体験

オーストラリア体験旅行

大阪

四天王寺小学校
藤井寺市春日丘

ガレリアコンサート

運動会

サイエンス

CLILプログラミング

アフタースクール　茶道講座

授業前の瞑想

アフタースクール　チア講座

花まつり

大阪　城星学園小学校
大阪市中央区

小聖堂で学級会

習字の授業

大聖堂でミサ

マリア像

下校前お祈り

国語の授業

4年生の児童のノート

授業中の1年生

大阪　城南学園小学校
大阪市東住吉区

科学クラブによる巨大バルーン揚げ

授業風景

親子勉強会(和楽器)

学習向上アプリ発表会見

音楽鑑賞会(関学グリークラブ)

授業風景

クリスマスリース作り

ボランティア清掃

アサンプション国際小学校

大阪　箕面市如意谷

クリスマスミサ

1年遠足

修学旅行

礼法

学習発表会

書き初め

運動会

入学式

帝塚山学院小学校

大阪　大阪市住吉区

七夕まつり

ICTを活用した協働学習

英語授業

図工授業風景

遠足

臨海学舎

音楽会

メディアリテラシー教育

大阪 はつしば学園小学校
堺市東区

音楽発表会（フィナーレステージ）

5年オーストラリア研修
※2025年度より修学旅行化

4年林間（ハチ高原）

英語『Grape SEED』

運動会（1年&6年の団体行動）

6年修学旅行
（長崎にて）

サイエンスラボ

総合「箏」（留学生と一緒に）

大阪 箕面自由学園小学校
豊中市宮山町

スキー学校

ふるさと体験学校（稲刈り）

左義長祭

臨海学校

学習発表会

レシテーションコンテスト

なかよし体験学校

マラソン大会

小林聖心女子学院小学校
宝塚市塔の町

感謝ミサ

1年生を迎える会

図書の授業

朝の登校風景

Stage I 運動会（1〜4年生）

留学生との交流

朝のお祈り

クリスマス・ウィッシング（聖劇）

関西学院初等部
宝塚市武庫川町

音楽祭

マラソン大会

クリスマス礼拝

体育祭

KGSO
（大学生との交流）

春のペア学年遠足

リトリートキャンプ

田植え体験

7

兵庫　甲子園学院小学校
西宮市天道町

きめ細かな学習「習熟度別授業（国語・算数・理科）」

「算数的」な思考を育てる

語彙力・読解力を伸ばす「音読発表」

多様な場面で生きる「英語力」

誰もが輝ける！「学習発表会」

上級生と下級生の絆が深まる「林間学校」

豊富な実験で好きになる「理科」

放課後や長期休暇に行う「勉強会」

兵庫　甲南小学校
神戸市東灘区

授業（読書）

校舎

休み時間

運動場

授業（対話的活動）

登校の様子

日本文化学習（生け花）

全校朝会（駆け足）

兵庫　神戸海星女子学院小学校
神戸市灘区

クリスマス会

入学式

校外清掃

図工展3年作品

授業風景

学芸会和太鼓奏

運動会1・2年ダンス

スキー合宿5年

兵庫　須磨浦小学校
神戸市須磨区

音楽会　全校合唱

伝統のマストレース

環境体験学習

国際交流プログラム

全校茶道教室

余島サマースクール

エーデルささゆり

国際交流プログラム　リッチモンド小学校(アメリカ)訪問

9

仁川学院小学校

兵庫

西宮市甲東園

クリスマス会

5年生海事学習

豊かな体験学習

理数教育

同窓生特別授業「未来予想図」

3年生自然教室

運動会

4年生スキー教室

雲雀丘学園小学校

兵庫

宝塚市雲雀丘

卒業式

新文化館「道しるべ」

子ども図書館(道しるべ4F)

音楽室(道しるべ5F)

運動会

学園専用通路
(駅のホームから直結3分)

山の学舎(4年生)

ひばりの里(学園敷地内)

京都　京都女子大学附属小学校

京都市東山区

花まつり　仏さまの誕生を甘茶で祝います。

4年生林間学校

6年生修学旅行

5年生臨海学校

実習田で田植え

星の観察　屋上天文台

附小音楽会〜京都コンサートホール〜

ネイティブの
教員による
英語の学習

京都　京都聖母学院小学校

京都市伏見区

課外活動【ブラスアンサンブルクラブ】

プレゼンテーションを重視した授業

ロザリオの祈り

多くの教科を英語で学習する国際コース

オーストラリアの子どもたちとの交流

各クラスでのICT活用授業

12月クリスマス聖劇

3月卒業式

京都文教小学校
京都市左京区

大運動会!全校生みんなで「文教音頭」を踊ったよ!

英語の授業風景。
先生とのコミュニケーションが
楽しいです。

「れんげデビュー集会」1年生が登場!

1年生の「学びと力の発表会」
立派でした!

縦割りれんげ班の球根植え!共に力合わせです!

授業の様子です。
いつも一生懸命、取り組んでいます。

縦割りれんげ班で、給食です。和気あいあい!

貴重な菊を育てた成果をオンラインで伝えました!

光華小学校
京都市右京区

新校舎

幼小交流会

本山参拝

マーチングバンドクラブ

サイエンスショー

みそしるコンテスト

図工(版画)

英語

京都　同志社小学校
京都市左京区

クリスマス礼拝・聖歌隊

6年卒業式

4年セストボール(体育)

卒業おめでとうの会

スポーツフェスティバル

1年

3年ひみつのすみか
(図工)

5年岩倉川調査(理科)　　2年同志社郵便局

京都　ノートルダム学院小学校
京都市左京区

授業の様子(5年生)

プール学習

英語劇発表会

ミサ

スポーツフェスティバル

田植え(山の家)

ディスカバリー(修学旅行)

スキー学習

京都　洛南高等学校附属小学校
向日市寺戸町

第10回 学習発表会

小学5年生 高野山合宿

6年生 善通寺合宿

花まつりのつどい

第10回 運動会

1年生
サツマイモ掘り

第10回 運動会

1年生遠足

京都　立命館小学校
京都市北区

立命館大学国際学生との交流「World Week」

企業とのコラボ授業

学び合い自己肯定感を育む「図工科:集団学び」

伝統文化を学ぶ「日本舞踊」

ハウス(縦割り集団)での運動会

探究「和菓子づくり体験」

保護者サポーターによる授業

海外研修再開「アメリカ　ポリテクニックスクール」

奈良　　近畿大学附属小学校

奈良市あやめ池北

コンサートホールでの音楽会

運動会。6年生の迫力ある演技

日頃から、異学年で仲良く遊びます

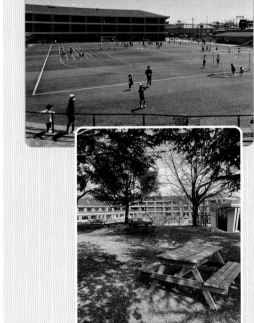

森ビオトープから校舎を臨む

伝統。海での90分遠泳に挑戦

児童朝礼で一週間が始まります

広い空、緑豊かなキャンパス

未来に向かってジャンプ!

奈良　　帝塚山小学校

奈良市学園南

音楽祭〜和太鼓クラブによる迫力ある演奏〜

1年生の登校は
上級生がサポート

出張授業①〜奈良交通バスが小学校に〜

国内留学
〜8カ国の先生と
「英語で他教科を学ぶ」〜

出張授業②〜工業について学ぶ(ダイハツ)〜

林間学舎
〜乗鞍岳登山に挑む〜

マイ枕製作
〜毎日のお昼寝に使用する枕作り
(西川株式会社)〜

作品展「掌の美」〜全児童の1年間の作品を一堂に〜

奈良　奈良学園小学校
奈良市中登美ヶ丘

ICTの活用

体育

給食

プログラミング

ブックトーク活動

休み時間

英語

休み時間

奈良　智辯学園奈良カレッジ小学部
香芝市田尻

文化祭

里山プロジェクト

オーストラリア修学旅行

探究プロジェクト

1年生からの英会話「E-time」

児童が集う「憩いの広場」

運動会

全学年実施の林間臨海学校

和歌山　智辯学園和歌山小学校
和歌山市冬野

親子で星を観る会（校内の天体望遠鏡）

タブレットと児童

教室での風景

高等学校野球部との交流会

田植え

1,6年遠足

校舎写真

英語の授業

2025有名小学校入試問題集

しょうがく社はこの問題集を作成するにあたり、多数の合格者からの貴重な体験資料をもとに、入試内容を分析・編集し、ご家庭で正しく受験準備ができるように、創意工夫をこらしました。正確な情報と適切な問題、そして正しい指導は、必ずやお子様を志望校合格へと導くことと存じます。
最後にこの問題集を作成するにあたり御協力いただきました皆様方に改めてお礼申し上げます。

企画 しょうがく社 テスト事業部　　編集 しょうがく社 幼児教室

目 次

2025 有名小学校ガイド（34校）・入試内容の解説（31校）

大阪教育大学附属池田小学校

〒563-0026　大阪府池田市緑丘1丁目5番1号　☎072-761-3591　ホームページ　http://www.ikeda-e.oku.ed.jp

教育目標

①自ら進んで学び、生活をきりひらく主体的な意欲と能力の育成
②好ましい人間関係を育てることによる集団的資質と社会性の育成
③自他の生命を尊重し、社会の平和と発展を希求する心情の育成
④健康の増進と、明るくたくましい心身の育成
⑤安全な社会づくりに主体的に参画する人間の育成

併設校
大阪教育大学附属池田中学校
大阪教育大学附属高等学校池田校舎

通学ガイド
●阪急宝塚線「池田」駅下車、阪急バスに乗りかえて附属池田小学校前で下車　徒歩10分
●阪急バス鉢塚を下車、徒歩15分

学校情報

創立……明治42年4月	学期………3学期制
1学年……3クラス	昼食………給食
1クラス……35名	修学旅行…富士山方面

出願資格
（2025年度は変更されることもあります。）

●2016年4月2日から2017年4月1日までの出生者
●本校所定の通学区域内に現に保護者と居住している者（居住予定は不可）

本校の任務

①義務教育として行われる普通教育のうち基礎的なものを行う
②大阪教育大学との共同による学校教育と生涯学習の実践的研究
③大阪教育大学の学部生と大学院学生の教育実習と実地研究指導
④公立学校との実践的研究交流など、地域社会との連携・協力
⑤学校が安全で安心できる場所とするための安全教育の実践と発信

安全対策

●児童の命を守るとともに児童が本校舎に慣れ安全で快適な生活を営むようにする。

4つの柱
①事件・災害の予防
②事件・災害の被害の最小化
③個々の危機管理意識の向上
④危機管理意識の継続

●毎月8日を「安全の日」と設置し、避難訓練や下校指導、施設の安全点検などを行う。
●来校者に関する安全管理児童の安全の確保のために、教職員、保護者、学校出入りの業者には、本校発行のIDカードをつけてもらう。
●警備員の配置

学校での一日

1年～6年

8時30分…	朝の会　移動・準備
8時45分…	1時限目
12時25分…	昼食

13時05分…	昼休み
13時30分…	清掃
13時50分…	5時限目
14時45分…	6時限目
15時30分…	終わりの会
16時20分…	最終下校時刻

冬期（11/1～1/31）の最終下校時刻…16時00分

学校での一年

6年間

4月	入学式・1年生歓迎会・春の遠足
5月	わくわく出会いの会　富士体験キャンプ（6年）
6月	祈りと誓いの集い　学校キャンプ（2年）
7月	林間学舎（3年）　臨海学舎（5年）
9月	運動会
10月	秋の遠足
11月	デイキャンプ（1年）
12月	附小文化発表会
1月	冬季林間学舎（4年）
2月	わくわくお別れの会・
3月	6年生送別会　卒業式

進学状況

併設校進学ガイド
併設校には内部進学制度があります。

小学校（共学）
↓

中学校（共学）
↓

高等学校（共学）

主な他中学進学状況

大阪	大阪星光中　四天王寺中
兵庫	灘中　甲陽中　神戸女学院中
京都	洛南中
奈良	東大寺学園中　西大和学園中

入試データ

○2024年度募集人員

男・女　**100名**
※特別枠児童編入分除く。

○最近の受験者数の推移（過去5カ年）

年度	受験者数
2020年度	265名
2021年度	244名
2022年度	240名
2023年度	225名
2024年度	205名

出題傾向（過去3ヵ年）

年度	2022	2023	2024
面接	●	●	●
口頭試問	●	●	●
ペーパー	●	●	●
音楽リズム	●	●	●
絵画・製作	●	●	●
運動	●	●	●
行動観察	●	●	●

説明会から合格発表まで　2024年度　入試日程（2025年度は必ず学校配布の募集要項でお確かめ下さい。）

募集要項配信
2023年11月中旬～12月（下旬）

入学選考保護者説明会
2023年12月7日（木）

※昨年度の場合
◆教育目標等について
◆入試についての諸注意

出願期間
2023年11月13日（月）～12月22日（金）必着

◆オンラインで受付

入学選考
面接　女子:2023年1月22日（月）男子:2023年1月23日（火）
諸検査　男女:2023年1月28日（土）

※昨年度の場合
◆①筆記　②実技　③行動観察　④面接⑤個別
①②③④⑤を総合的に評価して合格者を決定
（※次ページを参照）

合格発表
2024年1月28日（日）

◆午後1時～　オンラインにて

テスト当日のスケジュール

集合時刻
- （女子）8時50分
- （男子）12時20分

終了時刻
- （女子）12時20分
- （男子）16時00分

日時・場所については願書受付後、速達郵便にて通知。

1日目
男女とも
受験番号により時間が異なる

- ○正門で警備員に志願者票を提示。
- ○受付を済ませた後、待機場で待つ。

- ○初めに受験者のみの面接を行い、その後保護者が同席する。

- ○解散

2日目
女子 8時20分
男子 11時50分
- ○開門
- ○保護者は入校証を首にかけ、正門で警備員に志願者票を提示し、体育館へ向かう。

女子 8時50分
男子 12時20分
- ○体育館入口の受付で志願者票を提示。
- ○受験者、保護者ともに上履きにはきかえ、体育館に入る。
- ○受験番号（志願者番号）のゼッケンが置いてある席に行き、ゼッケンをつけて待機。

女子 9時00分
男子 12時30分
- ○班ごとに受験者は誘導され、テスト会場へ移動。
- ○保護者は、席についてテスト終了まで待機。

女子 9時30分
男子 13時10分
- ○ペーパーテスト、実技テスト（音楽リズム、絵画・製作、運動能力）、行動観察を実施。

女子 12時20分
男子 16時00分
- ○保護者は体育館から教室へ移動し、受験者を待つ。
- ○受験者がもどってくれば、ゼッケンをはずし、戻す。
- ○解散

受験者の服装

自由ですが、名前の記したもの（胸札等）は付けないでください。女子は髪飾りやブローチ等はさせてください。
（髪を束ねる場合は、ゴムヒモまたはピンどめ）

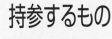

持参するもの

- ○志願者票・入校証
- ○ハンカチ
- ○ティッシュペーパー
- ○上履き（運動靴）受験者用
- ○上履き（スリッパ）保護者用
- ○下履き入れ

入試の傾向と対策

ペーパーテストの他、口頭試問や集団による行動観察の中で知識や道徳、社会性・協調性、言語能力また絵画・製作や音楽リズムといった諸能力を多岐にわたり検査されます。特定の分野に偏らず、幅広くバランスのとれた能力を身につけることが大切です。
また、面接では親子関係がしっかりとみられますので、日頃から親子の信頼関係をきちんと築いておくことが求められます。

合格者のお母様からの入試実践アドバイス

ペーパーテストでは指示をしっかり聞かないと出来ない問題が多くて難しかったようですが、入試までにお話の記憶等出題傾向に合わせた練習をたくさん経験させていただきましたので、十分対応できたようです。音楽リズムやお絵かきについては、子供の好きな分野で日頃から進んでしてくれていましたから、とても楽でした。入試でもいつものように取り組めたようです。集団ゲームでは、同じグループの子と仲良く行動ができないといけませんので、日頃から色んな子と関われるように母親が気をつけておくことが大切だと思います。

入試の内容

ペーパーテスト（次のページに一部問題紹介）

- ■お話の記憶
- ■聞きとり
- ■図形の合成
- ■絵の記憶（動画）
- ■数量（動画）
- ■条件迷路
- ■数量
- ■重さ比べ
- ■しりとり

実技テスト

■音楽リズム
- ●歌をうたう
- ◇短いお歌をおぼえて歌う。
- ●歌とリズム
- ◇先生が歌ったお歌を足ぶみしながら歌う。

■絵画・製作
- ●製作
- ◇モニターの説明をしっかり聞いて、製作する。
  - ・「レタス」がかいてある紙を半分に折り、ハサミで切り取る。
  - ・うずまきをクーピーでなぞり、太線を手でちぎる。
  - ・左上の葉っぱをクーピーで塗り、同じ葉っぱを描く。等

■運動
- ●ポーズ
- ◇モニターに映った絵を見ながら、お約束のポーズをとる。
- ●的あて
- ◇的目がけてボールを投げ、はね返ってきたボールをワンバウンドで受ける。

行動観察

■集団行動
- ●ニュースキャスター
- ◇モニターに止まった生き物についてアナウンスをする。
- ●郵便屋さん
- ◇相談をしてハガキを配る。
- ●積み木つみ
- ◇相談をしながら積み木をつむ。

面接

■実施方法

考査1日目（左記テストの数日前）の指定された時間に、親子3組ずつ行われた。

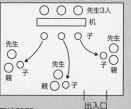

※面接時間
まず受験者のみが入室し、15分間面接を行う。終われば保護者が入室し、受験者が保護者に面接の内容（質問事項とその質問に対して答えた内容）を伝える。その後、保護者から受験者に話の感想を述べる。
感想を述べた後、先生からあたえられたテーマについて親子で話し合う。（下記参照）

■本人に対しての質問事項

①お名前を教えてください。
②あなたの通っている幼稚園（保育園）の名前を教えてください。
③お友達のすごいところは何ですか。
④給食で嫌いな食べ物が出たらどうしますか。
⑤幼稚園のいちばんの思い出は何ですか。
⑥お家の人にほめられることは何ですか。
⑦得意なことは何ですか。
⑧苦手なことは何ですか。
⑨今頑張っていることは何ですか。そのまねをしてください。
⑩お手伝いはしますか。そのまねをしてください。
⑪お正月は何をして遊びましたか。
⑫空を飛べるとしたら、どこへ行きたいですか。

（受験者の面接後、親子で下記の内容の中から、1つの項目について相談する。）

①時間になったら切りますので、好きに話をしてください。
②小学生になってやりたいこと、楽しみにしていることを相談してください。
③これからしてみたいことを話し合ってください。

❶ 問題用紙は 107ページ

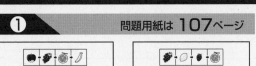
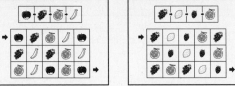
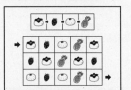
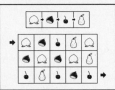
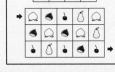

解答

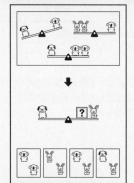

問題

条件迷路
上のお約束の順番で、左上から右下の矢印まで線をひきましょう。道がいくつかあるときは、一番近い道の線をひきましょう。

❷ 問題用紙は 108ページ

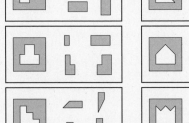
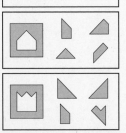

解答

問題

図形の合成
左の抜けているところをぴったりうめるには、右のどの2つを使うとよいでしょうか。見つけて○をつけましょう。ただし、裏返したり回転させたりしてはいけません。

❸ 問題用紙は 109ページ

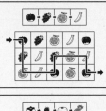
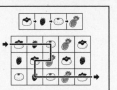
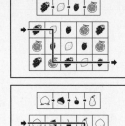
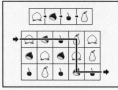

解答

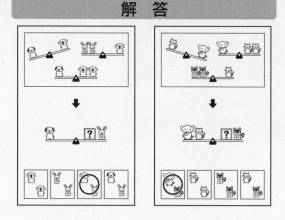

問題

重さ比べ
上のお約束のとき、まん中のシーソーを同じ重さにするには ? に下のどの箱をのせるとよいでしょうか。見つけて○をつけましょう。

❹ 問題用紙は 110 ページ

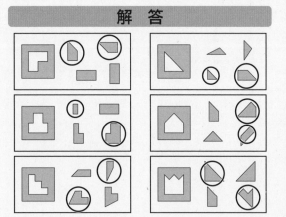
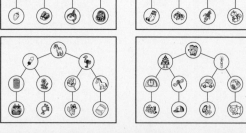

解答

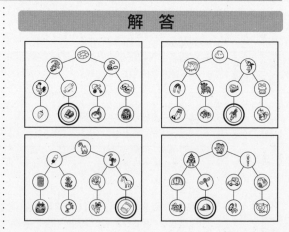

問題

しりとり
上から下までしりとりが続くように、おしまいの絵に○をつけましょう。

大阪教育大学附属天王寺小学校

〒545-0053　大阪市阿倍野区松崎町1丁目2番45号　☎06-6621-0123
ホームページ　http://www.tennoji-e.oku.ed.jp/

教育目標「個が生きる学校」

◆自他の人格を尊重し、実践力のある子
◆生命を尊重し、健康で安全につとめる子
◆みんなと協力してしごとのできる子
◆自分でよく考え、すすんで実行できる子
◆ものごとを最後までやりとおせる子
◆きまりを守り、明るくくらせる子

併設校
大阪教育大学附属天王寺中学校
大阪教育大学附属高等学校天王寺校舎

通学ガイド
●JR環状線・関西本線・阪和線「天王寺」駅下車　徒歩10分
●地下鉄御堂筋線・谷町線「天王寺」駅下車　徒歩10分
●近鉄南大阪線「阿部野橋」駅下車　徒歩10分
●阪堺電軌上町線「天王寺駅前」駅下車　徒歩10分

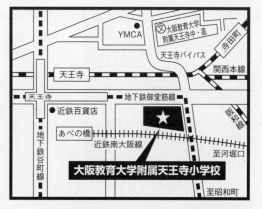

学校情報

創立………明治10年		学期………3学期制	
1学年………3クラス		昼食………給食	
1クラス………35名		修学旅行…九州方面	

出願の条件
（2025年度は変更されることもあります。）

●入学志願者が保護者とともに居住し、自宅から学校までの通学所要時間が徒歩または公共の交通機関（別料金の必要な特急等の利用は不可）を使って50分以内の者とする。（所要時間については、GoogleまたはYahooの「経路案内」で確認すること）
●本校の特色・使命を十分に理解していただける方の子どもであること。
●附属平野小学校に出願していないこと。

本校の特色・使命

本校は大阪教育大学に附属する小学校で、教育基本法及び学校教育法に基づいて義務教育として行われる普通教育のうち基礎的なものを行うとともに、次のような特別な任務をもっています。

1. 大学と一体となって、教育の理論と実際に関する研究を行います。
2. 大学の教育実習機関として、実習生を随時受け入れ、適切な指導を行います。
3. 教育に関する理論を研究し、教育実践に役立てています。
4. 現職教員に研修の場を提供します。

安全対策

○校門に警備員を常駐
入校者のチェックや校内巡回を行い、安全管理を強化。

○防犯カメラ、非常ベルの設置
校門等に防犯カメラや非常ベルを設置し、児童の安全確保に全力を注いでいる。

○教員・保護者による登下校指導
登校時と下校時には、学校と天王寺駅間に保護者（当番制）が立ち、児童の登下校指導を行う。

学校での一日

（1年～6年）

8時25～45分	登校
8時45分	モーニングタイム／トリオタイム
9時15分	第1限
12時35分	給食
13時30分	そうじ
14時00分	第5限
14時45分	第6限
15時15分	下校準備
15時45分	下校

※学年および曜日によって、多少異なります。

学校での一年

（6年間）

4月	入学式／春の遠足（1年）
5月	修学旅行（6年）／林間学舎（3・4年）
6月	プール開き
7月	臨海学舎（5・6年）
8月	漢字検定（2年～）／芸術鑑賞会（映画）
9月	教育実習／附天小まつり／秋の遠足（1～3年）
10月	防災宿泊訓練（任意）／教育実習、芸術鑑賞会（音楽）／スポーツデー
11月	秋の遠足（4～6年）
12月	学芸会／附天小アート展
2月	スキー教室（6年）／研究発表会
3月	トリオ遠足（1～3年）／ペア遠足（1・2年）／芸術鑑賞会（4～6年）／卒業式

進学状況

併設校進学ガイド

併設校には内部進学制度があります。

小学校（共学）→ 中学校（共学）→ 高等学校（共学）

主な他中学進学状況

大阪／	大阪星光学院／四天王寺／清風南海
兵庫／	灘／神戸女学院
奈良／	東大寺学園／西大和学園
京都／	洛南

入試データ

○2024年度　募集人員

男・女　105名

○最近の受験者数の推移（過去5カ年）

年度	受験者数
2020年度	481名
2021年度	433名
2022年度	401名
2023年度	382名
2024年度	307名

出題傾向（過去3ヵ年）

年度	2022	2023	2024
面接	●	●	●
口頭試問	●	●	●
ペーパー	●	●	●
音楽リズム	●	●	●
絵画・製作	●	●	●
運動	●	●	●
行動観察	●	●	●

説明会から合格発表まで　2024年度　入試日程（2025年度は必ず学校配布の募集要項でお確かめ下さい。）

学校説明会
2023年
8月18日(金)

オープンスクール
2023年
9月21日(木)

願書配布
〈1次配布〉
2023年
8月18日(金)
〈2次配布〉
2023年
11月13日(月)～
11月17日(金)

※1次配布は、学校説明会に参加された方が対象。

願書受付
2023年
12月5日(火)～
12月8日(金)の指定日

入学調査〈第1次調査日〉
2024年
1月8日(月・祝)

◆①筆記②実技③行動観察④面接
①②③④を総合的に評価して合格者を決定

入学調査〈第2次調査日〉
2024年
1月13日(土)・1月16日(火)の指定日

※第1次調査の合格者のみが第2次調査に進むことができる。

合格発表
2024年
1月18日(木)

◆北校舎1階ベランダにて掲示発表。

21

テスト当日のスケジュール

集合時刻　終了時刻

（第1次）男子　8時30分
　　　　　女子　11時30分
（第2次）男女　抽選による

終了時刻
グループにより異なる

受験者の服装

特に規定なし。
第1次調査、
第2次調査を通して
動きやすい服装を
お勧めします。

持参するもの

○志願者票
○健康観察カード
○上履き（志願者用・保護者用）
○（1日目）鉛筆・色鉛筆・はさみ
　スティックのり等。
○（2日目）なわとび・飲み物等。
○待ち時間を過ごすための本等。

第1次調査

男子 8時30分
女子 11時30分

○志願者本人と保護者1名で登校。
○志願者番号によって各教室に振り分けられ、親子で待機。
※その後、志願者は体育館へ移動。

男子 9時00分
女子 12時00分

○調査（筆記・実技）が実施される。
○保護者はお教室にて待機（保護者作文あり）。

男子 11時00分頃
女子 14時00分頃

○保護者と志願者が合流して解散。

第2次調査（面接）　*第1次合格者のみ

男女とも
集合時間は
抽選による

○志願者本人と保護者2名で登校（抽選により集合時間が異なる）。
○家族ごとにそれぞれの教室に振り分けられ、面接を受ける。
○面接終了後、お部屋を移動しながら、数家族合同での「親子遊び」などが実施される。
○終了後、解散。

第2次調査（実技）　*第1次合格者のみ

男女とも
集合時間は
抽選による

○志願者本人と保護者1名で登校（抽選により集合時間が異なる）。
○指示されたお教室にて、親子で待機。
○志願者は調査会場へ移動し、実技・行動観察テストを受ける。
○保護者はお教室にて待機。
○調査終了後、保護者と志願者が合流して解散。

入試の傾向と対策

現在、天王寺小の入試は、第一次調査と第二次調査に分かれており、第一次調査に合格したものだけが第二次調査に進める形式です。調査内容につきましては、筆記・実技・行動観察・親子面接と幅広く、運動や音楽リズムにおきましては考査日以前に事前課題が発表されています。親子面接を含め、どの項目においても準備をしっかりした上での『総合力』が求められます。また、例年、調査当日に、保護者対象の『作文』が実施されていますので、そちらのほうも同時に注意が必要です。

合格者のお母様からの入試実践アドバイス

しょうがく社の先生方、本当にお世話になりました。そしてありがとうございます。この度、念願の附属天王寺小学校に合格することができ、家族で喜びに浸っております。思い起こせば、最年少組で入塾させていただいてから、何から何まで先生方に頼りっきりでした。お忙しい中でもいつも嫌な顔一つ見せずに相談に乗ってくださり、そのおかげで「明日からもまた頑張ろう」とすっきりした気持ちで家路についたものです。あと、『天王寺良問の会』では合格につながる大切なポイントをたくさん学ばせていただきましたので、来年受験される方々にも是非お勧めしたいと思います。入試を終えてみて、正直苦労も多かったですが、とにかく先生方を信じ、自分を信じ、まっすぐに頑張り続けることが大きな成長につながり、ひいては志望校合格に結び付くものだと改めて実感いたしました。

入試の内容

ペーパーテスト（次のページをご覧下さい）

〈男子〉〈女子〉
■模写　■色ぬり（絵の記憶）　■重ね図形　■重さ比べ　■パズル
■数量　■知識（昔話）　■知識（仲間さがし）　■言語

音楽リズム

〈男女共通〉
●リズム表現
◇事前課題『とん　トン　どん』の伴奏に合わせて、お手本通りの振りをつける。
〈男子〉
●歌と身体表現
◇全員で『雪』の歌をうたう。
◇『歌グループ』と『楽器グループ』に分かれて、『雪』の歌を演奏する。
◇『雪』の歌をうたいながら、自分で考えた振りを付ける。
〈女子〉
●歌と身体表現
◇全員で『おもちゃのチャチャチャ』の歌をうたう。
◇グループ同士で『おもちゃのチャチャチャ』の歌の掛け合いをする。
◇『おもちゃのチャチャチャ』の歌をうたいながら、自分で考えた振りを付ける。

運動

〈男女共通〉
●準備運動
◇先生と一緒に準備運動をする。
●なわとび
◇事前課題『なわとび（前回し両足とび）』をマットの上で連続して跳ぶ。終わったら縄を結ぶ。

絵画・製作

〈男女共通〉
●課題画
◇丸い色紙（大小）を台紙の枠に糊付けした後、そのまわりに丸いものを考えてお絵かきをする。（色鉛筆使用）
●自由画
◇好きなものをたくさん描きましょう。（色鉛筆使用）

行動観察

〈男子〉
●転がしドッジボール
◇チーム対抗で転がしドッジボールをする。
●掃除
◇先生が用意した床のゴミを、お友達と協力してほうきとちりとりで掃除をする。
●輪投げ
◇音楽が鳴っている間、チーム対抗で輪投げをする。
●雪だるま作り
◇新聞紙を使って先生とお友達と一緒に雪だるまを作る。
〈女子〉
●ボール入れゲーム
◇チーム対抗で前に置いてあるカゴにドッジボールを投げ入れる。
●自由画
◇指示通りにスモックを着た後、ペンを使ってホワイトボードに好きなものを描く。終了後は雑巾で拭き、着用していたスモックを脱いでたたむ。
●玉入れ
◇音楽が鳴っている間、チーム対抗で小さなカラーボールを箱に投げ入れる。
●輪つなぎ
◇先生が用意してくれた短冊とセロテープを使って輪つなぎをした後、お友達の分と繋ぎ合わせる。

面接

■実施方法
第二次調査の指定日に、志願者本人と保護者2名と先生とで行われた。

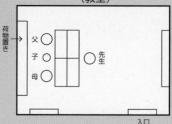

（教室）

※面接時間：約20分
指定された日時に登校し、お教室に案内されて待機。時間になり次第実施。

●本人に対する質問事項
〈男子〉〈女子〉　*男女、および個人により若干質問内容が異なる。
・お名前を教えてください。
・お父さんとお母さんはどっちが怖いですか。
・お父さん（お母さん）が怒るのはどんな時ですか。
・お父さん（お母さん）の凄いところはどんなところですか。
・もしも魔法で願い事が叶うとしたらどんなお願いをしますか。
・お年玉はもらいましたか。誰にもらいましたか。何か買いましたか。等
※その他、願書に貼付していた「写真」を見ながら質問を受ける。

●保護者に対する質問事項 *個人により若干質問内容が異なる。
・志望動機をお聞かせください。
・一次調査が終わってから、今日までどのように過ごされましたか。
・お子様の長所と短所についてお聞かせください。
・子育てで大切にされていることは何ですか。等
※その他、保護者作文で記入した内容の中から質問を受ける。

●家族クイズ大会（親子面接日に実施）
◇他の家族と共に親子でクイズ大会をする。

●ちびっこ真冬の運動会（親子面接日に実施）
◇他の家族と共に親子で様々なゲームをする。

保護者作文

〈作文内容は男女共通〉
※決められた用紙に自前のボールペンで記入。

❶ 問題用紙は111ページ

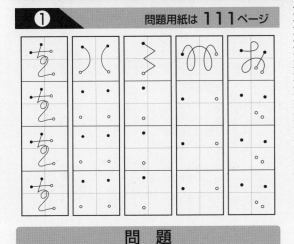

解 答

省略

問 題

模 写

左はしのように、上のお手本と同じものを下に3つずつかきましょう。

❸ 問題用紙は113ページ

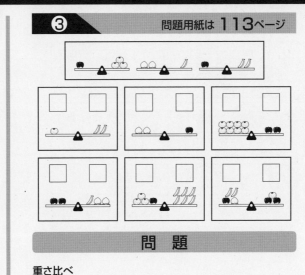

解 答

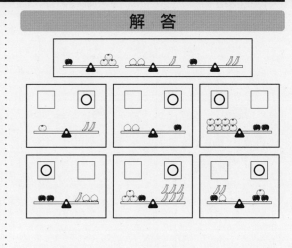

問 題

重さ比べ

シーソーが上のようになるとき、下のシーソーの左と右で重い方の上の箱に○をかきましょう。

❷ 問題用紙は112ページ

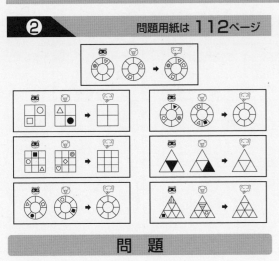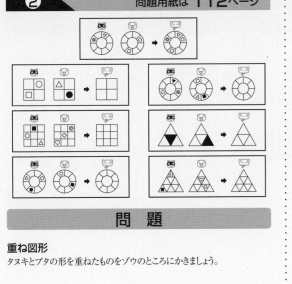

解 答

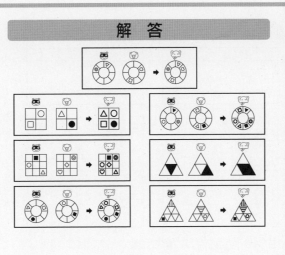

問 題

重ね図形

タヌキとブタの形を重ねたものをゾウのところにかきましょう。

❹ 問題用紙は114ページ

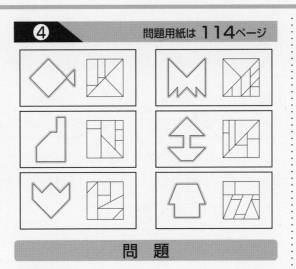

解 答

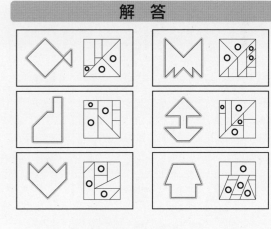

問 題

図形の合成

左のお手本を作るのに使うものを右から見つけて○をつけましょう。
裏返して使ってもかまいません。

❺ 問題用紙は115ページ

解答

問題

昔話

左側(一段目)「もも太郎」に出てくるものを全部見つけて○をつけましょう。
(二段目)「うらしま太郎」に出てくるものを全部見つけて○をつけましょう。
(三段目)「かちかちやま」に出てくるものを全部見つけて○をつけましょう。
右側(一段目)「はなさかじいさん」に出てくるものを全部見つけて○をつけましょう。
(二段目)「さるかに合戦」に出てくるものを全部見つけて○をつけましょう。
(三段目)「いっすんぼうし」に出てくるものを全部見つけて○をつけましょう。

❻ 問題用紙は116ページ

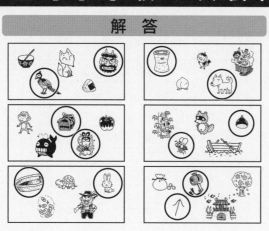

解答

問題

知識

仲間どうしを見つけて線でつなぎましょう。

❼ 問題用紙は117ページ

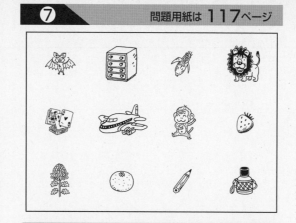

解答

問題

言語

名前に「ん」がつくものを全部見つけて○をつけましょう。ただし、「ん」で終わるものには△をつけましょう。

❽ 問題用紙は118ページ

解答

問題

言語

左のお手本と言葉(音)の数が同じものを見つけて○をつけましょう。ただし、小さい言葉(「っ・ゃ・ょ」など)も1つに数えます。

大阪教育大学附属平野小学校

〒547-0032　大阪市平野区流町1丁目6番41号　☎06-6709-1230　ホームページ　http://www.hirano-e.oku.ed.jp/

教育目標

ひとりで考え　ひとと考え
最後までやりぬく子

◆ひとりで考え：知的好奇心に基づく主体性

◆ひとと考え：支えあう協調性

◆最後までやりぬく：自己実現に向かう創造性

併設校
大阪教育大学附属幼稚園
大阪教育大学附属平野中学校
大阪教育大学附属高等学校平野校舎

通学ガイド
●JR関西本線「平野」駅下車　徒歩10〜15分
　又は、市バス流町下車
●地下鉄谷町線「平野」駅下車　徒歩5分
●市バス平野南口下車　徒歩8分

学校情報

創立………	明治33年	学期………	3学期制
1学年………	3クラス	昼食………	給食
1クラス………	35名	修学旅行……	富士山

出願の条件 （2025年度は変更されることもあります。）

①当該役所より、就学通知を受ける子どもであること。

②出願時に大阪府内に保護者と共に居住し、通学に要する時間が徒歩または公共交通機関により50分以内の地域に居住している子どもであること。

③本校の性格、使命などを十分に理解し協力できる方の子どもであること。

④附属天王寺小学校に出願しないこと。

本校の任務

1. 義務教育学校として、児童の心身の発達に応じた初等教育を実施する。

2. 教育実習の実施校として、教育実習生の指導にあたる。

3. 教育研究の推進を図るため、大阪教育大学と密接な関係を保ちつつ、実証的な研究を行う。また研究の成果を発表し、わが国の教育の発展に寄与することに努める。

教育の方針

1. 常に新しい時代の求める人間像を追究し、一人ひとりの子どもの個性を伸張し、最大限に発揮させる。

2. 学校における教育活動全体を通して、望ましい学習集団の育成をめざし、集団とのかかわりを大切にしながら、一人ひとりを伸ばす。

3. 既有の知識や経験をもとに、自らの生活を切り開いていくために必要な態度や能力を学び取っていく力を育てる。

安全対策

○警備員(2名)の常駐。

○教職員・保護者による登下校指導。

○緊急時のメール配信。

○校内防犯カメラの設置。

○各教室に防犯ベルの設置。

学校での一日

1年〜6年

8時30分	朝の会
8時40分	未来そうぞうモジュール
8時55分	第1校時
9時50分	第2校時
10時35分	フリータイム
10時55分	第3校時
11時50分	第4校時
12時35分	給食
13時15分	昼休み
13時35分	清掃
13時50分	終わりの会
14時00分	第5校時
14時55分	第6校時
16時15分	下校時刻

学校での一年

6年間

4月	始業式・入学式／1年対面式
5月	学習参観・個人懇談／学年遠足
6月	修学旅行(6年)／自然教室(4年)／臨海学舎(5年)
7月	個人懇談
9月	運動会・教育実習
10月	学年遠足・音楽会
11月	平野フェスティバル
12月	個人懇談
1月	新1年選考
2月	研究発表会・学校報告会
3月	個人懇談(5年生)／卒業式・修了式

進学状況

併設校進学ガイド
併設校には内部進学制度があります。

小学校（共学）
↓
中学校（共学）
↓
高等学校（共学）

主な他中学進学状況

大阪	大阪星光中／四天王寺中
兵庫	灘中
奈良	東大寺中／西大和中
京都	洛南中

入試データ

○2024年度募集人員

男・女　105名

（併設幼稚園からの内部進学者を含む）

○最近の受験者数の推移（過去5カ年）
※内部進学者は含まない

年度	受験者数
2020年度	115名
2021年度	125名
2022年度	147名
2023年度	131名
2024年度	127名

出題傾向（過去3ヵ年）

年度	2022	2023	2024
面接	●	●	●
口頭試問	●	●	●
ペーパー	●	●	●
音楽リズム			
巧緻性	●	●	●
運動			
行動観察	●	●	●

説明会から合格発表まで　2024年度　入試日程（2025年度は必ず学校配布の募集要項でお確かめ下さい。）

オープンキャンパス
2023年10月30日(月)

◆ホームページから申し込み
1回目 10:00〜11:30
2回目 13:00〜14:30
定員各50名
※定員を超えた場合は抽選

▶

入学説明会
2023年11月16日(木)

◆教育目標・教育方針についての説明

▶

願書配布
2023年11月16日(木)〜12月8日(金)

◆入学説明会より配布
11/16(木)AM9時〜PM4時(厳守)
(12:30〜13:30を除く)
ただし祝日、土曜日、日曜日および12月4日(月)は配布いたしません。

▶

出願期日
2023年12月21日(木)12月22日(金)

◆学校に直接提出

▶

選考（1日目）
2024年1月17日(水)

選考（2日目）
2024年1月18日(木)

◆①筆記②行動観察③実技④面接
①②③④を総合的に評価して合格者を決定

▶

合格発表
2024年1月19日(金)

◆午前9時〜中央玄関に志願者番号で掲示
※1月19日は保護者の方のみ来校

テスト当日のスケジュール

集合時刻	終了時刻
(1日目)男子 9時00分 女子12時30分	(1日目)12時40分頃 16時頃
(2日目)女子 8時30分 男子10時30分	(2日目)10時30分頃 順次解散

受験者の服装

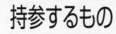

園の制服ではなく、落ち着いた動きやすい私服で、見えるところには名前を書かないこと。

持参するもの

○児 童…上履き(運動靴)・ハンカチ
○保護者…志願者票・保護者票・上履き・下履き入れ・筆記具・読みもの

1日目

男子
9時00分
女子
12時30分

○志願者は保護者1名とともに体育館に集合。
○志願者番号順に抽選し、受験番号が決定。
○受験番号順に並びなおす。

男子
10時00分頃
女子
13時30分頃

○子ども達全員がグループに別れて各教室へ移動。筆記・実技(絵画・製作)・行動観察のテストを受ける。
○保護者も控室(教室)に移動。

男子
12時40分頃
女子
16時00分頃

○テスト終了後、子ども達は控室に戻ってくる。
○保護者と合流して解散。

2日目

女子
8時30分
男子
10時30分

○志願者は保護者1名とともに体育館に集合。
○プリントに記載された面接時刻に個別調査を受ける。

女子
9時00分
男子
11時00分

○開始5分前に調査室(教室)前の椅子で待機。
○各組持ち時間は7分。

女子
10時30分
男子
終了後、順次解散

○女子は、調査終了後10時30分まで控え室で待機し、その後に解散。
○男子は、調査終了後、順次解散。

入試の傾向と対策

筆記(ペーパーテスト)・実技・行動観察(集団行動)と面接(口頭試問)の総合評価で合格者が決定されます。特に指示をしっかり聞いて、その上で指示通りに行動できる実践力が求められます。加えて、日常生活を送る中で生活に根ざした知識も豊かにしておくことも大切です。面接時での口頭試問は想像力や表現力が問われますからイメージする力、口頭で発表する力を身につけておく必要があります。保護者の面接は、毎年ほぼ同じ内容が聞かれますので、しっかり対応できるようにしましょう。

合格者のお母様からの入試実践アドバイス

平野小の教育目標にあるように、周りの人と協調しながら自分でしっかりと考え、工夫して最後までやり通せるように、日頃から意識して、様々なことに取り組ませたり、声を掛けながら生活していくことが大切だと思います。家庭でできない実践的な練習は、しょうがく社の特訓でたくさんさせてもらったおかげで、かなり自信をつけることができました。問題集だけでは身につかない経験を特訓や模擬テストなどでたくさん積んでいったことが、とてもよかったと感じております。

入 試 の 内 容

筆記(ペーパー)テスト(次のページをご覧下さい)

■お話の記憶　■図形・注意力　■道徳
■知識　■音の聞きとり

実技テスト(次のページをご覧下さい)

●図形・注意力(パズル)
◇箱(立体)に積み木を入れてフタを閉める。
●巧緻性
◇☆から☆まで点線を赤色のサインペンでなぞる。
◇みかんの皮の形をした中を橙色のクレパスで色塗りする。
◇紙を線に合わせて折る。

行動観察

※1部屋のグループが、赤色と黄色のビブスを着て、2つのチームに分かれ、1人ずつバンダナ風の大型ハンカチを三角に折って首に巻き、結ぶ。結び目は首の後ろ。
●風船運びゲーム
◇お友達と相談してサイコロを振り、出た目に応じた人数で大きな布の上に風船を乗せ、落とさないようにコースを進み戻ってくる。
●せんたくばさみつなぎ
◇色々な色のせんたくばさみをつないで作品を作る。出来たら他のお友達のものを見て回り、見終わったら三角座りで待つ。その後できるだけ長く1列につなぎ、お友達のものとつなぎ合わせる。
●お片付け
◇バンダナ・ビブスを指示通りに片付ける。

面接(個別)テスト

※先生の前で机をはさんで立って面接をする。
●お弁当作り
◇弁当箱の印刷された紙に、周りに置いてあるおかずを置いてお弁当を作る。完成したら誰に食べてもらいたいかを聞かれ、その理由も答える。その後、おしぼり・ランチョンマット・ビニール袋の中からピクニックに持っていくものを1つ選んで理由を答える。

面接

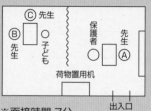

■実施方法
考査2日目に、保護者1名と子どもとで行われた。

※面接時間・7分
親子一緒に入室し、子どもは立ったままで®先生と、保護者は椅子に座って④先生と面接を行う。

■本人に対しての質問事項
※先生の前で机をはさんで立って面接をする。
①お名前を教えて下さい。
(その後、すぐに個別テストを実施。)

■保護者に対しての質問事項
(一律ではないが、以下の中から質問されることが多い。)
①本校では交通安全を大切にしております。電車やバス通学になった場合、安全に通学していただかなければなりませんが、交通安全やマナーについてご家庭ではどのような指導をされていますか。
②本校の「ひとりで考え、ひとと考え、最後までやりぬく子」という教育目標について、どのようにご理解いただき、お考えになっているかをお聞かせ下さい。
③本校ではPTA活動も盛んに行われており、保護者の方々の協力なしでは学校の運営はなりたちませんので、学校に出向いていただく機会が多くなりますが、それに関して問題はございませんか。
④附属中学校には希望者全員がそのまま連絡進学できるとは限りませんが、それに関してはどの様にお考えでしょうか。
⑤本校は進学率の高い特別の進学校ではありませんが、その点は十分ご理解いただいていますでしょうか。
⑥校区が違うお友だちと過ごすことについて、どのようにお考えでしょうか。
⑦本校では、生活科の学習などにも力を入れており、学習の一環として学校に来て授業にご参加願うこともありますが、御協力いただけますでしょうか。

① 問題用紙は119ページ

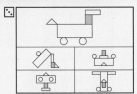

問 題

道 徳

はなこさんはお母さんと一緒に公園へ行きました。しばらく遊んでいると、雨が降ってきたのでお部屋の中で遊ぶことにしました。では、みんなとお部屋の中で遊んで良いものを選んで○を付けましょう。

お話の記憶

しばらくお部屋の中で遊んでいると、のどが乾いたのでお茶を飲むことにしました。はなこさんは自分は縞模様のものを選びました。お友達のまさおくんのコップは可愛いクマのコップにしようと思いましたが、ウサギの方がいいかなと思いました。けどやっぱり、まさおくんが大好きな犬のコップにしました。では、はなこさんが選んだコップはどれでしょうか。見つけて○を付けましょう。

図形・注意力

お茶を飲んだ後、一緒に色んな形のパズルをしようと思いました。では、上の形のパズルを違う形のパズルに変えようと思います。変えられるものを下の4つの中から見つけて○を付けましょう。

知 識

次の日、はなこさんはお母さんと散歩をしていると桜の花が沢山咲いているのに気づきました。するとお母さんが「桜も生きているのよ」と言いました。では、次の絵の中から生きているものに○を付けましょう。

解 答

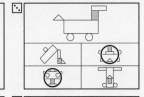

② 問題用紙は120ページ

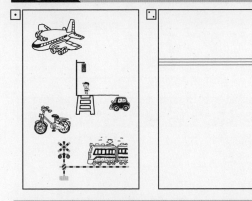

問 題

聴き取り

今からテープで音を2つ流します。流れる音をよく聞いて、合っているものに○を付けましょう。(1つ目は交差点の音、2つ目は踏切の音)

紙折り

はなこさんは、たろうくんにお手紙を書きました。では、3本の線のうち真ん中の線に合わせて下から紙を折りましょう。

解 答

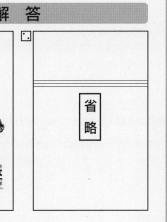

省略

③ 問題用紙は121ページ

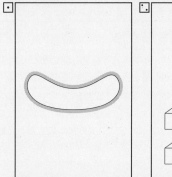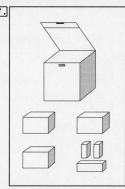

問 題

色ぬり

はなこさんは、みかんを皮を向いて食べました。では、黒い線のまわりにある色の薄い所にはみ出さないように、橙色のクレパスで色を塗りましょう。

パズル(立体)

箱の中に積み木をぴったり入れてフタをしましょう。余った積み木は置いたままにしましょう。

解 答

省略

④ 問題用紙は122ページ

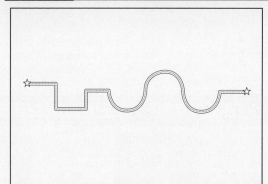

問 題

線なぞり

点線の上を赤いペンでなぞりましょう。

解 答

省略

京都教育大学附属京都小中学校初等部

〒603-8164　京都市北区紫野東御所田町37　☎075-441-4166(代)
ホームページ　http://www.kyokyo-u.ac.jp/kyoshou/top.htm

教育目標

自らの将来展望を切り開いていく能力を身につけ、21世紀をリードする生徒を育成する

1. 国際化、情報化、科学技術の進歩に対応していける生徒の育成
2. 主体的に社会と関わり、豊かな感性、豊かな人間性を持つ生徒の育成
3. 発展的な学習に取り組み、高い知性と実践力を培う生徒の育成
4. 自己の個性を理解し、主体的に進路を選択できる生徒の育成

併設校
京都教育大学附属京都小中学校中等部・高等部
京都教育大学附属高等学校

通学ガイド
- 地下鉄烏丸線「北大路」駅下車　徒歩5分
- 市バス北大路駅発　②のりば→①、北①、北②
- ⑤のりば→206
- ⑥のりば→204、205　北大路新町下車

学校情報

創立	明治15年	学期	2学期制
1学年	3クラス	昼食	給食(5年より配膳型)
1クラス	32名	修学旅行	広島方面

募集区域 〈2025年度は変更されることもあります。〉

京都府内に住民票及び生活の本拠があること。
※ただし、徒歩または公共交通機関利用において本校までの通学所要時間が片道およそ1時間の範囲にある方に限る。

本校の性格・使命

① 本校は、学校教育法に定める初等普通教育を行う。
② 本校は、大学と共同して教育の理論や方法などについて先進的研究・実証を行ったり、独自のテーマを設定し、学校として、あるいは個々の教官がそれぞれ研究・実証を行ったりする。
③ 本校は、京都教育大学の附属京都小学校であり、教員養成課程中の重要な教育である教育実習を行う。
④ 本校は、研究発表会や現職研修等を通して研究成果を公開し、その普及をはかる。

研究活動

- 小中9年間を6-3ではなく、4(初等部)-3(中学部)-2(高等部)として捉え、小中一貫教育を進めている。
- 1年生からの英語教育(外国人講師担当)や小中の教員が授業を相互に担当する試みも進められている。

安全対策

- **警備員の配置**
  正門に7時00分～16時30分常駐。(巡回あり)
  校内は教員中心。
  登下校時以外は閉門(東門はオートロック、インターホン対応)
- **防犯カメラの設置**
  北門と校内数カ所に設置。
- **その他**
  各家庭に2枚ずつ専用カードの配布。(校内に入る場合、保護者はカード持参)

学校での一日

1年～4年

8時30分	朝の会
8時55分	第1校時
12時25分	給食準備・給食
13時10分	昼休み
13時30分	清掃
13時50分	第5校時
14時35分	第6校時
16時10分	安全下校(～3/31)
16時30分	安全下校(～10/31)

5年・6年

8時40分	朝礼
8時50分	第1限
12時40分	昼休み
13時35分	第5限
14時35分	第6限
15時40分	清掃
15時50分	部活動等

学校での一年

6年間

4月	入学式
5月	たてわり植物園遠足(1～4年)
6月	休日参観(1～4年)
7月	海浜学習(5年)／海洋体験(3年)
9月	運動会(紫翔祭)
10月	遠足(1～4年)／学習旅行(4年)
11月	遠足(5・6年)
12月	紫友祭
1月	そり教室(1・2年)／スキー教室(3・4年)
2月	マラソン大会(1～4年)／宿泊スキー(6年)
3月	お別れの式・修了式

教育方針

初等部(1～4年)
① 課題に対して自分なりの方法で継続的に活動できる生徒の育成
② 自分の感じ方・考え方を育み、豊かに表現しようとする生徒の育成

中等部(5～7年)
① 自分で課題を見付け、主体的に判断しながら活動できる生徒の育成
② それぞれの思いや考えを伝え合い、協力して目標達成できる生徒の育成

高等部(8・9年)
① 広い視野のもとに自己を理解し、高い知性と実践力をもつ生徒の育成
② 社会貢献意識や国際感覚のもと、自己実現を図る生徒の育成

入試データ

○ 2024年度
募集人員

男・女　**96名**

○ 最近の受験者数の推移(過去5カ年)

年度	受験者数
2020年度	369名
2021年度	341名
2022年度	351名
2023年度	327名
2024年度	305名

出題傾向(過去3カ年)

年度	2022	2023	2024
面接			
口頭試問	●	●	●
ペーパー	●	●	●
音楽リズム			
絵画・製作	●	●	●
運動	●	●	●
行動観察	●	●	●

説明会から合格発表まで　　2024年度　入試日程(2025年度は必ず学校配布の募集要項でお確かめ下さい。)

学校説明会
2023年
9月9日(土)
◆1回目 9:00～
　2回目 11:30～

願書配布
◆2020年より
Web出願のためなし

出願期間
2023年
10月2日(月)
9:00
～
11月1日(水)
17:00　まで
◆学校ホームページより願書受付

第1次検定
2024年
1月11日(木)
1月12日(金)
◆1月11日(木)午前・女子
◆1月12日(金)午前・男子

第1次合格発表
2024年
1月15日(月)
◆本校HPにて発表

第2次検定(抽選)
2024年
1月17日(水)
第1次検定合格者に対して実施
◆午後1時40分～
　午後2時00分 女子
◆午後3時30分～
　午後3時50分 男子

入学手続
◆合格者保護者会
2024年1月25日(木)
14:00　より

テスト当日の スケジュール

集合時刻
9時00分
～
9時30分

▶ **終了時刻**
12時30分頃

受験者の服装

幼稚園や保育園の制服は禁止です。あと衣服や靴等目につきやすいところに氏名を記入したり、名札をつけてはいけません。

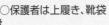

持参するもの

○受験票
（受験生、保護者1名 東門に集合）
○保護者は上履き、靴袋

9時00分
○受験生、保護者1名、東門に集合。
○配られたゼッケンをつけ、試験会場へ移動。

9時30分
○教室をグループ毎（15～25名程度）で回り、ペーパーテスト、個別テストを受ける。

○ペーパーテスト、実技テスト（絵画・製作）、運動、行動観察を受けていく。
（系列のグループ毎に実施順が違います）

○テスト中保護者は控室で待機。
○アンケート実施

○学校側より、学校説明等を受ける。

12時30分
○試験終了後、考査番号（グループ毎）に呼ばれ、受験生と一緒に解散。

入試の 傾向と対策

近年、通学許可範囲の改定や2次検定（抽選）の確率が上がるなどの変化が見られます。考査は出題項目が多く、幅広い学習が必要とされます。ペーパーテスト、個別テストの両方の比重が高く特に個別では想像力表現力を問われるものや指示行動が含まれ難易度の高さがあります。巧緻性を含めた絵画・製作や運動テストもあり、早い段階から時間をかけて取り組んでいきましょう。考査時間の長さから行動観察についても注意が必要となります。

合格者の保護者様 からの入試実践 アドバイス

受験を考え始めたのが年中の終わりでしたので、まわりの方から比べても早い方ではなかったと思います。教室の先生からは早い段階で学校説明会が9月の一回のみとお聞きしていましたので、都合をつけ参加しました。ペーパーは基礎の反復を中心に練習しました。京都小は自己表現も必要だと感じ、家では子どもが話している時はしっかり聞くことを心がけました。不安になった時は教室の先生方を頼りに進めました。

入 試 の 内 容

ペーパーテスト（次のページをご覧下さい）

■線引き　■お話の記憶　■推理（物の見え方）
■異種発見　■甘さ比べ　■知識　■しりとり

個別テスト

●表現力
◇先生が持つ、パンダのぬいぐるみと会話をしながらごっこ遊びをする。
●ハンカチたたみ
◇4つ折りにハンカチをたたむ。
●ズボンたたみ
◇お手本通りにズボンをたたむ。

実技テスト

●自由画
◇えんぴつを使って自分の好きな絵を描く。
●ちぎり絵
◇紙にかかれている丸の形に合わせて指でちぎり、台紙にのりづけをする。

運動

●なわとび
◇先生の合図で前とびをする。終了後指定された場所に置く。

行動観察

●サーキット
◇2人一組で、お互い片手を出し合いボールを運ぶ。決められたコースをスキップし、ピンポン玉をお玉にのせて運ぶ。

面接

■実施方法
実施されませんでした。

■本人に対しての質問事項
実施されませんでした。

■保護者に対しての質問事項
実施されませんでした。

❶

問題用紙は **123ページ**

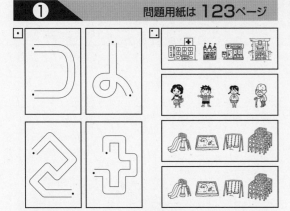

問 題

線引き
黒い点から黒い点まで線を引きましょう。

お話の記憶
男の子はお姉さんとお母さんと一緒に公園へ遊びに行きました。お家を出て、まっすぐ歩くと大きな桜の木があり、その木を右にがると郵便局があります。そのまま少し歩くと公園に着きます。公園に着くとはじめにすべり台で遊びました。お姉さんも一緒にすべり、それを見ていたお母さんはニコニコ笑っていました。次にブランコで遊び、お母さんも隣に座って、一緒にこぎました。お姉さんも男の子の背中を押してくれました。次に砂場に行って、山を作りトンネルも掘りました。スコップを持ってきてなかったので、手でど

んどん形を作りました。お姉さんも手伝ってくれました。砂場で遊んだあと、近くの自動販売機でオレンジジュースを買いました。ベンチに座って休憩をしました。休憩のあとも遊ぼうとおもいましたが、お父さんがお仕事から帰ってくるのでお家に帰りました。
（一段目）公園に行くまでに通ったところに○をつけましょう。
（二段目）公園に行かなかった人に○をつけましょう。
（三段目）公園に着いて一番に遊んだものに○をつけましょう。
（四段目）公園で遊ばなかったものに○をつけましょう。

解 答

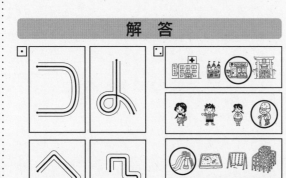

❷

問題用紙は **124ページ**

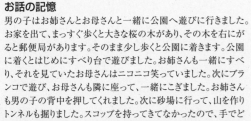

問 題

推理（ものの見え方）
左のお手本をどこから見ても見えない形のものに○をつけましょう。

解 答

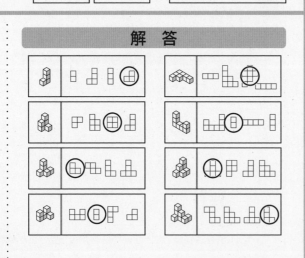

❸

問題用紙は **125ページ**

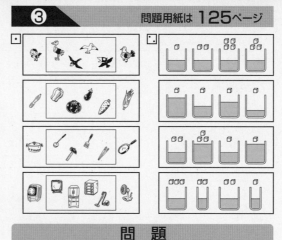

問 題

異種発見
左と右のものと仲間ではないものに○をつけましょう。

甘さ比べ
並んでいるコップに砂糖を入れるとどれが一番甘くなるでしょうか。ちょうどよいものに○をつけましょう。

解 答

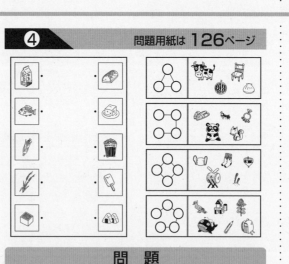

❹

問題用紙は **126ページ**

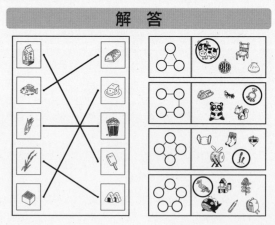

問 題

知 識
左のものからできるものを線でつなぎましょう。

しりとり
○の中にしりとりができるように絵を入れた時、使わないものに○をつけましょう。

解 答

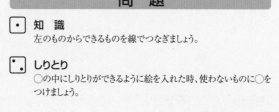

追手門学院小学校

〒540-0008　大阪市中央区大手前1丁目3番20号　☎06-6942-2231（代）　ホームページ　http://www.otemon-e.ed.jp

教育理念「社会有為の人材育成」
教育目標「敬愛　剛毅　上智」
教育指針「創造性を基盤とした高い学力を養い、不屈の体力と意思力を培い、豊かな愛情と気品を具え、愛国の熱情をたたえつつ、国際的に活動する指導的人材を育成する」

併設校
追手門学院幼稚園・おうてもんがくいんこども園
追手門学院大手前中学校・追手門学院中学校
追手門学院大手前高等学校・追手門学院高等学校
追手門学院大学・追手門学院大学大学院

通学ガイド
地下鉄谷町線「天満橋」駅下車　徒歩約7分
京阪「天満橋」駅下車　徒歩約7分
JR東西線「大阪城北詰」駅下車　徒歩約10分
大阪市営バス「京阪東口」下車　徒歩約3分

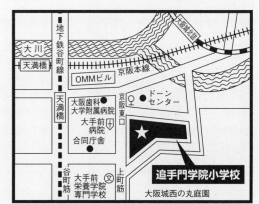

学校情報

創立	明治21年	学期	3学期制
1学年	4クラス	昼食	給食
1クラス	約36名	修学旅行	九州方面

諸経費
（2025年度は変更されることもあります。）

●入学時納入金額
　入学金 ……………………… 250,000円
　入学施設協力金 ……………… 50,000円
　制定品購入費等 ………… 約227,000円
●学費等
　授業料 ……………………… 819,000円
　施設設備資金 ………………… 60,000円
　給食費 ………………………… 85,000円
　教育振興会費（PTA会費）… 12,000円
　PTA設備援助協力金 ………… 48,000円
●追手門学院小学校施設充実特別寄附金
　1口500,000円（1口以上、入学時）

教育活動

1. **教科担任制の実施**
5・6年生には、国語・社会・算数・理科の4教科について、中学進学に対応する専門の教科担任による広く深く徹底した指導を行う。6年生では志望校に対応したコース別学習も実施。

2. **特色ある授業の実施**
英語、剣道、リズム、習字、図書、情報、礼法の授業を特設。英語は1年生からクラスを半分に分けて行う少人数学習を採用。それぞれの授業を日本人とネイティブとの二人制で行う。

安全対策

○**警備体制強化**
24時間の有人警備体制や監視カメラの設置により、セキュリティーを充実。

○**入退校管理システム**
保護者用ICカードに加え、児童用ICタグで登下校完了メールを届ける他、緊急時のメール配信システムや情報交換の為の教育ITサービスを活用している。

○**安全指導**
1年生は担任などが駅まで引率し、2～6年生は方面ごとに集団下校を行う。また、危害防止対応の仕方を身につける為、具体的な指導を行う。

学校での一日

1年～6年

8時25分	朝礼
8時50分	追手門タイム
9時05分	1時限
9時55分	2時限
10時35分	業間
10時55分	3時限
11時45分	4時限
12時25分	給食
12時55分	昼休み
13時15分	午後学習・英語
13時25分	清掃
13時45分	5時限
14時35分	6時限
15時15分	放課後

学校での一年

6年間

4月	入学式　なかよし下校（1年・6年）　オリエンテーション（5年）
5月	林間学舎（4年）・遠足　創立記念日・体力テスト
6月	体育大会・音楽会（6年）　大阪城活動・プール開き
7月	臨海学舎（6年）・水泳教室　大野カントリースクール　国際交流（オーストラリア）
8月	水泳教室
9月	暑中稽古・剣道大会　水泳記録会
10月	日曜参観・大阪城活動　音楽・劇鑑賞　秋の東鉢状（林間学舎・3年）
11月	文化祭
12月	座禅会
1月	耐寒匹足・マラソン大会　童展
2月	修学旅行（6年）・大阪城活動　球技大会・学用品供養祭　平和学習（5年）
3月	卒業式・弁論大会　国際交流（ハワイ）

進学状況

併設校進学ガイド
併設校には内部進学制度があります。

小学校（共学）
↓
中学校（共学）
↓
高等学校（共学）
↓
大学（共学）

主な外部合格者数（令和2年度～令和4年度）

大阪	大阪星光学院…22名　四天王寺…22名　高槻…22名　清風南海…44名　清風…83名　明星…60名　開明…43名
兵庫	灘…5名　甲陽学院…8名　神戸女学院…6名
奈良	東大寺学園…20名　西大和学園…29名　帝塚山…83名
京都	洛南…8名　同志社女子…5名

入試データ

○**2024年度募集人員**
男・女　約130名

○**最近の出願者数の推移**（過去5カ年）
※内部受験者含む

年度	出願者数
2020年度	196名
2021年度	188名
2022年度	179名
2023年度	176名
2024年度	160名

出題傾向（過去3カ年）

年度	2022	2023	2024
面接	●	●	●
口頭試問	●	●	●
ペーパー	●	●	●
音楽リズム			
絵画・製作			
運動	●	●	●
行動観察	●	●	●

説明会から合格発表まで　　2024年度　入試日程（2025年度の入試日程は必ず学校配布の募集要項でお確かめ下さい。）

学校探索スタンプラリー
2022年11月12日（土）
◆ホームページより申し込み

学校説明会・見学会
2023年3月11日（土）
◆学校説明会・学校見学会

入試説明会
〈第1回〉2023年5月13日（土）
◆学校説明会・入試相談会

入試説明会
〈第2回〉2023年6月17日（土）
◆学校（入試）説明会・公開授業

入試説明会
〈第3回〉2023年7月15日（土）
◆学校（入試）説明会・入試相談会

▶

インターネット出願サイト公開
2023年5月31日（水）～

◆本年はインターネット出願となる。学校ホームページより出願サイトへアクセスし、マイページを作る。

▶

出願受付
2023年8月23日（水）～8月29日（火）

◆作成したマイページから出願の手続きをする。（ホームページから24時間手続きが可能。入試検定料の支払いは、クレジットカードでのオンライン決済や、コンビニ・ペイジーでも対応。）
◆出願手続き完了後、受付表・受験票を印刷。

▶

保護者面接
2023年9月2日（土）9月3日（日）9月9日（土）

◆出願時に、日時を選ぶことができる。

▶

考査日
2023年9月17日（日）

◆知能テスト（個別・ペーパー）、運動能力テスト、集団観察
※昼食の準備が必要。

▶

合格発表
2023年9月19日（火）

◆郵送にて通知。

テスト当日のスケジュール

集合時刻 8時20分 ▶ **終了時刻** 14時30分〜16時30分（グループによる）

受験者の服装

特に規定はないが、名前の記した物（胸札等）や幼稚園名が分かるものは避ける。

持参するもの

○受付票、受験番号票
○昼食、水筒
○運動靴（無記名の室内用運動靴）

8時20分
○受験者、保護者は110記念ホール集合。（座席指定）
○受付番号順に待機する。
○受験者はゼッケンをつけ、上靴をはき、通過票を携帯する。

8時45分
○番号順にグループ分けの指示を受け、受験者は考査会場へ移動。
○保護者は諸注意を聞き、その後は自由にしてよい。

9時10分
○午前の部テスト開始。

11時30分
○午前の部テスト終了。（時間はグループにより異なる。）
○考査を終えた受験者から随時戻ってくる。
○昼休み。（校内にて各自昼食をとる。外出も自由。）

12時30分
○受験者、保護者は110記念ホール集合。（午前の部終了時刻により多少時間変更の場合あり。）
○午前の部と同じグループで、受験者は考査会場へ。
○午後の部テスト開始。

14時00分
○午後の部テスト終了。（時間はグループにより異なる。）
○考査を終えた受験者から随時戻ってくる。（〜15時）
○戻ってきたグループから各自解散。

入試の傾向と対策

個別テスト（先生と一対一の口頭試問形式）を中心に、ペーパーテスト、運動、及び集団観察などが実施されます。個別テストでは、先生の出題に対して口頭で答えたり、指示通りに作業をすることによって評価されますので、まずは問題集などでペーパー能力を強化すると同時に、日頃から感性を磨き、対話力を含め、ここ一番での集中力を育んでおきましょう。その他、集団内での協調性はもちろんのこと、正しい姿勢や言葉使い、お箸や鉛筆の使い方、ひも結びなどについても地道に取り組んでおきましょう。

合格者のお母様からの入試実践アドバイス

入試に対する取り組み方が、合否にも大きく影響してくると思います。どのような分野の問題でも、ペーパーと口頭試問のどちらの形式で出題されても良いように練習しておきましたが、特に口頭試問におきましては、しっかり答えることはもちろんのこと、先生との接し方や礼儀なども合わせてきちんと身に付けさせることが大切だと思います。また、どんな場面におきましても落ち着いて考え行動できることが求められる学校だと思います。

入 試 の 内 容

ペーパーテスト（次のページをご覧下さい）

■絵の記憶　■数の違い　■推理　■言語

個別テスト（口頭試問）

●お話の記憶
◇女の子がお母さんと料理を作るお話を聞いた後で、先生の質問に答える。

●数 量
◇紙の上のたくさんのマスに並んだ果物の絵を見ながら、先生の質問に答える。

●パズル（タングラム）
◇三角形や台形を使って、先生に指示された形を作る。

●推 理
◇積み木を、指示された矢印の方向から見ると どう見えるか答える。

●推 理
◇タブレットに映されたダイヤルの絵を見ながら、先生の質問に答える。

●知 識
◇公園でどんなことをして遊んでいるか、公園でしてはいけないことはなにかを答える。

生活習慣

●ひも結び
◇イスの棒にちょう結びをする。

●積み木つかみ
◇紙皿の上の積み木を、お箸でとなりの紙コップの中に移す。

●鉛筆・お箸の持ち方
◇鉛筆やお箸を正しく持つ。

運動・行動観察

●気をつけ・休め
◇先生の号令に従って、「気をつけ」「休め」をする。

●着 座
◇イスに正しく座る。

●挙 手
◇「はい!」と返事をして、手を挙げる。

●行 進
◇音楽に合わせて、「足踏み行進」をする。

●ケンケンパ・スキップリレー
◇グループで一列になり、輪っかのバトンを手の持って、1人ずつ行きはケンケンパで三角コーンまで進み、帰りはスキップで戻ってくる。戻ってきたら輪っかを次の子に渡して列の後ろに並ぶ。

面 接

■実施方法
考査日以前の指定された日に、保護者・先生2名とで行われた。

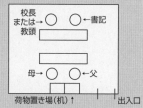

```
           校長
          または→ ○   ○ ←書記
           教頭
               [      ]
               [      ]
            母→ ○   ○ ←父

     荷物置き場（机）↑        出入口
```

※（保護者面接）面接時間約15分 指定された時間に登校。受付で保護者面接票を提示し、メディアラボにて待機。順番が来ると呼ばれるので、入室する。

■質問事項

※直前の入試説明会で、あらかじめ予告される質問事項があります。

本年度のお題

『お子様が、学習や友人関係の壁にあたった時、親としてどのように関わりますか。』

①自己紹介をお願いします。
②志願理由をお聞かせください。
③受験はいつから考え、いつから準備されましたか。
④お子様の長所と短所は何だとお考えですか。
⑤お仕事をする上でモットーがおありだと思いますが、それを子育ての中でどのように活かされていますか。
⑥幼少の頃のお父様はどのようなお子様でしたか。
⑦幼少の頃のお母様はどのようなお子様でしたか。
⑧通学はどちらからでしょうか。
⑨（お子様に）ご兄弟はいらっしゃいますか。
⑩どのような人に育ってほしいとお考えですか。
⑪急な発熱の時にお迎えは可能でしょうか。
⑫ご家庭の教育方針はどのようなものでしょうか。
⑬最近お子様と読んだ本は何ですか。
⑭学校説明会での印象をお聞かせ下さい。
⑮本校の教育活動に対してご理解とご協力をお願いできますか。等
※各個人において、質問事項は異なります。

❶ 問題用紙は127ページ

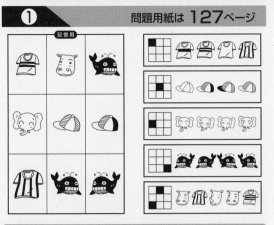

解 答

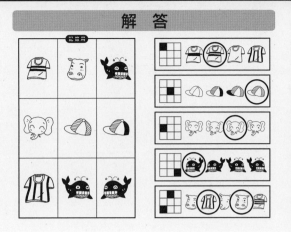

問 題

絵の記憶
提示された絵をおぼえた後、黒い箱にあった絵を見つけて○をつけましょう。
〈記憶時間-30秒・解答時間-60秒〉

❸ 問題用紙は129ページ

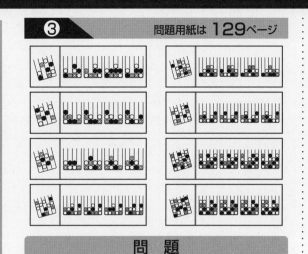

解 答

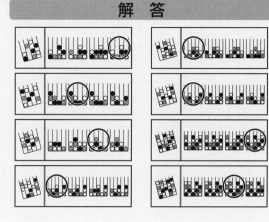

問 題

推 理
左の入れ物をまっすぐにすると、右のどれになるでしょうか。見つけて○をつけましょう。

❷ 問題用紙は128ページ

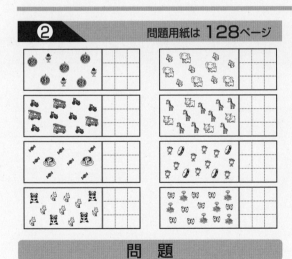
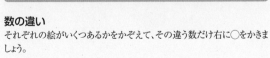

解 答

問 題

数の違い
それぞれの絵がいくつあるかをかぞえて、その違う数だけ右に○をかきましょう。

❹ 問題用紙は130ページ

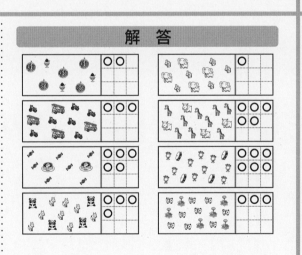

解 答

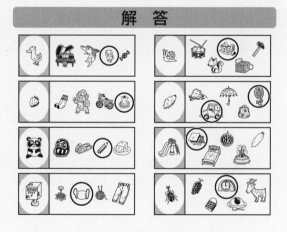

問 題

言 語
左の絵のまん中の言葉（音）が入っている絵を見つけて○をつけましょう。

⑤ 問題用紙は131ページ

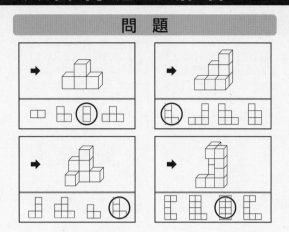

問題

推理（物の見え方）
積み木を矢印の方向から見るとどのように見えるでしょうか。下から見つけて○をつけましょう。

⑥ 問題用紙は132ページ

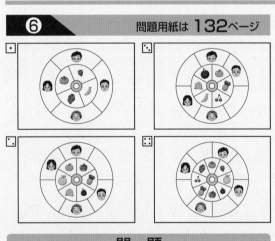

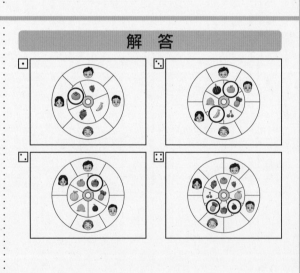

問題

推理（聞きとり）

・男の子がバナナを食べると、おばあちゃんは何を食べますか。見つけて○をつけましょう。

・男の子がメロンを食べると、お父さんは何を食べますか。見つけて○をつけましょう。

・男のがスイカとサクランボを食べると、お母さんは何と何を食べますか。見つけて○をつけましょう。

・男のがイチゴとブドウをを食べると、おばあちゃんは何と何を食べますか。見つけて○をつけましょう。

関西創価小学校

〒573-0093 大阪府枚方市東中振2丁目10番2号 ☎072-834-0611 ホームページ http://www.kansai-elementary.soka.ed.jp

教育方針
「健康な英才主義」「人間性豊かな実力主義」

モットー
（低学年）
明るい子　思いやりのある子　ねばり強い子
（高学年）
闊達　友情　根性

スクールポリシー
明日も行きたくなる学校、未来につながる学校づくり

併設校
関西創価中学校　　東京創価小学校
関西創価高等学校　創価中学校
創価女子短期大学　創価高等学校
創価大学　　　　　札幌創価幼稚園

通学ガイド
京阪電車「光善寺」駅下車東へ800m

学校情報

創立	昭和57年	学期	3学期制
1学年	3クラス	昼食	給食
1クラス	約35名	修学旅行	東京

諸経費 （2025年度は変更されることもあります。）

●入学手続き時
入学金……………………………120,000円
維持費……………………………200,000円
●入学前後
制服・学用品等…………………約110,000円
●入学後（毎月）
授業料……………………………40,000円
給食費（8月以外）………………5,000円
卒業積立金（4年生より）………約1,800円

※教育充実のため、寄付金として10万円程度を任意で募集。
※「創価学園奨学金制度」有り
（詳細は学校HPでご確認下さい）

教育活動

■学園生育成ポリシー
一人も残らず、平和主義、文化主義、人間主義のグローバルリーダーに

■三つの育成
1.「可能性」の育成
（1）確かな学力と豊かな学びの育成
（2）多彩な体験学習プログラムと自発性・自主性を重視した特別活動
（3）将来の夢を広げるキャリア教育

2.「心」の育成
（1）人格の礎となる「思いやりの心」を育てる
（2）読書で世界を広げ、「人格」を磨く
（3）友情を育み、「人間力」を高める

3.「世界市民の育成」
（1）「世界の翼」となる英語教育の充実
（2）世界市民としての「豊かな国際性」を育む

安全対策

○安心・安全な学校生活
●登下校指導
●案内所
●登下校通知システム
（通称：ほっとメール）
●集団下校・校外児童会
（なかよし会）
●緊急時メール配信サービス（メルポコ）
●防災・安全訓練
　防犯訓練

学校での一日

（1年～6年）

7時45分
　〜　　……登校時間
8時35分……朝の会
　　　　　ノーベルタイム（朝読書）
　　　　　イングリッシュタイム
9時00分……1時間目
9時52分……2時間目
10時37分……中休み・移動
10時55分……3時間目
11時47分……4時間目
12時40分……給食
13時00分……昼休み
13時38分……5時間目
14時30分……6時間目
15時30分……下校

学校での一年

（6年間）

4月　入学式、たけのこほり
5月　こいのぼりの集い、春のフィールドワーク
　　　いもの苗植え
6月　プール開き、芸術鑑賞教室
7月　天の川の集い
　　　栄光の日
　　　夏期教室、夏休み
9月　修学旅行、グローバルキャンプ
　　　いもほり
10月　情熱の日
　　　秋のフィールドワーク、音楽発表会
11月　創立記念式典（英知の日）、実りの集い
12月　ありがとう感謝の集い
　　　もちつきの集い
　　　関西創価学園音楽祭
1月　書き初め大会、たこあげ大会
　　　世界平和記念集会
2月　持久走、マラソン大会、スケート教室
　　　図工作品展
3月　卒業式

進学状況

併設校進学ガイド

併設校には内部進学制度があります。

小学校
↓
中学校
↓
高等学校
↓
大学

ほとんどが関西創価中学校へ進学

入試データ

○2024年度募集人員

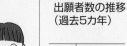

男・女　約100名

出題傾向（過去3ヵ年）

年度	2022	2023	2024
面接	●	●	●
口頭試問	●	●	●
ペーパー	●	●	●
音楽リズム	●		
絵画・製作	●	●	●
運動	●	●	●
行動観察	●	●	●

●最近の出願者数の推移（過去5ヵ年）

年度	出願者数
2020年度	約230名
2021年度	約200名
2022年度	約200名
2023年度	約200名
2024年度	約180名

説明会から合格発表まで　　2024年度　入試日程（2025年度は必ず学校発表の募集要項でお確かめ下さい。）

オープンスクール
2023年
5月3日（水・祝）
5月4日（木・祝）

◆「関西小であそぼうデー」

▶

学校説明会
2023年
6月11日（日）

◆説明会
◆ワークショップ

▶

学校説明会
2023年
7月30日（日）

◆説明会
◆授業体験会

▶

入学選考説明会
2023年
9月16日（土）
9月17日（日）

◆入願選考に関わる事柄、取り組み等について説明
◆授業体験・施設見学

▶

出願期間
2023年
9月16日（土）〜
10月31日（火）

◆WEB（ウェブ）による出願

▶

考査日
2023年
11月21日（火）〜
11月24日（金）

◆学校側が日時指定（男女及び出生日別）
上記期間の1日
ペーパーテスト・絵画・運動・行動観察 等
◆考査日に親子面接を実施

▶

合格発表
2023年
11月30日（木）

◆Web合否参照
（HP（入学案内）よりアクセスして合否の確認ができる。

入試の内容

ペーパーテスト（右がわをご覧下さい）

■同図形発見　■かくれた数　■同数発見
■しりとり

実技テスト

■絵画・製作
●課題画
◇お城の絵にクレヨンで色をぬり、空いている所に、お城に入ろうとしている自分やお友達の絵を描く。
※絵を描いている間、先生からいくつか質問される。

行動観察

■行動観察
●ボール転がし遊び
◇2チームに分かれて、紙でできたレールをつなげて、コースを作り、ボールを転がしてどちらが先にゴールできるか競争をする。
◇今度は3チームに分かれて、ダンボール箱や牛乳パック等を使って、自由にコースを作り、ボールを転がして遊ぶ。
◇先生の指示通りに、お片づけをする。
●運動
◇模倣運動
・お歌の曲に合わせて先生と同じように体を動かす。
●絵本の読み聞かせ
◇お友達といっしょに、椅子に座って、先生が読んでくれる絵本のお話を聞く。最後にお話について質問される。

面接

■実施方法
考査日に実施。保護者と子供と先生2名で行われた。

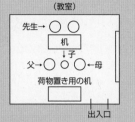

（教室）
先生→○○
｜
机
↓
子
父→○○○←母
荷物置き用の机
出入口

※面接時間・15分
受付終了後、子供は考査会場、保護者はアンケート記入のため別室へ移動。アンケート記入後、子供と合流し、面接を受ける。面接終了後、保護者は退室。子供のみの面接を実施する。

■本人に対しての質問事項
①お名前を教えて下さい。
②幼稚園の名前とクラスの担任の先生の名前を教えて下さい。
③お友達の名前を二人教えて下さい。
④お手伝いはしていますか。2つ教えて下さい。
⑤お父さんとは、何をするのが好きですか。どんな遊びをしますか。
⑥お母さんとは、何をするのが好きですか。
⑦この学校を作った人は誰か知っていますか。
⑧池田先生は知っていますか。何をしている人か知っていますか。
⑨どの小学校に行きたいですか。それはどうしてですか。
⑩創価小はお家から遠いですか。1人で通えますか。
※各個人において質問事項は異なります。

■保護者に対しての質問事項
①志望理由と受験を考え始めた時期をお聞かせ下さい。
②お子様とは、どのように接しておられますか。
③高校まで、経済的にご負担をおかけしますが、大丈夫でしょうか。
④健康面で心配な点はございますか。
⑤幼稚園の先生は、お子様についてどのようにおっしゃっていますか。
⑥体調を崩したりケガをした時など、すぐにお迎えは可能でしょうか。
⑦家庭で池田先生のことをどのように伝えておられますか。
⑧お子様には卒園までに、どんなことを成長させたいですか。
※各個人において質問事項は異なります。

入試情報

■2024年度入試
◆考査は1日。（男女別）ペーパーテスト、絵画、行動観察を実施。
◆考査日に親子面接を実施。（アンケート記入有り）
◆受験番号により考査日、集合時間が異なる。
◆願書提出は郵送のみ。
※2025年度入試は、入試制度が変更されます。

入試の傾向と対策

　毎年のようにお絵かきや色ぬりの課題があります。まずは自分、お友達、家族といった人物をしっかり描くこと。そしてテーマに添ったお絵かきができるよう練習しておきましょう。
　ペーパーテストに関しては「数量」「言語」「図形」といった分野は出題頻度が非常に高いので、習得しておくようにして下さい。
　また、池田先生のお話を普段からしっかりご家庭でお子様にしてあげることが大切です。

合格者のお母様からの入試実践アドバイス

　関西創価小のモットーにあるように「明るい子」「思いやりのある子」「ねばり強い子」を目指して日々を過ごしてまいりました。子どもはしょうがく社のお教室に、一度も嫌がることなく、通うことを心から楽しみにしていました。楽しく受験を乗り越えられたことを心から感謝しております。また、模擬テストを受けることで、弱点を早く知り、対策できたこともとてもよかったと思います。

関西創価小学校の入試問題と解答

❶　問題用紙は133ページ

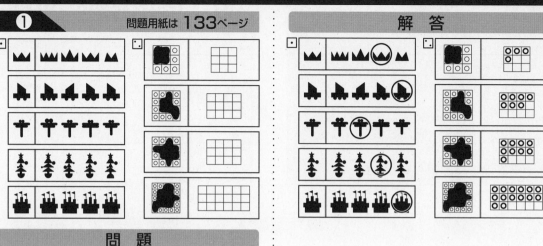

解　答

問　題

⬒ 同図形発見
左はしの形（絵）と同じものを右から見つけて○をつけましょう。

⬓ かくれた数
黒い雲にかくれた○の数をかぞえて、その数だけ右の箱に○をかきましょう。

❷　問題用紙は134ページ

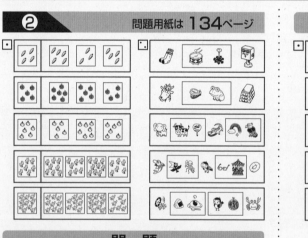
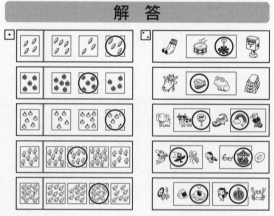

解　答

問　題

⬒ 数　量
左はしの数と同じ数のものを見つけて、○をつけましょう。

⬓ しりとり
しりとりがつながるように、箱の中の絵から、ちょうどよいが絵を見つけて○をつけましょう。

初 関西大学初等部

〒569-1098大阪府高槻市白梅町7番1号　☎072-684-4312　ホームページ　www.kansai-u.ac.jp/tnc/index.html

教育目標
- ●高い人間力
- ●確かな学力
- ●国際理解力
- ●健やかな体
- ●情感豊かな心

併設校
関西大学幼稚園・関西大学中等部・関西大学高等部
関西大学第一中学校・関西大学第一高等学校
関西大学・関西大学大学院
関西大学北陽中学校・関西大学北陽高等学校

通学ガイド
- ●JR高槻駅から専用デッキを通って徒歩約5分
- ●阪急高槻市駅から徒歩15分

学校情報

創立	2010年	学期	2学期制
1学年	2クラス	昼食	給食
1クラス	約30名	修学旅行	オーストラリア

諸経費（2025年度は変更されることもあります。）

●入学手続き
- 入学金 …… 300,000円

●入学後（年間4期分）
- 授業料 …… 800,000円
- 施設費 …… 200,000円
- 学年諸費 …… 52,000円
- 給食費 …… 100,000円
- 教育後援会入会金 …… 2,000円
- 教育後援会会費 …… 5,000円

教育活動

■英語教育
ICT環境を効果的に活用し、総合的な学習の時間での児童の学びと関連付けながら英語でのコミュニケーションをデザインします。

■国際理解教育
英語やICTを活用した国内外の学校との協働学習を展開します。

■思考力育成
すべての学校教育活動において思考力、判断力、表現力を育てる基礎としての言語活動を重視します。

■パーソナルポートフォリオ
児童生徒の学びの足あとを「e-Portfolio（電子ポートフォリオ）」として残しています。学習の過程でも振り返りながら、目標に向かって頑張る姿を支援するシステムです。

安全対策

○ICタグ
ICタグを利用して、保護者の方に登下校の確認を知らせる。

○警備員の配置
登下校に通学路への警備員配置を行う。

○教職員による見守り
教職員で体制を組み、登下校時の見守り活動、下校時の引率等を実施。（年度当初）（休業明け）

学校での一日

1年生

7時45分〜	登校時間
8時10分	朝の会
8時25分	モジュール学習（英語等）
8時45分	1時限目
9時40分	2時限目
10時25分	中休み
10時40分	3時限目
11時25分	4時限目
12時20分	給食
13時00分	掃除
13時10分	昼休み
13時35分	5時限目
14時30分	6時限目
15時20分	終わりの会
(15時00分	ミューズアフタークラブ1)
(16時00分	ミューズアフタークラブ2)

学校での一年

6年間

4月	入学式・始業式・校外学習（1〜6年）
5月	保護者参観・懇談
6月	運動会　宿泊体験学習（3年生）
7月	宿泊体験学習（2・5年生）　校外学習（1・2・6年）
9月	宿泊体験学習（1年生）
10月	前期終業式・校外学習（1・2年）　後期始業式　修学旅行（6年生）
11月	文化祭
12月	平和学習（6年生）　FUN RUN・クリスマスコンサート
1月	初中対抗百人一首大会
2月	研究発表会・校外学習（2年）　スキー学習（4年生）
3月	卒業式・修了式

進学状況

併設校進学ガイド

初等部（共学）
↓
中等部（共学）
↓
高等部（共学）
↓
大学（共学）
↓
大学院（共学）

大学までの一貫教育
初等部から中等部へ、中等部から高等部へ、高等部から大学へは、一定の成績を修め、条件を満たせば進学できる。高等部では、国公立大学進学に向けた5教科型学習プログラムも実施。

入試データ

○2024年度 募集人員

男・女　約60名
※内部進学者を含む

○最近の出願者数の推移（過去5カ年）

年度	出願者数
2020年度	約123名
2021年度	約112名
2022年度	約142名
2023年度	約158名
2023年度	約148名

出題傾向（過去3カ年）

年度	2022	2023	2021
面接	●	●	●
口頭試問	●	●	●
ペーパー	●	●	●
音楽リズム			
絵画・製作	●	●	●
運動			
行動観察	●	●	●

学校説明会から合格発表まで　2024年度　入試日程（2025年度は必ず学校配布の募集要項でお確かめ下さい。）

学校説明会
2023年
5月21日(日)

▶

入試説明会
2023年
7月9日(日)
◆個別相談
校舎見学

▶

出願受付（A日程）
2023年
7月12日(水)〜
8月21日(月)

◆インターネット出願サイトから、マイページを作成。出願の手続きをする。
◆出願手続き完了後、受付表・受験票を印刷。

出願受付（B日程）
2023年12月1日(金)〜
2024年1月15日(月)

▶

親子面接（A日程）
2023年
8月26日(土)〜
9月8日(金)

◆学校指定の日時に実施。

親子面接（B日程）
2024年
1月20日(土)〜
1月23日(火)

▶

考査日（A日程）
2023年
9月15日(金)

◆ペーパーテスト
◆行動観察

考査日（B日程）
2024年
1月27日(土)

▶

合格発表（A日程）
2023年
9月19日(火)

◆郵送（速達）

合格発表（B日程）
2024年
1月29日(月)

テスト当日のスケジュール

集合時刻 8時45分〜9時15分 ➡ **終了時刻** 12時00分

男女グループ別

8時45分→9時15分
○受付にて受験票を提示。
○受付を済ませた後は、集合がかかるまで待機。

9時30分→11時15分
○集合の後、考査開始。
○ペーパーテスト、行動観察を実施。
○考査終了後、体育館にて解散。

受験者の服装

服装は自由だが、上履きを持参することと、行動観察があるので、動きやすい服装で臨むことを忘れないように。

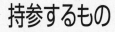

持参するもの

○受験者…ハンカチ
　　　　　ティッシュペーパー
○保護者…受験票

入試の傾向と対策

今年はほぼほぼコロナ前と同じ入試内容で考査が行われました。ペーパーでは推理・思考、知識・常識、言語の各分野で、今年も面白い出題が見られました。子どもの柔軟な思考力が問われており、やはり、普段から幅広く興味関心を持って自由な発想で自分の世界を豊かにしていくことが大切です。面接も昨年同様志願者本人に多くの質問がなされ、コミュニケーション能力が問われました。行動観察では、社会性・協調性がしっかり観察されますので、日頃から集団にしっかりなじめるようにしておきましょう。

合格者のお母様からの入試実践アドバイス

年中組の春からお世話になり、1年と半年ほどお教室に通わせていただきました。我が子は少し引っ込み思案のところがあり、最初の頃は、ちゃんと通ってくれるのかとても心配でしたが、結局一度も嫌がることなく最後まで楽しそうに通ってくれました。親としましては、それが一番有り難かったです。我が子は先生のことが大好きで、家でもいつも先生の真似をして問題を教えてくれました。決して成績上位ではない我が子が合格をいただけたのは、最後まで楽しく学ばせていただいた結果と感謝しております。また、いただいたアドバイス通りに、日常の子どもの興味体験にも重きをおき、親子で話しあって過ごした時間がいろいろな意味でとても貴重な時間となりました。本当にありがとうございました。

入試の内容

ペーパーテスト（次のページをご覧下さい）

- ■お話の記憶　■系列完成　■言語　■聞きとり
- ■絵の数　■推理　■図形の回転　等

行動観察

●お絵かき
◇上に描かれたブドウの絵を下の所に真似して描きましょう。

●リズム体操
◇音楽に合わせてリズムよく、ひざや肩に両手を置いたり、その場で回る。

●紙コップタワー作り
◇3,4人のチームで紙コップタワーを仲良く作る。

面接

■実施方法
■筆記試験日以前の指定された日に親と子供・先生2名とで行われた。

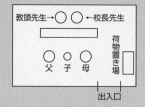

※面接時間　15分（子10分・親5分）
指示された日時に登校し、受付で受験票を提示し、控え室で待機。順番が来ると係りの人が呼びに来られ、親子一緒に入室する。
※先生、親子共にアクリル板が立てられている。

■本人に対しての質問事項
①あなたのお名前を教えて下さい。
②幼稚園（保育園）の名前を教えて下さい。
③担任の先生の名前を教えて下さい。
④仲良しのお友達の名前を言って下さい。
⑤そのお友達と何をして遊びますか。
⑥お家でお母さんのお手伝いはしますか。
⑦好きな絵本は何ですか。
⑧お母さんの作るお料理で、一番好きなものは何ですか。
⑨好きなテレビ番組は何ですか。
⑩お父さん（お母さん）の好きなところはどこですか。
⑪大きくなったら何になりたいですか。それはどうしてですか。

■保護者に対しての質問事項
①願書以外に、本校に改めて伝えておきたいことはございますか。
②お子様について教えてください。

① 問題用紙は135ページ

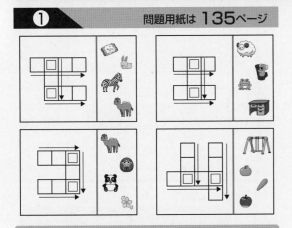

解答

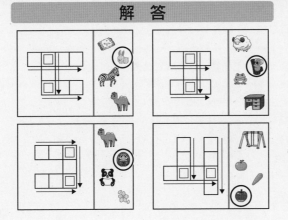

問題

言語

・□には1つずつ音が入ります。□が重なっている所には同じ音が入ります。矢印の方向に右の絵の言葉を入れた時、使わないものを1つ選んで○でかこみましょう。

② 問題用紙は136ページ

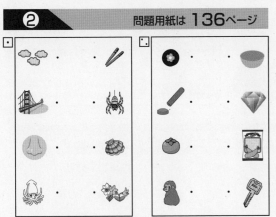

解答

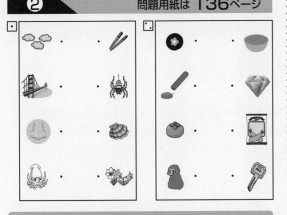

問題

言語

・左の絵と右の絵をよく見て、同じ読み方同士を線でつなぎましょう。ただし、つながらないものもあるので、その絵は○でかこみましょう。

・左の絵を濁らせて読んだとき、つくれるものを見つけて線でつなぎましょう。ただし、つくれないものはその絵は○でかこみましょう。

③ 問題用紙は137ページ

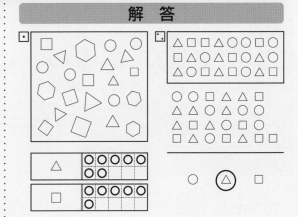

解答

問題

数量

・上の箱の中にある形をよく見て、下の形がいくつあるかを数え、その数だけ○を書きましょう。

・上の箱にある○△□の中に下の○△□を入れていきます。全部入れた時、余るものを見つけてその形を下から見つけて○をつけましょう。

④ 問題用紙は138ページ

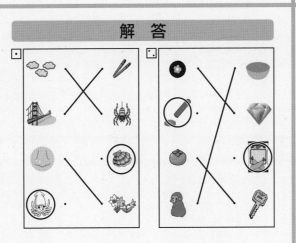

解答

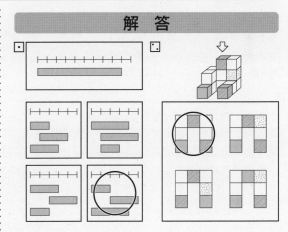

問題

図形

・上の箱にテープがあります。このテープと同じ長さのものが作れるものを下から見つけて○をつけましょう。

・上の積み木を矢印の方向から見た時、同じように見えるものを下から見つけて○をつけましょう。

賢明学院小学校

〒590-0812　堺市堺区霞ヶ丘町4丁3番27号　☎072-241-2657　ホームページ　https://kenmei.jp

建学の精神

キリスト教的人間観・世界観と一人ひとりの人格を何よりも尊重する創立者マリー・リヴィエの教育精神を継承し、世界の平和と発展に自ら貢献できる人間を育成する。

併設校
賢明学院幼稚園
賢明学院中学校
賢明学院高等学校

通学ガイド
●JR阪和線「上野芝」駅下車　徒歩13分
●南海バス「堺東」-「霞ヶ丘」下車　徒歩3分
　　　　　「堺東」-「南陵通1丁」下車　徒歩3分

学校情報

創立………1960年	学期……3学期制
1学年……2クラス	昼食…給食・お弁当選択制
1クラス……約30名	修学旅行…長崎方面

諸経費
（2025年度は変更されることもあります。）

●入学時
入学金…………………200,000円

●入学後（年額）
授業料…………………588,000円
施設設備拡充費…………60,000円
教育充実費………………42,000円
奉献会費…………………18,000円
積立金……………………15,000円
教材費……………………60,000円

教育目標

■聖書の中でイエス・キリストが人々に示した理想的な人間像を生徒一人ひとりの中に実現すること。

■理想的な社会の実現のために、社会のあらゆる分野でその核となって、積極的に他者のために奉仕し、世界の平和と発展に貢献できる人間を育成すること。

■賢明学院の児童・生徒たちは、「心を尽くし、精神を尽くし、力を尽くし、思いを尽くして、あなたの神である主を愛せよ。また、隣人をあなた自身のように愛せよ。」というキリストの言葉に基づき、神に対する愛、他人に対する愛、自己に対する愛を学び、実践できる人となるよう求められている。

安全対策

○警備員の常駐
　校内外の巡回

○防犯カメラの設置

○保護者と教職員による登下校指導

○緊急時の保護者へのメール配信

○来校者の入校証携行

学校での一日

7時00分～8時10分登校
8時15分……読書
8時25分……聖歌・お祈り
8時35分……モジュール学習
　　　　　　（計算・言語）
8時50分……朝の会
9時05分……午前授業
12時25分……昼食
13時10分……昼休み・清掃
13時35分……午後授業
15時05分……終わりの会・お祈り
15時25分……下校・アフタースクール

学校での一年

6年間

4月　1学期始業式・入学式・全学年遠足
5月　聖母月の祈り
6月　体育大会・田植え体験（4年）
7月　1学期終業式・オーストラリア語学研修（4～6年　希望者）
9月　2学期始業式・校内読書感想文コンクール
　　芸術鑑賞会・修学旅行（6年）
10月　宿泊研修（1～5年）
　　稲刈り体験（4年）
11月　創立記念ミサ・全校音楽会
12月　クリスマスの集い・2学期終業式
1月　3学期始業式・TOEFL（3～6年）
2月　創立者マリー・リヴィエ帰天記念日
3月　6年生を送る祈り・卒業感謝ミサ・卒業式・修了式

進学状況

併設校進学ガイド

併設校には内部進学制度があります。

小学校（共学）
↓
中学校（共学）
↓
高等学校（共学）

併設中学へは毎年約2～3割が進学

大阪
大阪星光
四天王寺
清風南海
清風
明星
大阪女学院
附属天王寺
同志社香里
大谷

兵庫
灘
関西学院
神戸女学院

奈良
東大寺学園
西大和学園
奈良学園
帝塚山

入試データ

○2024年度募集人員

男・女　約60名
（併設幼稚園からの内部進学者を含む。）

○最近の出願者数の推移（過去5ヵ年）
※A・B日程（内部含む）

年度	出願者数
2020年度	79名
2021年度	56名
2022年度	42名
2023年度	55名
2024年度	46名

出題傾向（過去3ヵ年）

年度	2022	2023	2024
面接	●	●	●
口頭試問	●	●	●
ペーパー	●	●	●
音楽リズム	●	●	●
絵画・製作	●	●	●
運動	●	●	●
行動観察	●	●	●

説明会から合格発表まで　　　2024年度　入試日程（2025年度入試日程は必ず学校配布の募集要項でお確かめ下さい。）

授業見学会
●第1回4月25日（火）
●第2回5月24日（水）
●第3回6月28日（水）
●第4回9月13日（水）

▶

オープンスクール
2023年6月3日（土）

親子で入試体験会
2023年7月29日（土）

入試直前A日程入試プレテスト
2023年9月2日（土）

▶

出願方法
◆WEB出願のため、願書の配布はありません。
WEBでの手続きとともに、志願書をダウンロードし、受験日3日前までに郵送する。

▶

出願期間（A日程）
2023年9月1日（金）～9月18日（月）
◆WEBにて出願
B日程：2023年10月16日（月）～10月27日（金）
C日程：2024年1月18日（木）～1月29日（月）

▶

考査日（A日程）
2023年9月27日（水）
◆行動観察・親子面接
※面接日は2023年9月27日（水）・9月28日（木）より指定
※B日程・C日程（左下部に日程あり）
ペーパー、行動観察、親子面接

▶

合格発表（A日程）
2023年9月29日（金）
◆郵送にて通知
B日程：2023年11月7日（火）
C日程：2024年2月6日（火）

　《B日程》考査日⇨2023年11月4日（土）　《C日程》考査日⇨2024年2月3日（土）

ペーパーテスト（右がわをご覧下さい）

＊B・C日程入試にて実施された。

■お話の記憶 ■言語 ■数量
■位置（聞きとり） ■数量

行動観察

＊A・B・C日程入試にて実施された。
●お話の記憶（集団） ＊A日程のみ実施された
◇モニターに映る絵を見ながら、先生が読んでくれるお話を聞いた後、質問に対して順番に答えたり、挙手をして答えたりする。
●お絵かき
◇お外で好きな遊びをしている自分の絵を描きましょう。（8色クーピー、A4画用紙使用）
●折り紙
◇動画（作り方）を見ながら、折り紙で「船」を作る。
●お箸の使い方
◇お箸を正しく持ち、お皿からお皿へ指示通りに小豆を動かす。
●集団遊び
◇ルールを守り、グループのお友達と仲良く遊んだり、協力したりする。（しりとり、じゃんけん列車）※B日程入試では「だるまさんが転んだ」が実施された。
●運動（模倣）
◇先生のお手本通りに身体を動かす。
※「足の開閉」「その場足踏み」「片足立ち」「ケンパ」等。
●集団製作
◇紙に描かれた大きな魚に、個人で切り取った○や□の形をグループのお友達と協力して貼ったり、色を塗ったりして、素敵な魚の絵を完成させる。（はさみ、のり、クーピー使用）

面接

■実施方法

考査日以前の指定された日に、保護者と子供・先生2名とで行われた。

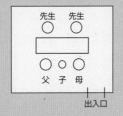

（親子面接）面接時間・約15分
指定された時間に登校し、控室にて待機。順番が来ると呼ばれるので、親子一緒に入室する。

■本人に対しての質問事項

①ご挨拶をしましょう。
②あなたのお名前を教えてください。
③幼稚園では何組ですか。担任の先生の名前を教えてください。
④幼稚園では誰とよく遊びますか。よく遊ぶお友だちの名前を教えてください。
⑤幼稚園では何をして遊ぶことが好きですか。
⑥幼稚園であったことをお父さんやお母さんにお話をしますか。
⑦お家でお手伝いをしますか。何のお手伝いをしていますか。
⑧お父さんやお母さんと一緒に遊びますか。何をして遊んでいますか。等
※面接中に『行動観察』（エプロンを付けて、後ろで紐を「ちょうちょ結び」する）が実施された。

■保護者に対しての質問事項

①本校を専願で受験されますか。
（専願）進学先に選ばれたのはどなたですか。なぜ賢明学院を選ばれましたか。
（併願）どちらが第一希望ですか。進学先を決められる基準は何ですか。
②今まで子育てでどのようなことを大切にして育ててこられましたか。
③最近お子さまを褒められましたか。何をなさった時に褒められましたか。
④お休みの日、ご家庭ではどのように過ごされていますか。
⑤どんな大人になって欲しいですか。お子さまの将来像をお聞かせください。
⑥お子さまとはお話をされていますか。話題は何ですか。
⑦お父様は読み聞かせをされたことがありますか。どんな本を読み聞かせておられますか。（お母様にも同様の質問あり）
⑧お子さまがケンカをなさったら、どのようなことを論されますか。等

持参するもの

○受験票
○水筒
○ハンカチ
○上履き

入試の傾向と対策

入試は、親子面接・ペーパーテスト（A日程はなし）・行動観察という形式で行われます。親子面接では、受け答えの内容はもちろんのこと、あいさつ・服装・態度・入室と退室・親子関係・言葉遣いに至るまで、細部にわたって見られます。また、行動観察では、幅広い分野からの出題となりますので、きちんと対応できるよう、生活習慣や知識、身体機能、作業能力等、しっかりとした準備が求められます。

賢明学院小学校の入試問題と解答

❶ 問題用紙は 139ページ

問 題

⚀ 言 語
「トマト」や「タンポポ」のように、名前の中に同じ言葉が2つ入っているものを絵の中から2つ見つけて○をつけましょう。

⚁ 言 語
「マット」や「ラケット」のように、名前の中につまる音が入っているものを絵の中から2つ見つけて○をつけましょう。

⚂ 言 語（しりとり）
左はしの絵に始めて右の絵を使ってしりとりをします。全部つなげた時に最後にくる絵に○をつけましょう。

⚃ 位置（聞きとり）

お話をよく聞いて、ちょうどよいところに印をかきましょう。
・リンゴを押さえてください。そこから左に2つ、下に2つ進んだところに○をかきましょう。
・リンゴを押さえてください。そこから上に1つ、右に3つ進んだところに△をかきましょう。
・パンダを押さえてください。そこから下に3つ、左に3つ進んだところに×をかきましょう。
・バスを押さえてください。そこから右に1つ、上に3つ、右に2つ進んだところに□をかきましょう。
・バスを押さえてください。そこから上に4つ、右に2つ、下に5つ進んだところに◎をかきましょう。

解 答

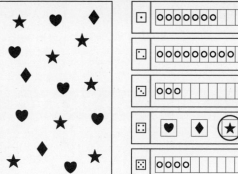

❷ 問題用紙は 140ページ

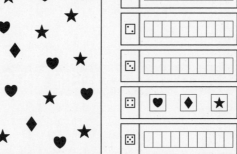

解 答

問 題

数 量
□★はいくつありますか。その数だけ右の箱に○をかきましょう。
□♥と◆を合わせると全部でいくつありますか。その数だけ右の箱に○をかきましょう。
□♥と◆では、♥の方がいくつ多いですか。その数だけ右の箱に○をかきましょう。
□★と◆と♥の中でいちばん数の多い形はどれですか。右から見つけて○をつけましょう。
□◆が★と同じ数になるには、あといくついりますか。その数だけ右の箱に○をかきましょう。

香里ヌヴェール学院小学校 （2017年4月より「大阪聖母学院小学校」が校名変更。）

〒572-8531　大阪府寝屋川市美井町18番10号　☎072-831-8451　ホームページ http://www.seibo.ed.jp/nevers-esl

教育方針

カトリックの精神を基盤とした教育活動を通して、すべてのいのちを尊敬し、仲間とともに最善を追求し創り出す努力のできる人を育てています。

併設校	香里ヌヴェール学院中学校 香里ヌヴェール学院高等学校
通学ガイド	京阪「香里園」駅下車　徒歩10分

学校情報

創立	昭和7年	学期	3学期制
1学年	3クラス	昼食	給食（希望制）※
1クラス	約30名	修学旅行	九州方面

※お弁当も可。
※「アフタースクール」あり。

諸経費 〔2025年度は変更されることもあります。〕

●入学時
入学金・・・・・・・・・・・・・・・170,000円
●入学後（年額）
授業料（スーパーイングリッシュコース）・・・516,000円
授業料（スーパースタディズコース）・・・・426,000円
教育充実費・・・・・・・・・・・・・144,000円
施設設備費・・・・・・・・・・・・・60,000円
保護者会費（年額）・・・・・・・・・18,000円
※保護者入会金（初年度）・・・・・5,000円
同窓会費（年額）・・・・・・・・・・5,000円
●制服・カバン・その他制定品等・・約180,000円

教育の特色

●確かな学力を身に付ける
算数では教員を2人配置し、英語、音楽、図工、習字、高学年理科は専門教員による専科制で、一人一人の理解力と感性を高めます。また、全学年の児童が算数検定と漢字検定を受検します。

●クリエイティブな思考力を養う
チームで協働しながら具体的な課題の解決方法を導き出していく実践型・参加型の学習方法（PBL学習）を取り入れています。生活科、総合的な学習の時間を中心に、友だちとの対話の中でクリティカルに課題を見つめなおして最適解を探っていきます。

●充実した英語教育
外国人教員と日本人英語科教員の2人体制により、1年生から週3時間の英語の授業を実施しています。英語の4技能「聞く」「話す」「読む」「書く」をバランスよく伸ばし、6年卒業時には英検準2級を目指します。

安全対策

●校門でのチェック
来校者が関係者か部外者かがわかるように「胸証」をつける。

●監視カメラの設置
校門等に監視カメラを設置し、外部からの侵入を監視している。

●ICタグによる通過チェック
ICタグを携帯した子どもたちが校門を通過すると保護者へメールが配信される。

●各教室及び体育館、運動場などに緊急通報システムを導入

●登下校時の安全指導。

学校での一日

1年〜6年

7時30分・・・登校
8時15分・・・読書
8時25分・・・お祈り
　　　　　朝モジュール
8時55分・・・1・2時間目
10時30分・・・共遊の時間
11時・・・・・・3・4時間目
12時35分・・・昼食
13時10分・・・清掃
　　　　　　　昼休み

13時35分・・・5・6時間目
15時10分・・・終わりの会
15時25分・・・下校

学校での一年

6年間

4月　入学式・遠足・1年生歓迎会
5月　修学旅行（6年・長崎方面）
　　　球技大会
6月　創立記念祈りの集い
　　　合宿（4年・和歌山方面）
7月　校内合宿（1年）
　　　選択合宿（5年・夏山合宿、BSC合宿）
8月　夏休み
　　　選択合宿（5年・オーストラリア）
9月　児童作品展
10月　遠足・運動会・合宿（2年・宇治方面）
　　　合宿（3年・近江八幡方面）
11月　新1年生体験入学・音楽発表会
　　　芸術鑑賞会・点灯式
12月　クリスマスセアンス
　　　イルミネーション
1月　スキー合宿（5年）・書初め
2月　卒業旅行（6年）・作品展示会
3月　卒業感謝ミサ・卒業式

進学状況

併設校進学ガイド

併設校には内部進学制度があります。

小学校（共学）
↓
中学校（共学）
↓
高等学校（共学）

主な中学合格者数（2022年3月卒業生）

大阪／四天王寺・・・・・・・2名
清風・・・・・・・・・・・・・・・5名
香里ヌヴェール・・・・・・・15名
大阪星光・・・・・・・・・・・5名
大阪女学院・・・・・・・・・5名
同志社香里・・・・・・・・・4名
高槻・・・・・・・・・・・・・・・3名
明星・・・・・・・・・・・・・・・8名
開明・・・・・・・・・・・・・・・5名
大阪桐蔭・・・・・・・・・・・4名
大谷・・・・・・・・・・・・・・・2名
京都／京都聖母・・・・・・・5名
洛南高附属・・・・・・・・・3名
同志社女子・・・・・・・・・4名
立命館宇治・・・・・・・・・3名
奈良／西大和学園・・・・・1名
帝塚山・・・・・・・・・・・・・6名
兵庫／神戸女学院・・・・・5名

入試データ

○2024年度募集人員

【A日程】男・女　約80名
【B日程】男・女　約10名
【C日程】男・女　若干名

出題傾向（過去3ヵ年）

年度	2022	2023	2024
面接	●	●	●
口頭試問	●	●	●
ペーパー	●	●	●
音楽リズム	●	●	●
絵画・製作	●	●	●
運動		●	●
行動観察	●	●	●

○最近の出願者数の推移（過去5カ年）

出願者数
2020年度　119名
2021年度　103名
2022年度　95名
2023年度　90名
2024年度　86名

説明会から合格発表まで　　　2024年度　入試日程（2025年度の入試日程は必ず学校配布の募集要項でお確かめ下さい。）

〈A日程〉

学校説明会
2023年
5月20日（土）
◆教育方針
◆入試概要

小人数学校見学会
2023年
6月22日（木）
6月23日（金）

年長児対象プレテスト
2023年
7月1日（土）

願書受付
2023年
8月21日（月）〜
9月1日（金）
※B日程は10月14日（土）〜10月20日（金）
C日程は2024／1月25日（木）〜1月31日（水）
webのみ

面接日
2023年
9月9日（土）・9月15日（金）・9月16日（土）
◆上記の期間のうちの指定された1日
※B日程は10月27日（金）
C日程は2024／2月2日（金）

考査日
2023年
9月22日（金）
◆適性検査・行動観察
※B日程は10月28日（土）
C日程は2024／2月3日（土）

合格発表
2023年
9月23日（土）
◆郵送にて通知
※B日程は10月29日（日）
C日程は2024／2月4日（日）

ペーパーテスト(右がわをご覧下さい)

■お話の記憶 ■言語 ■数量 ■模写
■推理

行動観察

■絵画・制作
●長い紙を2枚使って紙のバネを作る。
●チョウの絵を周りの線に沿って切り取り、クーピーから好きな色を3色選んで塗る。
●作った紙バネとチョウを貼り合わせる。

■集団行動
●3、4人のグループを作り、先生の指示する順番で1人1段(4本)ずつブロックを置いて高く積み上げていく。

●2回目は自分たちで順番を決めて、どうすれば高く積めるか、相談して置いていく。

面接

■実施方法
願書提出時に指定された日に、保護者と子供と先生(3名)で行われた。

```
        教 校  副
        頭 長  校
                長
        ○ ○  ○
      ┌─────────┐
      └─────────┘
        ○ ○ ○
        親 子 親
              出入口
```

※面接時間・10〜15分
指定された日時に登校し、控室にて待機。時間が来れば係りの方が呼びに来られるので入室し、面接を受ける。

■本人に対しての質問事項
①お名前を教えて下さい。
②幼稚園の名前とクラスの名前を教えて下さい。
③幼稚園の先生の名前を教えて下さい。
④お友達の名前を教えて下さい。
⑤幼稚園では何をして遊びますか。
⑥あなたは砂場でお山を作っていました。お友だちがそれを壊してしまいました。どう思いますか。
⑦その後どうしますか。
⑧ブランコで遊んでいると、それを遠くから見ている子がいました。どう声をかけますか。
⑨お家で楽しいことはどんなことですか。
⑩お家でしているお手伝いはどんなことですか。
※各個人において、質問事項は異なります。
※SSC・SEC共に面接時に1分間の自己アピールをする。(日本語でも英語でも可)
※SSCの志願者には上記自己アピールと、1対1での「しりとり」・「言葉集め」などのゲームを実施。
※SECの志願者には上記自己アピールと、絵を見ながら、先生の英語の質問に答えることが求められる。

■保護者に対しての質問事項
①お子様の自己アピールをご覧になられて、どのように思われましたか。
②志願理由をお聞かせ下さい。
③本校の教育方針についてはどのようにお考えでしょうか。
④本校に期待されることはどのようなことでしょうか。
⑤お子様の長所をお聞かせ下さい。
⑥お子様が成長されたと思われるのはどのようなことでしょうか。
⑦ご家庭で躾について大切にされていることは、どのようなことでしょうか。
⑧宗教教育についてどのようにお考えですか。等
※各個人において、質問事項は異なります。

入試情報

◆考査は1日。ペーパーテスト、行動観察(絵画・製作、集団行動)を実施。
◆考査日以前の学校指定日に親子面接を実施。
◆願書提出はwebのみ。

入試の傾向と対策

選考はペーパーテスト、行動観察、面接の総合評価で行われます。ペーパーテストでは、お話の記憶・言語・数量・図形・推理等から幅広く出題されています。まず基礎力を固め、苦手分野を作らないよう、しっかり練習しましょう。行動観察では切りとり、色ぬり等を指示通り行う個人製作の他、集団での協調性を見る集団活動、お片づけや指示行動等じっくり時間をかけて観察されます。面接は親子面接です。恥ずかしがらずにきちんと受け答えできるよう練習しておきましょう。

合格者のお母様からの入試実践アドバイス

バランスよく準備をすることが大切だと思います。ペーパー問題では練習問題をされるときにしっかり理解することが大切ですから、お教室でのリビューテストや模擬テストがとても良い練習になりました。一回で聞きとって、しっかり取り組めるよう普段の生活から心掛けてきたことが良い結果に結びついたと思っています。

香里ヌヴェール学院小学校の入試問題と解答

❶ 問題用紙は **141**ページ

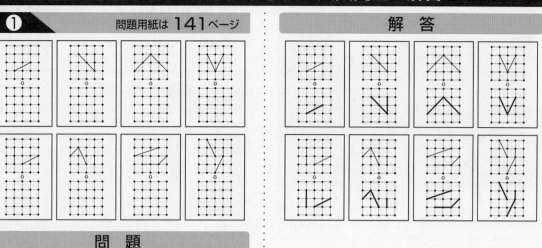

解 答

問 題

点つなぎ
上のお手本と同じになるように、下のところに点をつないでかきましょう。

❷ 問題用紙は **142**ページ

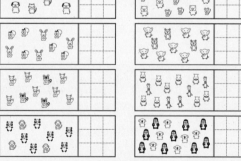

解 答

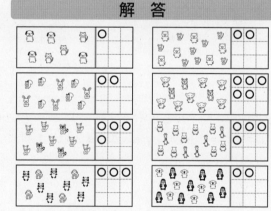

問 題

足りない数
2つの絵の数を比べて、違う数だけ右のところに○をかきましょう。

四天王寺小学校

〒583-0026　藤井寺市春日丘3丁目1番78号　☎072-937-4811　ホームページ　http://www.shitennoji.ac.jp/

学園訓

- 一、和を以て貴しとなす
- 一、四恩に報いよ
  四恩とは　国の恩・父母の恩・世間の恩・仏の恩なり
- 一、誠実を旨とせよ
- 一、礼儀を正しくせよ
- 一、健康を重んぜよ

教育の理念・方針

併設校
- 四天王寺東中学校・四天王寺東高等学校
- 四天王寺中学校
- 四天王寺高等学校
- 四天王寺大学・大学院・短期大学部

通学ガイド
- ●近鉄南大阪線「藤井寺」駅下車　徒歩約3分

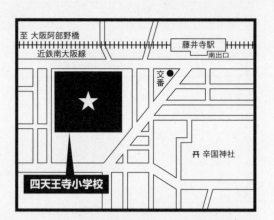

至 大阪阿部野橋
近鉄南大阪線　藤井寺駅　南出口
交番
辛国神社
四天王寺小学校

学校情報

創立	平成21年	学期	3学期制
1学年	3クラス	昼食	給食
1クラス	約30名	修学旅行	東京

諸経費
（2025年度は変更されることもあります。）

●入学手続時
- 入学金……………………… 250,000円

●学費およびその他の諸費
- 授業料…………………… 636,000円
- 教育充実費…………………… 120,000円
- 講演会費………………………… 39,600円

その他 | 教材費・積立金・給食費
制定品購入費用
教育振興協力金任意等が必要

教育の特色

●**探究学習**
これからの時代に求められるのは「新しい課題を見つけて、その解決法を考え出せる人」です。探究学習は子どもたちに「未来に生きる力」を身につけてもらうものです。

●**塾との連携**
本校の教員と大手進学塾の講師による専科別ティーム・ティーチング（TT）授業によって、大手進学塾の中学入試に対応した高度な解決やテクニックを習得することができ、連携する塾の教材・テストなどを利用して、進路指導を的確に行うことができます。

●**英語教育**
英語のネイティブ教員と日本人教員によるティーム・ティーチング（TT）、毎朝のモジュール（15分授業）や英語で行う音楽と体育の授業（CLIL方式）でも、「英語を使いながら学ぶ」環境が整えられています。

安全対策

●**校内非常ベル**
校務センターと警備会社に通報するシステム。

●**警備員を24時間配置**
児童登校後は校門を施錠し、外部から校地に立ち入れないようにしています。また、防犯センサーとカメラを設置。

●**登下校管理**
教職員と指導員が要所で安全確保。

●**児童のICタグ携帯**
登下校メールシステム。非常ブザー、防犯ブザーとして使えるICタグを携帯。

●**災害時の備え**
全児童3日分の保存食や水、簡易トイレを備蓄。

学校での一日

時間	日課
8:15	登校時間
8:20	礼拝・朝の会
8:25	イングリッシュモジュール
8:45	1時間目
9:40	2時間目
10:25	パワーアップタイム
10:45	3時間目
11:40	4時間目
12:25	給食・昼休み・清掃
13:30	ブックタイム
13:50	5時間目
14:45	6時間目
15:30	帰りの会
15:40	下校・アフタースクール

アフタースクール最長19時まで。
（車でのお迎えも可能）

学校での一年

6年間

- ④ 入学式
  始業式
  仏誕会（花まつり）
  授戒会
- ⑤ 校外学習
  授業公開
- ⑥ 運動会
  スポーツテスト
  ガルリアコンサート
  防災訓練
- ⑦ 七夕集会
  サマースクール
  終業式
- ⑧ 夏休み
- ⑨ 始業式
  授業公開
  夏休み作品展
  防災訓練
- ⑩ 授業公開
  校外学習
  なわとび・かけ足タイム
- ⑪ 音楽発表会
  たいし子まつり
- ⑫ 成道会
  終業式
- ① 始業式
  日本漢字能力検定
  かるた（百人一首）大会
  防災訓練
- ② 涅槃会
  授業公開週間
  親子スポーツ交流会
  学園創立記念式典
- ③ 卒業式
  卒業生を送る会
  修了式

進学状況

併設校進学ガイド

四天王寺中学校・四天王寺学園中学校へは特別選抜推薦制度を設けています。（人数の上限なし）

令和5年度 合格実績

女子校
四天王寺	6
大谷	3
帝塚山学院	7
プール学院	7

男子校
北嶺	1
清風	3
明星	1

共学校
四天王寺東	4
追手門学院大手前	1
大阪学芸高附属	1
大阪桐蔭	1
関西大学中等部	1
清風南海	1
同志社香里	2
富田林（府立）	1
初芝立命館	9
桃山学院	8
智辯学園奈良カレッジ	4
帝塚山	5
奈良学園	1
奈良学園登美ヶ丘	1
同志社国際	1
岡山	2
片山学園	1

など有名中学校に多数合格。

6ヵ年完結型小学校のため中学入試の必要があります。四天王寺中学校への特別選抜制度を導入しています。

```
        小学校
        （共学）
        ↙      ↘
   中学校      中学校
  （女子）    （共学）
     ↓          ↓
   高等学校    高等学校
  （女子）    （共学）
```

入試データ

○2024年度 募集人員

 のキャラクター図

男・女　90名

○最近の出願者数の推移（過去5カ年）

出願者数
2020年度 71名
2021年度 55名
2022年度 64名
2023年度 62名
2024年度 85名

出題傾向（過去3ヵ年）

年度	2022	2023	2024
面接	●	●	●
口頭試問	●	●	●
ペーパー	●	●	●
音楽リズム	●	●	●
絵画・製作	●	●	●
運動			
行動観察	●	●	●

説明会から合格発表まで　2024年度　入試日程（2025年度は必ず学校配布の募集要項でお確かめ下さい。）

第1回学校説明会
2022年10月8日（土）
- ◆学校説明
- ◆個別相談
- ◆入試体験

※第2回は12月10日（土）

オープンスクール
2023年2月3日（金）
- ◆授業見学
- ◆アフタースクール講座見学
- ◆個別相談

※2月7日（火）・2月8日（水）も実施
※第2回オープンスクールは6月17日（土）

わくわく探偵
2023年4月15日（土）
- ◆スタンプラリー
- ◆忍者になろう
- ◆風船ロケットをとばそう

など

体験学習会
2023年7月8日（土）
- ◆体験学習
- ◆個別相談

9月3日・11月5日も実施

入試説明会
2023年7月29日（土）
- ◆入試内容説明
- ◆入試体験
- ◆個別相談

出願受付
2023年8月28日（月）～9月6日（水）
- ◆インターネット出願

※B日程入試：10/23（月）～11/9（木）
※C日程入試：1/15（月）～1/25（木）

親子面接
2023年9月8日（金）
※B日程入試：11/11（土）
※C日程入試：1/27（土）
- ◆学校指定の時間に実施

考査日
2023年9月9日（土）
※B日程入試：11/11（土）
※C日程入試：1/27（土）
- ◆志願者本人のみのテスト実施

合格発表
2023年9月11日（月）
※B日程入試：11/13（月）
※C日程入試：1/27（土）
- ◆速達郵便にて通知
（C日程は電話連絡もあり）

入 試 の 内 容

ペーパーテスト（右がわをご覧下さい）

■お話の記憶　■推理　■数量　■言語　■知識

※ペーパーテストは一般入試でのみ実施。

個別テスト

一般入試
- ●親子面接
- ◇まねまねゲーム
- ・親子で生き物の鳴きまねをして、何のまねか当てる。

対話型入試
- ●親子面接
- ◇まねまねゲーム
- ・親子で生き物の鳴きまねをして、何のまねか当てる。
- ●個人面接
  - ・動物がハイキングに行くお話を聞く。その後先生と一緒に動物になりきって、質問に答える。
  - ・先生：犬と猿、受験生：兎
- ◇数　量
- ・拾ったどんぐりの数の和や差を考える。
- ◇図　形
- ・重なった木をうさぎさんから見ると、どのように見えるかを考える。
- ◇知識（季節）
- ・お手本のお約束通りに、絵（季節）が変化したものを見つける。
- ◇言葉
- ・たくさんの絵を2つの仲間に分け、その理由を答える。
- ◇お話の記憶
- ・動物たちがハイキングにもっていった物を見つける。
- ◇推理
- ・ウサギがどのように進んだのか、その正しい矢印の順を見つける。
- ◇巧緻性
- ・先生の指示通りに、塗る・切る・折るの作業をする。

巧緻性

一般入試　**対話型入試**
- ・鳥の絵にお手本通りに色を塗り、切り取る。また、鳥の羽の絵を手でちぎる。

行動観察（集団面接）

一般入試　**対話型入試**
- ◇お手玉かご入れゲーム
- ・2チームに分かれて1列に並び、先頭の子からお手玉をかごに投げ入れる。投げる順番やお手玉の分け方はチームのお友達と相談をして決める。
- ◇広場を作ろう
- ・2つのグループに分かれ、一方は別の部屋へ広場の絵を見に行き覚えて、もう一方のグループに口頭で伝える。聞いたグループは広場を再現する。

面接

■実施方法
考査日以前の指定された日に、保護者と子どもと先生方とで実施。

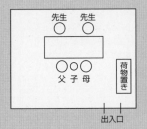

■本人に対しての質問事項
- ①お名前を教えて下さい。
- ②幼稚園（保育園）の名前を教えて下さい。
- ③幼稚園（保育園）ではどんなことをしていますか。
- ④お友達と何をしている時が楽しいですか。
- ⑤お家ではどのように過ごしていますか。

※この後、すぐに個別テストを実施。

■保護者に対しての質問事項
- ①志願理由をお聞かせ下さい。
- ②ご家庭の教育方針についてお聞かせ下さい。
- ③仏教教育について、ご理解頂けますでしょうか。
- ④お子様に対する思いや願いをお聞かせ下さい。
- ⑤お子様の今の課題は何でしょう。
- ⑥お子様の長所は何でしょうか。
- ⑦休日はお子様とどのようにして関わっておられますか。

※上記以外の質問も含めて、各個人において、質問事項は異なります。

持参するもの

- ◆受験票
- ◆上履き
- ◆靴袋

入試の傾向と対策

選考は一般入試と対話型入試に分かれています。一般入試では、親子面接、巧緻性、ペーパー、行動観察が出題され、対話型入試では、親子面接、口頭試問、巧緻性、行動観察が出題されました。対話型入試ではペーパーテストは実施されていません。一般入試、対話型入試共に巧緻性の問題が実施されていますが、テスト内容は異なります。行動観察では、指示を守り、意欲的に行動することができるように、早めの準備を心がけましょう。

合格者のお母様からの入試実践アドバイス

初めて経験する小学校受験で何もわからず、当初は不安でいっぱいでした。教室の先生のアドバイスを受け、家庭では講習のプリントをしっかりと復習するとともに、問題集も使用して基礎固めにコツコツと取り組みました。お友達とのかかわりもしっかりと見られると聞いておりましたので、園や教室での態度も先生からお伺いし、たとえ周りのお友達がはしゃいでいても一緒になってさわいだりしないように注意しておりました。少しずつ精神的にも成長してくれたようで、入試前には先生からも「しっかりとけじめがつけられるようになりました。」とほめていただき、安心してテストに臨めるまでになりました。

四天王寺小学校の入試問題と解答

❶ 問題用紙は 143 ページ

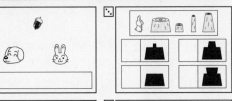

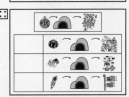

問 題

数量（一般入試）
いぬさんは5こ、うさぎさんは4こ、ドングリを拾いました。うさぎさんは、慌てていてドングリを2こ落としてしまいました。今、いぬさんとうさぎさんが持っているドングリを合わせると、何個になりますか。その数だけ〇をかきましょう。

言語（一般入試）
しりとりが正しく続くものを1つ見つけて〇をかきましょう。

推理（一般入試・対話型入試）
うさぎさんから見ると、木が重なって見えますね。では、どんな形にみえるでしょうか。1つ見つけて〇をかきましょう。

推理（一般入試・対話型入試）
このトンネルは不思議なトンネルです。スイカを持ってこのトンネルを通り抜けると、七夕になります。では、下の3つの中で正しい組み合わせはどれでしょうか。見つけて〇をかきましょう。

解 答

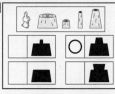

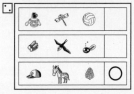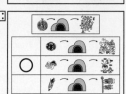

❷ 問題用紙は 144 ページ

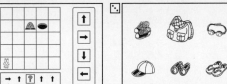

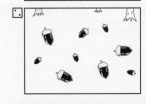

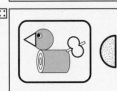

問 題

推理（一般入試・対話型入試）
うさぎさんが山へ行くには、どのように進めばよいでしょうか。?に入る矢印を見つけて、右側の矢印に〇をつけましょう。

数量（対話型入試）
先生がドングリを5つ拾い、受験者が4つ拾う。「合わせていくつになったかな。」「9つから3つをさるさんにあげたよ。残りはいくつかな。」

知識（対話型入試）
「この絵を2つの仲間に分けてね。」
「どうしてそう分けたのかな。」

製作（一般入試・対話型入試）
鳥のくちばしと尾の太線の内側に色をぬりましょう。くちばしは黄色、尾は赤です。周りの四角い太線のまん中で切り取りましょう。おしまいに羽（半円）を手でちぎり、鳥に貼りましょう。

解 答

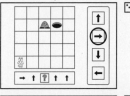

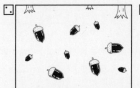

※□は、「生き物とそうでないもの」や「2文字と3文字」など、解答は複数あります。

45

城星学園小学校

〒540-0004　大阪市中央区玉造2丁目23番26号　☎06-6941-5977　ホームページ http://www.josei.ed.jp

教育方針　心を育て、知恵をみがき、光の子として歩む6年間

光の子とは
- **ひ**…人を大切にする子
- **か**…神様、人の前で正直な子
- **り**…隣人の必要に気づく子
- **の**…乗り越える勇気をもつ子
- **こ**…根気よく最後まで取り組む子

併設校
城星学園幼稚園
城星学園中学校
城星学園高等学校

通学ガイド
- ●JR環状線「森ノ宮」駅または、「玉造」駅から徒歩10分
- ●地下鉄中央線「森ノ宮」駅から徒歩10分
- ●地下鉄長堀鶴見緑地線「玉造」駅から徒歩6分

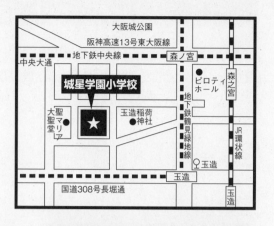

学校情報

創立………昭和28年	学期……2学期制
1学年…3又は4クラス	昼食……お弁当・給食
1クラス…約30名	学習旅行…長崎、奈良

諸経費
（2025年度は変更されることもあります。）

- ●入学金…………220,000円(入学時)
- ●施設・設備費……50,000円(入学時)
- ●制服・用品等…………約200,000円
  （子ども総合保険料30,000円別途必要）
- ●学費(年額)………………624,000円
- ●教育充実費(年額)…………30,000円
- ●教材費(年額)………………40,000円
- ●諸費(年額)………約45,000円(積立金)
- ●その他……………………後援会費
  （入会金10,000円、年額7,200円）

教育の特色

宗教教育　**心を育てます**
日々の祈りや宗教行事を通して、神様をいつも身近に感じることができ、何が良いことか悪いことかをわきまえ、正しい判断力を養い、善い行いを喜びを持って実行できる子どもを目指します。

日々の学習
一人ひとりの力を伸ばします
書くことを大切にしています。
国語科を中心に授業の中に"書く"活動を必ずとり入れています。
書くことを通して、授業への集中が生まれ、根気や持続する力が養われます。
こうしてできあがるノートに大きな達成感を覚えます。この点数で測れない力が、本物の勉強を支えてくれます。

安全対策

- ○**警備員の配置**
  警備員を常駐し、校内を巡視。
- ○**防犯カメラの設置**
  カメラを設置し、校内外を監視。
- ○**防犯ブザーの設置**
  各教室に防犯ブザーを完備。
- ○**保護者への緊急連絡システム**
  緊急時のメール配信システム(ミマモルメ)を導入。ICタグによる登下校時の通過メールシステムを導入。
- ○**登下校指導**
  教師による登下校時の見守り及び巡視。保護者による見守り。
- ○**外来者のチェック体制強化と校内巡視**

学校での一日
（1年〜6年）

- 8時00分……登校
- 8時15分……朝の準備
- 8時30分〜……お祈り
  午前の授業
- 12時20分……昼食
  昼休み

- 13時10分〜……午後の授業
- 14時55分〜……清掃
- 15時10分……終会

学校での一年
（6年間）

- 4月　入学式、参観日、学級懇談会
- 5月　平和と祈りの旅(6年)、聖母祭、校外学習(1〜4年)、ネイチャースクール(5年)
- 6月　水泳授業開始
- 7月　懇談会、集中学習、ネイチャースクール(3・4年生)
- 8月　オーストラリアホームステイ(3・4・5・6年生)
- 9月　秋休み
- 10月　漢字検定(6年)、校外学習(6年)、運動会
- 11月　TOEFL Primary(希望者)、城星フェスタ、創立記念ミサ
- 12月　クリスマスチャリティ、クリスマスページェント
- 1月　ドン・ボスコ祝日会
- 2月　参観日(1年〜5年)、漢字検定(1年〜5年)、学習発表会
- 3月　学級懇談会、卒業式

進学状況

主な外部合格者数
（2022年3月卒業生）

大阪	
大阪星光学院	11
清風南海	15
清風	15
明星	14
四天王寺	9
大阪桐蔭	10
金蘭千里	4
大谷	14
高槻	5

兵庫	
灘	2
甲陽学院	1

奈良	
東大寺学園	6
西大和学園	6
帝塚山	17

京都	
洛南	3
洛星	1

その他	
北嶺	7
海陽	1
愛光	11

説明会から合格発表まで　2024年度　入試日程（2025年度は必ず学校配布の募集要項でお確かめ下さい。）

願書配布(第一次)
2023年
3月25日(土)〜

出願期間(第一次)
2023年
(内部)9月4日(月)
(外部)9月5日(火)〜9日(土)午前

親子面接(第一次一般)
2023年
(内部)9月6日(水)・7(木)
(外部)9月12日(火)〜15(金)

考査日(第一次)
2023年
9月28日(木)
(内部、一般同一日)

合格発表(第一次)
2023年
9月30日(土)
(速達郵便にて通知)

願書配布(第二次)
2023年
3月25日(土)〜
(一次と共通)

出願期間(第二次)
2024年
1月10日(水)〜
1月19日(金)

親子面接(第二次)
2024年
1月23日(火)〜
1月25日(木)

考査日(第二次)
2024年
1月27日(土)

合格発表(第二次)
※日付の公表がありません。
(速達郵便にて通知)

テスト当日の スケジュール

集合時刻	終了時刻
8時10分～ 8時40分	12時00分

受験者の服装

考査では体を動かす項目もあるため動きやすい服装を心掛けること。

持参するもの

- ○受験票
- ○上靴(受験者)、上履き(保護者)
- ○ハンカチ・ティッシュ
- ○水筒(肩から掛けられるタイプのもの)
- ○スモック

8時10分
○受付にて受験票を提示し、ビブス(番号つきのシャツ)を受けとる(8時10分～8時30分)
○受験者と保護者は講堂にて待機

8時40分
○先生の指示で受験者は整列、考査会場へ移動
○保護者は諸注意を聞き解散

9時00分
○テスト開始(ペーパーテスト、社会性テスト、運動テスト)

12時00分
○テスト終了
○戻ってきたグループから随時解散

入試の傾向と対策

考査全体の中でもペーパーテストの比重が高い為、まずはプリント学習を中心に据えた入試対策が求められます。出題範囲も、記憶、図形・注意力、推理・思考、比較・数量、知識・常識と幅広いので、日頃から地道に取り組んでいきましょう。また、社会性テスト、運動能力テストにおいて、集団授業の中での適応力を細かく見られます。『集団の中できちんとお話が聞ける子』また、『最後まで諦めない根気強さを持ち、お友達と仲よく協力して取り組める子』を目標にがんばりましょう。面接においてもしっかりとしたコミュニケーション能力が求められますので、豊かな生活体験を心掛けていきましょう。

合格者のお母様からの入試実践アドバイス

近年は大きく受験者も増え、親としましては、最後まで気を抜けない、非常に厳しい入試だったと実感しております。城星小は確かにペーパーの量が多いので、その準備は早いうちから始めなければならないと思いますが、それと共に生活面、躾面にも気を配り、同時平行で進めていかなければ合格は難しいと思います。人の話をしっかり聞けるかどうか、ルールを守って最後までねばり強く頑張れるかどうか等、到底付け焼き刃の準備でまかなえるものではありません。日頃から十分気をつけておきたいものですね。

入 試 の 内 容

ペーパーテスト(次のページをご覧下さい)

- ■お話の記憶　■絵の記憶　■点つなぎ　■図形の回転
- ■数量　■言語　■知識

実技テスト

■社会性

●紙風船遊び
◇紙風船をストローでふくらました後、まず1人で手でついて遊ぶ。
◇同じグループの1人だけの紙風船を使って、みんなでついて遊ぶ。

●折り紙
◇色紙で「パクパク」を先生といっしょに折る。
◇色紙で自由に好きなものを折る。その後、グループのお友達で作ったものを見せ合う。
◇先生の指示通りに片づける。

■運動能力

●サーキット運動
◇合図でまず、低いハードル4つを両足跳びで進み、次に、クマ歩きで進む。最後にフラフープのコースをケン・パで進んで、先にある枠の中に入り、気をつけする。

面 接

■実施方法
考査日以前の指定された日に、保護者と子供・先生3名とで行われた。

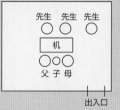

※(親子面接)面接時間·約10分
指定された時間に登校し、控室にて待機。順番が来ると呼ばれるので、親子一緒に入室する。

■本人に対しての質問事項
①あなたのお名前と、園の名前を教えて下さい。
②お母さんが作るお料理で、好きなものは何ですか。
③嫌いな食べ物はありますか。
④夏休みに楽しかった思い出を教えて下さい。
⑤園では何をして遊ぶのが好きですか。
⑥お父さんとお母さんとはどんな遊びをしますか。
⑦好きな本は何ですか。自分で読みますか。読んでもらいますか。
⑧習い事は何かしていますか。それは何ですか。
⑨お誕生日はいつですか。お祝いをしてもらいましたか。プレゼントには何をもらいましたか。
※子供が答えたことに対して、いくつか質問を加えられます。

■保護者に対しての質問事項
①志望動機をお聞かせ下さい。
②お子さんの長所と短所をお聞かせ下さい。
③防災について、何かご家族での約束事はございますか。
④園に通われていて、良かったことはどのようなことでしょうか。
⑤子育てをされていて、幸せを感じられることは、どのようなことでしょうか。
⑥お父様から見て、お子様のお母様と似ているところはどこですか。
⑦お母様から見て、お子様のお父様と似ているところはどこですか。
※各個人において質問事項は異なります。

❶

問題用紙は 145 ページ

問 題

絵の記憶
絵をしっかり覚えましょう。覚えた絵を見つけて〇をつけましょう。

解 答

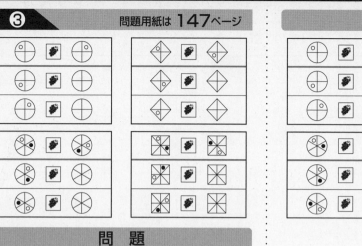

❷

問題用紙は 146 ページ

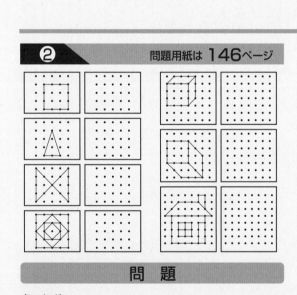

問 題

点つなぎ
右のお手本と同じように、左の欄に点をつないで描きましょう。（描く位置も同じになるように描きましょう。）

解 答

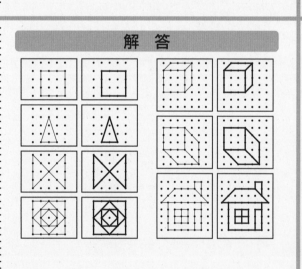

❸

問題用紙は 147 ページ

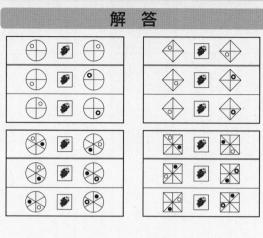

問 題

推理（図形の回転）
上のお手本の左の形と、右の形をよく見比べて、どのように回っているのかお約束を考えましょう。そのお約束と同じように左の形が回ると、形の中にある〇や●はどこに来るでしょうか。右の形の中に〇や●をかきましょう。

解 答

❹

問題用紙は 148 ページ

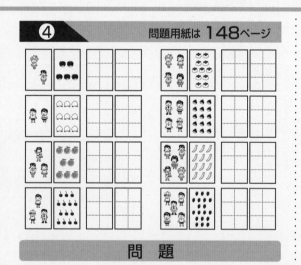

問 題

数 量
左の子どもたちで、右の果物を同じ数ずつ分けると、一人いくつもらえるでしょうか。その数だけ左の欄に〇をかきましょう。右の欄には、分けた後に余った数だけ〇をかきましょう。

解 答

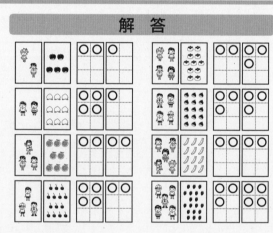

⑤ 問題用紙は 149ページ

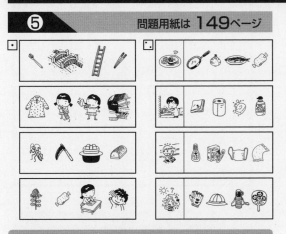

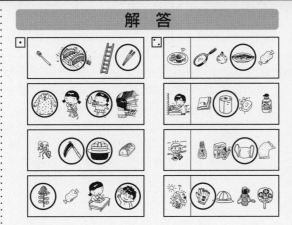

解答

問題

言語・知識
- 並んでいる絵の中から、同じ言葉のものを二つ見つけて○をつけましょう。
- 左の絵と仲良しではないものを一つ見つけて○をつけましょう。

⑥ 問題用紙は 150ページ

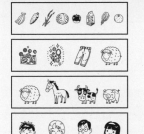

問題

お話の記憶
- 絵を見ないでお話を聞いた後、問題をしましょう。

　昔あるところにお父さんとお母さん、そしてお兄さんと、弟が住んでいました。ある年に、天気がとても悪く、麦や果物が育たなくて、多くのそこに住む人々はとても困っていました。お父さんとお兄さんは困っている人たちの手助けをしましたが、弟はそんな人を見ても、知らんふりをしていました。

　お兄さんは、外で畑仕事をして、弟は家の中のお片付けや掃除をして、お父さんからお金をもらって、好きなように暮らしていました。

　でも弟は、お父さんからもらったお金を無駄使いしてしまい、お金はすぐに無くなってしまいました。弟は、お父さんに「私がもらえることになっているものを今、全部ください。」と言いました。お父さんは弟にお金を渡し、それだけではなく、たくさんの宝石と羊も何頭かあげました。弟はそれらのもらったもの全部をすぐにお金に換えました。そして、遠い国へと旅立ちました。

　着いた国では、たくさんあったお金で、美味しいものをいっぱい食べたり飲んだりして、贅沢に暮らしました。するとすぐにお金が全部無くなってしまいました。お金が無くなった時、その国の天気がとても悪くなり、食べ物もなくなって、お金もな

（右段へ続く）

く、弟はとても困ってしまいました。そこで、仕事を探すことにしました。でも、なかなか仕事は見つかりませんでした。そこで、仕事を探して田舎の方まで出掛けてみました。そこで出会った人に、「何か仕事はありませんか。」と聞くと、その人は、弟を畑に連れて行き、そこで飼っている豚の世話をする仕事をくれました。

　しかし、そこの豚はとても乱暴で、弟の服に噛みついたりして、とても大変な仕事でした。夜は豚のそばで寝なくてはいけなくて、給料も少なくて、弟は、仕事がとても嫌になりました。

　ある時、どこからかお父さんの声が聞こえた気がしました。すると、一瞬、心の中にお父さんの顔が浮かんできました。そして弟は「家にいた時は、食べ物がいっぱいあって、お父さんとお母さんとお兄さんがいて、とても楽に暮らしていたのに、私はここではとても苦しい思いをしている。」とつぶやきました。悲しくて、心に雨が降ったような気持ちになりました。

【問　題】
- （一段目）ある年に育たなかったものは何ですか。全部見つけて○をつけましょう。
- （二段目）弟がお父さんからもらわなかったものは何ですか。見つけて○をつけましょう。
- （三段目）弟が見つけた仕事は何の世話をする仕事でしたか。見つけて○をつけましょう。
- （四段目）弟の心の中に浮かんできたのは、誰の顔でしたか。見つけて○をつけましょう。
- （五段目）最後の弟の気持ちに合う様子の絵はどれでしょうか。見つけて○をつけましょう。

解答

城南学園小学校

〒546-0013　大阪市東住吉区湯里6丁目4番26号　☎06-6702-5007　ホームページ http://www.jonan.ac.jp

建学の精神「自主自律・清和気品」

教育システム
1. **人間としての基礎・基本の徹底**
「実践力のある魅力ある子」づくりをする。
2. **学力の基礎・基本の徹底**
「進学校」として、実績を上げる。
3. **学ぶよろこび・活動するよろこびの徹底**
「明るく、安全、自主性」のある学校にする。

併設校
子ども総合保育センター・城南学園幼稚園・城南学園中学校
城南学園高等学校・大阪城南女子短期大学
大阪総合保育大学・同大学院

通学ガイド
●近鉄南大阪線「針中野」駅下車、徒歩約15分
●近鉄南大阪線「矢田」駅下車、徒歩約10分
●地下鉄御堂筋線「長居」駅または谷町線「喜連瓜破」駅から市バス「湯里6丁目」バス停下車すぐ

（地図）
城南学園小学校／本部短大／昭ヶ丘矢田／湯里6／長居公園通り／幼稚園★／保育センター／近鉄南大阪線／城南中・高／グラウンド／大阪総合保育大学／大阪南大阪線／住道北口／矢田

学校情報

創立	昭和25年	学期	3学期制
1学年	2クラス	昼食	給食・弁当
1クラス	約25名	修学旅行	中部地方

諸経費 （2025年度は変更されることもあります。）

●入学時
　入学金 …………………… 220,000円
●学費
　授業料(年額) …………… 430,000円
　教育充実費(年額) ……… 185,000円
　保護者会費(年額) ……… 12,000円
　教材等諸経費(年額) …… 80,000円
●給食費(年額) …………… 75,000円

●その他、制服、学用品代等があります。

※入学金以外を3期に分けて納入いただきます。

教育の特色

1.たてわり活動
高学年のリーダーシップと、低学年のフォロアーシップを育成する"たてわり活動の時間"。1年生から6年生で縦割りのグループを編成して活動しています。

2.基礎学力の充実
学年を越えて個別に学ぶ「はげみ学習」や各個人がなすべきことを発見する「自学の学習」の時間など、学級単位の一斉授業以外の工夫を取り入れています。

3.一生懸命体験
夏休み・冬休みの自由研究や絵画などを発表する「作品展」、全学年が記録に挑む「ギネスに挑戦(なわ運動)」「マラソン大会」など、一生懸命ひとつのことに取り組む活動を行います。

4.体験学習
稲刈り、いも掘り、餅つき、湖畔・林間宿泊訓練などを通して、自然の観察や実地見学を行います。

5.英語教育
外国の文化や生活様式を知り、国際的な視野を広げます。

安全対策

○厳重な警備体制で、登下校時も安心
校門には警備員が常駐するとともに、防犯カメラを設置。登下校時以外は全ての門を閉め、警備員が来校者をチェック。教員も定期的に校内を巡回し、子どもたちの安全を守ります。また、登下校の際は、教員と警備員が周辺を監視しながら、子どもたちの見守りを行います。下校時、最寄りのバス停にも教員が立ち、低学年児童には近鉄の駅まで引率します。

○非常ベル、防犯具を設置
校内各所に非常ベルを設置し、職員室や警備会社・警察に通報するシステムを整備。防犯具なども準備しています。

○安全教育の徹底
安全教室、非行防止・犯罪被害防止教育、避難訓練など自分の身は自分で守る指導を行い、安全意識の定着・向上に努めています。

※登下校時の安心をさらに高めるため、希望者にはICタグによる登下校メール配信、緊急時には一斉メール配信でご連絡しています。

学校での一日

6年

8時10分	…	登校
8時15分	…	朝の会
8時30分	…	第1限
12時10分	…	給食・弁当
12時40分	…	たてわり活動
13時05分	…	昼の学習
13時20分	…	第5限
15時00分	…	第7限
15時55分	…	下校

※高学年の時間割です。

学校での一年

6年間

4月	入学式・親子歩こう会
5月	創立記念日・日曜参観・英語郊外学習 スポーツテスト・修学旅行(6年)
6月	水泳大会
7月	湖畔・林間学舎(2～6年)・夏期講習
8月	夏休み
9月	夏休み作品展・林間学舎(1年)
10月	校外学習(2～6年)・いも掘り・ 親子歩こう会・稲刈り・運動会
11月	総合学習発表会
12月	体験学習(餅つき) 冬期講習・冬休み
1月	読書会・書き初め展・ 図工作品展
2月	マラソン大会・英語体験学習・ 音楽会・球技大会・観劇会
3月	6年生を送る会・卒業式 春期講習・春休み

進学状況

併設校進学ガイド

併設校には内部進学制度があります。

小学校(共学) → 中学校(女子) → 高等学校(女子) → 短大・大学

男子校／女子校／共学校

主な外部合格者数（平成30～令和4年3月卒業生）
過去5年間

東大寺学園	3
大阪星光学院	12
清風	28
明星	19
海陽中等教育学校	2
函館ラ・サール	4
四天王寺	13
大谷	35
大阪女学院	8
洛南高附属	2
西大和学園	15
清風南海	22
高槻	4
帝塚山	14
大阪桐蔭	29
愛光	13
同志社香里	6
奈良学園	5

入試データ

○2024年度募集人員

男・女　約70名

○最近の出願者数の推移（過去5カ年）
※一次テストのみ

年度	出願者数
2020年度	36名
2021年度	45名
2022年度	36名
2023年度	38名
2024年度	30名

出題傾向（過去3ヵ年）

年度	2022	2023	2024
面接	●	●	●
口頭試問	●	●	●
ペーパー	●	●	●
音楽リズム			
絵画・製作	●	●	●
運動			
行動観察	●	●	●

説明会から合格発表まで　2024年度　入試日程（2025年度は必ず学校配布の募集要項でお確かめ下さい。）

入試説明会
〈第1回〉2023年5月20日(土)
◆学校概要説明
◆学校見学
〈第2回〉2023年6月17日(土)
◆入試概要説明・体験入学
〈第3回〉2023年7月15日(土)
◆学校見学・体験入学
〈第4回〉2023年8月20日(日)
◆入試問題 傾向の解説
〈第5回〉2024年3月2日(土)
◆学校探検

願書配布
2023年
8月25日(金)～
9月11日(月)

◆校内受付窓口にて配布

願書受付(1次)
2023年
8月25日(金)～
9月11日(月)

◆「インターネット出願」のみ
（※昨年度の場合
入学検定料 20,000円）

親子面接(1次)
2023年
9月12日(火)
13日(水)
14日(木)

◆出願時に日時を決定

考査日(1次)
2022年
9月16日(土)

◆考査は1日
集団観察、筆答検査、
個人面接
※保護者はアンケート記入あり

合格発表(1次)
2023年
9月17日(日)

◆郵送(速達)にて通知

※第2次選考は2023年1月25日(水)に実施

入 試 の 内 容

ペーパーテスト（右がわをご覧下さい）

■数量　■模写　■同図形発見
■推理　■お話の記憶

個別テスト

●口頭試問

「白雪姫」「幸せの青い鳥」「ももたろう」のうち「ももたろう」に関する質問に答えたり、切り取りをしたりする。

質問事項

・（白雪姫、幸せの青い鳥、ももたろうの3枚の絵をみせて）この中で1番好きなものを1番上において「これです」と言って渡してくださいね。（この時絵もきちんと回して相手側にとって正面で渡せるかも評価）
・（ももたろうの話に入り、ももたろうの3枚の絵をみせて）3枚の絵があります。順番が分からなくなりました。お話順に並べてください。
・3つの絵の順番にお話ししてください。
・ももたろうはきびだんごで仲間を増やしていきましたが、仲間を増やせるとしたらどんな動物を仲間にしたいかおしえてください。
・（黄色の紙に白い丸が描かれた紙をみせて）ここに紙があります。この丸をハサミを使って線のところを切り取り、黄色とは違う色で塗ってお皿の上におきましょう。切り取って残った紙はごみ入れに入れましょう。
・このきびだんごはおともを増やすほかに1つ願い事がかなえられます。どんな願いをかなえたいですか。

集団観察

●クマのファッションショー

（ズボン、帽子、バッグ、シャツ、くつのイラストを切った紙が複数枚用意されている）お友達と話し合いをして担当を決め、イラストを取りに行き教室のドアの前に貼られたクマのイラストに貼っていく。取りに行くときは2枚取りに行き、クマにつけるものも話し合いをして決める。つけた後は服を何もつけていないクマをもう1匹出して、春・夏・秋・冬の背景の描かれた紙も出し、季節感にあったものを選んでクマに着せる。（この時は持ってくるものは1つだけもってこさせる）

面 接

■実施方法

考査日以前の指定された日に両親と子供、先生2名で行われた。

（教室）

```
    教頭    校長
  ┌──────────────┐
  └──────────────┘
  ┌──────────────┐
  └──────────────┘
   ○   ○ ○
   母   子 父
                出入口
```

（親子面接）面接時間・約10分
指定された時間に登校。
時間になると呼ばれるので入室する。

■本人に対しての質問事項

①お名前を教えて下さい。
②あなたの宝物は何ですか。それはどうしてですか。
③お家の人が、大切にしているものは何ですか。どうして大切にしていると思いますか。
④お父さんやお母さんに叱られることで、よく叱られることは何ですか。それはどうしてだと思いますか。
⑤お父さんやお母さんに言われることで、一番大事だと思うことは何ですか。それはどうしてだと思いますか。
⑥お休みの日には、誰と何をして遊んでいますか。
⑦もし、買い物に行って、迷子になってしまったら、あなたはどうしますか。
⑧バスや電車に乗る時、してはいけないことは、何ですか。それはどうしてですか。
⑨大きくなったら何になりたいですか。どうしてそうなりたいと思ったのですか。
　等
※各個人において質問事項は異なります。

■保護者に対しての質問事項

①なぜ私学を選ばれたのか、志願理由と合わせてお聞かせ下さい。
②本校の魅力についてお聞かせ下さい。
③お子様の長所についてお聞かせ下さい。
④名前の由来についてお聞かせ下さい。
⑤お子様は今、何に一番関心をお持ちですか。
⑥お子様との関わりについて心掛けていることをお聞かせ下さい。
⑦親として子供に自慢できるところをお聞かせ下さい。
⑧「親の品格」とはどのようなこととお考えでしょうか。
⑨最近のお子様全般についてどのように思われますか。　等
※各個人において質問事項は異なります。

持参するもの

◆受験票
◆上履き
　（志願者・保護者とも）
◆筆記用具
　（アンケート記入用）

入試の傾向と対策

考査は大きく分けてペーパーテスト・個別テスト・集団観察が中心です。考査日に行われる保護者へのアンケートでは、一般的なものから親としての心構えが問われるものまであり、注意が必要です。ペーパーテストについては例年ある程度形式が決まっているので、過去問題を中心に早目からしっかり準備をしておきましょう。また、個別テスト及び集団観察では、躾面や指示行動、協調性等が問われますので日頃からの取り組みが不可欠です。

合格者のお母様からの入試実践アドバイス

ペーパーテストに関しては、基本問題を中心にミスなく確実に解けるよう、また、苦手分野をなくし、どの分野についても対応できるように練習させました。保護者の面接や、アンケートでは親としてのあり方や考え方が問われますので、よく聞かれる質問については事前に考えをまとめておくと落ち着いて臨めると思います。また、親子で学校行事に参加しておくことも、スムーズな受験につながるのではと思います。

城南学園小学校の入試問題と解答

❶　問題用紙は 151ページ

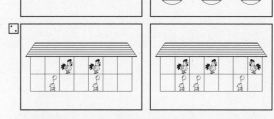

解 答

問 題

・ 数量
くまのぬいぐるみを持った男の子が、お姉さんに会うとぬいぐるみを1コもらい、ぼうしをかぶった男の子に会うとぬいぐるみを1コあげるお約束で進んだ時、どこでぬいぐるみがなくなるでしょうか。なくなるところの下の箱に○をかきましょう。

・ 摸写
上のお手本と同じように、下の足りないところに○や線をかきましょう。

❷　問題用紙は 152ページ

解 答

問 題

・ 同図形発見
並んでいる絵の中から同じ絵を2つ見つけて○をつけましょう。

・ 推理
にわとりとひよこが向いている方向に1つ進みます。進んだ後、ひよこがいる部屋に○を書きましょう。ただし、ひよこは風船がついているので進んだ後、上の部屋に誰もいなかったら上に登ります。

帝塚山学院小学校

〒558-0053　大阪市住吉区帝塚山中3丁目10番51号　☎06-6672-1151　ホームページ http://www.tezukayama.ac.jp

目指す子供像

- たくましい心と体
- 尽きない探究心と向上心
- 豊かな知識
- 思いやるやさしさと個人の魅力

併設校	帝塚山学院幼稚園
	帝塚山学院中学校・帝塚山学院高等学校
	帝塚山学院泉ヶ丘中学校・帝塚山学院泉ヶ丘高等学校
	帝塚山学院大学・帝塚山学院大学大学院
通学ガイド	南海高野線「帝塚山」駅下車 すぐ
	阪堺電軌上町線「帝塚山三丁目」駅下車 徒歩2分

帝塚山学院小学校

学校情報

創立	大正6年	学期	3学期制
1学年	3クラス	昼食	給食
1クラス	約34名	修学旅行	山口・広島

諸経費 〔2025年度は変更されることもあります〕

- ●入学金 ……………………… 250,000円
- ●同窓会費(終身会費) ……… 30,000円
- ●授業料(年額) …………… 708,000円
- ●教育充実費(年額) ………… 90,000円
- ●教育後援会費(年額) …… 12,000円以上
- ●PTA会費(年額) ………… 12,000円
- ●給食費(年額) ……(1年生)85,500円
- ●学校債 ……… 1口10万円(2口以上)
- ●特別協力金(任意) ……… 150,000円

教育の特色

Ⅰ 外に向かうベクトルのグローバル力

●協働学習と伝統の体験学習で身につける
- ・心を開く力
- ・強い信念力
- ・思いやりの力
- ・挑戦する力
- ・振り返る力
- ・深く探究する力

Ⅱ 時代を見据えた取り組み

●個に応じた英語学習
児童全員が4年生からTOEFL Primaryを受験し、個の伸びを可視化し、英語力の育成に取り組んでいます。
●高度情報化社会に向けて「イノベーションスタディ」科を設立。
- ・発想力、想像力豊かな人の育成をめざします。
●帝塚山放課後クラブ(TASC)
- ・希望する全学年の児童をお預かりし、放課後や長期休暇中に実施。
●帝塚山学院土曜学校(TSS)
- ・希望する全学年の児童を対象として、土曜日にプロの外国人教員によるイマージョンプログラムを実践しています。

安全対策

○教員の「あいさつ運動」
登下校時、教員が通用門や駅ホームに立ち児童に声かけをする。
○警備員の配置
正面玄関に24時間、警備員が常駐。
○通報ベルの設置
各教室及び廊下に設置。異常発生時、その場所が職員室や守衛室に通知される。
○直通電話の設置
教室の電話は常に職員室に直通。
○ICタグによる登下校情報配信
登録されたメール番号に、児童の登下校時刻を知らせる。
○AEDの設置

学校での一日

1年～6年

7時30分～	登校
	朝の時間
8時25分	朝の会・全校朝礼
8時50分	午前の授業
12時25分	給食
	自由時間

13時20分	午後の授業
15時00分	掃除
	終わりの会
	フォローアップ講習(5・6年生)
16時00分	最終下校

学校での一年

6年間

4月	入学式、発育測定
5月	修学旅行、春の遠足、芸術鑑賞
6月	児童会役員選挙、泳力テスト
7月	七夕祭・作品展　臨海学舎、キャンプ
8月	国際交流、水泳特別練習
9月	レシテーションコンテスト(英語暗唱大会)
10月	体育大会、秋の遠足
11月	音楽会、体力テスト
12月	餅つき、児童集会
1月	書き初め展、百人一首大会　耐寒遠足
2月	美術展、かけ足運動
3月	6年生を送る会、卒業式、修了式、英語語学研修

進学状況

併設校進学ガイド

併設校には内部進学制度があります。

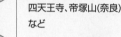

小学校(共学)
↓
中学校(女子・共学)
↓
高等学校(女子・共学)
↓
大学(共学)

併設の帝塚山学院中及び泉ヶ丘中へ多数進学しています。

(その他の進学先)
灘、大阪星光、明星、東大寺、清風、清風南海、四天王寺、帝塚山(奈良)など

入試データ

○2024年度募集人員

男・女 約100名
(併設幼稚園からの進学者約40名を含む)

出題傾向(過去3ヵ年)

年度	2022	2023	2024
面接	●	●	●
口頭試問	●	●	●
ペーパー	●	●	●
音楽リズム	●	●	●
運動	●	●	●
行動観察	●	●	●
給食	●	●	

○最近の出願者数の推移(過去5カ年)
※内部受験者含む

年度	出願者数
2020年度	169名
2021年度	134名
2022年度	153名
2023年度	168名
2024年度	128名

説明会から合格発表まで　　2024年度　入試日程 (2025年度の入試日程は必ず学校配布の募集要項でお確かめ下さい。)

学校説明会

- ◆第1回　2022年12月17日(土)
- ◆第2回　2023年3月19日(日)
- ◆第3回(入試説明会)　2023年6月18日(日)
- ◆第4回(入試直前説明会)　2023年8月20日(日)

出願方法

Web出願のみとなります。

◆Web出願ページ「出願の流れ」を参考に、Web出願ページよりマイページの登録をする。
※Web出願ページは、学校ウェブサイトからアクセスする。

出願期間(1次)

2023年8月21日(月)～9月13日(水)

出願期間(2次)

2024年1月10日(水)～1月25日(木)

保護者面接(1次)

2023年8月30日(水)～9月15日(金)・18日(月・祝)

◆面接前にアンケートを記入する。

保護者面接(2次)

2024年1月28日(日)

◆考査日当日に実施される。

考査日(1次)

2023年9月23日(土・祝)

◆ペーパーテスト、口頭試問、給食、行動観察

考査日(2次)

2024年1月28日(日)

◆ペーパーテスト、口頭試問(給食はなし)

合格発表(1次)

2023年9月25日(月)

◆出願時に登録する「マイページ」にて確認できる。

合格発表(2次)

2024年1月28日(日)

◆出願時に登録する「マイページ」にて確認できる。

入 試 の 内 容

ペーパーテスト（右がわをご覧下さい）

- ■数の多少　■知識　■注意力　■欠所補完
- ■聞きとり　■系列完成　■お話の記憶

個別テスト

- ●ご挨拶
- ◇お部屋の入口と出口できちんとご挨拶をする。
- ●面接
- ◇先生の質問に答える。
- ・幼稚園（保育園）ではお友だちとどんなお遊びをしていますか。
- ・もし、一人で困っているお友達がいたらどうしますか。
- ・お家の人はどんなことを褒めてくれますか。
- ・お家の人はどんなことで叱ってくれますか。等
- ●イスの片付け
- ◇面接終了後、使ったイスをきちんと片付ける。
- ●運動
- ◇決められたコースを、手や足をうまく使いながら指示通りに移動する。
- ●お店屋さんごっこ
- ◇受験者が店員になり、ほうきとちりとりを使って紙くずをお掃除し、終了後は道具を元通りに戻す。
- ◇服をハンガーに掛け、服とズボンをたたむ。
- ◇たたんである服を紙袋に入れる。等

給食

- ●給食を食べる
- ◇グループのお友達と一緒に給食を食べる中で、ご挨拶や、お碗・お箸の持ち方、食べ方、好き嫌い等のマナーを先生に見てもらう。

※フルーツ（梨）、お茶、ほうれん草とえのきのおひたし、から揚げ、ごはん、お味噌汁、

行動観察

- ●ボール運びゲーム
- ◇音楽に合わせて、グループのお友達と協力しながら、転がっているボールをお互いが持っている小さなコップをうまく使って一緒に挟み、一つずつ指示された場所に運んでいく。

面 接

■実施方法

考査日以前の指定日に、保護者と先生2名とで行われた。

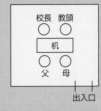

※（保護者面接）面接時間・約15分
指定された時間に登校。アンケートを記入後、面接室前にて待機。順番が来ると呼ばれるので、入室する。

■質問事項

（面接当日、別室にてアンケートを記入いたしました。）
以下、①～④がアンケートにおける質問内容です。これをもとに『保護者面接』が実施されました。
① 本学院を受験された理由→項目の中から選択して○をつける。
② お子さまが6年生になった時にどのように成長してほしいと願いますか。
③ お子さまの良いところはどんなところですか。
④ 専願・併願について

その他の質問事項
① 本校の教学理念の中で共感いただいているところはどのような点ですか。
② 学校説明会に参加されて、感想をお聞かせください。
③ お子様を見られて、成長したなと思われることはどのようなところですか。
④ ご家庭での教育方針についてお聞かせ下さい。
⑤ 本校に入学されましたら、方針に同意していただけますか。等

※アンケートは面接時間を短縮するために実施されています。
※面接での質問内容は各個人により異なります。

持参するもの

- ◆受験票
- ◆上靴
- ◆ハンカチ・ティッシュ

入試の傾向と対策

例年通り、ペーパーテスト及び個別テスト、集団観察、給食が実施されました。全ての課題においてバランスよく対応していくことが求められますので、ご家庭内におきましても十分に指導しておく必要があります。日頃からしっかりとした生活習慣を身に付けるとともに、「よく聞き、よく考える力」「集団の中での順応性」を育んでおきましょう。

合格者のお母様からの入試実践アドバイス

私どもは姉が在校生ということもあり、いろんな意味でプレッシャーの中での準備となりました。入試は短期間では対応できないことは分かっておりましたので、できるだけ余裕をもって進めるように心掛けました。ペーパー問題をはじめ多くの項目があり、全てが上手くいった訳ではございませんでしたが、先生方の「お子さんと一緒に経験することが大切ですよ。」のアドバイスで気持ちが楽になりました。考査当日の朝は親子共々緊張いたしましたが、子どもは教室の中で楽しかったようで、これも様々な経験があってのことだと感じ、ほっといたしました。

帝塚山学院小学校の入試問題と解答

❶　問題用紙は153ページ

解 答

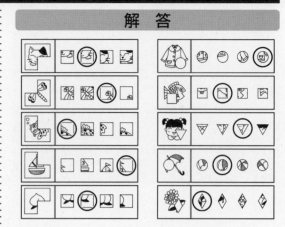

問 題

欠所補完
絵の空いているところにちょうど合うパズルを右から見つけて○をつけましょう。

❷　問題用紙は154ページ

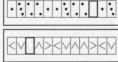

解 答

問 題

系列完成
並んでいる印のお約束を考えて、空いているところにちょうど合う印をかきましょう。

はつしば学園小学校

〒599-8125　堺市東区西野194-1番地　北野田キャンパス　☎072-235-6300
URL　ホームページ　http://www.hatsushibagakuen-ps.jp/

教育目標

創造を基盤とする高い学力を養い、
強い体と粘り強い心を培い、
人間形成の基礎となる豊かな情操を
身につけ、国際的に活躍する指導者を育成する。

併設校
初芝立命館中学校・初芝立命館高等学校
初芝橋本中学校・初芝橋本高等学校
初芝富田林中学校・初芝富田林高等学校

通学ガイド
●南海高野線「北野田」駅下車　スクールバス
　「金剛」駅下車　スクールバス
●近鉄長野線「富田林」駅下車　スクールバス
●泉北高速鉄道「泉ヶ丘」駅下車　スクールバス
　「和泉中央」駅下車　スクールバス
●近隣地域巡環コースあり

はつしば学園小学校

学校情報

創立	平成15年	学期	3学期制
1学年	3クラス	昼食	完全給食
1クラス	35名	修学旅行	九州方面

諸経費 （2025年度は変更になることもあります。）

入学金・・・・・・・・・・・・・・・・ 200,000円
授業料(年額)・・・・・・・・・・・ 590,000円
保護者会費(年額)・・・・・・・・ 11,000円
教育拡充基金(寄付・任意)・・・・ 50,000円
総合補償制度保険(6年間分)・・ 39,600円
教育充実費(年額)・・・・・・・・・ 50,000円
制服、ランドセル等・・・・・ 約100,000円
※学習諸費、給食費など別途徴収

教育の特色

① よく遊び よく学べる環境を
② しっかりとした 学力の土台を
③ 人間性豊かな 国際人の育成を
④ 強い体と 粘り強い心を
⑤ 希望校へ 進学できる実力を

専科担任制・英語教育・習熟度別
授業・放課後学習

安全対策

○常駐警備員の配置
○来校者の 応対チェック
○屋内外監視カメラ
○セキュリティー モニター
○緊急マルチサイレン
○全児童GPS携帯 所持
○AEDの設置

学校での一日

8時30分・・・・・ 朝の会
8時40分
・・・・・・・・ モジュール
8時50分・・・・・ 1校時
9時40分・・・・・ 2校時
10時25分・・・・・ 中休み
10時45分・・・・・ 3校時
11時35分・・・・・ 4校時
12時20分・・・・・ 給食
12時50分・・・・・ 昼休み
13時15分・・・・・ 清掃
13時30分・・・・・ 5校時
14時20分・・・・・ 6校時
15時05分終わりの会

※「放課後預かり学習」 制度もあります。

学校での一年

6年間

4月 入学式・修学旅行
5月 運動会
6月 学校水泳・学習参観
7月 4年林間学舎・5年臨海学舎
　　3年修練合宿・2年宿泊学習
　　図画工作展
9月 始業式
10月 英語参観・校外学習
　　スポーツテスト
　　はつしばフェスティバル
11月 秋の遠足
12月 音楽発表会
1月 始業式
2月 5年オーストラリア研修旅行
　　6年卒業旅行
3月 6年生を送る会・卒業式

進学状況

併設校 進学ガイド
併設校には 内部進学制度 があります。

小学校 (共学)

中学校 (共学)

高等学校 (共学)

卒業後は、初芝学園の 3中学のいずれかに 進学できます。

〈内部進学〉
初芝富田林中学校
初芝立命館中学校
初芝橋本中学校
〈外部進学〉
ラサール
大阪星光学院
西大和学院
清風
四天王寺
清風南海

など

入試データ

○2024年度 募集人員

男・女 **90**名
（併設幼稚園からの 内部進学者を含む。）

○最近の 出願者数の推移 （過去5カ年） ※1次と2次のみ

年度	出願者数
2020年度	107名
2021年度	90名
2022年度	109名
2023年度	107名
2024年度	108名

出題傾向（過去3ヵ年）

年度	2022	2023	2024
面接	●	●	●
口頭試問	●	●	●
ペーパー	●	●	●
音楽リズム	●	●	●
絵画・製作	●	●	●
運動			
行動観察	●	●	●

説明会から合格発表まで　2024年度　入試日程（2025年度の入試日程は必ず学校配布の募集要項でお確かめ下さい。）

学校説明会・体験入学(web受付)
2023年5月27日(土)
オープンスクール
2023年6月24日(土)
授業見学ツアー(web受付)
2023年
5月12日(金)・16日(木)
6月8日(木)・27日(火)・29日(木)
◆学校紹介・学校見学・ 授業参観・入試説明

▶

願書配布
出願方法は Web出願のみ

▶

過去問体験会 &直前説明会
2023年 8月27日(日)

▶

願書受付 (Web出願)
2023年 8月18日(金)～ 8月31日(木)

▶

考査日(1次)
2023年 9月20日(水)

◆考査前に、別日を設けて、 親子面接を実施。
◆考査は、「知的能力・集団行動」 の各テストを実施。

[親子面接] 2023年9月9日(土)
9月10日(日)
9月13日(水)
9月14日(木)

▶

合格発表(1次)
2023年 9月21日(木)

◆速達郵便で発送

　※2次入試は、2023年11月4日(土)に実施。3次入試は、2024年2月3日(土)に実施。

入試の内容

ペーパーテスト（右がわに一部紹介）

■お話の記憶　■言葉（尾音あつめ）
■図形（点つなぎ）　■知識（行事・季節）
■数（濃度）

絵画・製作

●課題画（生き物）
◇動物さんたちを宇宙へ行かせてあげるロケットの絵を描く。
①クーピーは必ず全部の色を使う。（6色）
②大きなロケットが斜めに飛んでいるように描く。
③ロケットに窓を2つ描いて、その2つの窓それぞれから好きな動物の顔が見えるように描く。
④ロケットが行く月の絵も描く。
④ロケット・窓・動物・月を描き終わったら、周りに星や宇宙船を描いてもよい。

個別テスト

実施されず。

運動テスト

実施されず。

集団テスト

15人程度1グループで、2つの課題を実施。
●仲間づくり（20分）
◇猛獣狩り・貨物列車
●自由遊び（20分）
◇積み木・輪投げ・トランプ・UNO・レゴブロック・パズル・折り紙・ボウリング（ペットボトル）で、自由に仲良く遊ぶ。

面接

■実施方法
考査日以前に、指定された日時で親子の面接を2カ所で実施。1組15分程度。
面接時に、豆やサイコロ等をつかむ「箸使い」を実施。

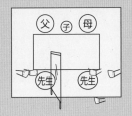

■本人に対しての質問事項
①あなたのお名前を言ってください。
②通っている幼稚園の名前を言ってください。
③あなたのお誕生日はいつですか。
④この学校の名前を言ってください。
⑤この学校でどんなことをしたいですか。
⑥お家ではどんなお手伝いをしていますか。
⑦大きくなったら何になりたいですか。
⑧知っているご挨拶を教えてください。

■保護者に対しての質問事項
①本校を志願した理由をお聞かせください。
②本校の入試説明会の感想をお聞かせください。
③本校の教育内容で魅力を感じた所をお聞かせください。
④どんなことでお子さまを叱られますか。
⑤どんなことでお子さまを褒められますか。
⑥子どもを育てる上で最も大切にされていることはどんなことですか。
⑦将来、どんな子供に成長してほしいとお考えですか。
⑧お子さまとは、どのように関わっていらっしゃいますか。
⑨初芝学園には系列中学校が3つありますが、知っていらっしゃいますか。

持参するもの

◆受験票
◆筆記用具
（保護者アンケート用）

入試の傾向と対策

今回も入試はペーパーテストと絵画と集団テストで行われました。その分、親子面接での様子が重視されますので、面接の練習はしっかりしておきましょう。今まででは、個別では、しっかり話すことや、お箸を使うこと。運動では、縄とび・ケンパ・ボールなど、結構、出来不出来がはっきり分かるものが入っていました。早いうちから少しずつ練習しておきたいものです。

合格者のお母様からの入試実践アドバイス

子どもが年少になる前から、しょうがく社の「有名小入試問題集」を毎年購入しておりました。色々な学校の入試問題はなかなか面白くて、ためになりました。問題以外でも、合格者の保護者の方が書いておられる実践アドバイスがとても参考になり、助かりました。その中に「模擬テストのすすめ」の記事があり、成程と思い、毎月の模擬テストは最後まで受け続けました。入試は一発勝負なので、一回一回が試される模擬テストで少しでも慣れて、子どもの課題をその都度その都度見つけては、補うようにしていきました。十分とはとても言えませんでしたが、この積み重ねが、毎週のお教室の学びとうまくリンクして、結果に繋がることができました。やはり、地道な積み重ねが一番だと思います。月1回の模擬テストも、毎週のお教室も、本人はとても楽しいと喜んでおりました。入試の準備には、定期的な模擬テストを是非うまく活用してください。新傾向の問題にも、定番の問題にも、幅広く対応できてとても良い刺激になります。是非効率よく学んで、最後まで頑張ってください。

はつしば学園小学校の入試問題と解答

❶　問題用紙は 155 ページ

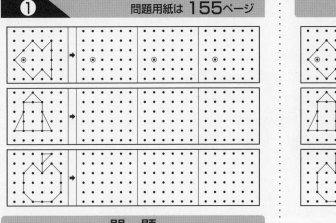

解　答

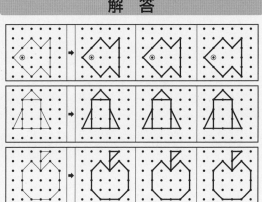

問　題

点つなぎ
左はしのお手本と同じになるように、右のところに点をつないでかいていきましょう。

❷　問題用紙は 156 ページ

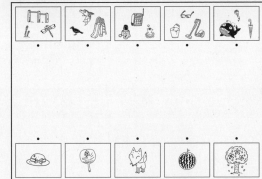

解　答

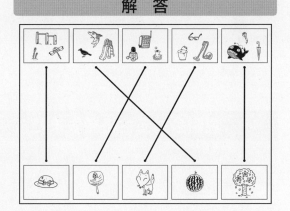

問　題

言　語
上の絵のおしまいの言葉（音）をつないでできるものを、それぞれ下から見つけて線でつなぎましょう。

箕面自由学園小学校

〒560-0056　豊中市宮山町4丁目21番1号　☎06-6852-8110　ホームページ http://mino-jiyu.jp/ps/

教育方針

思考力・表現力を高める授業や多彩な体験活動を通して確かな基礎学力と豊かな人間力を育成します。
人としての基盤を形成するために、七つのがんばり（礼儀・品位・思いやり・学習の基本・身だしなみ・達成感・公徳）を徹底し、豊かな心とたくましさを備えた子どもの育成に努めます。

併設校
箕面自由学園幼稚園
箕面自由学園中学校
箕面自由学園高等学校

通学ガイド
阪急箕面線「桜井」駅下車　徒歩6分
阪急バス南桜井（箕面自由学園正門前）すぐ
阪急バス春日町4丁目下車　徒歩6分

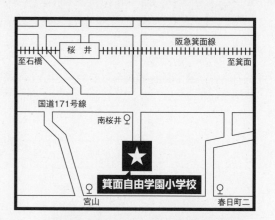

学校情報

創立	大正15年	
学期	3学期制	
1学年	2クラス	
昼食	給食	
1クラス	約25名	
修学旅行	沖縄	

諸経費
（2025年度は変更されることもあります。）

●入学時
　入学金・・・・・・・・・・・・・・・ 220,000円
●入学後（年額）
　授業料・・・・・・・・・・・・・・・ 474,000円
　施設費・・・・・・・・・・・・・・・ 36,000円
　後援会費・・・・・・・・・・・・・ 24,000円
　PTA会費・・・・・・・・・・・・・ 6,000円
　給食費・・・・・・・・・・・・・・・ 90,000円
　積立金・・・・・・・・・・・・・・・ 174,000円
　制服・学用品・・・・・・・・・ 約100,000円

教育の特色

なりたい自分を見つける学校

　自然あふれる環境の中、なりたい自分を見つけ、その実現のために将来に生きて働く思考力・表現力を育む教育を実践します。1年生からはじまる充実した体験学習をはじめとする様々な学習をより効果的にするために、書くことを重視し、6年間を通して育む文章を書いて豊かに表現できる力は、子どもたち一人ひとりの「なりたい」を実現する糧となります。

安全対策

○常駐警備員の配置
○防犯ブザーの配布
○教員による登下校時の通学路の見守り
○携帯電話の所持を許可
○ミマモルメの導入（任意）
○避難訓練や防犯訓練の実施
○緊急時の一斉メール配信

学校での一日

【1・2生】

8時20分	朝の会
8時50分	1時間目
10時25分	なかよしタイム
10時50分	3時間目
12時25分	給食
13時05分	掃除
13時25分	なかよしタイム
13時35分	5時間目
14時45分	帰りの会
15時00分	下校

＊放課後の課外活動あり。全学年で実施。
●アフタースクール
　→スタディ分野・アート分野
●わくわくHOME
　→他学年交流・宿題サポート・イベント

学校での一年

【6年間】

4月	入学式
5月	春の遠足・幼稚園交流会
6月	運動会／漢字チャンピオン大会
7月	オーストラリア体験学校
8月	サイエンスツアー
9月	親子交流会・夏休み作品展／なかよし体験学校（1年）／ふれあい林間学校（2・3年）／英語レシテーションコンテスト
10月	ふるさと体験学校（5年）・おにぎりの会／遠足・土曜参観・観劇会
11月	マラソン大会かけ足訓練／おいもパーティー／なわとびチャンピオン大会
12月	しめ縄作り・幼稚園交流会／おにぎりパーティー／学校お泊まりキャンプ
1月	左義長祭・スキー学校（4・5年）／かきぞめ展・図工展
2月	修学旅行（6年）・学習発表会
3月	卒業式・6年生を送る会・春キャンプ

進学状況

併設校進学ガイド

小学校（共学）
↓
中学校（共学）
↓
高等学校（共学）

過去3年中学合格実績

大阪/高槻
　四天王寺
　関西大学第一
　星光
　明星
　大阪桐蔭
　清風
　金蘭千里
兵庫/甲陽
　甲陽
　甲南
　神戸女学院
京都/洛南
　洛南
　洛星
　立命館
　同志社女子
奈良/東大寺学園
　西大和学園

入試データ

○2024年度募集人員

男・女　50名

○最近の出願者数の推移（過去5ヵ年）

	出願者数
2020年度	39名
2021年度	50名
2022年度	50名
2023年度	56名
2024年度	69名

出題傾向（過去3ヵ年）

年度	2022	2023	2024
面接	●	●	●
口頭試問	●	●	●
ペーパー	●	●	●
音楽リズム	●	●	●
絵画・製作	●	●	●
運動	●	●	●
行動観察			

説明会から合格発表まで　　2024年度　入試日程（2025年度の入試日程は必ず学校配布の募集要項でお確かめ下さい。）

学校説明会
2023年5月24日(水)
学校説明会＋授業見学会

体験入学
2023年6月17日(土)

▶

願書配布
2023年7月上旬〜
◆WEBから出力

▶

入試説明会＋入試体験会
2023年7月22日(土)
◆入試本番のプレ体験

▶

願書登録期間
[A日程]
2023年8月5日(水)〜8月21日(月)
◆WEBにて登録

▶

親子面接
[A日程]
2023年8月26日(土)・8月27日(日)
9月2日(土)・9月3日(日)
◆出願登録時に希望登録しメールにて指定された1日

▶

考査日
[A日程]
2023年9月9日(土)
9月10日(日)

▶

合格発表
[A日程]
2023年9月11日(月)
◆速達郵送
※web発表

　※**特別日程 若干名（A日程出願者は不可）　2月3日(土)実施**

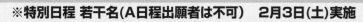

入 試 の 内 容

ペーパーテスト(右がわに一部類題紹介)

■数量(サイコロの数)　■数量(広さ比べ)
■推理・思考(反転)　　■推理・思考(点結び)
■お話の記憶(絵画)　　■お話の記憶(選択)

個別テスト

■口頭試問
●推理・思考
◇なぜなぜどうして(理科実験動画)
・酸性か、アルカリ性か、色の変化を見て推理をする。
●社会性
◇事前課題『むすぶ』
・風呂敷で包む

実技テスト

■製作
●グループ活動
◇背景となる紙に、折り紙や色鉛筆を使って水族館をつくる。

■運動
●サーキット(笛の合図があるまで)
◇平均台→スキップ→ケンケンパ→鉄棒(自由)→ジグザグ走り
(指示付)
●指示行動
◇模倣の運動
・1回目はクマになり、2回目はやじろべえになる。

■なわとび・なわ結び
◇両足の前とびを合図があるまでする。
◇お片づけのなわ結びをする。

面 接

■実施方法
考査日以前の2日間のうち、指定された日時に両親と子どもと先生3名で行われた。

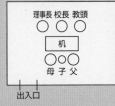

理事長 校長 教頭
○　○　○
机
○　○　○
母　子　父

出入口

※面接時間・約15分
指定された日時に登校し、控室にて待機。時間になると受付の方が呼びに来られ入室。

■本人に対しての質問事項
①お名前を教えて下さい。
②住所と電話番号を教えて下さい。
③あなたの家族を教えて下さい。
④幼稚園(保育所)の名前を教えて下さい。
⑤幼稚園(保育所)は楽しいですか。どんなことをしているときが楽しいですか。
⑥電車(バス)に乗った時、気をつけていることがあればお話して下さい。
⑦幼稚園(保育所)の先生のお話を聞くときに気をつけていることがあればお話して下さい。
⑧お家では、あいさつをしていますか。どのようなあいさつをしていますか。
⑨お家の人にほめられたり、叱られたりしたことがありますか。お話して下さい。
⑩小学校に入ったらどんなことをがんばりたいですか。
⑪おうちでは、どんなお約束ごとがありますか。

■保護者に対しての質問事項
①お子様を本校に入学させたい理由をお聞かせ下さい。
②家庭教育では、特にどのようなことに気をつけておられますか。
③お子様の良いところ、がんばってほしいところをお聞かせ下さい。
④お子様をどのようなときに叱ったりほめたりしておられますか。
⑤お子様が友達から意地悪をされたり叩かれたりしたと話したとき、どのように対処されますか。
⑥入学後、健康面で特に気をつけることはございませんか。
⑦入学後、特に配慮が必要な点はございますか。
⑧今までどのような勉強やおけいこごとをしてこられましたか。
⑨お父様(お母様)がどのようなお仕事をしておられるのか、お聞かせ下さい。
⑩ICT教育については、どのようにお考えですか。

入試情報

◆考査は、ペーパーテスト、個別テスト、絵画・製作、運動テストを実施。
◆考査日以前に学校の指定日に親子面接を実施。
◆願書。

入試の傾向と対策

例年ペーパーテスト、個別テスト、実技テスト、集団での行動観察と、幅広く課題が出されます。日頃から、コンスタントに準備をし、間際であわてることのないようにしたいものです。特に口頭でのやりとりは、時間をかけて練り上げていく必要があります。

合格者のお母様からの入試実践アドバイス

箕面自由学園小学校は、昨年の入試が結構厳しかったので、しっかり準備をしなければと考え、しょうがく社に通わせていただきました。そのかいあって、無事合格することができました。やはり、模擬テストも受け、子どもの課題を見つけ、きちんと対策を立てていく地道な歩みが大切なのだと思います。入試間際であわてることのないように、行動観察や面接の練習会等の行事にも何度も参加しましたが、家ではどうしても準備ができないだけに、とても助かりました。何より、子どもが楽しい楽しいと言って喜んでいる姿を見るのが、また親の楽しみでもありました。中高の評判も高いので、是非合格していっしょに通いましょうね。頑張ってくださいね。

箕面自由学園小学校の入試問題と解答

❶ 問題用紙は 157ページ

解 答

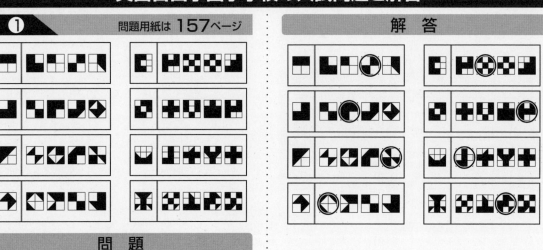

問 題

広さ比べ
左はしのお手本と黒いところが同じ広さのものを右から見つけて○をつけましょう。

❷ 問題用紙は 158ページ

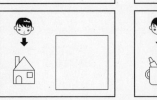

解 答

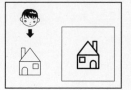

問 題

推理(模写)
左の絵を後ろの男の子から見るとどのように見えるでしょうか。右のところにかきましょう。

小林聖心女子学院小学校

〒665-0073　宝塚市塔の町3番113号　☎0797-71-7321　ホームページ　https://www.oby-sacred-heart.ed.jp/

教育方針

1. 魂を育てる
2. 知性を磨く
3. 実行力を養う

併設校
小林聖心女子学院中学校
小林聖心女子学院高等学校
聖心女子大学

通学ガイド
阪急今津線「小林」駅下車　徒歩約7分

小林聖心女子学院小学校

学校情報

創立	大正13年
1学年	2〜3クラス
1クラス	約30〜36名
学期	2学期制
昼食	お弁当
修学旅行	高山・上高地・白川郷

諸経費 （2025年度は変更されることもあります。）

入学金(入学時)	400,000円
施設費(入学時)	100,000円
授業料(年額)	536,400円
維持費	168,000円
保護者会費	3,600円
教材費	37,000円

通学について
・通学所要時間は90分以内
・保護者のもとから通学すること

教育活動

●**英語教育**
異文化に触れ、英語に親しむように、「聞くこと」「話すこと」を重視し、また、1学級を二つに分けた少人数教育を行っています。

●**国際理解教育**
毎年併設の高等学校へ海外姉妹校の留学生が留学してきます。彼女らは、小学校に来て、6年生と交流します。

●**奉仕活動**
◇おにぎり募金
金曜日のお弁当は、おにぎりのみとし、おかず代を募金します。

安全対策

○**監視カメラを設置**
入校者確認のため、坂道、校門に監視カメラを設置している。

○**防犯ブザーを携帯**
全児童に安全確保のため、防犯ブザーを携帯するよう保護者に指導。

○**安全確保のため警察と連絡**
駅・通学路等学校付近の安全確認を警察に依頼。警察署より学校へメールで状況を連絡。

○**GPS付携帯電話の使用を許可**
児童の居場所の確認ができるGPS付携帯電話を使用することを許可している。

学校での一日

1年〜4年

8時20分	朝のお祈り
8時25分	英語モジュールタイム
8時40分	1時間目
12時20分	昼食
12時45分	昼休み
13時25分	5時間目
14時20分	6時間目
15時45分	下校
16時00分	最終下校

学校での一年

6年間

4月	入学式、学院祭Come and See Day
5月	修学旅行(6年生)・遠足
6月	日曜参観日・聖心(みこころ)の祝日・運動会(小1〜小4)
7月	校内合宿(3年生) 林間学校(4年生) 練成会(6年生)
9月	合唱祭
10月	体育祭(小5〜中2)・感ずべき御母の祝日 校外学習・宿泊行事(5年生)
11月	追悼ミサ
12月	ゆりの行列 クリスマスウィッシング
1月	耐寒駆け足・マラソン大会
2月	読書会
3月	感謝週間・卒業式

進学状況

ほとんどの児童が併設の中学校に進学する。

小林聖心女子学院小学校
↓
小林聖心女子学院中学校
↓
小林聖心女子学院高等学校
↓
聖心女子大学（内部進学制度があります）／他大学（東大・京大・阪大・神大 関学・同志社・関大・立命館 上智・早稲田・慶応など）

入試データ

○**2024年度 募集人員**

女子　約60名

出題傾向（過去3ヵ年）

年度	2022	2023	2024
面接	●	●	●
口頭試問	●	●	●
ペーパー	●	●	●
音楽リズム		●	
絵画・製作	●	●	●
運動			
行動観察	●	●	●

○**最近の出願者数の推移（過去5ヵ年）**

	出願者数
2020年度	61名
2021年度	73名
2022年度	53名
2023年度	68名
2024年度	104名

説明会から合格発表まで　2024年度　入試日程（2025年度は必ず学校配布の募集要項でお確かめ下さい。）

学校説明会
2023年5月

願書配布
◆Web出願のためなし

A日程

願書受付	面接日	考査日	合格発表
2023年 8月1日(火)〜8月24日(木) ◆インターネット出願のみ	2023年 9月2日(土) 9月3日(日) ◆面接日時は出願後メールにてお知らせ	2023年 9月9日(土) ◆親子面接は指定された日に実施される(1人7分)	2023年 9月10日(日) ◆学校にて手渡し

B日程

願書受付	面接日	考査日	合格発表
2023年 8月1日(火)〜8月24日(木) ◆インターネット出願のみ	2023年 9月2日(土) 9月3日(日) ◆面接日時は出願後メールにてお知らせ	2023年 9月11日(月) ◆親子面接は指定された日に実施される(1人7分)	2023年 9月12日(火) ◆学校にて手渡し
C日程は12月4日(月)〜12月22日(金)	C日程は1月6日(土)	C日程は1月13日(土)	C日程は1月15日(月) ◆速達にて郵送

テスト当日のスケジュール

集合時刻	終了時刻
8時00分〜8時45分	12時00分

受験者の服装

自由ですが
名前の記したもの
（胸札等）は
付けないで下さい。

持参するもの

○受験票　○ハンカチ
○ティッシュペーパー
○水筒（受験者用）
○運動靴

8時00分〜8時45分
○受付にて受験票を提示し、「受付番号」と「考査番号」のかいたバッジを受けとり、左胸につけ指示された控室へ入る。

8時20分〜8時45分
○控室でゼッケンを受けとり、受験者につける。
○受験者は水筒を持って、テスト会場へ移動する。

9時00分
○ペーパーテスト、絵画製作、行動観察を実施。
○保護者は控室で待機。
○受験者がもどれば、解散。

入試の傾向と対策

生まれ月によるグループに分けられ、考査が行われています。ペーパーテストをはじめ、絵画・製作、巧緻性といった能力をみられ、また行動観察等で日頃の生活態度も細かく観察されますので、早い時期からの準備が必要です。
また、保護者の面接においても家庭の教育方針や躾等も調べられますので注意しましょう。

合格者のお母様からの入試実践アドバイス

聖心の入試では自分の事だけではなく、周りのお友達といかに上手に関われるかということが大事になりますので、お教室で実際に入試を受けるお友達と一緒に様々な課題に取り組めたことが合格につながったと思います。やはり、家では指導しにくい部分になりますので、お教室でいろいろな経験を積めたことが本当に良かったです。ペーパー面に関しては、奨学社でご指導いただく内容で十分過ぎると感じておりましたので、毎週のリビューテストを目標に復習中心のお勉強を続けました。その甲斐あって入試当日は何も不安なく臨むことが出来ました。本当に有難うございました。

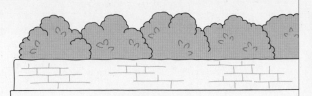

入試の内容

ペーパーテスト（次のページをご覧下さい）

■かぞえ方　■季節感　■言語①　■言語②　■言語③
■図形の重なり　■数の分割　■道徳　■位置　■推理

実技テスト

■絵画・製作
●課題画
◇「ふしぎなたね」のテーマのもと、絵を描く。
●製作（おでかけかばん作り）
◇画用紙、リボン、紙ストロー等を使って、「おでかけかばん」を作る。

行動観察

●グループ行動
◇お友達とグループを作り、「ファッションショー」のテーマのもと、活動する。

面接

■実施方法
考査日以前に指示された日時に、両親と子供、先生3名とで行われた。

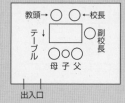

（談話室）
教頭→○　○←校長
テーブル　□　○←副校長
○○○
母　子　父
出入口

※面接時間・7分
指定された日時に登校し、事務所の受付で受験票を提示し、控室で待機。
順番がくると、先生が呼びに来られ、まず子供のみ面接室に入り、数分後に親も入室する。

■本人に対しての質問事項
①お名前を教えて下さい。
②幼稚園の名前と先生の名前を教えて下さい。
③幼稚園では何をしていますか。
④運動会の練習はしていますか。どんなことをしていますか。
⑤兄弟の名前を教えて下さい。
⑥（兄弟とは）いつも何をして遊んでいますか。
⑦いつもどんなお手伝いをしていますか。

■保護者に対しての質問事項
①宗教教育についてのお考えをお聞かせ下さい。
②本校の行事に参加されたときの印象をお聞かせ下さい。
③女子教育についてはどのようにお考えでしょうか。
④これまでどういったところに気をつけてお子様を育ててこられましたか。
⑤躾について大切にしてこられたことをお聞かせ下さい。
⑥どのようなときにお子様の成長を感じられましたか。

❶ 問題用紙は159ページ

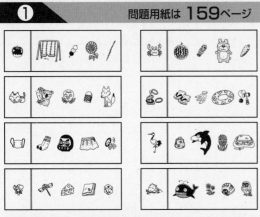

解答

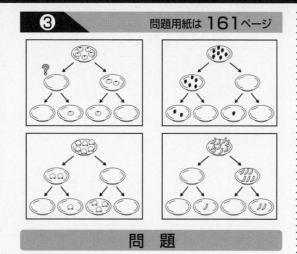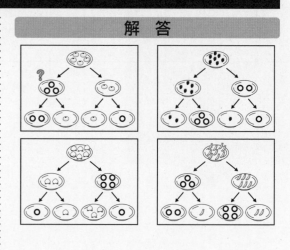

問題

言　語
左はしの絵のはじめの言葉（音）が入っているものを右から1つ見つけて
○をつけましょう。

❸ 問題用紙は161ページ

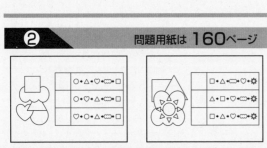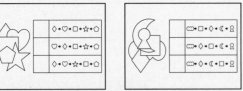

問題

数の分割
一番上のお皿の果物を、下のお皿の絵のように分けていきます。では、抜
けているお皿には果物がいくつのっているでしょうか。その数だけお皿に
○をかきましょう。

❷ 問題用紙は160ページ

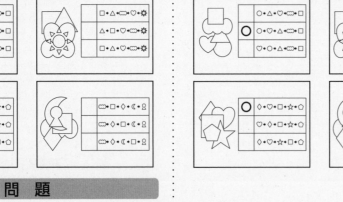

解答

問題

図形の重なり
いろいろな形が重なっている左の絵をよく見て、一番下にある形から順に
並んでいるところを見つけて、左はしの箱に○をかきましょう。

❹ 問題用紙は162ページ

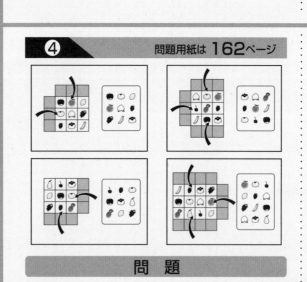

解答

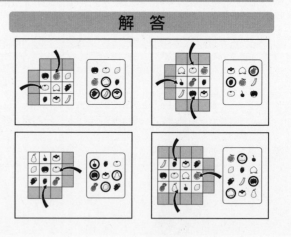

問題

推　理
矢印の向きに黒い紙をパタンと倒していった後、見える果物はどれでしょ
うか。右から全部見つけて○をつけましょう。

関西学院初等部

〒665-0844 宝塚市武庫川町6番27号 ☎0797-81-5500 ホームページ http://www.kwansei.ac.jp/elementary/

教育目標
① キリスト教の教えに基づくたくましい生き方の育成
② 豊かな情操と国際感覚を持った世界市民の育成
③ 真理を探求する確かな基礎学力の育成

併設校
関西学院中学部
関西学院高等部
関西学院大学・大学院

通学ガイド
●阪急電鉄「宝塚」駅下車1,100m
●JR「宝塚」駅下車1,200m
●阪急バス・阪神バス「歌劇場前」駅下車500m

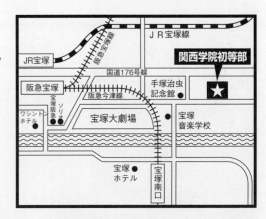

学校情報

創立……平成20年	学期……3学期制
1学年……3クラス	昼食……弁当
1クラス……30名	修学旅行……カナダ

諸経費 （2025年度は変更されることもあります。）

●入学時
入学金……200,000円

●入学後
授業料……800,000円
教育充実費……200,000円
教材・学年宿泊行事等事前納金
図書購入費 ……143,000円
修学旅行費
PTA会費、後援会費
同窓会入会金

教育活動

「見えないもの」に気づく、豊かなたましいを育てる。
低学年から生活と学習姿勢の基本を確立。
毎朝の礼拝や日々の学校生活の中でお互いを認め理解し合うとともに、自分で判断し行動できる"自主自律の精神"を育みます。

関学タイム70
豊かな心を育む「こころの時間」
聴く・読む・伝える力を養う「風の時間」
国際理解を深める「光の時間」
論理的に考える力を身につける「力の時間」
4つの時間を月曜日から金曜日まで毎日15〜20分実施。

安全対策

●敷地内への不審者の侵入を防止
校地外周にはフェンスと防犯センサー、カメラを設置。
警備員が常駐する門衛所を設け、常時校内を巡視。

●ミマモルメ

校門に設置したICリーダーにカードをかざすことで、児童の登下校の情報が学校や家庭に送信される。

●登下校時の安全対策

登下校時は、最寄りの駅から校門までの間に、警備員・OB・保護者が立ち、児童の登下校をサポートする。

学校での一日

〔1年〜6年〕

8時25分	朝の会
8時40分	「こころの時間」
9時00分	1時間目
9時55分	2時間目
10時40分	フリータイム
10時55分	3時間目
11時50分	4時間目
12時35分	昼礼・ランチタイム
13時00分	フリータイム
13時20分	クリーンタイム
13時40分	5時間目
14時35分	6時間目
15時20分	帰りの会・終礼
16時30分	最終下校

〔11月〜2月〕
16時15分

学校での一年

〔6年間〕

4月	入学式・1学期始業礼拝 イースター礼拝・交通安全教室
5月	体育祭・なかよし遠足 避難訓練・自然体験キャンプ(3年) カナダコミュニケーションツアー(6年)
6月	花の日礼拝・田植体験(5年) 平和を学ぶ旅(5年) 阪急電車車庫見学(1年)
7・8月	家庭訪問 リトリートキャンプ(2・4年合同)
9月	2学期始業礼拝・創立記念礼拝
10月	命を守る学習・校外学習
11月	音楽祭・収穫感謝礼拝
12月	クリスマス礼拝
1月	3学期始業礼拝・作品展 避難訓練
2月	マラソン大会・作品展
3月	修了礼拝・卒業式 卒業生を送る会

進学状況

併設校進学ガイド

初等部（共学）
↓
中学部（共学）
↓
高等部（共学）
↓
大学（共学）

大学までの一貫教育

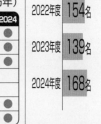

入試データ

○2024年度募集人員

男・女 90名

○最近の出願者数の推移（過去5カ年）	出願者数
2020年度	214名
2021年度	244名
2022年度	154名
2023年度	139名
2024年度	168名

出題傾向（過去3カ年）

年度	2022	2023	2024
面接	●	●	●
口頭試問		●	●
ペーパー	●	●	●
音楽リズム			
絵画・製作			
運動	●	●	●
行動観察	●	●	●

説明会から合格発表まで　2024年度　入試日程（2025年度の入試日程は必ず学校配布の募集要項でお確かめ下さい。）

学校説明会
2023年4月15日(土)
◆学校紹介など

授業参観＋個別相談会
2023年5月13日(土)
◆学校紹介など

入試説明会＋個別授業3＋個別相談会
2023年6月24日(土)
◆入試についての説明

入試説明会（動画配信）
2023年6月26日(月)
◆入試内容や出願方法など

→

願書受付(A入試)
2023年7月10日(月)〜7月18日(火)
◆インターネット出願

願書受付(B入試)
2023年9月14日(木)〜9月25日(月)
◆インターネット出願

→

親子面接(A入試)
2023年8月23日(水)〜8月20日(金)および9月10日(日)
※いずれか1日

親子面接(B入試)
2023年10月10日(火)〜10月13日(金)
※いずれか1日

→

考査日(A入試)
2023年9月11日(土)
◆筆記試験＋集団行動観察

考査日(B入試)
2023年10月15日(土)
◆口頭試問＋集団行動観察

→

合格発表(A入試)
2023年9月12日(火)
◆合否照会サイトにて発表

合格発表(B入試)
2023年10月16日(月)
◆合否照会サイトにて発表

テスト当日（A入試）の スケジュール

集合時刻
（男女とも）
指定された
時間に登校。
→
終了時刻
（男女とも）
実施（約30分）
後解散。

1日目

男女とも
9時00分～
○受付にて受験票を提示。
○受付を済ませた後、控室ダイニングルームにて待機。

○係の先生が、受験者を誘導し、教室へ移動。
○親子面接を実施。

○面接が終わればそのまま解散となる。

2日目

男女とも
9時00分～
○受付にて受験票を提示。
○受付を済ませた後、控室（チャペル）に入って指定された座席にすわる。
○受験者は番号がかかれたシールを右肩に貼る。

○係の先生が、受験者を誘導し、教室へ移動。
○ペーパーテスト、行動観察を実施。

○保護者はチャペルで待機。
○受験者がもどってくれば、解散。

受験者の服装

服や靴に記名されているなど、個人の名前がわかるものは身に付けないで下さい。

持参するもの

○受験票
○上履き
○靴を入れる袋
○ハンカチ
○ティッシュペーパー

入試の 傾向と対策

今年度より入試が大きく変わりました。例年実施されていた絵本を使ったお話の記憶の問題と運動が出題されなくなりました。その代わりに30分間の行動観察が2つ出題されています。ペーパーテストは12問となりました。親子面接も実施されています。ペーパーの練習はもちろんのこと、家族でしっかりと会話ができる、親の前でこそ子どもが安心して話ができる関係を作っておきましょう。

合格者のお母様 からの入試実践 アドバイス

年中の頃よりお世話になり、無事合格をいただけたこと本当にありがとうございました。毎回娘は楽しそうに授業から帰ってまいりました。一度もお教室に行きたくないと言ったことがなく、それだけ子どもたちを楽しませ、惹きつける魅力的な授業だったのだと心から感謝しております。また、親のほうも何度か不安になることもありましたが、丁寧にアドバイスをいただき、お陰様で本番も安心して臨むことができました。約一年間でしたが、本当にお世話になりました。

入 試 の 内 容

ペーパーテスト（次のページをご覧下さい）

■注意力　■知識　■言語　■季節感　■図形の回転
■しりとり　等

行動観察・運動

●共同制作
①4つのグループ（1グループ3～5名）に分かれて、「馬」か「家」のどちらを作るか相談して決める。
②部屋には先生のお手本が置いてある。折り紙、画用紙、すずらんテープを、テープやはさみ、のりなどを使って飾り付ける。
●集団ゲーム
①4つのグループ（1グループ3～5名）に分かれて、紙コップのタワーを作る。
②先生からボールを渡される。相手チームの紙コップタワーにボールを転がして、タワーを崩しあう。崩れたら積み直しても良い。最後に高くタワーが残ったグループの勝ちとなる。

面接

■実施方法
考査日初日の指定された時間帯に親と子供・先生2名とで行われた。

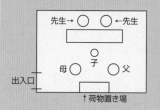

先生→○　○←先生

母　子　父

出入口

↑荷物置き場

※面接時間　10分
指示された日時に登校し、受付で受験票を提示し、控え室で待機。順番が来ると係りの人が呼びに来られ、親子一緒に入室する。

■本人に対しての質問事項
①お名前と幼稚園（保育園）の名前を教えて下さい。
②お誕生日はいつですか。
③電車に乗る時に気をつける事は何ですか。
④静かにしなければいけない場所はどこですか。
※他にも願書に記入されている事についての質問や、会話の流れの中で先生が気になったことについて質問をされます。

■保護者に対しての質問事項
①16年一貫教育についてどのようにお考えでしょうか。
②キリスト教教育について、どのようにお考えでしょうか。
③子どもの成長において、感動されたことはどのようなことでしょうか。
④日頃から意識してお子様に声かけしている言葉を教えて下さい。
⑤（関学の4つの柱の1つを示され）～についてどう思われますか。
※他にも各個人により違う質問があります。

① 問題用紙は 163ページ

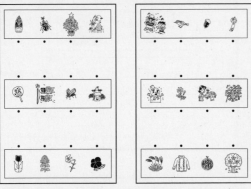

解 答

問 題

季節感
上の箱から下の箱まで、同じ季節の絵を線でつなぎましょう。

② 問題用紙は 164ページ

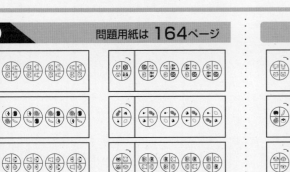

解 答

問 題

図形の回転
左はしのお手本が右に一回転がると、どのようになるでしょうか。見つけて
○をつけましょう。

③ 問題用紙は 165ページ

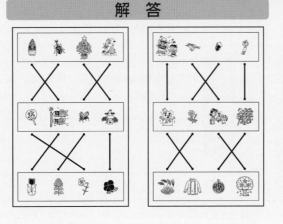

解 答

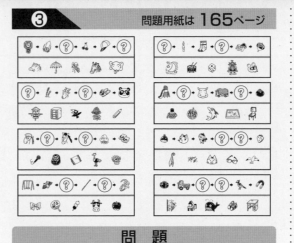

問 題

しりとり
矢印の順番にしりとりが続くとき、空いているところに入る絵を下から2つ
見つけて○をつけましょう。

④ 問題用紙は 166ページ

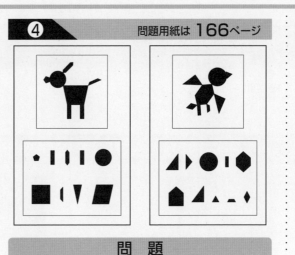

解 答

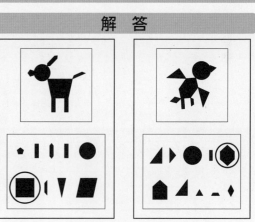

問 題

図形の合成
上のお手本を作るのに使わない形を下から見つけて○をつけましょう。

甲南小学校

〒658-0051　神戸市東灘区住吉本町1丁目12番1号　☎078-841-1201　ホームページ　http://www.konan-es.ed.jp/

建学の精神

人格の修養と、健康の増進ということを、第一義とし、之に加うるに個性を尊重して、天賦の才能を啓発すること。

併設校	甲南幼稚園・甲南中学校・甲南女子中学校 甲南高等学校・甲南女子高等学校・甲南大学 甲南女子大学
通学ガイド	東海道本線「住吉」駅下車　徒歩5分 阪急神戸線「御影」駅から徒歩20分

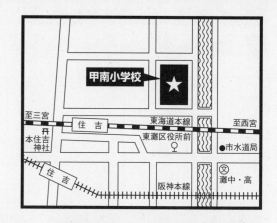

学校情報

創立	明治45年	学期	3学期制
1学年	2クラス	昼食	弁当・ケータリング
1クラス	約30名	修学旅行	四国地方

諸経費（2025年度は変更されることもあります。）

● 入学金(入学時) ・・・・・・・・ 400,000円
● 施設設備費(年額) ・・・・・・・ 150,000円
● 授業料(年額) ・・・・・・・・・ 600,000円
● 制服 ・・・・・・・・・・・・・ 約41,000円
● 指定学用品 ・・・・・・・・・・ 約50,000円
● その他教材図書費、PTA会費、等があります。

教育方針

1. 幼稚園・小学校の連携による一貫教育を目差す
2. 徳・体・知の調和的発展を目指す
   (1) 徳育について
       情操を豊かにし、共働互助、相互尊重を図る
   (2) 体育について
       質実剛健を旨とし、心身の健康増進を図る
   (3) 知育について
       基礎・基本の徹底を図る
3. 時代の変化に対応する教育を目指す
   国際理解教育・ICTを活用した教育・環境教育（SDGs）を推進する

安全対策

○ **登下校指導**
毎日先生が児童を引率し、登校下校の指導を実施

○ **校門の施錠**
児童が学校にいるときは校門を施錠している。

○ **警備員の巡回**
警備員が終日勤務し、定期的に校内を巡回している。

○ **防犯カメラの設置**
児童の安全のために、校内の各所に防犯カメラが取り付けられている。

○ **その他**
ミマモルメ・ケータイ・防犯ブザー等

学校での一日

1年～6年

8時20分 ・・・ 全校朝会
8時35分 ・・・ 学級朝会
8時45分 ・・・ 甲南タイム
9時00分 ・・・ 午前の授業
12時30分 ・・・ 昼食・休み
13時10分 ・・・ 清掃
13時30分 ・・・ 午後の授業
14時15分 ・・・ 6時限
15時05分 ・・・ 終会
15時30分 ・・・ 下校
15時30分 ・・・ アフタースクール　おけいこ

※希望者のみ　17時30分まで

学校での一年

6年間

4月	入学式・一年生歓迎遠足
5月	修学旅行・春の遠足
6月	地区別遠足・水泳指導 甲南三学園合同農業体験学習
7月	校外学習・遠泳 夏期講習・有志水泳
8月	プール開放
9月	早起き遠足・運動会
10月	秋の遠足
11月	芸術鑑賞会・秋の鍛錬遠足
12月	兵庫県私学連合音楽会
1月	冬の鍛錬遠足・とんど・作文発表会
2月	学習発表会・展覧会・持久走
3月	卒業式・6年生送別遠足

進学状況

系列校には、内部進学制度があります。

```
甲南小学校
各学年2クラス 約60名
    ↓
甲南中学校    甲南女子中学校
    ↓             ↓
甲南高等学校   甲南女子高等学校
    ↓             ↓
一般他大学 甲南大学 甲南女子大学 一般他大学
```

入試データ

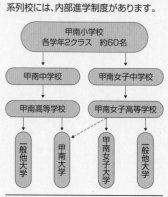

○2024年度 募集人員

男・女　約32名

（外部進学者のみ）

※実際には2クラス60名の編成となります

○最近の出願者数の推移（過去5カ年）

年度	出願者数
2020年度	33名
2021年度	29名
2022年度	29名
2023年度	27名
2024年度	33名

出題傾向（過去3カ年）

年度	2022	2023	2024
面接	●	●	●
口頭試問	●	●	●
ペーパー	●	●	●
音楽リズム			
絵画・製作	●	●	●
運動	●	●	●
行動観察	●	●	●

学校説明会から合格発表まで　　2024年度　入試日程（2025年度は必ず学校配布の募集要項でお確かめ下さい。）

入試説明会
2023年
5月27日（土）

◆学校説明会

▶

願書交付(A日程)
2023年
7月3日（月）～
7月28日（金）

◆事務室・WEB

願書交付
2023年
7月3日（月）～
2024年
1月12日（金）

◆申込フォームにてお申し込みください

▶

願書受付(A日程)
2023年
7月24日（月）～
8月4日（金）

◆提出書類
①入学願書（学校所定）
②調書1通（学校所定）

願書受付(B日程)
2024年
1月9日（火）～
1月19日（金）

◆郵送受付のみ

▶

考査日(A日程)
2023年
9月9日（土）

◆試験日までに全員の保護者、子供と面接を実施（日時は出願時に指定）

考査日(B日程)
2024年
2月3日（土）

▶

合格発表(A日程)
2023年
9月11日（月）

◆郵送

合格発表(B日程)
2024年
2月3日（土）

◆郵送

入試の内容

ペーパーテスト（次のページをご覧下さい）
■お話の記憶（2題）　■図形　■知識

個別テスト

■口頭試問
●パズル
◇パズルを使って、お手本と同じ形を作る。
●迷路
◇迷路を通って線をかく。
●数量
◇絵の数をかぞえて、おはじきを置く。
●お話作り
◇バラバラの絵を並べかえて、お話を作って言う。
●スモックの着脱
◇スモックを着たり脱いだりする。
●箸の使い方

実技テスト

■絵画
●課題画
◇グループのお友達と相談してクレヨンで一つの絵をかく。

■運動能力
●かけっこ
◇指定されたコースをかけっこする。
●なわとび
◇先生が「やめ」と言うまでなわとびをする。
●ボールつき
◇先生が「やめ」と言うまでボールをつく。
●ボール投げ
◇ボールを遠くまで投げる。
●旗まわり
◇旗と旗の間を8の字に走る。
●棒つかまり
◇棒にしっかりとつかまる。
●スキップ・ギャロップ・ケンパ
◇先生のお手本通りに、スキップ、ギャロップ、ケンパをしましょう。

行動観察

●ブロック遊び
◇グループのお友だちと協力してあそぶ。

面接

■実施方法
考査以前の指定された日に両親と子供と、先生2名で行われた。

※面接時間　約20分
指定された日時に登校し、控室で待機。
順番がくると、教頭先生が呼びに来て、まず子供のみ面接室に入り、後で親も入室する。

■本人に対しての質問事項
①幼稚園の名前を教えて下さい。
②外では何をして遊ぶのが好きですか。
③今日は、だれとどうやって来ましたか。
④「ごめんなさい」と「ありがとう」はどんな時に言いますか。
⑤嫌いな食べ物は何ですか。
⑥公園でブランコに乗っていたら、お友達が見ています。こんな時あなたはどうしますか。
⑦小学校に入ったら何をしたいですか。

■保護者に対しての質問事項
①志願理由をお聞かせ下さい。
②ご家庭の教育方針をお聞かせ下さい。
③お父様のお仕事の内容をお聞かせ下さい。
④お母様はお仕事をされておられますか。
⑤お子様のお家での様子をお聞かせ下さい。
⑥家庭でのしつけで心掛けておられる事はどんな事でしょうか。
⑦学校説明会の印象をお聞かせ下さい。
⑧一貫教育についてどのようなお考えをお持ちでしょうか。
⑨本校までの通学経路と通学時間をお教え下さい。
⑩お子様のアレルギーの有無をお聞かせ下さい。

入試情報

◆考査は1日（男女別）。ペーパーテスト、個別テスト、絵画・製作テスト、運動テストを実施。
◆2日目に身体検査あり。
◆幼稚園からの調査書が必要。
◆願書提出は郵送のみ。

入試の傾向と対策

適正テストは、ペーパーテストと口頭試問の両面から細かく観察されますので、どちらも並行して練習する必要があります。ペーパー練習と併せて、口頭で答えられる様に、言語力の強化をはかりましょう。出題傾向は例年似ていますので、過去問題を中心に、何度も反復して練習して下さい。また、先生の指示をよく聞き、ルールをしっかり守って行動できるように日頃から十分留意しておきましょう。

合格者のお母様からの入試実践アドバイス

甲南小の入試は、少人数グループで実施されますので、子供達一人ひとりをじっくり観てこられると思います。また、一対一の口頭試問が中心ですので、ハキハキと受け答えできるように日頃から気をつけて練習させました。入試内容は毎年同じ様な項目が多いので過去の出題内容に沿って進めていきましたが、あまり項目をしぼりすぎると、傾向が変わったとき融通がききませんので夏休みまではお教室の内容通り、全てに手を抜かず取り組みました。おかげ様で合格をいただきましたが、親子共々良い経験ができたと思っております。

甲南小学校の入試問題と解答

❶　問題用紙は167ページ

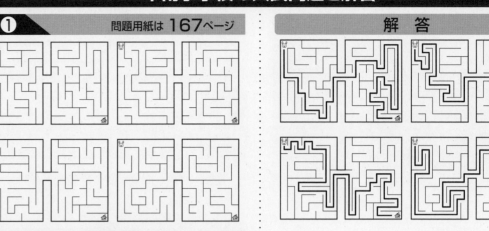

解　答

問　題

迷 路
ウサギさんが家に帰るにはどの道を通ればいいでしょうか。線を描きましょう。

❷　問題用紙は168ページ

解　答

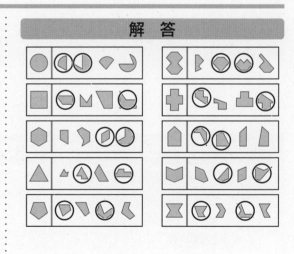

問　題

図形の合成
左はしの形を作るには、右のどれとどれを合わせるとよいでしょうか。
2つ見つけて○をつけましょう。

神戸海星女子学院小学校

〒657-0805　神戸市灘区青谷町2丁目7番1号　☎078-801-5601　ホームページ　http://www.kobekaisei.ed.jp/

教育理念「真理と愛に生きる」

本学院は、キリスト教精神に基づいて、知的・情的・意志的に調和した円満な人格を形成し、人と社会に奉仕し得る有能な人間形成をめざします。

併設校
神戸海星女子学院中学校
神戸海星女子学院高等学校
神戸海星女子学院大学

通学ガイド
●JR「灘」駅、又は阪急「王子公園」駅下車　徒歩10〜13分
●JR、阪急、阪神、地下鉄「三/宮」駅から市バス阪急六甲行②、又は摩耶ケーブル行⑱で青谷下車南へ下る
●阪急「六甲」駅前から市バス三宮行②で青谷下車　南へ下る

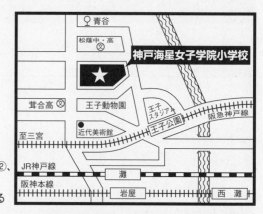

学校情報

創立	昭和26年	学期	3学期制
1学年	2クラス	昼食	お弁当
1クラス	25名程度	修学旅行	中国地方

諸経費 （2025年度は変更されることもあります）

●入学金(入学時)‥‥‥‥400,000円
●授業料(月額)‥‥‥‥‥55,000円
●児童教材費(月額)‥‥‥‥2,000円
●合宿・修学旅行等積立金(月額)‥1,000円
●父母の会費(月額)‥‥‥‥‥300円
●制服(入学時)‥‥‥‥約57,000円
●指定用品(入学時)‥‥約62,000円

教育活動

仲良しクラブ
仲良しクラブでは、年間8回、1年生から6年生まで縦割りで班を作り、お互いに協力し活動しています。

仲良しクラブの活動
◆春の遠足
◆七夕の笹の飾りづくり
◆校外清掃　など

安全対策

○**警備員が校内巡回**
警備員が校内を定期的に巡回し警備している

○**校門等に警備員常駐**
校門他、各入口に警備員が常駐し警備している

○**防犯カメラ設置**
校門等、入口の近くに防犯カメラを設置し、来校者を監視している

○**登下校チェック**
ICタグ使用でメール送信

学校での一日

1年〜6年

8時20分‥‥朝礼
8時35分‥‥1時間目
12時15分‥‥お弁当
　　　　　昼休み

1時00分‥‥掃除
1時20分‥‥5時間目
2時15分‥‥6時間目
3時10分‥‥7時間目
4時00分‥‥終礼

学校での一年

6年間

4月　入学式　春の遠足
6月　日曜授業参観
　　　3年校外合宿・4年校外合宿
7月　1年水泳教室
　　　2年学校合宿
9月　夏休み作品展
　　　5年施設訪問
10月　運動会
11月　学芸会
12月　クリスマス会
1月　参観週間・図工作品展示会
　　　5年スキー合宿
2月　6年修学旅行・マラソン大会
3月　卒業式

進学状況

併設校には内部進学制度があります。

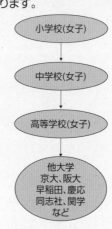

小学校(女子)
↓
中学校(女子)
↓
高等学校(女子)
↓
他大学
京大、阪大
早稲田、慶応
同志社、関学
など

入試データ

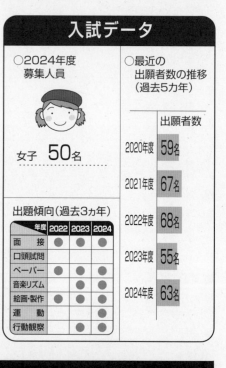

○2024年度　募集人員

女子　**50**名

○最近の出願者数の推移（過去5カ年）

	出願者数
2020年度	59名
2021年度	67名
2022年度	68名
2023年度	55名
2024年度	63名

出題傾向（過去3ヵ年）

年度	2022	2023	2024
面接	●	●	●
口頭試問	●	●	●
ペーパー	●	●	●
音楽リズム	●	●	●
絵画・製作	●	●	●
運動		●	●
行動観察		●	●

学校説明会から合格発表まで　　　2024年度　入試日程（2025年度は必ず学校配布の募集要項でお確かめ下さい。）

(第1回)学校説明会
2023年5月27日(土)
◆学校説明会

(第2回)学校説明会
2023年6月24日(土)
◆授業公開
◆学校説明会

願書配布
2023年
5月27日(土)〜
8月4日(金)

願書受付
2023年
8月15日(火)〜
8月18日(金)
◆郵送

考査日
2023年
9月9日(土)
◆試験日までに全員の保護者、子供と面接を実施。
〔8月21日(月)〜8月26日(土)までの間で指定された日〕

合格発表
2023年
9月10日(日)
◆郵送

テスト当日のスケジュール

集合時刻	終了時刻
8時10分～8時30分	12時頃

受験者の服装

自由ですが
名前の記したもの
(胸札等)は
付けないで下さい。

持参するもの

○受験票
○水筒(コップ付き)
○上ばき

8時10分～8時30分
○受験生と保護者は、講堂(3F)に集合。
○受付で受験票を提示し、名札付ゼッケンを受け取り座席に着く。

9時00分
○グループ(4つ)ごとに点呼があり、教室に誘導される。

9時00分～12時00分頃
○ペーパーテスト、絵画・製作テストが実施される。

12時00分頃
○受験者が控室に戻ってきて、終了。　解散。

入試の傾向と対策

ペーパーテスト、音楽リズム、絵画・製作、行動観察等幅広い範囲からの出題となっています。例年、ペーパー分野では「推理・思考」を中心に高度な能力が要求されます。基礎問題から応用問題まで、十分対応できるように練習しておきましょう。その他の課題は、過去問題を中心に練習するようにしましょう。

合格者のお母様からの入試実践アドバイス

はじめは受験そのものを考えていないところからでしたが、学校の先生のお話を聞くことで、決めることができました。ただ、準備には不安があり何から手をつけてよいのか迷いましたが、教室生となり、強化クラスに入ったことで、いろいろと分かってきました。ペーパーはもちろんですが、手先を使う項目が必ずあるということで日頃から意識して手伝いをさせました。早めに始めて良かったと思います。

入 試 の 内 容

ペーパーテスト (次のページをご覧下さい)

■お話の記憶　■欠所補完　■推理(サイコロ)
■しりとり　■点つなぎ　※他の出題もあり

実技テスト

■絵画・製作
●課題画
◇画用紙に半分はピース、半分は動物や空の絵を描く。
●巧緻性(糸通し)
◇穴のあいた厚紙に針に糸を通してから通していく。
●身体表現
◇お歌に合わせて先生のお手本通り踊る。

行動観察

●ドミノゲーム
◇グループに分かれ、円のようにドミノを並べる。

面 接

■実施方法
考査日以前の指定された日時に保護者1名(または両親)と子供、先生2名で行われた。

※面接時間・約10分
指定された時間に登校し、控室にて待機。
順番がくれば、親子一緒に入室。

■本人に対しての質問事項
①あなたのお名前とお誕生日と幼稚園(保育園)の名前を教えて下さい。
②幼稚園(保育園)のお友達の名前を教えて下さい。
③(そのお友達と)何をして遊びますか。
④お家では何をして遊んでいますか。
⑤(姉妹、兄弟関係について)妹がわがままを言ったらどうしますか。
⑥嫌いな食べ物が出たらどうしますか。
⑦いつもどんなお手伝いをしていますか。
⑧幼稚園の先生にどんなことでほめられますか。
⑨幼稚園の先生にどんなことで叱られますか。
⑩小学校に入ったら何をしたいですか。

■保護者に対しての質問事項
①本校に対する印象をお聞かせ下さい。
②学校行事に対する印象をお聞かせ下さい。
③子育てで大切にされていることをお聞かせください。
④コロナが今年5類となりご家庭で変わったことはありますか。

① 問題用紙は169ページ

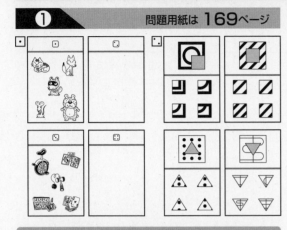

・ウサギさんのお家へ遊びに行った生き物に○をつけましょう。
・チョコレートは全部でいくつありましたか。その数だけ○をかきましょう。
・チョコレートを食べた後で3人でしたことに○をつけましょう。
・キツネさんがなわとびで跳んだ数だけ○をかきましょう。

欠所補完
お手本の空いているところにちょうどあうものに○をつけましょう。

問題

・お話の記憶
タヌキさんとキツネさんがウサギさんのお家へ遊びに行きました。ウサギさんのお母さんがチョコレートを持ってきてくれました。そして「タヌキさんとキツネさんはお客さんだから、あなたより1つずつ多くなるように分けてね。」とウサギさんに言いました。ウサギさんは2個とりました。3人はチョコレートを食べた後でトランプをしました。トランプで遊んだあとはお庭でなわとびをしました。ウサギさんは5回跳びました。タヌキさんはウサギさんより2回多く、キツネさんは3回多く跳びました。なわとびをした後で、またお部屋でトランプをしました。トランプで遊んでいるとタヌキさんとキツネさんのお母さんが迎えに来たので、また遊ぶ約束をしてお家に帰りました。

解答

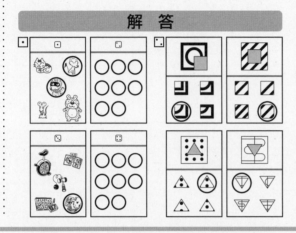

② 問題用紙は170ページ

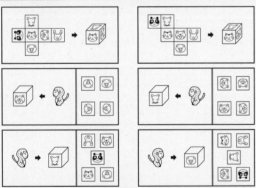

問題

推理（サイコロ）
上のお手本のようにサイコロができ上がります。では下のような時、さるさんから見た絵はどうなるでしょうか。ちょうどよいものに○をつけましょう。

解答

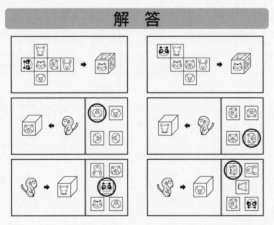

③ 問題用紙は171ページ

問題

しりとり
おしまいまでしりとりが続くように線でつなぎましょう。

解答

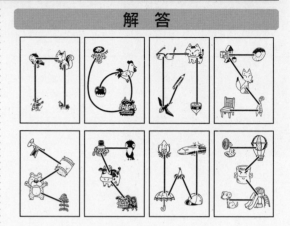

④ 問題用紙は172ページ

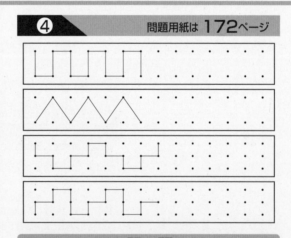

問題

点つなぎ
左はしから続く線の通りに点をつなぎましょう。

解答

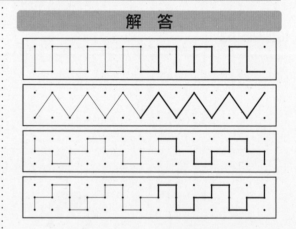

仁川学院小学校

〒662-0812　西宮市甲東園2丁目13番9号　☎0798-51-0621　ホームページ http://www.nigawa.ac.jp/

仁川学院小学校の子ども像

◆主体性のある子ども（生きる知恵をもった）
……強く
◆自由で明るく愛深い子ども
……明るく
◆心の大きな（感性の豊かな）たくましい子ども
……清く

| 併設校 | マリアの園幼稚園
仁川学院中学校
仁川学院高等学校 |
| 通学
ガイド | 阪急今津線「甲東園」駅下車　徒歩6分
阪急今津線「仁川」駅下車　徒歩6分 |

 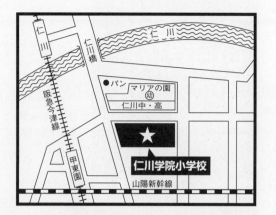

★ 仁川学院小学校

学校情報

創立………昭和31年	学期………3学期制
1学年…2〜3クラス	昼食………お弁当
1クラス…25〜40名程度	修学旅行………広島

諸経費
（2025年度は変更されることもあります。）

● 入学金（入学時）……… 300,000円
● 施設費（入学時）……… 250,000円
● 制服・学用品等（入学時）・約100,000円
● 授業料（年額）……… 703,200円
● 冷暖房費（年額）……… 12,000円
● 安全管理費（年額）……… 6,000円
● 教材費等（年額）……… 55,000円

教育活動

● 奉仕部活動
自主性・社会性を養うとともに、実践活動を通して社会への奉仕の心を身につけています。
● クラブ活動
クラブ活動を通じて、趣味を広げ社会性を養います。
● 国際交流活動
（おにぎり基金活動）
毎週金曜日だけは、おかずを食べず、おにぎりだけのお弁当にしています。子どもたちがおかずを我慢し、その分だけのお金を募金し、タイの恵まれない地域の学校に遊具などを寄贈してきました。

安全対策

● 玄関を2階に設置し、警備員を常駐
正面玄関を2階に設置し、出入り口を1ヵ所に限定して、警備員が常駐。
● 防犯カメラの設置
校舎内外に10台の防犯カメラを設置し、異変があれば即座に対応。
● 登下校メールシステム
子供たちのランドセルに付けたタグからの情報を受信し、保護者にメールで知らせる。
● 朝の立ち番指導
子供たちの登校時に先生が通学路に立ち、安全を見守るとともに、通学のマナー指導を行う。

学校での一日

1年〜6年

8時20分… 朝礼
8時50分… 1時限
10時25分… 20分休み
12時25分… お弁当
　　　　　　 昼休み
1時05分… 5時限
3時00分… 終礼・清掃

学校での一年

6年間

4月　入学式
5月　歓迎遠足・海事学習(5年)
　　　修学旅行(6年)・聖母祭
　　　自然教室(3年)
6月　フランシスコフェスタ
7月　夏季水泳教室
10月　運動会
11月　校内球技大会
12月　クリスマス会
1月　祈りの日・スキー教室(4年)
2月　マラソン大会
3月　卒業式
　　　スクールファミリー遠足

進学状況

併設校
進学ガイド

併設校へは
内部進学制度
があります。

小学校（共学）
↓
中学校（共学）
↓
高等学校（共学）

主な外部進学者

男子校
灘
甲陽学院
六 甲

女子校
神戸女学院
神戸海星女子学院
甲南女子Sアド

共学校
洛南高附属
高 槻
須磨学園
仁川学院

入試データ

○2024年度
募集人員

男・女　60名
（併設幼稚園からの
内部進学者を含む。）

○最近の
出願者数の推移
（過去5カ年）

年度	出願者数
2020年度	84名(1次)
2021年度	117名
2022年度	77名
2023年度	60名
2024年度	57名(1次)

出題傾向（過去3ヵ年）

年度	2022	2023	2024
面接	●	●	●
口頭試問	●	●	●
ペーパー	●	●	●
音楽リズム			
絵画・製作	●	●	●
運動	●	●	●
行動観察	●	●	●

学校説明会から合格発表まで　　2024年度　入試日程（2025年度は必ず学校配布の募集要項でお確かめ下さい。）

願書配布
2023年
6月24日(土)〜

入試説明会開催日から配布

入試説明会
2023年
6月24日(土)〜

願書受付(1次)
2023年
7月28日(金)〜
8月4日(金)

願書受付(2次)
2023年
9月11日(月)〜
10月1日(日)

願書受付(3次)
2024年
1月9日(火)〜
1月31日(水)

保護者面接(1次)
2023年
8月3日(木)〜
8月30日(水)

保護者面接(2次)
2023年
10月2日(月)〜
10月4日(水)

保護者面接(3次)
2024年
2月3日(土)

入学試験日(1次)A日程
2023年
9月9日(土)
2023年B 日程
9月10日(日)

入学試験日(2次)
2023年
10月4日(水)

入学試験日(3次)
2024年
2月3日(土)

合格発表(1次)A日程
2023年
9月9日(土)
2023年B 日程
9月10日(日)
◆Webにて発表

合格発表(2次)
2023年
10月4日(水)
◆Webにて発表

合格発表(3次)
2024年
2月3日(土)
◆Webにて発表

テスト当日（A日程）の スケジュール

集合時刻
8時30分
～
9時00分

終了時刻
14時00分

受験者の服装

自由ですが
名前の記したもの
（胸札等）は
付けないで
下さい。

持参するもの

○受験票
○水筒
○ハンカチ・テイッシュ

午前

8時30分 ～ 9時00分
○受験生、保護者、コルベ講堂（控室）に集合。
○受付で受験票を提示し、布受験番号を受けとり、受験者の左胸につける。
○受験番号順にブロック別の座席に着く。

9時15分 ～ 9時25分
○グループごとに点呼があり、教室に誘導される。

9時30分 ～ 14時00分
○ペーパーテスト、個別テスト、絵画・製作テスト、運動テスト、行動観察が実施される。
○途中40分程、親子で昼食をとる。

入試の傾向と対策

ペーパーテストの内容がバラエティに富み、非常に広い範囲から出題されます。出題方法も工夫されており、問題の指示をきちんと聞いていないと、解けないようになっています。ですから、日頃から人の話が聞きとれる注意力、集中力を身に付けさせるようにしましょう。その他、絵画製作、個別テストという分野も例年実施されていますので必ず練習しておきましょう。

合格者のお母様からの入試実践アドバイス

この度、無事に合格することができ、大変嬉しく思っております。これも皆、奨学社の先生方のご指導のおかげだと思っております。受験の準備をスタートしたのが少し遅く、また1月生まれということもあり、常に「我が子は大丈夫だろうか？」という不安もありましたが、一度も行きたくないと言ったことはありませんでした。むしろ授業をいつも楽しみにしていて、「しょうがく社でやるのは好きだけど、お母さんとやるのは嫌。」とよく言われました。そんな我が子は「頑張ったら結果はついてくる」という事を知り、とても意欲的になりました。成功体験により自信がついたのだと思います。本当に有難うございました。

入試の内容

ペーパーテスト（次のページをご覧下さい）

- ■お話の記憶　■欠所補完　■系列完成　■図形の合成
- ■距離の比較　■あみだくじ

個別テスト

- ●指示行動（お片付け）
- ◇バラバラになっている文房具等をきれいにお道具箱にしまう。
- ●指示行動（傘たたみ）
- ◇傘をたたみ、ホックを止め、傘立てにたてる。
- ●指示行動
- ◇指示されたものを筆箱やクリアファイルに入れて持ってくる。
- ●道徳（悪い子さがし）
- ◇悪い人を4人見つけて理由を言う。
- ●お話作り
- ◇3枚の絵を並べ替えて、お話を作って言う。

実技テスト

- ■絵画・製作
- ●製　作
- ◇お手本通りに、色を塗ったり、ハサミで切り取って貼ったりする。
- ●点つなぎ
- ◇左側のお手本の対象形や、同じものを点をつないでかく。

- ■運動能力
- ●30M走
- ◇2人ずつ、コーンを回って戻ってくる。
- ●平均台・バランスディスク
- ◇平均台を渡り、バランスディスクの上で片足立ちをする。
- ●立ち幅跳び
- ◇足を揃えて、できるだけ遠くへ跳ぶ。
- ●ボールつき
- ◇続けて10回ボールをつく。
- ●縄跳び
- ◇続けて10回跳ぶ。

- ■行動観察
- ◇お友達とグループを作り、大きな模造紙に「ジャングル」の絵を作る。

面接

■実施方法
考査以前の指定された日時に親1名（または両親）と、先生2名で行われた。

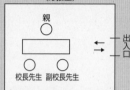

（応接室）
親
出入口
校長先生　副校長先生

※面接時間・約5分
指定された時間に登校し待機。順番がくれば、入室。

■本人に対しての質問事項

・「お名前を教えてください。」「園の先生の名前を教えてください。」等の質問を、生活適応検査実施時に聞かれた。

■保護者に対しての質問事項

①志願理由をお聞かせください。
②お子様の良いところと悪いところをお教え下さい。
③子育てで大切にしていることを教えてください。
④父母の会に御協力いただけますでしょうか。

※エピソードが書いてある紙を読んだ後、質問される。

❶ 問題用紙は173ページ

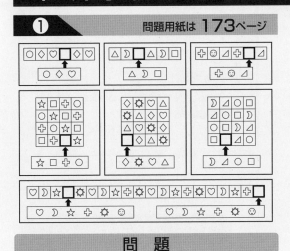

解答

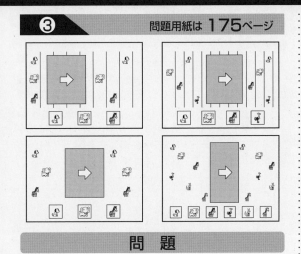

問題

系列完成

お約束を考えて、空いているところに入る印(マーク)を見つけて○をつけましょう。

❸ 問題用紙は175ページ

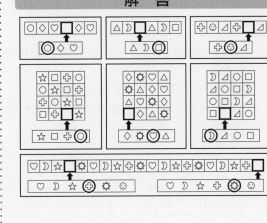

解答

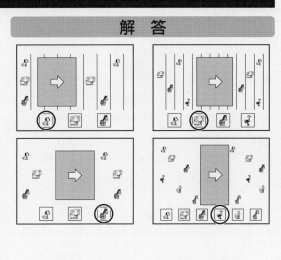

問題

比較

動物たちが同時にスタートして、左のところから右のところまで行きました。では、一番速く進んだ動物を見つけて下の絵に○をつけましょう。

❷ 問題用紙は174ページ

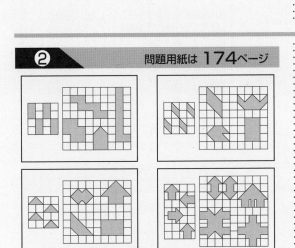

解答

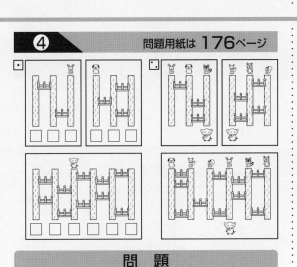

問題

図形の合成

左の形を組み合わせて作ることができるものを右から見つけて○をつけましょう。ただし、重ね合わせてはいけません。

❹ 問題用紙は176ページ

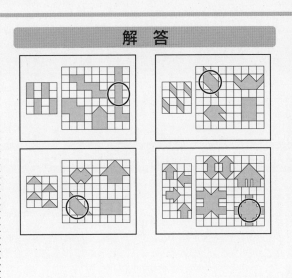

解答

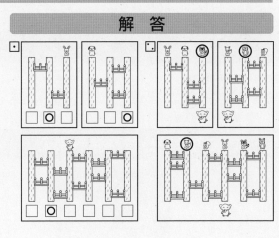

問題

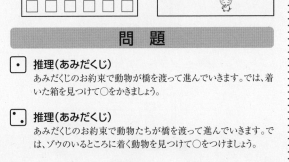

⚀ **推理(あみだくじ)**
あみだくじのお約束で動物が橋を渡って進んでいきます。では、着いた箱を見つけて○をかきましょう。

⚁ **推理(あみだくじ)**
あみだくじのお約束で動物たちが橋を渡って進んでいきます。では、ゾウのいるところに着く動物を見つけて○をつけましょう。

雲雀丘学園小学校

〒665-0805　宝塚市雲雀丘4丁目2番1号　☎072-759-3080　ホームページ　http://hibari-els.ed.jp

教育方針

親孝行（孝道）を根本義とする建学の精神に則り、知・徳・体の調和のとれた人格の形成を目指して、高い学力と豊かな感性を兼ね備えた児童の育成を図っています。

併設校
雲雀丘学園幼稚園・雲雀丘学園中山台幼稚園
雲雀丘学園中学校
雲雀丘学園高等学校

通学ガイド
阪急宝塚線「雲雀丘花屋敷」駅下車　徒歩3分
JR福知山線「川西池田駅」下車　徒歩15分

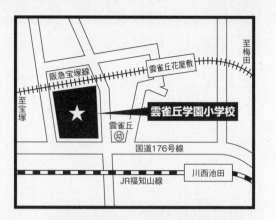

学校情報

創立………	昭和24年	学期………	3学期制
1学年………	4クラス	昼食………	お弁当
1クラス………	36名	修学旅行 ……	広島・山口・北九州

諸経費 〔2025年度は変更されることもあります。〕

●（入学時）
　入学金………………… 260,000円
　施設費………………… 180,000円
●（入学後）（年額）
　授業料………………… 556,800円
　PTA会費……………… 14,400円
　修学旅行等積立金……… 30,000円
　学級費………………… 40,000円
　タブレット費用……… 約40,000円
●服装・学用品等諸経費
　諸経費概算…………約110,000円

教育活動

◆**環境教育**
「花と緑の学園」と言われるほど緑豊かな自然環境の中で自然に親しみ、自然を学びます。

◆**英語教育**
1年生からネイティブスピーカーによる英会話の授業を行います。英語の4技能「読む」「聞く」「話す」「書く」を習得し、英語のコミュニケーション能力を身につけます。

◆**情報教育**
これからの情報化社会に欠かせないスキルを身につけるため、1年生から専任教師によるコンピュータ学習を行います。パソコンは1人1台体制を整え、基本操作から各種アプリケーションの操作方法をマスターします。

◆**縦割り活動**
異年齢による集団活動を通して、思いやりやお互いを認め合う心を育てるのが、縦割り活動（きょうだい学級）です。1年生と6年生、2年生と4年生、3年生と5年生がペアを組み、お弁当を一緒に食べたり、さまざまな活動を行います。

安全対策

○**警備員の配置**
正門と南門に警備員を配置している。

○**防犯監視カメラの設置**
不審者の侵入を防ぐ為の監視カメラを設置している。

○**学園専用道路に自動改札機の設置**
阪急雲雀丘花屋敷駅から学校までの専用通路に自動改札機を設置している。

○**児童の避難訓練と教員の防犯訓練**
定期的に児童の避難訓練と不審者侵入に対応する教員の防犯訓練を行っている。

○**防犯ブザーの配布**
全児童に防犯ブザーを持たせている。

学校での一日

〔1年～6年〕

8時25分… 朝の会・瞑想
8時45分… ひばりタイム
9時00分… 1時限
9時50分… 2時限
10時35分… 休憩
10時50分… 3時限
11時40分… 4時限
12時45分… お昼休憩
13時10分… ひばりタイム

13時30分… 5時限
14時20分… 6時限
16時00分… 最終下校

学校での一年

〔6年間〕

4月	入学式・前期始業式・歓迎会きょうだい学級集会・避難訓練
5月	運動会・修学旅行（6年）
6月	学年別参観日・プール開き
7月	臨海学舎・夏期講習（6年）
8月	観望会・夏期講習（6年）ニュージーランド研修（希望者）
9月	秋のつどい・観望会・前期終業式
10月	後期始業式・総合発表会山の学舎
11月	森の学舎・芸術観賞会・観望会
12月	PTAリユースフェスタ
1月	書初め展・スキー学校・避難訓練学年別参観日
2月	子どもマラソン大会
3月	送別子ども会・卒業式・修了式

進学状況

併設校進学ガイド
併設校には内部進学制度があります。

小学校（共学）
↓
中学校（共学）
↓
高等学校（共学）

主な進学先（過去3ヵ年）

●雲雀丘学園中学校
2022年度 …… 65名
2023年度 …… 58名
2024年度 …… 56名
●上記以外の主な進学先

〔男子〕
灘中学校
東大寺学園中学校
甲陽学院中学校
洛南高等学校附属中学校
大阪星光学院中学校
高槻中学校

〔女子〕
洛南高等学校附属中学校
神戸女学院中学校
四天王寺中学校
高槻中学校

入試データ

○2024年度募集人員

男・女 **135名**

（学園幼稚園からの進学者も含む）

出願傾向（過去3ヵ年）

年度	2022	2023	2024
面接	●	●	●
口頭試問	●	●	●
ペーパー	●	●	●
音楽リズム			
絵画・製作	●	●	●
運動	●	●	●
行動観察	●	●	●

○最近の出願者数の推移（過去5カ年）

出願者数

2020年度	213名
2021年度	203名
2022年度	177名
2023年度	162名
2024年度	189名

説明会から合格発表まで　　2024年度　入試日程（2025年度の入試日程は必ず学校配布の募集要項でお確かめ下さい。）

各種説明会
※いずれも事前にホームページから申し込みが必要

◆説明会
〈3/25（土）〉個別相談会
〈4/15（土）〉学校説明会
〈5/23（火）〉オープンスクール
〈6/17（土）〉入試体験会

▶

出願期間
2023年
7月7日（金）～
7月14日（金）

◆インターネット出願のみ。

▶

親子面接
2023年
8月5日（土）・6日（日）

◆男子8月5日（土）
女子8月6日（日）

▶

適性検査
2023年
9月9日（土）

◆男子8:30～11:00頃
女子13:00～15:30頃

▶

合格発表
2023年
9月12日（火）

◆速達郵送

入 試 の 内 容

個別テスト

■口頭試問

●図形・注意力(パズル)
◇いびつな形の2枚のピースの端に、いくつもの色のついた半円が描いてある。その半円が同じ色同士でぴったり合って、円ができるようにピースを合わせる。

●比較・数量
◇2本の鉛筆を、先生が手を握って持っている。片方は長く、片方は短い部分だけが見えている。この2本の鉛筆は、実際はどちらの方が長いと思うかを答える。
◇円柱や四角柱や多面体等の5種類の積み木を、できるだけ高くなるように積む。

●推理・思考
◇最初に、ガラス玉が沈み、赤い玉が浮く場面を実際に見せる。次に、空のフィルムケースが浮き、水が全部入ったフィルムケースが沈む状態を見せる。その後、空のペットボトルだとどうなるか、水の全部入ったペットボトルだとどうなるかを考えて答える。実際に水につけて確かめる。次にガラス瓶だとどうなるかと問われて、答える。その理由も聞かれる。

●記憶
◇太郎君が、お母さんに頼まれておつかいに行くお話を聞いた後、問題に答える。

●知識・常識
◇「と」から始まることばを考えて答える。「あ」から始まる2つの音(2語)のことばを考えて答える。
◇男の子が泣いている場面と、その子が笑っている場面の間に、一場面の枠があり、その枠の下に女の子が一人いる絵がある。どうして男の子が笑顔になったのかを考えて、お話を作る。

●生活習慣
◇傘(子ども用)をたたんで、きちんとマジックテープでとめ、傘立てに立てる。
◇お皿に入った「レゴのミニフィグヘッド」6個を、お箸でうまくつまんで、もう片方のお皿に移す。

実技テスト

■絵画・製作

●模写(黒クーピー)
◇お手本の自転車の絵を模写する。

●色塗り(12色クーピー)
◇お手本と同じ自転車が描いてある画用紙に、それに合う絵を自分で考えて、クーピーを使って楽しくお絵描きをする。

■運 動
●四角い枠の中で、先生の合図があるまで、両足の前跳びをする。

行動観察

■集団行動

●じゃんけんゲーム(5人1チーム)
◇2チーム対抗で、中央に向かって両足ジャンプで進み、出会ったところでじゃんけんをし、勝ったところ更に相手の陣地に向かってジャンプで前進し、相手の陣地の赤い線を踏んだら勝ちとなる。負けた時は、すぐに自分のチームの最後尾につく。始まるまでにチームで相談して、動物のチーム名を決める。2回目の時は、どうしたら勝てるか、チームで相談してから始める。

■瞑 想
◇先生の合図があるまで、正しい姿勢で目を閉じて瞑想する。

面 接(親子面接)

■実施方法
考査日以前の指定日に親2名、子1名と先生2名で行われた。

先生 先生
○ ○
(子)
(母)(父)
入口　荷物置き　出口

※面接時間・15分
指定された時間に集合し、順番がくれば、先生が呼びに来られ、入室する。

※今回は、最初に親子で「すごろくあそび」を実施。

※保護者(2名)は、それぞれ面接実施前に、「作文」(7分間)が課せられる。

■親子面接での質問事項
①ゲーム(すごろくあそび)はどうでしたか。
②誰が一番にゴールしましたか。
③お母さんはどんな事をしている時が一番楽しそうですか。
④(子どもの答えの後)お母さま、いかがですか。
⑤お父さんはどんな事をしている時が一番楽しそうですか。
⑥(子どもの答えの後)お父さま、いかがですか。
⑦小学校に上がるために、「お箸・瞑想・縄跳び」の中で、どれを一番頑張りましたか。
⑧(子どもの答えの後)それについては、どのようにアドバイスされたか。お母さま、いかがですか。
⑨お父さまは、どうですか。

持参するもの

◆考査は1日。個別テスト、絵画製作、運動テスト、行動観察を実施。ペーパーテストはなし。
◆考査日以前に学校の指定日に保護者と受験児の面接を実施。
◆願書提出は、インターネット出願のみ。

入試の傾向と対策

今回の入試でも、合格者の大半が専願受験者で占められ併願での合格は非常にきびしい状況となりました。入試の出題は広範囲に及びます。2023年の入試から、ペーパーテストがなくなりました。特に個別での試問が重要視されます。物を使ったり見たりして、しっかり答えることが求められます。なわとび、箸使い、模写、瞑想は定番となっているので、早い内から準備しておきましょう。

合格者のお母様からの入試実践アドバイス

過ぎてみれば「早かったなあ」と思いますが、毎週の講習を楽しみに、親子でしょうがく社に通わせていただきました。どの学校もそうですが、集団の中で力を出す訓練がやはり必要だと痛感いたしました。教室の先生からも事ある毎に、集団行動の大切さを伺っていたのですが、実際に体験して、身体で覚えないと、身につかないことが大変よくわかりました。確かに大人でも、経験のあるなしでは、全然違ってきますから、尚更、子ども達の場合は、それが顕著に現れます。故に、少しずつでもできるようになってくると、自信にもつながってきます。今では、入試の準備ではあるけれども、とても有意義な時間だったし、小学校に上がってからも、非常に役に立つことばかりだったので、良かったの一言に尽きます。皆様も、どうか長い目で見て、取り組まれることをお勧めいたします。頑張ってください。

雲雀丘学園小学校の入試問題と解答

❶　問題用紙は 177ページ

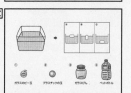

推 理
この4つの物(ガラスのビー玉・プラスチックの玉・ガラスびん・ペットボトル)は、水に浮くでしょうか。それとも沈むでしょうか。正しい絵を見つけて指で押さえましょう。

問 題

▫ おはしの使い方
おはしを使って、レゴブロック(ミニフィグヘッド)をお皿からお皿に移しましょう。

▫ カサの片づけ
カサをたたんでフックを止め、カサ立てに片づけましょう。

▫ お話作り
この男の子(左)に女の子は何と声をかけてあげたでしょうか。

解 答
省略

---

❷　問題用紙は 178ページ

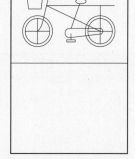

解 答
省略

問 題

▫ 積み木つみ
すべての積み木を使って、できるだけ高く積みましょう。

▫ 集団行動
2チームに別れ、ジャンプをして線の上を進み、出会ったらじゃんけんをして、勝ったら進み、負けたら戻るお約束でじゃんけんゲームをしましょう。

▫ 模写・課題画
①上のお手本(自転車)を見ながら、下のところに同じ絵を描きましょう。
②男の子が自転車に乗っている絵の周りに、好きな絵を描きましょう。

京都女子大学附属小学校

〒605-8501　京都市東山区今熊野北日吉町6番地3号　☎075-531-7386(職員室)7387(事務室)
ホームページ　http://fusho.kyoto-wu.ac.jp

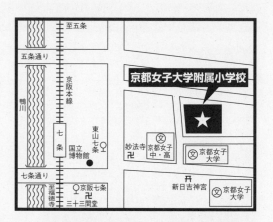

教育目標

生きとし生けるもののいのちの尊厳

生かされて生きていることに感謝の心をもつ。

生涯学び続けることができる力の基盤を育てる。

併設校
京都幼稚園・京都女子中学校・京都女子高等学校
京都女子大学・京都女子大学大学院

通学ガイド
●京阪本線「七条」駅下車　徒歩15分
●市バス東山七条下車　徒歩5分
●JR京都駅八条口から京都女子大学正門前まで
プリンセスラインバス直通

学校情報

創立………昭和32年		学期………3学期制	
1学年……2クラス		昼食…………給食	
5・6年……3クラス		修学旅行…中国地方(主に広島)	
1クラス…30〜40名			
5・6年…26〜28名			

諸経費 (2025年度は変更されることもあります。)

●入学時
入学金……………100,000円
入学施設費…………50,000円
●入学後(年額)
授業料……………387,600円
施設費………………49,200円
実習料………………18,000円
教育充実費…………70,000円
給食費…………70,000円程度

教育の特色

学校6日制のカリキュラム
◆合い言葉は「国語力は人間力」
◆基礎基本の徹底と意欲的な学習態度の育成
附小ノート検定
附小言語力検定
附小英語検定　等
◆体験学習を重視した学習活動
◆少人数制クラス習熟度別指導
◆特別教育活動の充実
◆伝統的な学校行事の重視
◆土曜日も授業(土曜日も3時間授業を実施)
◆アフタースクールでの指導

安全対策

○警備員の配置
警備員の巡回警備が基本。24時間体制。登下校時、教員の要請により警備員が立つ。

○防犯カメラの設置等
玄関(事務室)にモニターあり。夜間は機械警備(セコム)を含む。昼休み中は教員も巡回。メールによる連絡。ICタグによる登下校状況メールの配信(ミマモルメ)。

○その他
東山警察署との連絡強化。

学校での一日

1年〜6年

8時40分…計算力アップタイム
8時45分…朝礼
8時55分…1時限
10時30分…20分休み
12時25分…給食

13時15分…清掃
13時35分…5時限
15時10分…終礼
16時00分…最終下校

学校での一年

6年間

4月　入学式・修学旅行(6年)
5月　遠足・花まつり
6月　京都私小連音楽会(5年)
　　　田植え(1.2年)
7月　臨海学校(5年)
9月　夏休み作品展
　　　林間学校(6年)
10月　運動会
　　　林間学校(4年)
　　　稲刈り・いも掘り(1.2年)
11月　作品展
12月　報恩講
1月　百人一首大会
2月　スキー教室(6年)
3月　卒業式

進学状況

併設校進学ガイド
併設校には内部進学制度があります。

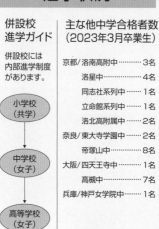

小学校(共学)
↓
中学校(女子)
↓
高等学校(女子)
↓
大学・大学院(女子)

主な他中学合格者数
(2023年3月卒業生)

京都/洛南高附中………3名
洛星中……………………4名
同志社系列中……………1名
立命館系列中……………1名
洛北高附属中……………2名
奈良/東大寺学園中………2名
帝塚山中…………………8名
大阪/四天王寺中…………1名
高槻中……………………7名
兵庫/神戸女学院中………1名

入試データ

○2024年度募集人員

男・女　60名
(内部幼稚園からの進学者25名を含む)

○最近の出願者数の推移(過去5カ年)

出願者数(外部)	
2020年度	92名
2021年度	100名
2022年度	85名
2023年度	87名
2024年度	55名

出題傾向(過去3ヵ年)

年度	2022	2023	2024
面接	●	●	●
口頭試問	●	●	●
ペーパー	●	●	●
音楽リズム		●	●
絵画・製作			
運動		●	●
行動観察	●	●	●

説明会から合格発表まで　　　2024年度　入試日程(2025年度は必ず学校配布の募集要項でお確かめ下さい。)

入試説明会
2023年
6月17日(土)

◆教育方針
◆入試に関する説明

▶

**入試説明会
学校見学会**
2023年
7月29日(土)

◆校舎見学　◆教育方針
◆入試に関する説明

▶

出願期間
2023年
8月24日(木)〜
8月29日(火)

◆10:00〜17:00

▶

考査日
2023年
9月13日(水)
9月14日(木)

◆1日目に知能テスト、健康発育検査、親子面接を実施。
●2日目は面接予備日。

▶

合格発表
2023年
9月15日(金)

◆郵送にて通知(速達)。

テスト当日の スケジュール

集合時刻
グループにより異なります。

終了時刻
グループにより異なります。

受験者の服装

考査では体を動かす項目もあるため動きやすい服装を心掛けること。

持参するもの

○受験票
（受験者、保護者1名で登校）

一例

8時20分 ○各グループ毎で集合時刻・終了時刻が違います。

○受験番号の札を左胸につける。

8時30分 ○数名ずつ呼ばれ、子供のテストがスタート。

○個別テスト、運動テストを約1時間受ける。

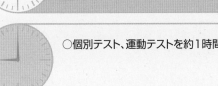

9時45分 ○子供が戻れば、親子面接が始まるまで待機。
※（集合時間が終了のグループは、2日目になります。）

○約7分間の面接を受ける。

9時55分 ○面接終了後、受験番号の札を返却し、解散。

入試の 傾向と対策

基本、入試は1日です。時間は1時間程度となります。ただ面接がありますので更に延びる可能性もあります。項目はペーパーテスト、口頭試問、親子面接、運動等の入試となります。内容については記憶、図形、推理、数量、知識とどれもレベルが高く、短期間での理解は難しいです。できるだけ早めの準備を考えましょう。

合格者の保護者様からの入試実践アドバイス

私どもは、最初から京女小一本で進学を考えていました。とにかく募集が少なくなっていることが気がかりで不安でした。学校の説明会には当然参加しましたが、子どもに影響するのではと感じるくらい気になっていました。教室の先生からは、「まず、言葉遣いです。」と聞いて、家でもできるだけ文章で活かすことを心がけました。子どももよく話してくれましたが、明るい雰囲気を作ることが大事だと思いました。

入 試 の 内 容

ペーパーテスト（次のページをご覧下さい）

■推理　■セットの数　■折り紙　■条件迷路（聞きとり）
■数の多少　■知識

個別テスト（次のページをご覧下さい。）

●お話の記憶
◇女の子が見た夢のお話を聞いてから問題に答える。
●絵の記憶
◇一枚の絵を見て、ちょうどよいところを指でおさえる。
●季節感
◇違う季節のものを見つける。
●足りない数
◇いくつ足りないかを答える。
●巧緻性（なわ結び）
◇先生のお手本を見た後で、同じように結ぶ。

運　動

●ケンパ
決められたコースをケンパで進む。（往復）

面　接

■実施方法
考査日当日、子供の試験が終了後、親1名と子供と先生2名で行われた。（2日目のケースもあり）

■本人に対しての質問事項（一例）
①お名前を教えて下さい。
②好きな本はありますか。それはどんな本ですか。
③本はいつ読んでいますか。
④本は自分で読んでいますか。読んでもらっていますか。
⑤お父さんとは何をして遊んでいますか。
⑥お父さんは好きですか。
※面接時、えんぴつで自分の名前を書いたり、好きな絵をかいたりします。

■保護者に対しての質問事項（一例）
①本校を選んだ理由をお聞かせ下さい。
②どんなお子様ですか。
③国語力とはどう思われますか。
④本校と合っているところはどこでしょうか。
⑤兄弟や姉妹のもめごとには、どう対応されていますか。
⑥学校を理解し、協力していただけますか。

❶ 問題用紙は179ページ

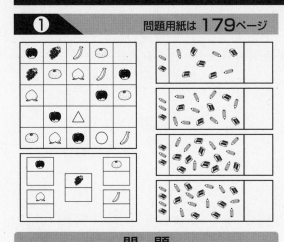

解答

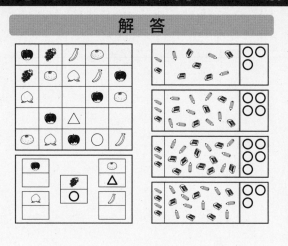

問題

・ 推理
それぞれの果物がたて、よこで5つ揃う約束です。では、○と△に入る果物に印をかきましょう。

∴ 数量（セットの数）
左のお手本がいくつできるか、その数だけ○をかきましょう。

❷ 問題用紙は180ページ

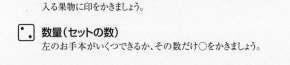

解答

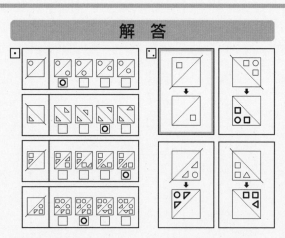

問題

・ 折り紙
左のお手本をななめに折るとどんな模様がうつるでしょうか。ちょうどよいものに○をかきましょう。

∴ 折り紙
上のお手本をななめに折ると左上のように四角がうつります。では、他の時どうなるかを考えてかきましょう。

❸ 問題用紙は181ページ

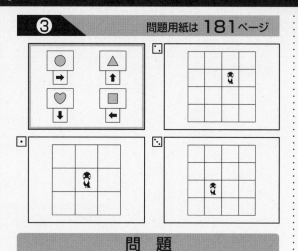

解答

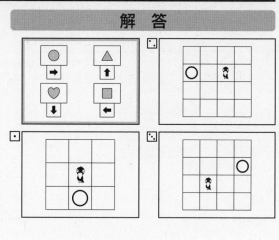

問題

聞きとり
聞こえてくる印の通りカラスが箱を進むと、どこに行くでしょうか。○をかきましょう。
・丸→ハート→四角
∴三角→四角→四角→ハート
⦂三角→丸→三角→丸→ハート

❹ 問題用紙は182ページ

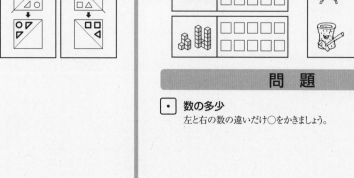

問題

・ 数の多少
左と右の数の違いだけ○をかきましょう。

∴ 知識
お話を聞いてからちょうどよいものに○をつけましょう。
（上段）私は手に持ちます。
私はあおぎます。
私は閉じたり開いたりします。
私はどれですか。○をつけましょう。
（下段）私はお正月の準備で使います。
私は昔話に出てきます。
私はおもちを作ります。
私はどれですか。○をつけましょう。

解答

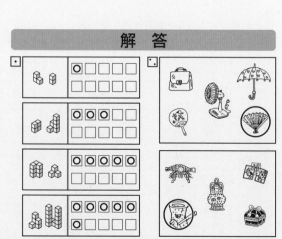
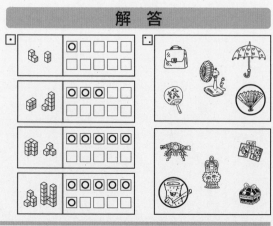

京都聖母学院小学校

OBÉISSANCE ET PURETÉ

〒612-0878　京都市伏見区深草田谷町1　☎075-645-8102　ホームページ　http://www.seibo.ed.jp/kyoto-es/

教育方針

京都聖母学院小学校は、カトリック校としての建学の精神を基盤にした教育を進める中で、豊かな心をはぐくみ、剥落することない確かな学力、たくましく生きるための健康と体力を身に付けた児童を育て、自主性と創造性をもって生涯学び続けることのできる人間の育成を目指します。

併設校
京都聖母学院幼稚園・京都聖母学院中学校
京都聖母学院高等学校

通学ガイド
●京阪本線「藤森」駅下車　徒歩3分
●JR奈良線「稲荷」駅下車　徒歩10分

（地図：京都聖母学院小学校　至伏見稲荷／伏見稲荷大社／深草／京阪本線／女学院前／藤森／JR奈良線／至丹波橋／名神高速道路）

学校情報

創立	昭和24年	学期	3学期制
1学年	4クラス	昼食	給食（希望制）お弁当持参可
1クラス	約30名	修学旅行	九州方面

諸経費
（2025年度は変更されることもあります。）

●入学時
　入学金‥‥‥‥‥‥‥‥‥‥ 150,000円
　保護者会入会金（初回のみ）‥ 4,000円
●入学後（年額）
　授業料（総合）‥‥‥‥‥‥ 396,000円
　授業料（国際）‥‥‥‥‥‥ 483,000円
　教育充実費（総合）‥‥‥‥ 144,000円
　教育充実費（国際）‥‥‥‥ 180,000円
　施設備費‥‥‥‥‥‥‥‥‥ 60,000円
　保護者会費‥‥‥‥‥‥‥‥ 12,000円
※その他旅行積立、教材費等があります。

教育の特色

「総合クラス」「国際クラス」の2つのコースの設置

総合コースの特徴
①ティームティーチングで指導する算数の授業
②言語力の基礎と論理的思考の向上
③感性を磨く芸術科授業
④充実した理科授業
⑤特色ある情報教育
⑥本物の体験ができる出張授業

国際コースの特徴
①多くの教科を英語で学習
②教科としての英語
③学習指導要領に基づく指導
④ネイティブ講師と日本人教員のティームティーチング
⑤日本語での補充授業
⑥英語合宿・オーストラリア語学研修旅行

安全対策

○警備員の配置
　7時00分〜20時00分開門　正門、南門に警備員待機。（巡回もあり）
○防犯カメラの設置
　可動式防犯カメラの設置（24時間）職員室と警備室のモニターで監視、本部で録画、管理。
○希望者に有償にてICタグによる登下校のメール配信
○方面別班登校の実施
○交通誘導員及び教員の登下校指導
○携帯電話は許可制

学校での一日

【1年〜6年】（一例）

8時15分‥‥朝の会・朝読書
8時40分‥‥1校時
10時15分‥‥仲良しタイム
12時15分‥‥昼食
12時55分‥‥清掃
13時15分‥‥お告げの祈り
13時20分‥‥聖母タイム
13時40分‥‥5校時
14時30分‥‥6校時
15時15分‥‥終礼
15時20分‥‥下校・放課後

放課後よりアフタースクール学童保育

学校での一年

【6年間】

4月	入学式・1年生を迎える会
5月	遠足・合宿（3年）
6月	平和学習（6年）・合唱祭
7月	合宿（3・4年国際コース）
8月	オーストラリア語学研修旅行（5年・国際コース）
9月	夏休み作品展・運動会
10月	遠足・修学旅行（5年生）合宿（4年生）
11月	読書週間
12月	クリスマス会
1月	書写展
2月	6年卒業遠足・持久走大会・アートフェスティバル
3月	卒業式・個人懇談　6年生を送る会

進学状況

併設校進学ガイド
併設校には内部進学制度があります。

小学校（共学）
↓
中学校（女子）
↓
高等学校（女子）

主な他中学合格者数
（2023年3月卒業生）

京都／洛南高附中‥‥‥‥‥3名
洛星中‥‥‥‥‥‥‥‥‥5名
同志社中‥‥‥‥‥‥‥‥1名
同志社女子中‥‥‥‥‥5名
立命館中‥‥‥‥‥‥‥7名
立命館守治中‥‥‥‥‥10名
京都女子中‥‥‥‥‥‥12名
西京高附属中‥‥‥‥‥2名
洛北高附属中‥‥‥‥‥1名
滋賀／立命館守山中‥‥‥6名
奈良／帝塚山中‥‥‥‥‥15名
東大寺学園中‥‥‥‥‥2名
西大和学園中‥‥‥‥‥3名
大阪／四天王寺中‥‥‥‥1名
大阪星光学院中‥‥‥‥1名
高槻中‥‥‥‥‥‥‥‥6名
同志社香里中‥‥‥‥‥1名

入試データ

○2024年度募集人員

男・女 **120名**

（国際を含む）
（内部幼稚園からの進学者を含む）

○最近の出願者数の推移（過去5カ年）

年度	出願者数
2020年度	172名
2021年度	189名
2022年度	192名
2023年度	160名
2024年度	162名

出題傾向（過去3ヵ年）

年度	2022	2023	2024
面接	●	●	●
口頭試問	●	●	●
ペーパー	●	●	●
音楽リズム			
絵画・製作	●	●	●
運動	●	●	●
行動観察	●	●	●

説明会から合格発表まで　2024年度　入試日程（2025年度は必ず学校配布の募集要項でお確かめ下さい。）

テスト体験
2023年6月17日（土）

▶

学校説明会
2023年
5月19日（金）20日（土）
（※いずれも少人数で実施）

◆施設見学　◆教育方針
◆園児体験　◆公開授業
◆募集要項について

▶

オンライン入試説明会
2023年
7月3日（月）〜
配信開始

◆入学考査について
◆Web出願について

▶

願書受付
2023年
7月14日（金）〜
8月15日（火）

◆面接ならびに適性検査の時刻は各人に通知される。（Web出願）

▶

考査日
2023年
9月1日（金）

◆面接は、2023年8月26日（土）・8月28日（月）・8月29日（火）・のいずれか1日（希望した日）。

▶

合格発表
2023年
9月2日（土）

◆郵送にて通知。（速達）

B日程入試　2023年10月14日（土）　　C日程入試　2024年2月8日（木）　適性検査ならびに面接の時刻は出願時にお知らせします。

京都文教小学校

〒606-8344 京都市左京区岡崎円勝寺町50 ☎075-752-1411 ホームページ http://www.kbu.ac.jp/es/

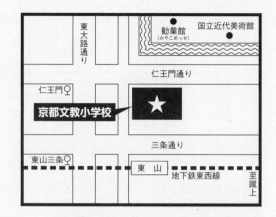

教育方針

自分らしく、そして
こつこつと、根気よく
明るく 正しく 仲良く

指導の重点
1. 豊かな心　2. 確かな学力　3. 広い視野
4. 丈夫な体　5. 高い人権意識

併設校
附属家政城陽幼稚園・京都文教中学校
京都文教高等学校・京都文教短期大学
京都文教大学

通学ガイド
市営地下鉄東西線「東山」駅下車徒歩5分
京阪電車「三条」駅下車徒歩10分
市バス「東山仁王門」下車徒歩5分

学校情報

創立	昭和57年	学期	3学期制
1学年	1クラス	昼食	給食
1クラス	約30名	修学旅行	沖縄地方

諸経費 （2025年度は変更されることもあります。）

●入学時
　入学金・・・・・・・・・・・・・・ 130,000円
●入学後
　授業料（年額）・・・・・・・・・ 360,000円
　教育充実費（年額）・・・・・・ 132,000円
　給食費（年額）・・・・・・・・・ 約90,000円
※他に教材費・保護者会費等あり

教育の特色

1. 小規模教育
全学年において算数の指導は二人体制で行い、少人数指導やティームティーチングを実施。音楽・理科・英語等についても教科担任制をとっています。

2. 独自のカリキュラム
①ねっこタイムの実施
繰り返し学習をする力をつけます。
②こころの学習（月影教育）
法然上人のお諭の教えを具体化する月影（宗教）の時間を週に1時間設け、礼拝とともに心の教育を実践。専科授業、普段の学習を含めて、その成果を「学びと力の発表会」で披露されます。

安全対策

○警備員の配置
6時00分～21時00分学園正面シャッター開門
警備員常駐（24時間体制）。
定期巡回あり。

○防犯体制
小学校玄関にセンサーあり。職員室で対応する。
普段は玄関施錠。インターホンの設置。

学校での一日

1年～6年

7時40分～	登校（水は礼拝）
8時30分	ねっこタイム
8時45分	1時限
12時10分	給食
12時55分	清掃
13時10分	昼休み
13時35分	ねっこタイム
13時50分	5・6時限
～15時20分	
14時35分	（水曜日）

のびっ子タイム（1・2・3年）
クラブ活動（4年以上）
委員会活動（5・6年）

16時00分	下校

学校での一年

6年間

4月	入学式・れんげデビュー集会
5月	授業参観・演劇鑑賞会
6月	学びと力の発表会(1)沖縄総合学習（6年生）
7月	自然教室（4・5年生）

10月	運動会・月かげ祭バザーれんげ全校遠足小関越え遠足（4年）
11月	学びと力の発表会(2)てくてく遠足（1年）
12月	月かげ集会
2月	作品展・知恩院修養合宿（6年生）
3月	6年生ありがとうの会卒業式・修了式

進学状況

併設校進学ガイド

併設校には内部進学制度があります。

小学校（共学）
↓
中学校（共学）
↓
高等学校（共学）
↓
短大・大学

主な外部進学先
（2023年3月卒業生）

京都／東山中・・・・・・・・・・・・1名
同志社女子中・・・・・・・・・・・・1名
西京高附属中・・・・・・・・・・・・1名
洛南高校附属中・・・・・・・・・・1名
京都女子中・・・・・・・・・・・・・・1名
滋賀／立命館守山中・・・・・・・3名

入試データ

○2024年度募集人員

男・女　約30名

○最近の出願者数の推移（過去5カ年）

出願者数

年度	出願者数
2020年度	50名
2021年度	45名
2022年度	37名
2023年度	35名
2024年度	35名

出題傾向（過去3ヵ年）

年度	2022	2023	2024
面接	●	●	●
口頭試問			
ペーパー	●	●	●
音楽リズム			
絵画・製作	●	●	●
運動			
行動観察	●	●	●

説明会から合格発表まで　　2024年度　入試日程（2025年度は必ず学校配布の募集要項でお確かめ下さい。）

学校説明会授業見学会
2023年6月3日（土）
◆学校説明
◆個別相談
◆授業見学

▶

プレテスト
2023年7月1日（土）
◆入試体験
◆入試についての説明
◆個別相談

▶

出願期間
2023年7月25日（火）～8月24日（木）
◆受付Web
◆面接日程及び時間は、Web出願時に決定します。

▶

考査日
2023年8月26日（土）午前
◆入学適性検査（ペーパー・絵画製作・行動観察・親子面接）
面接日8月26日（土）

▶

合格発表
2023年8月28日（月）
◆郵送で通知
Web

　B日程入試　2023年9月30日（土）　　C日程入試　2024年1月27日（土）

光華小学校

〒615-0861　京都市右京区西京極野田町39番地　☎075-325-5250　ホームページ　https://www.ps.koka.ac.jp/

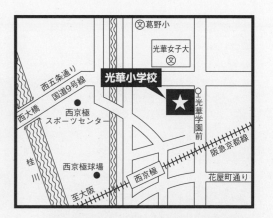

教育目標

学校の校訓『真実心』のもと、光華の三つの心を育む教育を実践している。

- ⓒ　向上心　自分を客観的にみつめ（メタ認知力）、目標に向かって粘り強く努力する姿勢
- ⓙ　潤いの心　豊かな感情をもち、思いやりの心を持って、礼儀正しく人や自然に働きかけられる姿勢
- ⓚ　感謝の心　「ありがとう」「いただきます」等の感謝の言葉が自然に発せられ、人とのつながりの大切さを感じられる姿勢

併設校
光華幼稚園・京都光華中学校・京都光華高等学校
京都光華女子大学短期大学部・
京都光華女子大学・大学院（共学）

通学ガイド
●阪急京都線「西京極」駅下車　徒歩5分
●市バス（特27・32・73・80・84系統）
「光華女子学園前」下車すぐ

学校情報

創立……昭和43年	学期……3学期制
1学年……2クラス	昼食……食堂給食
1クラス…20〜30名	修学旅行…広島・山口方面

諸経費 （2025年度は変更されることもあります。）

●入学時
　入学金……………………130,000円
●入学後（月額）
　授業料………………………43,000円
　児童会費………………………100円
　奨学会費
　（光華女子学園保護者会）……500円
　幸手会費
　（光華小学校保護者会）………800円
　給食費
　（月〜金）…………………10,000円
　諸費………3,000〜6,000円程度

教育活動

○**21世紀型教育の展開**
仏教精神に基づく教育で、相手を思いやる温かく優しい心を育むとともに、日本人としてのアイデンティティ、21世紀型学力（確かな学力と豊かな教養、言語や価値観の壁を越えて協力できる能力、社会貢献意識）を養い、将来"グローバル人材"として活躍できる人となるための基礎を育成します。

○**建学の精神に基づく"心の教育"**
親鸞聖人の教えを基に、こうかの心（向上心・潤いの心・感謝の心）を育む教育を実践しています。

○**言葉の力を育成する教育**
国語教育を中心に各教科で言語活動の充実を目指し、思考力・判断力・表現力を高めます。

○**授業におけるICT機器の活用**
各教室に87インチの大型電子黒板・書画カメラ・コンピュータを設置しています。拡大や縮小等も自由にでき、動画も視られますので、集中力がアップし学習の効率化が進みます。

○**協働の場の実現**
学級や異学年集団による活動を通し、主体的に学ぶ態度や自尊感情の高揚、お互いを認め合う人間関係の構築を図ります。

○**資格取得の応援**
各種検定（漢字検定・算数検定・英語検定）の資格取得に挑戦できるように、校内を準会場として実施しています。

安全対策

○**警備員の配置**
7時30分〜17時30分開門
正門に警備員待機。他門は開けない。
（校内巡回もあり）

○**登下校**
メールサービス
（登下校ミマモルメ）
玄関等1階部分にセンサーあり。（24時間）

○**メール配信システム**
学校からの案内や緊急連絡等。

学校での一日

1年〜6年

8時……登校
8時25分……朝読書
8時40分……1時限
12時00分……昼食・清掃
12時55分……授業
15時20分……下校
15時20分……ひかりっこ放課後タイム

（1〜3年までのアフタースクール）

学校での一年

6年間

4月	入学式・学園花まつり・修学旅行（6年）
5月	親子交流会
6月	水泳学習・芸術鑑賞教室
7月	本山宿泊学習（3年）・林間・臨海学習（4・5年）
9月	光華フェスティバル・祖父母参観
10月	運動会
11月	報恩講・社会見学（3・4年）
12月	教育講演会・成道会
1月	修正会
2月	涅槃会・太子忌・マラソン大会・東本願寺参拝（6年）
3月	卒業式

進学状況

併設校進学ガイド
併設校には内部進学制度があります。

小学校（共学）
↓
中学校（女子）
↓
高等学校（女子）
↓
短大・大学（女子）

主な他中学合格者数
洛南・洛星・同志社をはじめとする中学への進学実績があります。

入試データ

○**2024年度募集人員**

男・女　**50名**
（併設幼稚園、在校生兄弟姉妹の内部進学者含む）

出題傾向（過去3ヵ年）

年度	2022	2023	2024
面接	●	●	●
口頭試問	●	●	●
ペーパー	●	●	●
音楽リズム			
絵画・製作	●	●	●
運動	●	●	●
行動観察	●	●	●

○**最近の出願者数の推移（過去5カ年）**

	出願者数
2020年度	55名
2021年度	50名
2022年度	60名
2023年度	非公表
2024年度	非公表

説明会から合格発表まで　2024年度　入試日程（2025年度は必ず学校配布の募集要項でお確かめ下さい。）

入試説明会
2023年
4月22日（土）
◆説明会
◆個別相談

▶

入試説明会
2023年
7月29日（土）
◆学校説明
◆入試説明
◆個別相談
◆プレテスト 等

▶

願書受付
2023年
7月26日（水）〜
8月23日（水）
◆インターネット出願

▶

考査日
2023年
8月26日（土）
◆面接も当日実施
※保護者のみ行います。

▶

合格発表
2023年
8月28日（月）
◆郵送にて通知
※インターネット発表も有り

B日程入試　2023年10月21日（土）　C日程入試　2024年1月20日（土）

同志社小学校

〒606-0001　京都市左京区岩倉大鷺町89-1　☎075-706-7786　ホームページ http://www.doshisha-ele.ed.jp/index.php

基本理念

キリスト教・自由主義・国際主義

同志社小学校においても、これらを
基本理念とした初等教育を行います。

併設校
同志社幼稚園
同志社小学校　同志社国際学院初等部・国際部
同志社中学校・高等学校
同志社香里中学校・高等学校
同志社女子中学校・高等学校　同志社大学・大学院
同志社国際中学校・高等学校　同志社女子大学・大学院

通学ガイド
地下鉄烏丸線「国際会館」駅下車　徒歩6分
叡山電鉄「八幡前」駅下車　徒歩10分

学校情報

創立	平成18年	学期	3学期制
1学年	3クラス	昼食	給食
1クラス	30名	修学旅行	アメリカ

諸経費
（2025年度は変更されることもあります。）

入学金	250,000円
授業料	800,000円（年額）
教育充実室	150,000円（年額）
給食費	123,600円（年額）
修学旅行等積立金	108,000円（年額）
保護者後援会費	12,000円（年額）
教材費	30,900円（年額）
安全費	6,891円（年額）

※制定品として、通学かばん、体操服、上靴、
学習ノート等あり

教育の特色

●礼拝と宗教の時間
愛の祈り、愛に満ちた
キリスト教主義教育

●大胆な英語教育
少人数グループでの英語
学習、ネイティブ教員による英語の時間やグローバルな視野を育成する授業

●道草教育〜同志社型Active
Learning〜の実践
道草研究をはじめ、主体的
に学ぶ子どもを育てる工夫

安全対策

○センサー付フェンスと
監視カメラの設置
学校の外周はセンサー付
フェンスで囲むとともに、
監視カメラを設置し外部
からの侵入を防止。

○門衛所と校務センターで安全管理
校地入口に門衛所（警備員）、校舎入口に校務センター（職員室）を配し、来校者の確認。

○警報装置を設置
教室には警報装置を設置、
児童の安全を守る。強化
複層ガラスを多用した校
舎設計で見通しがよく危
険な場所を認知しやすい。

○登下校安全システム
ICタグを利用し、保護者
の携帯電話やPCへメール
配信

学校での一日

1年〜6年

7時45分	登校
8時30分	礼拝
8時45分	朝の会
8時55分	1時間目
12時05分	給食
13時10分	清掃
13時30分	5時間目
14時15分	6時間目
15時00分	帰りの会
15時15分	下校

学校での一年

行事予定

4月　入学式・なかよし遠足
5月　宿泊体験学習（2年・3年）
6月　修学旅行（6年）
　　　宿泊体験学習（4年）
7月　宿泊体験学習（1年）
8月　宿泊体験学習（5年）
9月　授業参観・懇談会
10月　スポーツフェスティバル
11月　収穫感謝礼拝
12月　クリスマス礼拝・祝会
2月　授業参観・懇談会
3月　卒業式・修了式

進学状況

併設校進学ガイド
併設校には
内部進学制度
があります。

小学校
↓
中学校
↓
高等学校
↓
大学　女子大学

大多数が法人内の4中学校

同志社中学校
同志社国際中学校
同志社女子中学校
同志社香里中学校

に進学します。

入試データ

○2024年度
募集人員

男・女　**90名**
（内部幼稚園からの
進学者27名を含む）

○最近の
出願者数の推移
（過去5カ年）

年度	出願者数（外部）
2020年度	113名
2021年度	112名
2022年度	112名
2023年度	127名
2024年度	139名

出題傾向（過去3ヵ年）

年度	2022	2023	2024
面接	●	●	●
口頭試問	●	●	●
ペーパー	●	●	●
音楽リズム			
絵画・製作	●	●	●
運動	●	●	●
行動観察	●	●	●

説明会から合格発表まで　　2024年度　入試日程（2025年度は必ず学校配布の募集要項でお確かめ下さい。）

学校説明会（配信）
随時

◆学校紹介動画
同志社小学校の教育 等

出願期間
2023年
7月11日（火）〜
7月18日（火）

◆Web出願
◆面接日時は受験票発送
時に案内

面接考査
2023年
8月21日（月）
8月25日（金）

◆保護者が受験者と来校

入学考査
2023年
8月29日（火）

合格発表
2023年
8月30日（水）

◆郵送にて通知
※インターネット発表も有り
（15:00〜17:00）

テスト当日の スケジュール

集合時刻　終了時刻
8時50分 ▶ **12時頃**

受験者の服装

考査では体を動かす項目もあるため動きやすい服装を心掛けること。

持参するもの

- ○受験票
- ○靴袋
- ○上靴
- ○水筒

8時50分

○受付にて受験票確認後、ゼッケン（色つき）をつける。
○子供は試験会場へ、保護者は控室へ。

○子供はグループに分かれ、ペーパーテスト、運動、行動観察テストを受ける。

○グループ毎に子供が戻り、ゼッケンを返却し解散。

入試の 傾向と対策

考査は基本的に1日ですが、考査前に面接日があり、実質2日間の考査になります。面接では1組ずつ15分以上の時間をかけ、じっくりご家庭の様子を見られます。同志社小学校のことをより理解したい気持ちを持って面接に臨むことが大切です。考査当日も短期間では対応できない入試内容になっています。またペーパー同様、行動観察も重視していますので、親子ともに日頃の生活習慣から注意をし、バランスを考え、幅広く準備をしておきましょう。

合格者のお母様 からの入試実践 アドバイス

はじめから同志社小だけを志望していたわけではありませんが、学校説明会や塾の先生方のお話から最終的に第一志望となりました。子どもには、ペーパー問題に偏ることなく、できるだけ外での体験をさせました。面接時の校長先生・副校長先生がやさしく、和やかでした。ただそれにのりすぎて、お行儀が悪くならないか心配でした。やはり、普段からの言葉遣いは大事だと思います。

入　試　の　内　容

ペーパーテスト（次のページをご覧下さい）

- ■お話の記憶　■しりとり　■異種発見
- ■推理（折り紙）　■水の量・水の高さ　■季節感
- ■絵の数　■系列完成　他もあり

実技テスト

■ 運　動
- ●かけっこ
- ◇お約束通り、コースを走る。
- ●鉄　棒
- ◇ぶら下がりや足抜きまわりをする。
- ●とび箱
- ◇とび箱をとぶ。（足閉じ、足開き）
- ●ボール投げ・受け
- ◇ボールを上に投げ一回手をたたいてから受ける。
- ●なわとび
- ◇決められた場所で前とびをする。
- ●腕支え
- ◇両腕で体を支える。
- ●両足とび
- ◇ミニハードルを続けてとぶ。
- ●ケンパ
- ◇決められたコースをケンパで進みパのところでは手をたたく。

行動観察

- ●カードゲーム
- ◇果物や野菜のカードでルール通りに遊ぶ。
- ●発表力
- ◇グループで一枚のカードを見て、お話を作り発表する。
- ●まねっこゲーム
- ◇いろんなカードを見て、同じように動く。

面　接

■実施方法

```
       先生
      ○ ○
    ┌──────┐
    └──────┘
    ○  ○ ○
    父 子 母
```

考査前の指定日時に校長・副校長を含む先生2名、受験者、保護者2名で行われた。
※アクリル板あり。

■本人に対しての質問事項

①お名前を教えて下さい。
②この小学校の名前を教えて下さい。
③魔法が使えるなら、何になりたいですか。それはどうしてですか。
④最近、読んでもらった本は何ですか。どんなお話ですか。それは、怖いお話ですか。面白いお話ですか。
※いくつかの絵を見ながら表現力もあります。

■保護者に対しての質問事項

①志望動機をお聞かせ下さい。
②同志社小学校に期待することは何ですか。
③学校の教育方針とご家庭の教育方針の何が合っていると思われますか。
④お子様は将来、何になりたいと言っていますか。
⑤最近、お子様に対しどんな事で褒めましたか。

❶ 問題用紙は183ページ

問題

お話の記憶
(お話)あるおばさんのお話です。そのおばさんは不思議な箱を持っていて、女の子の前でその箱がどんな箱なのかを見せることになりました。おばあさんが「いか」の絵のカードを入れてすぐに取り出すとそこには「かい」の絵が描かれていました。女の子が不思議そうに見ているとおばあさんは「やってみるかい。と言って女の子にカードと箱を渡しました。女の子が「さか」のカードを入れて取り出すと「かさ」になっていました。女の子は面白くなって「ミルク」のカードを入れて取り出しました。

(一段目)おばあさんが箱から取り出したカードに描かれていたものに○をつけましょう。

(二段目)女の子がはじめに箱から取り出したカードに描かれていたものに○をつけましょう。

(三段目)次に女の子が箱から取り出したカードに描かれていたものに○をつけましょう。

折り紙
上のお手本のように半分に折って切りとったものに○をつけましょう。

解答

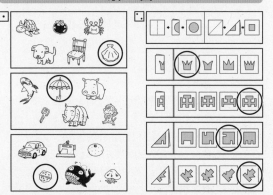

❷ 問題用紙は184ページ

問題

水の量
お手本と水の量が同じものに○をつけましょう。

水の高さ
それぞれの石を水の中に入れて高さが一番になるものに○をつけましょう。

しりとり
左はしから右はしまで、しりとりを続けるには、空いているところにどの絵を入れるとよいでしょうか。○をつけましょう。

解答

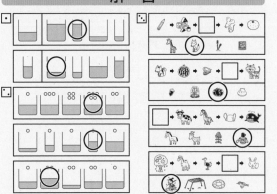

❸ 問題用紙は185ページ

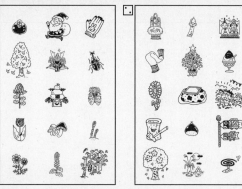

問題

季節感
並んでいる絵の中から春のものに○をつけましょう。

季節感
並んでいる絵の中から夏のものに○をつけましょう。

解答

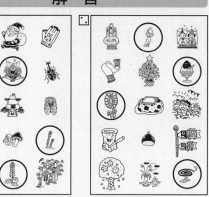

❹ 問題用紙は186ページ

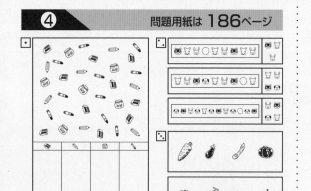

問題

絵の数
上の絵のそれぞれの数だけ○をかきましょう。

系列完成
並んでいる絵のお約束を考えて、空いているところにちょうどあうものに○をつけましょう。

異種発見
並んでいる絵の中で仲間ではないものに○をつけましょう。

解答

ノートルダム学院小学校

〒606-0847　京都市左京区下鴨南野々神町1番2号　☎075-701-7171　ホームページ http://www.notredame-e.ed.jp

教育の基本原理
1. 可能性の開花
2. 世界的視野
3. 貧しい人を優先

教育目標
Virtus et Scientia（徳と知）
「よく祈り、よく学び、持っている力をよく伸ばし、それをつかって、人に奉仕しよう」

併設校
ノートルダム女学院中学校
ノートルダム女学院高等学校
ノートルダム女子大学

通学ガイド
●市営地下鉄烏丸線「松ヶ崎」駅下車　徒歩6分
●市バス（4系統）野々神町下車

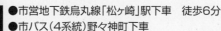
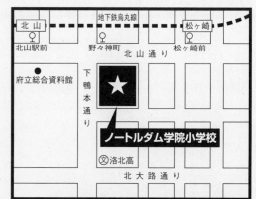

学校情報

創立	昭和29年	学期	2学期制
1学年	4クラス	昼食	給食
1クラス	30名	修学旅行	各地

諸経費
（2025年度は変更されることもあります。）

●入学時
　入学金‥‥‥‥‥‥ 200,000円

●入学後（年額）
　授業料‥‥‥‥‥‥ 606,000円
　施設設備費‥‥‥‥ 96,000円
　教育充実費‥‥‥‥ 90,000円
　給食費‥‥‥‥‥ 107,800円
　父母の会‥‥‥‥‥ 15,000円
　制定品‥‥‥‥‥ 110,000円

※教材費・校外学習費 等　別途必要

教育活動

1. **低学年での教科担任制**
　1年生から教科担任制を取り入れ、一人ひとりの個性の伸長・可能性の開花に全力を尽くします。4年生後半より算数は習熟度別クラスを導入

2. **独自のカリキュラム**
　①体験授業
　山の家（滋賀県に保有する自然体験学舎）学習や遠泳合宿（5年）など体験学習に重きをおいた教育活動。
　②宗教教育
　全学年週2時間実施
　③礼法
　各学年年3回以上茶道に親しみます。
　④ICT教育の導入
　（IWB（大型提示装置）
　OHC全教室標準装備
　Apple TV 設置
　コンピューター教室）
　タブレット学習を授業に組み入れ、教育の充実をはかります。

3. **校内学童保育ASC（アスク）**
　放課後、土曜日、夏休み等、有意義な時間が過ごせるようサポート。

安全対策

○防犯カメラ等の設置
　校内主要場所にモニター設置。
　正門（北門）は登下校のみ開門。警備員によるチェック。
　その他の時間は事務所でチェック。
　夜間は機械警備で対応。
　ICタグによる登下校チェック。
　携帯メール配信。

学校での一日

【1年～6年】

8時15分‥	朝読書
8時25分‥	校内テレビ放送 朝の会
8時45分‥	1校時（45分授業）
10時20分‥	リフレッシュタイム
10時40分‥	NDタイム
10時50分‥	3校時
12時25分‥	給食・昼休み・掃除
13時35分‥	5校時
14時25分‥	6校時
15時10分‥	帰りの会

学校での一年

【6年間】

4月	入学式
6月	スポーツフェスティバル（運動会）写生会
7月	遠泳合宿（5年）
9月	夏休み自由研究作品展
10月	ディスカバリー（6年）（児童選択型・修学旅行）NDフェス・6年生修養会
11月	全校音楽会 ランフェスティバル
12月	もちつき会・1年生大茶会 クリスマスの集い
1月	書き初め大会・書き初め展
2月	6年生卒業茶会 美術展・スキー合宿
3月	修了式・卒業式

進学状況

併設校進学ガイド
併設校には内部進学制度があります。

小学校（共学）
↓
中学校（女子）
↓
高等学校（女子）
↓
大学（女子）

主な外部合格者数
（2023年3月卒業生）

京都／洛南高附中	5名
洛星中	22名
同志社中	7名
同志社女子中	12名
京都女子中	14名
立命館中	4名
洛北高附属中	3名
奈良／東大寺学園中	11名
帝塚山中	19名
西大和学園	2名
大阪／四天王寺中	2名
高槻中	18名
兵庫／灘中	4名

洛星中に関しては最大10名が「カトリック連携選抜制度」にて進学

入試データ

○2024年度募集人員

男・女　**120名**

○最近の出願者数の推移（過去5カ年）

年度	出願者数
2020年度	130名（Aのみ）
2021年度	137名（Aのみ）
2022年度	151名（Aのみ）
2023年度	160名（Aのみ）
2024年度	165名（Aのみ）

出題傾向（過去3ヵ年）

年度	2022	2023	2024
面接	●	●	●
口頭試問	●	●	●
ペーパー	●	●	●
音楽リズム	●	●	●
絵画・製作	●	●	●
運動	●	●	●
行動観察	●	●	●

説明会から合格発表まで　　2024年度　入試日程（2025年度は必ず学校配布の募集要項でお確かめ下さい。）

テスト体験 学校説明会
2023年6月10日（土）
◆入試体験
◆入試についての説明

▶

入試説明会 プレスクール
2023年7月8日（土）
◆体験授業
◆クラス活動
◆入試説明会

▶

願書受付
2023年7月26日（水）～8月16日（水）16:00
◆インターネット出願
◆面接日時はメールで通知

▶

考査日
2023年8月22日（火）23日（水）26日（土）午後
◆志願者・保護者の親子面接は8月26日（土）午前

▶

合格発表
2023年8月27日（日）12:00～8月29日（火）23:59
◆郵送にて通知
※合否照会サイトに発表も有り

※B日程入試…2023年10月21日（土）　※C日程入試…2024年1月31日（金）

入 試 の 内 容

ペーパーテスト（右がわをご覧下さい）

■お話の記憶　■知識（カレンダー）
■推理（サイコロ）　■季節感　■言語

個別テスト

実施されませんでした。（面接時に実施）
※一例：（悪い子さがしで）すべり台で立っている子を見つける。
・どう声をかけますか。

実技テスト

■絵画・製作
●時計作り
はさみ、のり、クレヨンなどを使い時計を完成させる。
（出来上がったものについて質問あり）

■運　動
●サーキット
◇なわとび
合図があるまで前とびを続ける。
◇指示行動
白い線は歩く、赤い線は走る。
◇ケンパ
決められたコースをケンパする。
◇まねっこ
手・足を動かし動物のまねをする。
◇ボール投げ
ゴムボールを先生に向かって投げる。

■行動観察（口頭試問）
ブロック遊びをする。出来上がったものに「なぜこれにしたのか」等質問あり。

面接

■実施方法

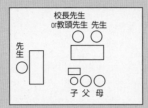

考査前指定された日時に親2名、子供、先生3名で行われた。

■本人に対しての質問事項
①お名前を教えて下さい。
②幼稚園の名前を教えて下さい。
③先生の名前を教えて下さい。
④お手伝いは何をしていますか。
⑤お友達の名前を3人教えて下さい。
⑥好きな本を教えて下さい。

■保護者に対しての質問事項
①志願理由についてお聞かせ下さい。
②本校のホームページを観られたことはございますか。
③本校の行事の中で印象に残っているものをお聞かせ下さい。
④休日でのお子様との関わりはいかがですか。
⑤お子様の良い所、直してほしい所をお聞かせ下さい。
⑥子どもの頃、両親に言われ、模範としてきたことがあればお聞かせ下さい。

入試情報

◆考査は1日
（別日or当日面接あり）
ペーパーテスト、絵画・製作、運動を実施。
◆受験番号により面接日の集合時間が異なる。
◆願書提出はWeb出願。

入試の傾向と対策

入試はコンパクトにまとめられていますが、ペーパーをはじめ絵画・製作、生活習慣、行動観察、親子面接等、多岐に渡ります。面接時に口頭試問（知識・言語）もあり表現力が問われます。（面接時間を以前より長めに設定し、絵画・知識を実施）運動でのなわとび等、毎年出題されるものもあり、余裕を持って取り組みたいものです。

合格者のお母様からの入試実践アドバイス

ノートルダム小の入試について変更点（面接時間）があることを教室の先生からお聞きし、ペーパーだけでなく、自分が思ったことをしっかり伝えられるよう日頃から意識しました。今まで以上に子どもの話を聞くように心がけました。運動でなわとびがあることは説明会でも聞いておりましたので、時間を見つけては、一緒に練習しました。きれいに跳べるところまではいきませんでしたが、それなりにできるようになったことで自信になりました。

ノートルダム学院小学校の入試問題と解答

❶　　　問題用紙は187ページ

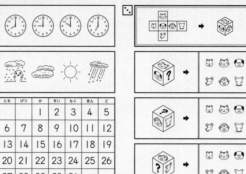

問 題

お話の記憶
（お話）「おはよう！あさですよ。」お母さんの声。時計は8時です。子ウサギはかおを洗って、ご用意です。朝ごはんを食べて次は何かな？だいすきのぎゅっぎゅっうれしいな。もう一回。9時にぎゅっ。10時にもぎゅっ。11時、雨がポツポツ降ってきた。お昼は何かな？おいしいパイを作りましょう。ごはんのあとは、だいすきのぎゅっぎゅっ。1時のお空は青くなったよ。おもちゃで遊び2時、3時、次は何かな？だいすきのぎゅっぎゅっ。それからお散歩4時、5時、もう夕方です。次は何かな？だいすきのぎゅっぎゅっ。夜になったよ。ごはんを食べて、7時になった。お風呂でじゃぶじゃぶ歯を磨いて、次は何かな？だいすきのぎゅっぎゅっ。ベッドに入って、もう一回ぎゅーっ。おやすみなさい。

（一段目）子うさぎが起きた時間に○をつけましょう。
（二段目）11時のお天気に○をつけましょう。

知 識
今日は8月29日（火）です。では明日のところに○をつけましょう。一つ前の火曜日のところに△をつけましょう。

推理（サイコロ）
上のサイコロをよく見て、下のような時？にくる生き物に○をつけましょう。

解 答

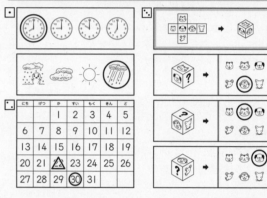

---

❷　　　問題用紙は188ページ

問 題

季節感
左のお手本と同じ季節のものに○をつけましょう。

言 語
左の絵のはじめとおしまいの言葉が同じものに○をつけましょう。

解 答

洛南高等学校附属小学校

〒617-0002　京都府向日市寺戸町寺田54番地　☎075-924-6511　ホームページ http://www.rakunan-h.ed.jp/

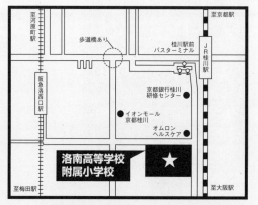

カリキュラムの3本柱

仏法を学び、日本の伝統・文化を大切にし礼儀作法を身につける情操教育。

「読み・書き・そろばん」を中心とした教科学習。

健康な体・健全な精神を育成する体育的行事。

併設校　洛南高等学校附属中学校・洛南高等学校

通学ガイド
- ●JR東海道本線
  - 桂川駅（京都駅から5分、大阪駅から34分）　徒歩約10分
  - 向日町駅（京都駅から7分、大阪駅から32分）　徒歩約15分
- ●阪急電車京都線
  - 洛西口駅（河原町駅から11分、梅田駅から39分）徒歩約15分
- ●路線バス
  - JR桂川駅バスターミナル　徒歩約10分
  - （京都市交通局バス・阪急バス・京阪京都交通バス・ヤサカバス）

学校情報

創立	平成26年	学期	3学期制
1学年	3クラス	昼食	お弁当
1クラス	30名	修学旅行（2泊3日）	広島・山口（萩）方面

諸経費 （2025年度は変更されることもあります。）

●入学時
- 入学金・・・・・・・・・・・150,000円
- 制服等制定学用品代・・・約100,000円

●入学後（年額）
- 授業料（年額）・・・・・・・792,000円
- 教育費・・・・・・・・・・・180,000円
- 空調費・・・・・・・・・・・5,000円

教育の特色

自分で伸びる力を育む 4つの実践項目

次の3つを洛南生の指針として位置づけています。本校は、仏教の三帰依（帰依仏・帰依法・帰依僧）を現代の言葉に直して校訓としています。

- 規律正しく
- 清潔につとめ
- 情操豊かに
- 勉学にはげむ

校訓

- 自己を尊重せよ
- 真理を探求せよ
- 社会に献身せよ

教育方針

知育	小・中・高12年一貫教育で高い知性を獲得
徳育	礼儀と自立心を備えた人間を育む
体育	生きていく基本となる体力を育成
共同	行事を通して他人の立場を理解
自省	教師・親の成長が子どもの成長に

安全対策

- **●警備員の配置**
  - 常時2名の警備員を配置。夜間はセキュリティーシステムが学校を管理。
- **●ICタグによる安全管理**
  - 登下校時のメール配信や保護者への一斉メール配信。
- **●登下校時の安全指導**

学校での一日

- 8時20分・・・空の時間
- 8時50分・・・1校時開始
- 12時20分・・・昼食・昼休み・掃除
- 13時50分・・・海の時間

- 14時05分・・・5校時開始
- 15時40分・・・終わりの会
- 15時50分・・・放課後
- 16時20分・・・洛南タイム開始
- 18時00分・・・洛南タイム終了

学校での一年

〔6年間〕

4月	入学式・始業式
5月	葵祭見学・花まつり
6月	水泳学習・空海降誕会
7月	七夕・祇園祭見学　定期考査・終業式　保護者会・宿泊学習
8月	夏休み・夏期学習会　家庭訪問
9月	始業式・運動会
10月	学習発表会・時代祭見学
11月	修学旅行（6年）　祖父母参観日
12月	成道会・定期考査　終業式・保護者会
1月	始業式・新春催し
2月	節分・持久走記録会　涅槃会
3月	定期考査・修了式・保護者会　卒業式

進学状況

併設校進学ガイド

併設校には12年間一貫の内部進学制度があります。

小学校（共学）
↓
中学校（共学）
↓
高等学校（共学）

※卒業生は原則全員併設の中学校へ進学。

※洛南高等学校の2023年度主要大学合格状況

- 東京大学・・・・・・・13
- 京都大学・・・・・・・76
- 大阪大学・・・・・・・33
- 神戸大学・・・・・・・17
- 大阪公立大学・・・・・28

入試データ

○2024年度募集人員

男・女　90名

○最近の出願者数の推移（過去5カ年）

年度	出願者数
2020年度	153名
2021年度	148名
2022年度	123名
2023年度	135名
2024年度	124名

出題傾向（過去3ヵ年）

年度	2022	2023	2024
面接			
口頭試問			
ペーパー	●	●	●
音楽リズム			
絵画・製作	●	●	●
運動	●	●	●
行動観察	●	●	●

説明会から合格発表まで　　2024年度　入試日程（2025年度は必ず学校配布の募集要項でお確かめ下さい。）

学校・入試説明会
2023年6月17日（土）

- ◆入試についての説明会
- ◆教育方針等の説明

▶

募集要項配布
2023年6月17日（土）～

▶

願書受付
2023年7月12日（水）～7月19日（水）

- ◆インターネット出願

▶

保護者面接
2023年8月26日（土）・8月27日（日）

- ◆日時は8月1日（火）、簡易速達にて通知

▶

考査日
2023年9月9日（土）

- ◆ペーパーテスト
- ◆運動実技テスト

▶

合格発表
2023年9月12日（火）

- ◆インターネットにて発表

テスト当日のスケジュール

集合時刻
8時00分〜
8時30分

終了時刻
11時30分

受験者の服装

考査では体を動かす項目もあるため動きやすい服装を心掛けること。

持参するもの

○受験票
○鉛筆、消しゴム
○上靴(受験者)、上履き(保護者)

○受付にて受験票を提示。
 2階の「志願者受験教室」に入室

8時30分

9時00分

○全員着席
○保護者も「作文教室(体育館)」に入室

9時05分

○テスト開始(ペーパーテスト、社会性テスト、運動テスト)
○保護者も作文開始

11時30分

○テスト終了
○保護者は、「志願者受験教室」へお迎えに行く

入試の傾向と対策

開校以来、「ペーパーテストと運動、(全体の)行動観察、保護者面接と保護者作文」が、入試の定番でしたが、今回が最後となり、次回の入試からは、新たに「親子面接と(個別と集団の)行動観察」が課されることになりました。

認知能力に加え、非認知能力が重視されることになります。ともすれば、ペーパーテストさえできれば何とかなるような印象がありましたが、実際はそうではなくとも、かたよらない準備をしっかりすることが肝要です。より幼児期の子ども達の望ましいありかたが求められることになります。「コミュニケーション能力」、「集団における社会性・協調性」等、普段から地道に取り組んでおくことが鍵となるので、幼児教室で実際に体験して、身体で覚えていくことを心掛けてください。

合格者のお母様からの入試実践アドバイス

「ペーパーテスト」に最も力を入れておりましたので、次回から入試が変わるとお聞きし、少々驚いた次第です。私達は今までの入試に合わせて準備してきたので、親の作文以外は「ペーパーとお行儀」を常々子どもに言い聞かせてきました。でも、子どもの日常は、幼稚園で遊んだり、行事の準備をしたりして過ごしていますので、新しい入試の形式の方が自然なのかもと思ったりもします。いずれにせよ、入試は入試なので、しっかりお教室に通って、やるべきことをやるのが、一番だと思います。洛南小の入試対策は、自前ではできませんから、しょうがく社の進み方に合わせて、それについて行くことだけを心掛けました。上の子の時も、今回の下の子の時も、それが何よりの成果となりました。次の受験生の保護者の方々にも、是非おすすめしたく思います。頑張ってください。

入 試 の 内 容

ペーパーテスト(次のページをご覧下さい)

■お話の記憶　■間違いさがし　■点つなぎ
■図形の回転　■数量(聞きとり)　■推理
■絵の重なり　■知識　■異種発見

※記載した以外の問題も多数あり。

実技テスト

■運動能力
●スキップ
◇決められたコースをスキップする。
●ギャロップ
◇決められたコースをギャロップする。
●ケンパ
◇決められたコースをケンパで進む。
●両足跳び
◇まん中の線を踏まないように、足を揃えて両足跳びをしましょう。
●グーパー跳び
◇手を打ちながらグーパー跳びをする。

面接

■実施方法
考査日以前の指定された日。

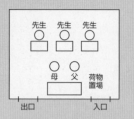

※指定された時間に登校。
　順番が来るまで控室にて待機。時間になると呼ばれるので入室する。

※先生、両親共にアクリル板が立てられている。

■保護者に対しての質問事項
保護者に対する質問(質問は一律ではなく、下記以外にもいろいろ質問される。)

①お子さまの受験番号と氏名と生年月日を教えて下さい。
②本校をお知りになったきっかけと、志願理由をお聞かせ下さい。
③お子さまが今一番興味があることは何でしょうか。
④習いごとはどのようなことをされていますか。
⑤電車通学をするにあたり、公共マナーについて、どのようにお子さまに教えていらっしゃいますか。
⑥最近お子さまのことで驚かれたことは何でしょうか。
⑦本校とお子さまの適応するところはどんなところですか。
⑧将来、お子さまにはどのように育ってほしいとお考えですか。
⑨身内の方で、本校の卒業生など洛南関係者はおられますか。
⑩通学経路と所要時間を教えて下さい。
※尚、保護者面接に際しては、出願書類に同封の〈300字詰保護者作文用紙〉に、「なぜ洛南高等学校附属小学校を受験させたか。なぜ入学させたいか。」のテーマで作文したものを、当日持参することが課された。
※更に、入試当日は、待機中に休憩をはさんで2回作文が課された。

❶ 問題用紙は**189**ページ

解 答

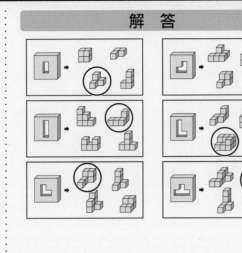

問 題

推 理
左の壁の穴に、どうやっても通すことができない積み木を右から見つけて
○をつけましょう。

❸ 問題用紙は**191**ページ

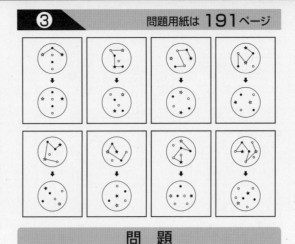

解 答

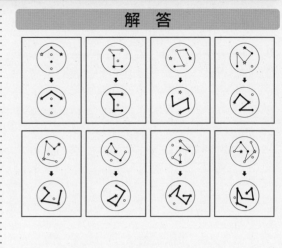

問 題

点つなぎ(模写)
上のお手本と同じになるように、下のところにかきましょう。

❷ 問題用紙は**190**ページ

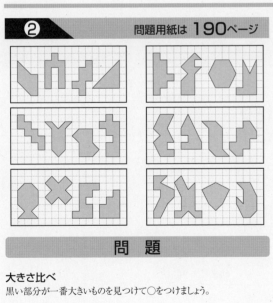

解 答

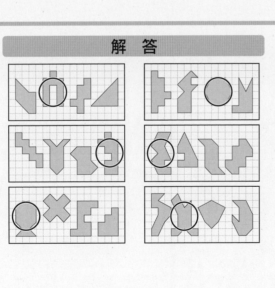

問 題

大きさ比べ
黒い部分が一番大きいものを見つけて○をつけましょう。

❹ 問題用紙は**192**ページ

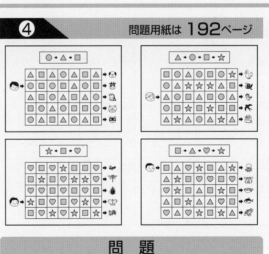

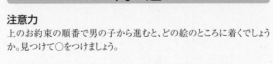

解 答

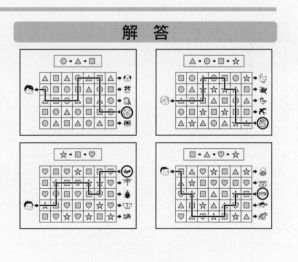

問 題

注意力
上のお約束の順番で男の子から進むと、どの絵のところに着くでしょう
か。見つけて○をつけましょう。

⑤ 問題用紙は193ページ

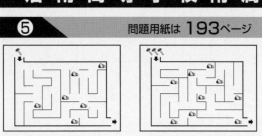
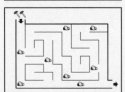
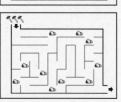

解 答

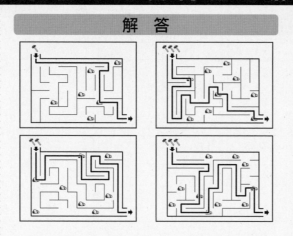

問 題

条件迷路
かなづち1本で石を1コ割ることができるお約束です。では、左上の数だけかなづちを使えるとき、右下の矢印までいくことができる道を見つけて線をひきましょう。

⑥ 問題用紙は194ページ

解 答

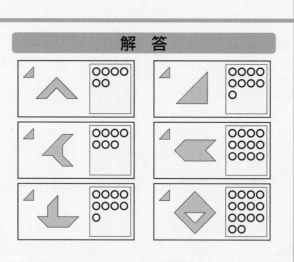

問 題

パズルの数
お手本の形には、左上の◢（二等辺三角形）が何枚入るでしょうか。その数だけ右の箱に○をかきましょう。

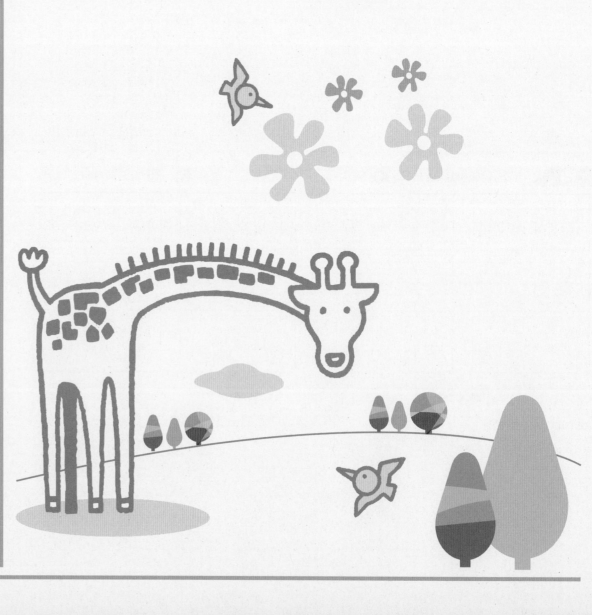

R 立命館小学校

RITSUMEIKAN

〒603-8141　京都市北区小山西上総町22　☎075-496-7777　ホームページ http://www.ritsumei.ac.jp/primary/

4つの柱

- ●確かな学力を育てる教育
- ●真の国際人を育てる教育
- ●豊かな感性を育む教育
- ●高い倫理観と自立心を養う教育

併設校
立命館中学校・高等学校
立命館宇治中学校・高等学校
立命館慶祥中学校・高等学校
立命館守山中学校・高等学校
立命館大学・大学院・立命館アジア太平洋大学・大学院

通学ガイド
●地下鉄烏丸線「北大路」駅下車　徒歩3分
●市バス「北大路バスターミナル」下車　徒歩3分

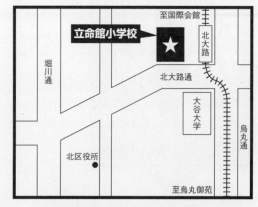

学校情報

創立	平成18年	学期	2学期制
1学年	4クラス	昼食	給食
1クラス	30名	海外短期留学制度あり

諸経費 〔2025年度は変更されることもあります。〕

●入学時
　入学金・・・・・・・・・・・・・300,000円

●入学後(年額)
　授業料(年額)・・・・・・・・・800,000円
　教育充実費(年額)・・・・・・・200,000円

※その他、諸会費、積立金、給食費、制服代等があります。

教育の特色

ICT教育への挑戦
タブレットなどのデジタル機器を積極的に活用した先進的な取り組みに挑戦していきます。

8つのキーワード
①基礎学力形成
②サイエンスを重視したものづくり体験学習
③国際交流・異文化理解
④英語コミュニケーション能力の育成
⑤芸術教育
⑥感性の触発（読書・映像・文化）
⑦高い倫理観
⑧身体発達とスポーツ

安全対策

●警備員の配置
校内に複数の警備員を常駐させ、部外者の校内への出入りを監視。

●防犯カメラ、赤外線監視システムの設置
校舎内外に防犯カメラを設置したり、赤外線監視システムを張り巡らせ監視する。

●ICカードによる登下校監視システム
登下校中の児童の安全を確保するため、交通機関と連携したシステムを導入。

学校での一日

1年～6年

8時10分	登校・朝の会
8時25分	モジュールタイム
8時40分	1・2校時
10時20分	中休み
10時40分	3・4校時
12時20分	給食
13時05分	昼休み
13時25分	清掃
13時45分	5・6校時
15時25分	終わりの会・下校
15時40分	寺子屋の時間
16時05分	最終下校

学校での一年

6年間

4月	入学式・始業式・ハウス歓迎会
5月	ハウス遠足
6月	宿泊体験学習(3・5・6年) 文化フェスティバル(2・4年)
8月	ワールドウィーク
9月	スポーツフェスティバル
11月	宿泊体験学習(4年) 文化フェスティバル(1・3年生)
12月	合唱コンクール(5・6年)
1月	百人一首
3月	立志式(4年)・卒業式

3年生より宿泊体験学習を実施しています。

進学状況

併設校進学ガイド
併設校には内部進学制度があります。

 小学校(共学)
↓
 中学校(共学)
↓
 高等学校(共学)
↓
 大学 ／ 医歯薬系他大学

小学校から高等学校までの12年間を「4・4・4制」のもとでカリキュラムが設定されているため併設校への進学が原則。
20名程度が他校へ進学。

入試データ

○2024年度募集人員

男・女　**120名**

出題傾向(過去3ヵ年)

年度	2022	2023	2024
面接	●	●	●
口頭試問	●	●	●
ペーパー	●	●	●
音楽リズム			
絵画・製作	●	●	●
運動	●	●	●
行動観察	●	●	●

○最近の出願者数の推移（過去5カ年）

年度	出願者数	
2020年度	220名	(プライマリー A・B)
2021年度	200名	(プライマリー A・B)
2022年度	260名	(プライマリー A・B)
2023年度	250名	(プライマリー A・B)
2024年度	270名	(プライマリー A・B)

学校説明会から合格発表まで　　2024年度　入試日程（2025年度は必ず学校配布の募集要項でお確かめ下さい。）

学校説明会
2023年
5月27日(土)

◆学校説明会
　体験授業

▶

入試説明会
2023年
7月8日(土)
◆入学試験に関わる説明会

▶

出願受付
2023年
7月14日(金)
9:00
～
7月24日(月)
17:00
◆学校ホームページより出願サイトへアクセスし、出願手続きを行う。

▶

面接考査
2023年
8月18日(金)
～
8月20日(日)
8月22日(火)

▶

考査日
2023年
9月3日(日)

▶

合格発表
2023年
9月5日(火)
15:00

◆Web上にて。

※プライマリー入試B日程　2023年10月7日(土)

テスト当日のスケジュール

集合時刻	終了時刻
9時30分	11時30分

受験者の服装

考査では体を動かすこともあるため動きやすい服装を心掛けること。

持参するもの

○受験票
○上靴
○靴袋

9時30分～
○受験票確認後ゼッケンをつける。

○指定された教室においてテストを受ける。
（15人～20人のグループ）

○ペーパーテスト（言語、記憶能力等）
○行動観察（人間関係能力）等

11時15分～
○子供が控室に戻り、解散。

入試の傾向と対策

コロナ禍での入試が終了しましたが面接時の課題画は、持参する形になっています。入学願書も貴重な資料となりますので考えておきましょう。面接時に実施される絵画後の口頭試問の実施も定着しており幅広い対策が必要となります。面接では願書に記入したことに沿って質問が行われ、じっくり観察されます。ペーパーテストでは基本的なものから応用まで、バランス良くこなさなければなりません。行動観察では運動要素も含みますのでしっかり取り組みましょう。また先生からの指示も多く、しっかり聞くことができる様、早めの準備を心がけましょう。

合格者のお母様からの入試実践アドバイス

教室の先生より、「最近受験者が増えていますので、しっかり準備を」とお聞きしてからは、毎日の学習を考え直しました。難しい問題なのか易しい問題なのか、迷うこともありましたが、その都度先生方にお聞きすることにしました。親である私たちは、できるだけ学校や塾を問わず説明会に参加し、情報収集をしました。面接時に活かされたと思います。

入 試 の 内 容

ペーパーテスト（次のページをご覧下さい）

- ■知識 ■知識 ■図形の合成 ■観覧車 ■数の合成
- ■知識 ■季節感 ■言語（他もあり）

個別テスト

実施されませんでした。（面接時に実施）

実技テスト

■巧緻性
●お引越しゲーム（豆つかみ）
◇お皿の上の小さな玉（オレンジのビーズ）をおはしでコップの中に入れる。
●お弁当作り
◇指示を聞いて、えんぴつ、色えんぴつ、はさみ、のりを使い仕上げる。

行動観察

●ドミノ倒し
◇5～6人のグループで一つの大きな円を作る。お片づけもする。

面接

■実施方法

先生2名と親2名、子供1名で行われた。

■本人に対しての質問事項

①お名前を教えて下さい。
②幼稚園（保育園）の名前を教えて下さい。
③担任の先生の名前を教えて下さい。
④幼稚園で何をして遊びますか。
⑤お友達とけんかになってしまったらどうしますか。
⑥幼稚園のどんなところが楽しいですか。
⑦立命館小学校は好きですか。どんなところが好きですか。
⑧夏休みで1番楽しかったことは何ですか。

※面接前に子どものみ面接室にて、お絵描きのテスト、表現力のテストが実施されます。

■保護者に対しての質問事項

①受験者との続柄、名前をお聞かせ下さい。
②学校でトラブルがあった場合どうされますか。
③なぜ本校を志願されましたか。
④イベントに参加されてどうでしたか。
⑤イベントでのお子様の様子はどうでしょうか。

❶ 問題用紙は 195ページ

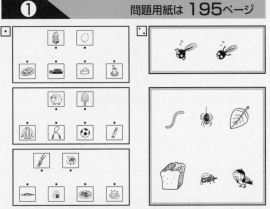

（上段）オタマジャクシの足が先に生える方に○をつけましょう。
（下段）カエルが食べるものに○をつけましょう。

問 題

知 識
上のお手本からできるものを線でつなぎましょう。

知 識
お話を聞いた後で問題に答えましょう。
（お話）・カエルはたまごからオタマジャクシになり自由に動きます。そして後ろから足が生え、カエルとなります。カエルは水のあるところだけにいるわけではないろんな場所で見つけることができます。カエルは動いている生き物を食べます。小さな昆虫が好きです。コオロギやクモ、ミミズなどを食べます。カエルは毒を持っています。強い弱いはありますが、気をつけましょう。

解 答

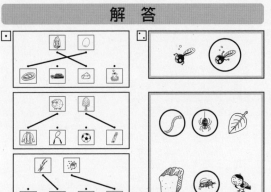

❸ 問題用紙は 197ページ

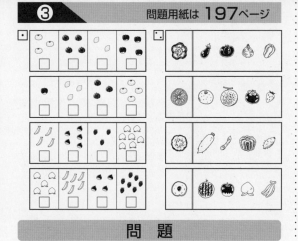

問 題

数の合成
並んでいる絵を合わせて5にするにはどれとどれがよいでしょうか。○をかきましょう。

数の合成
次は10にするにはどれとどれがよいでしょうか。○をかきましょう。

知 識
左の食べ物の切り口に合うものに○をつけましょう。

解 答

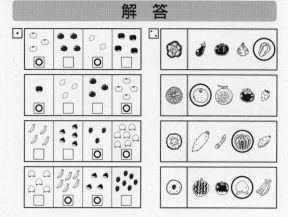

❷ 問題用紙は 196ページ

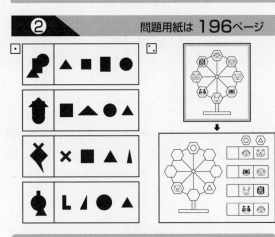

問 題

図形の合成
左のお手本に使われていないものに○をつけましょう。

観覧車
上の観覧車が下のように動いた時○・△にはそれぞれ誰がいますか。

解 答

❹ 問題用紙は 198ページ

問 題

季節感
並んでいる絵の中で違う季節のものに○をつけましょう。

言 語
（一段目）「うかぶ」に合うものに○をつけましょう。
（二段目）「せおう」に合うものに○をつけましょう。
（三段目）「のびる」に合うものに○をつけましょう。
（四段目）「かさねる」に合うものに○をつけましょう。

解 答

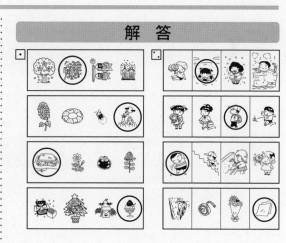

 # 近畿大学附属小学校

〒631-0032 奈良県奈良市あやめ池北1-33-3 ☎0742-53-1200 ホームページ http://www.kindai.ac.jp/fes

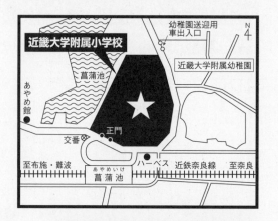

教育のねらい

- ●からだをきたえる
発達段階での「心身の調和的な発達」を図る
- ●こころをみがく
豊かな情操を育て「内面的精神生活の充実」を図る
- ●智をほりおこす
綿密な教育指導計画のもとで、旺盛な心理の探求心による「自立的学習態度」を育てる

 併設校
近畿大学附属幼稚園・近畿大学附属中学校
近畿大学附属高等学校・近畿大学短期大学部・近畿大学
近畿大学大学院

 通学ガイド
近鉄奈良線「菖蒲池(あやめいけ)」駅 北改札口出てすぐ目の前

学校情報

創立	1954年
1学年	4クラス
1クラス	約30名
学期	3学期制
昼食	一部弁当2日ケータリング3日
修学旅行	北海道

諸経費 （2025年度は変更されることもあります。）

- ●入学時
  - 入学金 200,000円
- ●入学後
  - 授業料(年額) 660,000円
  - 施設費(年額) 100,000円
  - 教材費・保会費 116,000円
  - 制服・用品費
  - (ランドセル、制靴等) 約130,000円

教育活動

■健康教育
- ○耐寒訓練
- ◆うす着のマラソン
- ◆生駒山への耐寒登山
- ○水泳指導
- ◆集大成として90分遠泳

■道徳教育
- ○3つの学舎での生活協同社会体験

■叡知教育
- ○すべての教科の基礎である国語力の養成
- ○必要な教科の専科制の実施
- ○学習旅行の実施
- ○社会見学の実施
- ○児童活動
- ◆1年から6年まで縦割り活動
- ◆委員会活動、クラブ活動、週番活動
- ○医学部等の大学との交流

安全対策

○安全・安心の立地
小学校が近鉄奈良線「菖蒲池」駅前で、交番がすぐそばにある。

○警備員の配置
正門脇に常駐し、校内には防犯カメラ等を設置して、児童の安全を最大限に配慮。

○ICタグで登下校時刻をお知らせ
ICタグによる登下校システムを採用し、児童が校舎の入口を通過する際、保護者の携帯電話にメールでお知らせ。

学校での一日

8時30分	学級活動
8時45分	1校時
9時40分	2校時
10時25分	中休み
10時45分	3校時
11時40分	4校時
12時25分	昼食
13時10分	近小タイム
13時25分	清掃
13時45分	5校時
14時40分	6校時

学校での一年

6年間

4月	入学式・新入生歓迎会
5月	春の遠足、吉野学舎(2年生)
6月	北海道修学旅行(6年) 水泳学習(高学年)
7月	サマー集会、水泳学習(低学年) 白浜臨海学舎(6年) 英国サマースクール
8月	2学期始業式、夏期近小ゼミ
9月	運動会、夏休み作品展
10月	秋の遠足、信貴山学舎(1年) 比叡山学舎(3年) 中京学習旅行(4年) 東京学習旅行(5年) など
11月	近小焼展・親子歴史ウォーク
12月	音楽会・ウィンター集会 冬期近小ゼミ
1月	耐寒訓練
2月	芸術鑑賞会・耐寒生駒山登山 近小フェスティバル、図工・書画展
3月	6年生を送る会、卒業式

進学状況

併設校進学ガイド
併設校には内部進学制度があります。

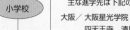

小学校 → 中学校 → 高校 → 大学

主な中学進学者数
◇内部進学
例年卒業生の約50%が附属中学校へ進学。
◇外部進学
進学先は本人の希望を優先。
主な進学先は下記のとおり

大阪／ 大阪星光学院
四天王寺 清風学園
清風南海 大阪桐蔭
明星 同志社香里
大阪女学院 帝塚山学院
など

奈良／ 東大寺学園 西大和学園
奈良学園 帝塚山
など

兵庫／ 灘 神戸女学院
武庫川女子
など

京都／ 洛南高校附属
など

入試データ

○2024年度募集人員

男・女 (1次 112名 / 2次 5名)
(併設幼稚園からの内部進学者37名を含む)

出題傾向(過去3ヵ年)

年度	2022	2023	2024
面接			
口頭試問	●	●	●
ペーパー	●	●	●
音楽リズム		●	
生活習慣	●	●	●
運動			
行動観察	●	●	●

○最近の出願者数の推移 (過去5カ年)

年度	出願者数
2020年度	98名
2021年度	121名
2022年度	115名
2023年度	116名
2024年度	105名

※受験者数は外部のみ

説明会から合格発表まで

2024年度 入試日程 （2025年度の入試日程は必ず学校配布の募集要項でお確かめ下さい。）

プレスクール(体験入学)
2023年 5月20日(土)

プレスクール(体験入学)
2023年 6月24日(土)

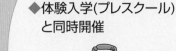

近小入試ナビ・プレスクール
2023年 7月29日(土)

◆体験入学(プレスクール)と同時開催

エコ出願
2023年 8月24日(木)〜9月5日(火)

考査日
2023年 9月19日(火)

◆保護者面接 9月9日(土)
※原則として両親

合格発表
2023年 9月21日(木)

◆WEBにて発表

※2次入試は、2024年2月2日(土)実施。

入 試 の 内 容

ペーパーテスト（右がわに一部紹介）

※犬のワンダのストーリーに沿って問題に取り組む。

■数① ■数②
■推量①（プログラミング）
■推量② ■図形
■注意力 ■お話の記憶
■言語・常識① ■言語・常識②

口頭試問

※犬のワンダのお話に出てきた「友達と遊ぶ時」に関しての質問。

◇部屋の外で遊ぶのと、中で遊ぶのとではどちらが好きで、どんな遊びをするのが好きですか。
◇その遊びのどんなところが好きですか。
◇遊びの時、約束は守っていますか。どうして約束を守らないといけないと思いますか。

生活テスト

●紙を半分に折って袋に入れる。
◇角をそろえ、ていねいに半分に折る。
◇折った紙を「れんらくぶくろ」に入れる。
●お箸の使い方
◇小さなブロックをお箸で摘んで器に移す。

集団活動

●体を使ってじゃんけん
●動物歩き
●なべなべそこぬけ
●ミニゲーム ケンケンパ じゃんけん
◇2チームに分かれ、勝ったら球を2個、負けたら球を1個とって、カゴに投げ入れる。

面接

■実施方法

考査日以前の指定された日に、保護者と先生方とで、7か所で実施。

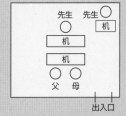

※面接時間・約15分

■保護者に対しての質問事項

①御家庭の教育方針をお聞かせ下さい。
②本校に対して、どのような印象をお持ちですか。
③本校の説明会やオープンスクールにご参加いただいた時の印象をお聞かせ下さい。
④子育てをしていく中で一番大切な事は何だと思われますか。
⑤お子様はどのような本を読んでおられますか。
⑥健康面で何か留意されていることはございませんか。
⑦お休みの日は、お子様とどのように過ごされていますか。
⑧将来、どのような子に成長して欲しいとお考えですか。
※質問の内容は保護者各組一律ではなく、多岐にわたります。

持参するもの

◆受験票
◆上履き
　（志願者・保護者とも）
◆筆記用具
　（アンケート記入用）

入試の傾向と対策

入試は、「知的テスト」「口頭試問」「生活テスト」「集団活動」と、「保護者面接」の総合評価で決まります。1つのストーリーに沿って、ペーパーや活動が行われるのが大きな特徴です。新しいプログラミング的な問題も出題されますので、幅広くしっかり準備しておきましょう。

合格者のお母様からの入試実践アドバイス

幼稚園から大学院まである総合学園の小学校ということで、通わせたいと思ったのがきっかけでした。医学部も魅力の一つでした。先のことは分かりませんが、よりよい環境でのびのびと学校生活を送り、自分でしっかり将来を切り開いていけるようになって欲しいので、受験を選びました。しょうがく社は、本当に楽しく通わせていただきました。幼稚園は休んでも、しょうがく社は休みたくないとよく言っていました。しょうがく社の環境は本当に素晴らしく、参加型の乗りのいい雰囲気は子供のやる気をどんどん伸ばし、いい自信に繋がりました。いろいろと本当にありがとうございました。教室の進度に合わせて、無理をしないで進めていくことがおすすめです。皆さん頑張ってくださいね。楽しい思い出になりますから。

近畿大学附属小学校の入試問題と解答

① 問題用紙は 199ページ ／ 解 答

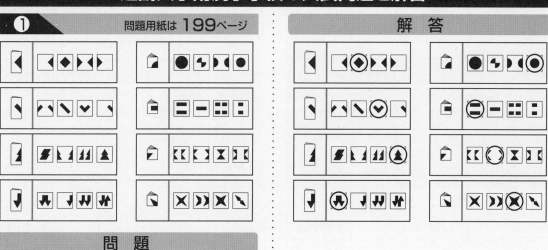

問 題

推理（折り紙）
左はしのように折った折り紙の黒いところを切って開くとどんな形になるでしょうか。右から見つけて○をつけましょう。

② 問題用紙は 200ページ ／ 解 答

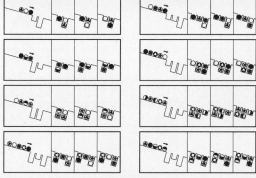
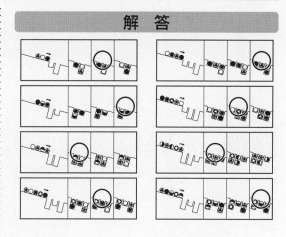

問 題

推理
矢印通りに玉を転がして穴に入れるとどうなるでしょうか。右から見つけて○をつけましょう。

智辯学園奈良カレッジ小学部

〒639-0253 香芝市田尻265番地 ☎0745-79-1111 ホームページ https://www.chiben.ac.jp/naracollege-el/

教育目標「**誠実・明朗**」
～真心のある元気な子～
（目標とする人物像）
1.明朗で知性溢れる人
2.不屈の精神をもって、使命感を全うする人
3.自己を確立しつつ、社会性豊かな人
4.この世に生を受けた幸福を知る人

| 併設校 | 智辯学園奈良カレッジ中学部 |
| | 智辯学園奈良カレッジ高等部 |

通学ガイド	近鉄大阪線「関屋」駅下車 スクールバス
	近鉄南大阪線「上ノ太子」駅下車 スクールバス
	JR大和路「高井田」駅下車 スクールバス

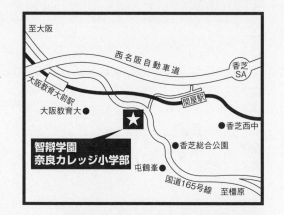

学校情報

創立……平成16年	学期………3学期制
1学年……2クラス	昼食…(月～水)ケータリング給食 (木～土)弁当
1クラス……約30名	修学旅行…オーストラリア

諸経費 （2025年度は変更されることもあります。）

●入学時
　入学金…………………200,000円
　制服・制定品代………約150,000円
●入学後（年額）
　授業料（年額）…………468,000円
　育友会費など……………103,400円
　その他（教材費など）……65,000円
　※別途修学旅行費が必要です。
　その他を含め、年間約60万円が必要です。
●入学手続後「特別寄付金」として
　1口100,000円(3口以上)の協力

教育の特色

国際人を育てる教育
　Eタイム(週2回、ネイティブの先生による英会話)
　TOEFL Primary(英語力を測る)
　姉妹校との交流(オーストラリアの姉妹校レッドランズカレッジ訪問、留学生の受け入れ)など
里山プロジェクト
　金剛生駒紀泉国定公園内での自然体験学習(様々な作物の栽培、カレッジの森散策など)
本物にふれる
　キャリア教育、社会見学、体験学習、福祉体験など
　1年生から始まる宿泊行事
　1,2年…曽爾林間学校(1泊2日)
　3,4年…吉野宮滝林間学校(1泊2日)
　5,6年…宮津臨海学校(2泊3日)
　6年…オーストラリア修学旅行(6泊7日)

安全対策

子どもの学校生活の安全を守ります

○校門に守衛室を設置

○校舎の玄関はオートロック

○不審者警報ボタンの設置

○校内に防犯カメラを設置

○教職員による登下校指導と管理

○AEDの設置

学校での一日

1,2年生
登校………～8:50
朝の会読書…8:55～9:10
1限目……9:10～9:40
2限目……9:45～10:30
15分休み…10:30～10:45
3限目……10:45～11:30
4限目……11:35～12:20
昼食・昼休み…12:20～13:00
掃除・昼の会…13:00～13:30
5限目……13:30～14:15
6限目……14:20～15:05
下校…(土曜)4限目後下校
　　　(水曜)5限目後下校
　　　(上記以外)6限目後下校

学校での一年

6年間 (2023年度)

4月 入学式、1学期始業式
　　オリエンテーション、球技大会
　　防火避難訓練
5月 春の遠足、児童会役員任命式
　　防犯教室、不審者対応避難訓練
6月 水泳教室
7月 林間・臨海学校、1学期終業式
8月 2学期始業式
9月 夏休み作品展
10月 運動会、きらめき講座
　　秋の遠足、漢字検定
　　奈良県警察音楽隊による演奏会
11月 収穫祭、マラソン大会
　　小中交流会
12月 TOEFL Primary、2学期終業式
1月 3学期始業式
2月 文化祭、オーストラリア修学旅行
3月 算数検定、卒業式
　　3学期終業式

進学状況

併設校進学ガイド

併設校には内部進学制度があります。

小学校(共学) → 中学校(共学) → 高等学校(共学)

大学合格者数
(2023年度)

大阪大学	2
大阪教育大学	1
琉球大学	1
徳島大学	1
鳥取大学	1
大阪公立大学	3
三重県立看護大学	1
(国公立大医学部医科 3)	
同志社大学	3
立命館大学	7
関西大学	2
関西学院大学	1
(私立大学医学部医科 4)	

入試データ

○2024年度募集人員

男・女 約60名

○最近の出願者数の推移(過去5カ年)

年度	出願者数
2020年度	40名
2021年度	30名
2022年度	40名
2023年度	30名
2024年度	20名

出題傾向(過去3ヵ年)

年度	2022	2023	2024
面接	●	●	●
口頭試問	●	●	●
ペーパー	●	●	●
音楽リズム			
絵画・製作	●	●	●
運動			
行動観察	●	●	●

説明会から合格発表まで　2024年度　入試日程（2025年度の入試日程は必ず学校配布の募集要項でお確かめ下さい。）

学校説明会	親子体験会	入試説明会	願書受付	親子面接	考査日	合格発表
2023年 5月20日(土)	2023年 A:5月27日(土) B:6月10日(土)	2023年 7月15日(土)	2023年 8月20日(日)～ 8月25日(金)	2023年 9月2日(土) 9月3日(日) 9月9日(土)のいずれか	2023年 9月14日(木)	2023年 9月15日(金)
◆建学の理念、教育方針等の説明 ◆児童による舞台発表	◆体験授業(AかB) (年中児、年長児) ※要予約	◆入試に関わる事柄について説明	◆インターネット出願	◆出願後、インターネットで日時を通知	◆ペーパーテスト ◆個別テスト ◆集団行動観察　など	◆インターネット発表

※2次入試は、2024年2月3日(土)実施。

入 試 の 内 容

ペーパーテスト (右がわに一部紹介)

- ■数量 ■言語 (音の違い) ■しりとり
- ■図形の回転 ■プログラミング
- ■重さ比べ ■点つなぎ ■数の増減
- ■お話の記憶

個別テスト

- ■常識問題
- ・お話に登場する動物を選びましょう。
  ①『ももたろう』 ②『おむすびころりん』
- ■パズル
- ・ピースを組み合わせて正方形をつくる。
- ■工作『浮き上がる動物のおもちゃ』
- ・絵を描く、切り取る、貼り付ける、の作業を順番通りに行い、制作する。

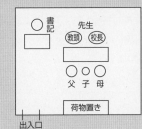

集団行動観察

※赤・青の2チームに分かれ、ゲーム形式で実施。
- ■「ボール運び」
- ・中央に穴の開いた板の上にボールを置き、チームみんなで板を持ち、ボールをゴールまで運ぶ。
- ■「色カードならべ」
- ・2色に塗られたカードを、隣同士の色が同じになるように並べる。
  ①一列に並べる。
  ②正方形に並べる。

面 接

■実施方法

9月の土・日・祝を使って実施。日時は出願時に指定されて通知。

```
○書記        先生
 □        教頭 校長
           □□□
           ○○○
           父 子 母

        荷物置き

出入口
```

※面接時間・約15分

■本人に対しての質問事項

①受験番号とあなたのお名前と幼稚園のお名前を教えて下さい。
②朝ごはんは何を食べてきましたか。
③幼稚園では何が一番楽しいですか。
④幼稚園ではどんなことをして遊んでいますか。
⑤おうちではどんなお手伝いをしていますか。
⑥おうちではどんなことをして遊んでいますか。
⑦小学校に入学したら何をしたいですか。
⑧それはどうしてですか。
⑨大きくなったら何になりたいですか。
⑩それはどうしてですか。

■保護者に対しての質問事項

①志願理由をお聞かせ下さい。
②親子見学会に参加された感想をお聞かせ下さい。
③受験に際して、何か準備はされましたでしょうか。
④お子さまの長所と短所をお聞かせ下さい。
⑤お子さまにはどのような大人になってほしいとお考えですか。
⑥お休みの日は、お子さまとどの様にお過ごしですか。
⑦一貫教育で高校まで受験がありませんが、不安はございませんか。
⑧どのような通学経路でしょうか。お聞かせ下さい。

持参するもの

○受験者は、ハンカチ・ティッシュ・上履き(運動靴)。
○保護者は、受験票・上履き。面接時は受験票。

入試の傾向と対策

集団行動は、2種類しっかり出ていますので十分に経験を積んでおく必要があります。経験が不足していると、どうしても消極的になりますし、また逆に我がままが出たりもします。ペーパーは、大問が8種類とお話の記憶が別紙になって、前回と同じでした。これは定着した感があります。あと個別も、落ち着いてしっかり取り組むことが求められます。普段から、作業性等も、鍛えておきたいものです。

合格者のお母様からの入試実践アドバイス

智辯学園奈良カレッジ小学部の入試の大枠は、ほぼ決まっているので、しょうがく社の日頃の教室の進度合わせて、焦ることなく準備していくことができました。十分に、本番で困らないだけの中身を提供していただけていましたから、親子共々、落ち着いて実際の入試に臨めたと思っております。幼児の広い意味でのお勉強は、まず楽しいことが一番だと考えて、しょうがく社を選びましたが、まさに子供は喜々として、一度も休まずに通いました。お勉強の習慣が身について、本当に良かったと思っております。幼児期のお勉強は、1年生になってからのことも考えて取り組むべきで、しょうがく社の先生からアドバイスを受けました。色々学びの多かったしょうがく社での日々は、今から考えても、とてもありがたかったです。今後もどうか末永く頑張ってください。

智辯学園奈良カレッジ小学部の入試問題と解答

❶ 問題用紙は 201 ページ　　　解 答

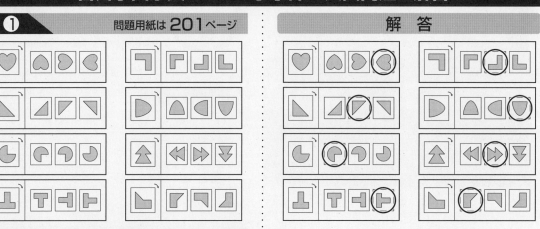

問 題

図形の回転
左はしの図形を矢印の向きに1回転がすとどうなるでしょうか。右から見つけて○をつけましょう。

❷ 問題用紙は 202 ページ　　　解 答

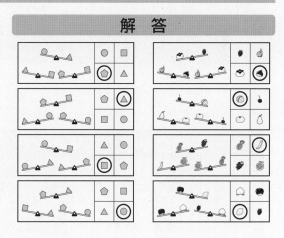

問 題

重さ比べ
左のシーソーをよく見ていちばん重いものに○をつけましょう。

帝塚山小学校

〒631-0034　奈良市学園南3丁目1番3号　☎0742-41-9624　ホームページ　http://www.tezukayama-e.ed.jp/

考える力のある子どもを育てる

帝塚山小学校では、じっくり心で考える・じっくり頭で考える・じっくり体で考える「品性豊かな、考える子ども」を目標に教育します。

このじっくりという言葉は、ねばり強く持ちこたえる足腰・精神力の強さを意味します。木で例えると、「根っこの部分を鍛え抜く」教育なのです。

子どもは「学園の宝」です。子ども主役の学校づくりに励みます。

併設校
帝塚山幼稚園・帝塚山中学校
帝塚山高等学校
帝塚山大学・大学院

通学ガイド
●近鉄奈良線「学園前」駅下車すぐ

（地図）至近鉄奈良／奈良女子大学文学部附属小学校／奈良西局／至近鉄奈良／近鉄奈良線／学園前／帝塚山小学校／蛙股池

学校情報

創立	昭和27年
1学年	2クラス
1クラス	約35名
学期	3学期制
昼食	弁当・給食
修学旅行	乗鞍高原

諸経費
（2025年度は変更されることもあります。）

●入学時
入学金……………………180,000円

●入学後（年額）
授業料…………………………650,000円
施設設備充実費……………65,000円
※いずれも3期分納

●諸会費（年額）
育友会費……………………6,000円
教育後援会費……………12,000円
※いずれも3期分納

教育の特色

●「根っこ」を育てる3つの柱

○「考える子ども」を育てる。
小学校のこの時期に「考える」習慣を徹底的につけることで、主体的な学習姿勢を養い、人生の基盤となる根っこを地中深くに伸ばします。

○心を磨き「共感力」を高める。
心がしなやかで素直なこの時期に、相手を想う心や豊かな感性を磨くことで、将来にわたって折れることのない、太くて丈夫な根っこを育てます。

○本物にふれ「可能性」を広げる。
体全体で本物にふれあう実体験は、子どもたちの世界を広げます。広範囲に興味の根っこをはることで、好奇心を養い、将来の可能性を広げます。

●お昼寝制度の導入
西川リビングと共同で眠育活動に力を入れています。自分で作ったまくらを使い、15分程度眠ることで、効率的な午後の学習に取り組むことができます。

安全対策

本校では、児童の危機管理について、以下のように対策を講じております。

①警備員を常駐させ、常時警備体制をひいています。

②教員が毎日通学マナーを指導するとともに、主要駅のホームまで子どもたちを送ります。

③災害警告灯を設置。緊急地震速報を受信するとライトが点滅し、音だけでなく視覚で避難を促します。

④登下校の際、校門・校舎前を通過すると専用ICタグにより毎日通過時刻メールが届きます。

学校での一日

1年～6年

8時05分	朝の活動
8時25分	朝の会
8時35分	1時限
12時10分	昼食
	昼休み
13時00分	全校清掃

13時15分	お昼寝タイム
13時35分	5時限
14時20分	6時限
16時00分	下校

学校での一年

6年間

4月	入学式・参観日・新入生対面式
5月	1年生歓迎遠足・スポーツテスト
6月	スポーツデー・英語国内留学（3・4・5年）／田植え（5年）・林間学舎（6年）
7月	水泳指導・臨海学舎（4・5年）／幼少合同花火大会／個人面談・学年合宿（2・3年）
8月	学年合宿（1年）・水泳練習（1～3年）／水泳記録会
9月	学年遠足・保護者会
10月	運動会・稲刈り・音楽祭／防災訓練（小中高合同）
11月	幼小合同バザー・保護者会
12月	個人面談・英語発表会
1月	スキー教室（4・5年）・もちつき／大和文華館見学会（4～6年）
2月	学習発表会・スキー教室（6年）／漢字能力検定・保護者会・プレスクール
3月	美術作品展・卒業生を送る会／卒業式・新入生保護者会・新入生家庭訪問

進学状況

併設校進学ガイド
併設校には内部進学制度があります。

小学校（共学）
↓
中学校（共学）
↓
高等学校（共学）
↓
大学（共学）

主な外部進学先
●灘
●東大寺
●洛南
●西大和学園（男女）
●四天王寺英数
●星光
●清風南海
●同志社
●同志社女子
●同志社香里
●同志社国際
●大阪桐蔭英数選抜
●奈良学園特進
●近大附属医薬進学
●神戸女学院
●武庫川女子大学附属
●立命館宇治
●立命館守山
●大阪教育大附属

入試データ

○2024年度募集人員

男・女　約70名
（併設幼稚園からの内部進学者を含む。）

○最近の出願者数の推移（過去5ヵ年）

年度	出願者数
2020年度	84名
2021年度	94名
2022年度	82名
2023年度	71名
2024年度	79名

出題傾向（過去3ヵ年）

年度	2022	2023	2024
面接	●	●	●
口頭試問	●	●	●
ペーパー	●	●	●
音楽リズム			
絵画・製作			
運動	●	●	●
行動観察	●	●	●

説明会から合格発表まで　2024年度　入試日程（2025年度の入試日程は必ず学校配布の募集要項でお確かめ下さい。）

第1回入学説明会
2023年2月25日（土）
◆公開授業
◆教育方針等の説明

▶

初夏の体験入学授業
2023年6月17日（土）
◆体験授業

▶

第2回入学説明会
2023年6月17日（土）

第3回入学説明会
2023年7月22日（土）

◆教育方針・入試要項　願書記入・提出方法　入試問題等を説明

▶

願書受付
2023年8月28日（月）～9月4日（月）
◆郵送受付
（9月4日（月）消印有効）
※学校窓口受付は9月5日（火）

▶

保護者面接
2023年9月9日（土）～9月10日（日）
◆出願後に実施日時を決定

▶

考査日
2023年9月23日（土・祝）
◆ペーパーテスト
◆運動能力テスト
◆集団テスト
◆口頭試問
◆行動観察

▶

合格発表
2023年9月23日（土・祝）
◆結果は郵送（速達郵便）

入試の内容

ペーパーテスト（右がわをご覧下さい）

■言語　■推理　■図形の回転　■注意力
■お話の記憶

運動・行動観察

■運動テスト
●ケンパ
◇コースをケンパする。左右の足の位置が決められているので間違えないよう気をつける。
●的あて
◇2m離れた壁の的に向かってゴムボールを投げる。
●なわとび
◇前とびを10回連続でする。（一回旋一跳躍）その後、お手本通りに縄を片付ける。
●捕球（5回）
◇先生が投げたゴムボールを捕る。
●スキップ（往復）
◇決められたコースをリズムよくスキップで進む。

■行動観察
●生活習慣
◇靴を決められた場所に脱いでマットの上にのり、見本の通りにゼッケンをハンガーにかける。
●集団行動
◇5人ずつのグループで、新聞紙をネームシールで貼り合わせて、大きなじゅうたんを作る。完成したじゅうたんをみんなで上に持ち上げ、小さく折りたたむ。

面接（口頭試問）

●先生と1対1で質問に答える。
　①お名前を教えて下さい。
　②今日は誰と来ましたか。
　③朝は何を食べて来ましたか。
　④幼稚園では何をするのが好きですか。
　⑥提示されたイラストを見ながら気がついたことや、思ったことをお話しして下さい。（大きな木のイラスト）
　等
●5人ずつのグループで先生の質問に答える。
　1枚ずつ提示されたイラストを見て、問いかけに答える。絵を見てお話を作る。

面接

■実施方法
考査日以前の指定された日に両親と先生3名で行われた。（先生のうち1名は書記。）

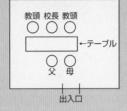

※面接時間・約10分
指定された日時に登校し、控室にて待機。時間になると受付の方が呼びに来られ入室。

■保護者に対しての質問事項
①志願理由をお聞かせ下さい。
②たくさんある私学の中で、なぜ本校を選ばれたのでしょうか。
③どのようなことでお子様を褒めましたか。
④子育てをする上で気をつけていることを教えて下さい。
⑤お子様が得意なこと、好きなことは何ですか。
⑥説明会や体験会で印象に残っていることをお聞かせ下さい。
⑦どのような学校生活を期待されますか。
⑧通学ルートをお聞かせ下さい。　等
※各個人において、質問事項は異なります。

入試情報

◆考査は一日。ペーパーテスト、運動テスト、行動観察を実施。
◆考査日以前に学校指定日に保護者面接を実施。

入試の傾向と対策

考査はペーパー、運動、行動観察の各テストが行われました。ペーパーテストは幅広い範囲からの出題となり、今後もしっかりした対策が必要となるでしょう。運動、行動観察でも指示通りにしっかりと対応できるよう日頃から慣れておき、本番の入試でも持っている能力を発揮できるように充分練習しておきましょう。

合格者のお母様からの入試実践アドバイス

お教室の先生に、テストの傾向とその策を的確にアドバイスいただき、頑張ることで合格できました。平日はなかなかじっくり勉強する時間が確保できませんでしたが、少しの時間でも勉強の習慣をつけることが大切だと思い、好きな問題と苦手な問題をとり混ぜながら取り組ませました。休日には午前中はプリント、午後からは公園でおもいっきり体を動かして、気分転換をする等、入試を楽しく乗り越えられるよう心掛けました。

帝塚山小学校の入試問題と解答

❶ 問題用紙は203ページ　　解答

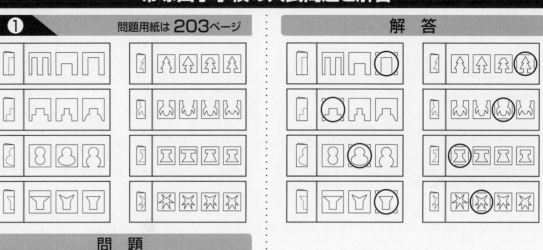

問題

推理（折り紙）
左はしの折り紙を、点線の形に切り抜いて開くとどのようになるでしょうか。右から見つけて○をつけましょう。

❷ 問題用紙は204ページ　　解答

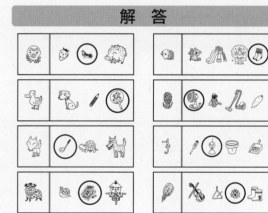

問題

言葉の数
左はしの絵と同じ言葉（音）の数の絵を右から見つけて○をつけましょう。

奈良学園小学校

〒631-8522　奈良市中登美ヶ丘3丁目15-1　☎0742-93-5111　ホームページ http://www.naragakuen.jp/tomigaoka/t-ele/

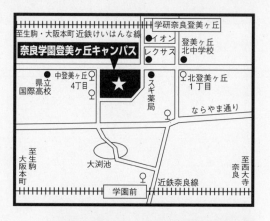

教育目標

学校法人奈良学園の建学の精神
「自ら生きて活きる」を礎とし

- 「和の精神」を大切にする
- 「逞しく生きる力」を育む
- 「科学的に物事を見る力」を身につける

併設校
奈良学園幼稚園
奈良学園登美ヶ丘中学校
奈良学園登美ヶ丘高等学校

通学ガイド
- 近鉄けいはんな線「学研奈良登美ヶ丘」駅下車徒歩8分
- 近鉄奈良線「学園前」駅よりスクールバス運行
- 近鉄京都線「高の原」駅よりスクールバス運行

学校情報

創立	平成20年	学期	3学期制
1学年	2~3クラス	昼食	給食
1クラス	20~30名	修学旅行	ハワイ宿泊学習

諸経費（2025年度は変更されることもあります。）

入学金(初年度のみ)‥‥‥‥ 200,000円
授業料‥‥‥‥‥‥‥‥‥ 600,000円
施設費‥‥‥‥‥‥‥‥‥‥ 66,000円

※上記以外に、制服制定品費・用品代・給食費・各種行事費・学年費・育友費等が必要となります。
※学校債・寄付金はありません。

教育活動

子どもたちが素直な目でものごとを見つめて、素直な気持ちで人や物事に接し、互いに学び成長することができる教育を目指します。そのために、循環型社会への対応という現代的課題を意識しながら、以下の5つの項目を育成します。

(1)学ぶ意欲や生活習慣の確立
(2)読む、書く、計算をはじめとする基礎学力の形成
(3)コミュニケーション能力の育成
(4)科学的な視点と思考力を養う教育
(5)「和の精神」を尊重し、自然と共生、循環型社会へ対応できる素養を育成

安全対策

- **スクールカードシステム**
ICチップを埋め込んだカードを利用し、登下校状況を把握し、登下校の完了を保護者にメールで連絡するシステムを導入。
- **校舎の安全**
各種センサーによるセキュリティ管理。校地内に警備員常駐。
- **登下校の安全**
児童の登下校には、教職員が最寄りの駅まで同行。スクールバス(近鉄「学園前」駅・近鉄「高の原」駅も利用できます。
- **食の安全**
食の安全を考慮した給食の導入。給食を通して多彩な方面への興味を持たせる教育。

学校での一日

8時20分‥‥ 読書タイム
8時30分‥‥ 朝の会
8時55分‥‥ 1限目
10時35分‥‥ 中休み
10時50分‥‥ 3限目
12時30分‥‥ 昼食
13時05分‥‥ 昼休み
13時30分‥‥ 5限目
15時10分‥‥ 清掃
15時20分‥‥ 終わりの会
15時35分‥‥ 下校

学校での一年

主な行事

4月	入学式
5月	遠足
	宿泊学習(6年)
6月	田植え
	なとみんピック
7月	宿泊学習(3年・4年)
8月	尚志祭(小5~高校生)
9月	合同運動会
10月	稲刈り
	宿泊学習(2年)
11月	創立記念日　芸術鑑賞会
	宿泊学習(1年・5年)
	マラソン大会
2月	尚志祭(1年~4年)
3月	P修了式(4年)
	卒業式

進学状況

併設校進学ガイド
併設校には内部進学制度があります。

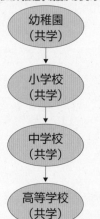

幼稚園（共学）
↓
小学校（共学）
↓
中学校（共学）
↓
高等学校（共学）

入試データ

○2024年度募集人員

男・女 **90名**
（併設幼稚園からの内部進学者を含む）

出題傾向(過去3ヵ年)

年度	2022	2023	2024
面接	●	●	●
口頭試問	●	●	●
ペーパー	●	●	●
音楽リズム			
絵画・製作	●	●	●
運動	●	●	●
行動観察	●	●	●

○最近の出願者数の推移（過去5カ年）

出願者数
年度	人数
2020年度	73名(A・B日程)
2021年度	59名(A・B・C日程)
2022年度	81名(A・B・C日程)
2023年度	68名(A・B・C日程)
2024年度	114名(A・B・C日程)

説明会から合格発表まで　　2024年度　入試日程（2025年度の入試日程は必ず学校配布の募集要項でお確かめ下さい。）

授業見学会・学校説明会
2023年
4月22日(土)

◆教育への取り組み等について

▶

テスト体験会
2023年
6月17日(土)

◆小学校で行われるテストの体験

▶

入試説明会
2023年
7月30日(日)

◆入試に関わる事柄等について説明
8月19日(土)にも実施

▶

願書受付
2023年
8月21日(月)~
9月3日(日)

◆本校ホームページ「WEB出願システム」より出願
（送料・窓口受け付けなし）

▶

保護者面接
2023年
9月9日(土)~
9月10日(日)

◆学校指定の日時に実施
◆行動観察

▶

考査日
2023年
9月15日(金)

◆ペーパーテスト、運動、製作

▶

合格発表
2023年
9月16日(土)
13:00

◆「WEB出願システム」のマイページにて発表。

※B日程（2023年11月18日）　C日程（2024年2月17日）

入 試 の 内 容

ペーパーテスト（右がわをご覧下さい）

■しりとり　■数量　■図形（模写）
■お話（順番）の記憶　■思考

実技テスト

■絵画・製作
●絵画・切り貼り（クレパス）
◇背景となる画用紙に、宝箱から飛び出した素敵な世界と自分を描いて塗る。別紙の宝箱を線に沿って切り取り、画用紙にのりで貼る。

■運動テスト
●模倣体操
◇先生の動き（体操）の真似をする。
●なわとび
◇前とびをして、なわを片づける。
●ぶらさがり
◇鉄棒に肘を曲げてぶらさがる。
●くま歩き
◇手足をついて、ひざをつけずにくま歩きをする。
●うさぎ跳び
◇手をついた状態からうさぎの真似をして跳ぶ。
●スキップ・ケンケン
◇スキップでコースを進み、ケンケンでもどる。
●リレー
◇4人でバトンリレーをする。

行動観察

●行動観察（自由遊び）
◇2人1組で教室内にさまざまな遊び道具（平均台・トランポリン・フラフープなど）がある。挨拶・ルール説明を聞き、自由に遊ぶ。その後教員と志願者で遊び、最後に片付けをする。
●発表力
◇行動観察終了後、個別に質問され感想等を発表する。

面接

■実施方法
考査日以前の指定された日に、両親と先生2名で行われた。

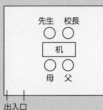

先生　校長
○　○
机
○　○
母　父

出入口

※面接時間・10～15分
指定された日時に登校し、控室にて待機。時間がくれば係りの方が呼びに来られるので入室し、面接を受ける。

■保護者に対しての質問事項
①志願理由をお聞かせ下さい。
②学校説明会や体験授業の感想をお聞かせ下さい。
③子育てで大切にされていることはどのようなことでしょうか。
④ご家庭の教育方針をお聞かせ下さい。
⑤お子様の名前の由来をお聞かせ下さい。
⑥コロナ禍において、幼稚園の時にするべき体験ができなかったと思いますが、何かご家庭でされたこと（対策）はありますでしょうか。
※各個人において、質問事項は異なります。

入試情報

◆考査は一日ペーパーテスト、実技テスト（絵画・製作、運動）を実施
◆考査日以前の学校指定日に保護者面接を実施。面接の裏で、行動観察を実施。

入試の傾向と対策

ペーパーテストの比重が高く、多岐の分野から幅広く出題されますので、しっかりと練習しておきましょう。
また、切り貼りや色塗り等の巧緻性、生活習慣についての問題も実施されています。本番の入試で困らないように日ごろからきちんと取り組んでおきましょう。

合格者のお母様からの入試実践アドバイス

ペーパー・行動観察・運動やお絵かき等、色んな分野から能力を見られますが、取り組む意欲や行儀も先生にしっかりと見られていたように思います。同じように練習を積み重ねてこられた方たちは、それぞれお子さんもしっかりされていますから、行儀が悪いととても目立ってしまうと思います。私も我が子の模擬テストでの態度調査の結果を毎回チェックして気をつけるようにしていました。

奈良学園小学校の入試問題と解答

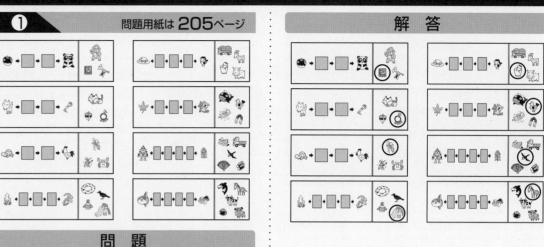

❶　問題用紙は205ページ　解答

問 題

しりとり
しりとりが続くように、抜けているところに1つだけ入らないものを右から見つけて○をつけましょう。

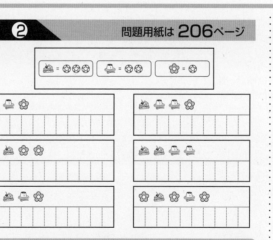

❷　問題用紙は206ページ　解答

問 題

数 量
上の約束通りに、それぞれのものを⑧にかえるといくつになるでしょうか。その数だけ下のところに○をかきましょう。

智辯学園和歌山小学校

〒640-0392　和歌山市冬野2066番1号　☎073-479-1200　ホームページ　http://www.chiben.ac.jp

本校の12年一貫教育の目的
1. 真のゆとりのある充実した学校生活を通じ、たくましい実践力を育てる
2. 継続した環境と計画の中で、各個人の能力や適性を十分に育てる
3. 宗教的情操教育をもとに、豊かな人間性を育てる

併設校　智辯学園和歌山中学校　智辯学園和歌山高等学校

通学ガイド　●JRきのくに線「黒江」駅下車　徒歩10分

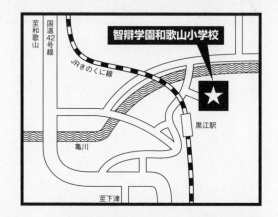

学校情報

創立	平成14年	学期	3学期制
1学年	2クラス	昼食	お弁当
1クラス	約40名	修学旅行	オーストラリア

諸経費
（2025年度は変更されることもあります。）

●入学時
　入学金 ………………… 200,000円
　制服・制定品 ……… 約170,000円
●入学後（年額）
　授業料（年額）………… 456,000円
　その他（育友会費・学級費など）180,000円
　年間の学費は約630,000円
●入学手続後「特別寄附金」として
　1口 100,000円（3口以上）の協力

教育の特色

●**しっかりした学力の土台を**
数学教育、国語教育の徹底、総合的思考力を育成する。

●**専科制と教科担任制**
教科・学年に応じて、専科制、教科担任制を導入。また、低学年ではチームティーチング制をとり入れる。

●**読書タイム**
国語こそ教養の中核をなすものであり、本学園では特に力を入れます。

●**英語教育**
Eタイム（英会話の時間）を設定し英語に親しみ初歩を学ばせる。

●**情報教育**
コンピューターに慣れ、情報化時代にふさわしい教育を行う。

安全対策

○児童登校後は、校舎の出入口をロック。

○モニター設置。

○来校者はネームプレートを携帯。

○外来者はインターホンで連絡。

○外部からの侵入に備え、普通教室を3・4階に設置。

○すべての教室に電話を設置。

○教職員による引率。

学校での一日

9時15分 … 朝の会
9時30分 … 読書タイム
9時50分 … 1時限開始
11時30分 … 昼食
12時20分 … 清掃

12時35分 … 3時限
14時15分 … 終わりの会
14時30分 … 下校
　　　　　（1年生）

学校での一年

6年間

4月	入学式・新入生保護者会
5月	春の遠足・水泳指導（1～3年）
6月	田植え・臨海指導（1・2・4年）
7月	七夕祭・林間学校（3年） 臨海学校（5年）・林間学校（3年）
8月	個人面談
9月	夏休み作品展・稲刈り（3年）
10月	運動会・秋の収穫 秋の社会見学
11月	感謝祭
12月	個人面談・文化祭
1月	始業式
2月	節分集会 オーストラリア修学旅行（6年）
3月	ひな祭り集会 6年生を送る会 卒業式

進学状況

併設校進学ガイド

併設校には12年間一貫の内部進学制度があります。

 小学校（共学）

 中学校（共学）

高等学校（共学）

※卒業生は原則全員併設の中学校へ進学。和歌山小学校からの小中高12年一環コース卒業生のみの進学実績

■国公立大学
東京大学・京都大学
大阪大学・神戸大学
国公立大学医学部医学科

■私立大学
早稲田大学・慶応義塾大学
同志社大学・立命館大学
関西学院大学・関西大学
私立大学医学部医学科

入試データ

○2024年度募集人員

男・女　約80名

○最近の出願者数の推移（過去5ヵ年）

年度	出願者数
2020年度	80名
2021年度	77名
2022年度	81名
2023年度	76名
2024年度	63名

出題傾向（過去3ヵ年）

年度	2022	2023	2024
面接	●	●	●
口頭試問	●	●	●
ペーパー	●	●	●
音楽リズム	●	●	
絵画・製作	●	●	●
運動			
行動観察		●	●

説明会から合格発表まで　　2024年度　入試日程（2025年度の入試日程は必ず学校配布の募集要項でお確かめ下さい。）

親子学校見学会
2023年
5月20日（土）

◆体験授業等（要申込）

▶

入試説明会
2023年
7月1日（土）

◆入試についての説明会
◆教育方針等の説明（事前の申し込み不要）

▶

願書受付
2023年
8月1日（火）～
8月25日（土）

◆インターネットからの出願

▶

親子面接
2023年
9月17日全日
9月18日全日
9月30日午後

◆親子面接は別途日時を通知

▶

考査日
2023年
11月20日（日）
午前9時～

◆ペーパーテスト
◆個別テスト
◆集団行動観察　など

▶

合格発表
2023年
11月15日（水）

◆ホームページにある合否照会サイトにて確認
◆2次入学試験（2024年）
　面接日　1月27日（土）・28日（日）
　試験日　1月28日（日）

　※2次入試の日程は、上記に記載。

入試の内容

ペーパーテスト（右がわに一部紹介）

■数（数える）　■数（合計）　■図形（回転）
■点図形　■言葉・しりとり　■迷路
■間違い探し　■長さ比べ　■広さ比べ
■言葉・同頭語　■数（分解）　■道徳的判断
■お話の記憶

個別テスト（製作）

●指示行動（準備）
①かごにリュック（かばん）を入れる。
②リュック（かばん）から、はさみを取り出し、机の上に置く。
●金魚作り
①2種類の魚の容器を種類別に分類する。
②ヒレの位置を示した後に、紙にヒレを書き足す。
③ヒレの形がかかれた紙を線に沿って切り取る。
④魚の台紙に切り取ったヒレをのりで貼る。
●高いものつくろう
①紙コップで高いタワーをつくる。お片付け。
②数え棒を使って、高いものをつくる。
③ブロックを高く積み上げる。
●整理
紙コップ、数え棒、ブロックをまとめて箱に入れ、ふたができるように上手にしまう。
●片づけ
リュック（かばん）にハサミを片付ける。リュック（かばん）を持つ。

集団行動テスト

●ちぎり絵
①折り紙を手でちぎる。
②ちぎった折り紙を台紙にのりで貼る。
③①と②を繰り返し、絵を完成させる。
台紙には虹の絵が描かれていて、七色のうち両端の二つは台紙に色がついている
●立方体の箱8個（赤、白、黄、青それぞれ2個ずつ）を使う。
①4つの方向から見える形に合わせて、立方体を並べる。
②それぞれの方向から見える色をもとに、立方体を並べる。
③グループで一つの形を作る。
④与えられた情報をもとに、グループで話し合う。
⑤後片付けをする。

面接

■実施方法
9月中の土・日に実施。

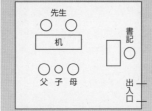

※面接時間・約15分

■本人に対しての質問事項
①お名前を教えて下さい。
②お誕生日を教えて下さい。
③幼稚園の園長先生と担任の先生の名前を教えて下さい。
④幼稚園ではどんなことをしていますか。
⑤おうちではどんなことをしていますか。
⑥お手伝いはどんなことをしていますか。
⑦運動会では何をしましたか。
⑧お父さんやお母さんにほめられる時はどんなときですか。
⑨お父さんやお母さんに叱られる時はどんなときですか。
⑩乗り物に乗る時はどんなことに注意していますか。

■保護者に対しての質問事項

①志願理由をお聞かせ下さい。
②本校のどういったところが志望の動機につながりましたか。
③本校についての印象をお聞かせ下さい。
④御家庭の教育方針をお聞かせ下さい。
⑤躾に関してはどのようなことに気をつけていらっしゃいますか。
⑥子育てについてはどのようにお考えですか。
⑦さしつかえなければご職業についてお聞かせ下さい。
⑧お子様の長所と短所をお聞かせ下さい。
⑨お子様とはどのように関わっておられますか。
⑩お父様がお子様に誇れることをお聞かせ下さい。

持参するもの

○受験者は、ハンカチ・ティッシュ・上履き（運動靴）。
○保護者は、受験票・上履き。
面接時は、親子面接票。

入試の傾向と対策

重視される集団行動は、指示をしっかり聞いて、積極的に取り組みたいものです。製作では今回も、今まで経験したことのない新しい取り組みが課されました。今後、この様な切り口の問題が増えていく可能性があります。こういった課題に、興味を持って楽しめるようになりたいですね。早い内から少しずつ慣れるようにしましょう。

合格者のお母様からの入試実践アドバイス

通いやすさということで、智辯学園和歌山小学校と決めていました。子供の数が自然と少なくなっている状況ですが、6年間は特色のある私立小学校でしっかり見ていただこうと考えていました。やはり入試があり、それに備えて日々準備していくことは、とても大切なことだと思います。勉強する習慣、思考力や伝達能力の育成等の、小学校に入ってからとても重要なことが幼児の段階で身についてくるわけですから、私どもは迷わず幼児教室に毎日通うことを選びました。お友達に勧められてしょうがく社に通いましたが、本当にお世話になりました。子供が喜んで毎週楽しみにしておりました。将来の為に、幼児の頃からしっかり育てるためにも、是非教室に通って、集団の中で、子供たちの成長を確かめられることをお勧めいたします。頑張ってください。

智辯学園和歌山小学校の入試問題と解答

❶　問題用紙は207ページ

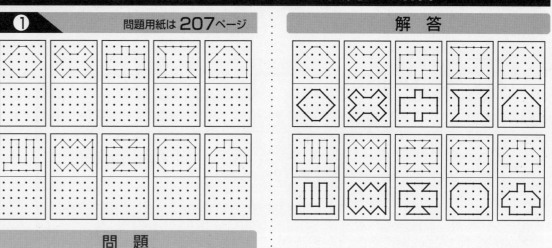

解答

問題

点つなぎ
上のお手本と同じになるように、下のところに点をつないでかきましょう。

❷　問題用紙は208ページ

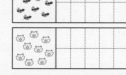

解答

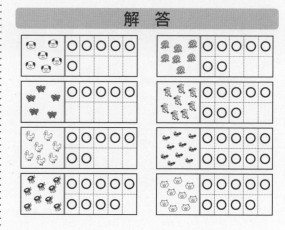

問題

絵の数
左はしの絵の数だけ右のところに○をかきましょう。

最年少

10月 マザーランド（10月〜7月） **7月**

- プリント
- カード指導
- 音楽リズム
- 巧緻性
- 絵画・製作
- 運動

年少組

9月 年少クラス（9月〜7月）

8月 夏期特訓

カード指導を徹底!!

毎月、ご家庭で手軽に繰り返し練習ができる、各種カードをお渡しいたします。

※引きつづき年中組も年長組もカード練習を行います。

年中組

9月 年中クラス（9月〜7月）

8月 夏期特訓

春休み わくわく講習 **3月**

毎回動画を見ながら わかりやすく解説!!

いろんな問題を楽しく取り組んでいきます。

年間行事

- 幼児公開ジュニア模擬テスト
- 他 行事多数

本町教室
上本町教室
池田教室
芦屋教室
四条烏丸教室

※毎年小学校の先生方にお越しいただいております。

学校の先生をお招きして 教育講演会

洛南高等学校附属小学校
立命館小学校
関西学院初等部
追手門学院小学校

幼児 思考力・読解力を伸ばし，小学校入試に直結する!! 試験対策
幼児 算国 特進クラス 最レべ シケタイ道場

算数や国語の学習だけでなく、国立・私立小学校でよく出題される「思考力問題」にも取り組みます。親しみやすい楽しいテーマのオリジナルの教材で、文章を「読む力」も大きく伸びます。

★思考力道場
小学校の入試で特に思考力が必要な「系列完成」などの分野に重点を置いて、指導します。

★本よみ道場
有名な「昔話」や「童話」を読み、大切な部分を理解できるように指導します。

カリキュラム

年長組

9月		7月	8月	9月	9月	12月	1月

年長クラス（9月～7月） → **夏期特訓〔学校別〕**

（3月）
春期特訓
- 国立小
- 私立小

京阪神の国立・私立有名小学校（幼稚園）を受験される方のために、ペーパーテストの他、毎回の講習において、面接、音楽リズム、絵画・製作、運動、行動観察、基本的生活習慣、手先の器用さ等、有名小入試に必要な全ての分野を徹底的に指導し、お子様を志望校合格へと導きます。

夏期特訓〔学校別〕
- 附属天王寺小
- 附属池田小
- 洛南小
- 追手門小
- 城星小
- 神戸海星小
- 京女小　等

附属 天王寺小／池田小／平野小／京都小 → **夏期完成特訓**

附属 天王寺小／池田小／平野小／京都小 → **実力完成特訓**

附属 天王寺小／池田小／平野小／京都小 → **直前合格特訓**

附属 天王寺小／池田小／平野小／京都小 → **最終合格特訓**

私立小 直前特訓／最終合格特訓

夏期特訓から最終合格特訓にかけて、各国立小・私立小とも学校別に特訓いたします。（各校とも予想問題に取り組み必須分野を徹底的に指導いたします。）

没頭型学習（アクティブラーニング）

絵本作家や児童文学の作家としょうがく社の問題制作チームが協力し合って書き下ろした当社独自の教材を使った、ペープサートによる授業を通して、お子様の主体性や、思考力・想像力を大きく高めます。

単なる絵本の読み聞かせとは異なる、年長の教育ノウハウをつめこんだ日本でも珍しい独自の実践的な教育プログラムを体験していただきます。

しょうがく社 オリジナルの動画を使って**徹底指導!!**

年間行事

- ●入試直結模擬テスト
- ●学校別オープン模試
- ●進路・学習〈個別〉相談会
- ●学校別1日集中特訓
- ●保護者面接講習会
- 他 保護者向け行事や臨時講習会等行事が多数

一年生の先取り学習だけでなく、**有名小学校の入試に役に立つ学習内容**も含んでいます。

オリジナルテキスト使用

「さんすう」「こくご」のカリキュラムの概略

	3	4	5	6	7	8	9	10	11	12	1	2
年長組	標準 ハイレベ … 学校で習う**1年生分野**											
	最レベ ……… 思考力を伸ばす **問題**											

◎ オリジナルテキストは、「**さんすうの算術・文章題**」、「**こくごの読解問題**」を含め、すべて当教室作成のオリジナル問題です。

◎ しょうがく社 の 最レベ小学特進クラスにトップクラスの成績で進級できる学力を身につけていただきます。

小学1年生・2年生・3年生

最レベ（最高レベル）小学特進クラス

3年間がんばって最高レベルの学力をつけよう!!

指導カリキュラム 将来、学問で身を立てる子どもたちのためのカリキュラムです。

★繰り返し学習により、無理なく確実に内容を身につけていただきます。

★3学年上（飛々級）の 最レベ 問題に取り組み、高学年でトップ集団に入ることを目指します。

カリキュラムの概略

月／学年	3	4	5	6	7	8	9	10	11	12	1	2
1年	標準 ハイレベ … 学校で習う**1年生分野** ／ 最レベ 難関中学受験に向けた思考力を伸ばす**1年生分野**						標準 ハイレベ … 学校で習う**2年生分野** ／ 最レベ 難関中学受験に向けた思考力を伸ばす**1・2・3年生分野**					
2年	標準 ハイレベ … 学校で習う**2・3年生分野** ／ 最レベ 難関中学受験に向けた思考力を伸ばす**2・3年生分野**						標準 ハイレベ … 学校で習う**3・4年生分野** ／ 最レベ 難関中学受験に向けた思考力を伸ばす**3・4年生分野**					
3年	標準 ハイレベ … 学校で習う**3・4・5年生分野** ／ 最レベ 難関中学 受験用・問題 4・5・6年生分野を解く練習						標準 ハイレベ … 学校で習う**4・5・6年生分野**					（3年生のみ1月で終了です。）

標準 ハイレベ とは…学校等で副教材として使われている一般的な問題集に載っているレベルの問題をさしています。

最レベ とは… 難関中学 受験向けの高度な考え方の問題を低学年でも十分に理解できるように工夫した最高レベルの問題をさしています。

算数

●基本的な計算練習はもちろん、思考力を養う練習として特に文章題を重視し、よく読んで問題を解くことを徹底して指導します。（各学年の講習進度に応じた計算プリントを年間約300枚配付）

●中学入試によく出題される「規則性の問題」・「図形の求積」などを各学年に応じて改題し、低学年のころから中学入試に向けた問題に取り組む姿勢を養います。

国語

●「読解力をつけること」は、国語の最も大切な学習分野です。当教室では、オリジナルの読解問題を数多く練習していただくことにより深く理解しながら解く力を伸ばすことを目標とします。

●「文法・漢字・語彙」の学習は、繰り返しが大切です。何度も復習することで理解の定着を図ります。

先取り学習

トップレベルの難関中学へ将来進学希望される方を対象とします。

3年生までに、5・6年生の内容（3学年上の飛々級!!）までを指導します。

思考力

中学入試レベルの思考力がいる算術問題を、学年に応じて新たに作成した「**精選オリジナルテキスト**」を使って1年生から指導します。

読解力

新たに書き下ろしたオリジナルの長文読解問題を数多く解いて、中学入試に対応できる読解力を養います。

実践的な特訓

早く正確に問題を解く能力を
- カード学習
- リビューテスト
- 実力テスト
- 最レベ公開学力テスト

で鍛えます。

とび読（オリジナルの読解教材）

当教室のために書き下ろした忍者の物語をアクティブラーニングの形式で読み進めていき、通常の読解問題よりも一層深い思考力を養っていきます。

動画授業

難しい文章題でもそうですが、特に図形分野では、言葉で理解するのではなく、見て理解するところがあります。プロジェクターに写った動く図形等を見ていただくことにより、よりわかりやすい授業を目指します。

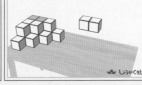

カード学習

子どもたちは、カード学習が大好きです。どの子も"積極的に参加"して学力を大きく伸ばしています。

カードの一例
- 1年
- 2年
- 3年

しょうがく社 幼児教室のご案内 2〜6歳

一 人 一 人 に 目 の ゆ き と ど く 幼 児 教 育 を ！！

充実した
講習内容で
カリキュラム
有名小合格へと
導きます。

マザーランド (2・3才児)
最年少組

週1回の講習（月4回）で
知能を伸ばし協調性・社会性を
高めます。 1時間10分
- 知識分野のフラッシュカード指導
- プリント指導 ● もじ・かずの指導
- 音楽リズム・絵画・製作・運動等の
  指導

年少組 (3・4才児)

週1回の講習（月4回）で楽しく
通って学ぶ習慣を身につけます。
1時間
- プリント指導 ● カード指導
- 面接・口頭試問指導
- 音楽リズム・絵画・製作・運動等の指導

年中組 (4・5才児)

週1回の講習（月4回）で
基礎力をしっかりと身につけます。
1時間10分
- プリント指導 ● カード指導
- 面接・口頭試問指導
- 音楽リズム・絵画・製作・運動等の指導
- **動画による指導**
- 没頭型学習（アクティブラーニング）

年長組 (5・6才児)

週1回の講習（月4回）で
お子様の能力を大きく伸ばします。
1時間30分
- プリント指導 ● カード指導
- 面接・口頭試問指導 ● リビューテスト
- 音楽リズム・絵画・製作・運動等の指導
- **動画による指導**
- 没頭型学習（アクティブラーニング）

公開行事
- 春期特訓(年長)
- 夏期特訓(年長・年中・年少)
- [私立小]直前特訓(年長)
- [国立小]夏期完成特訓(年長)
- [国立小]実力完成・直前合格特訓(年長)
- [国立小]最終合格特訓(年長)
- 入試直結模擬テスト(年長・年中)
- 志望校別オープン模試(年長)

本町教室	上本町教室	芦屋教室	池田教室	四条烏丸教室	随時
9月・新学期	9月・新学期	9月・新学期	9月・新学期	9月・新学期	体験講習
セントピア御堂筋本町ビル3F・4F	S&Jビル1・2・4F	ラポルテ本館3F	ステーションNビルB1	第3田源ビル2F	受付中!!
（地下鉄本町駅すぐ）	（地下鉄谷町九丁目駅すぐ）	（JR芦屋駅前）	（阪急宝塚線池田駅すぐ）	（阪急京都線烏丸駅すぐ）	
☎06(6267)2500	☎06(6779)3701	☎0797(38)0501	☎072(753)7733	☎075(231)7121	

入試問題にチャレンジしよう!!

学校別・入試問題(31校)

学校別・入試問題(31校)

（注）入試問題に関する制限時間は学校側が未発表の為、記載しておりません。
練習の際には、**しょうがく社** の他の問題集を一つの目安として、
時間を設定していただきますようお願い致します。

大阪教育大学附属池田小学校

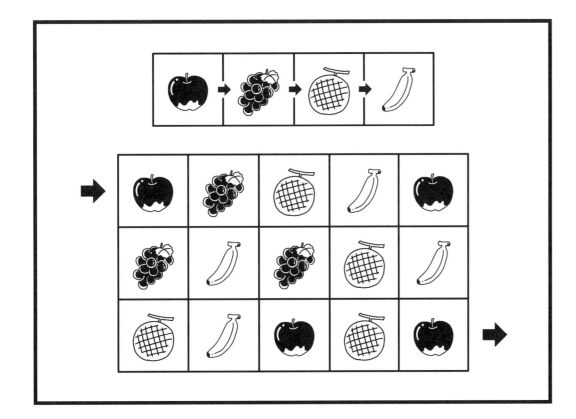

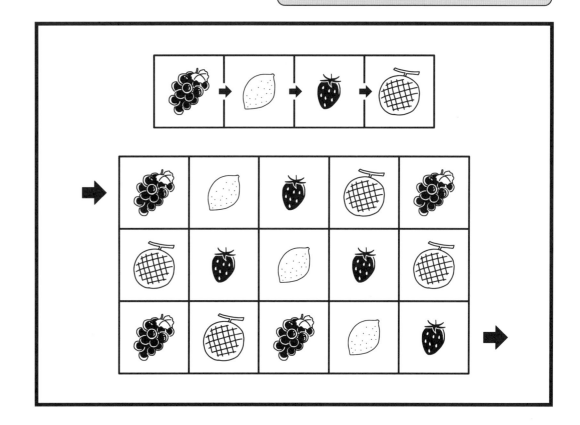

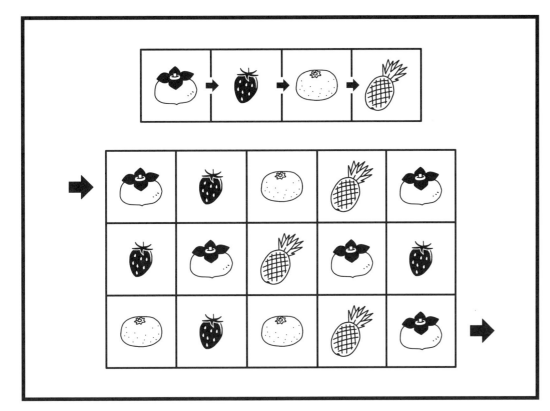

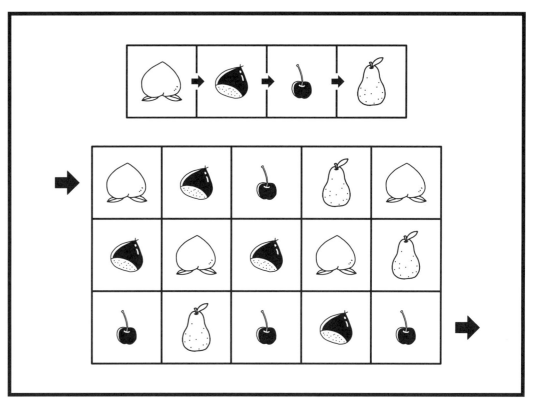

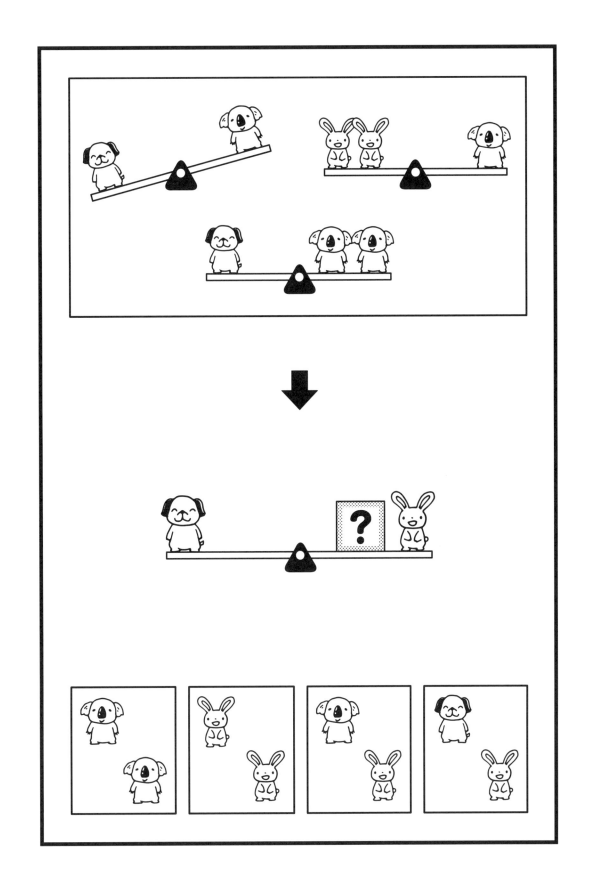

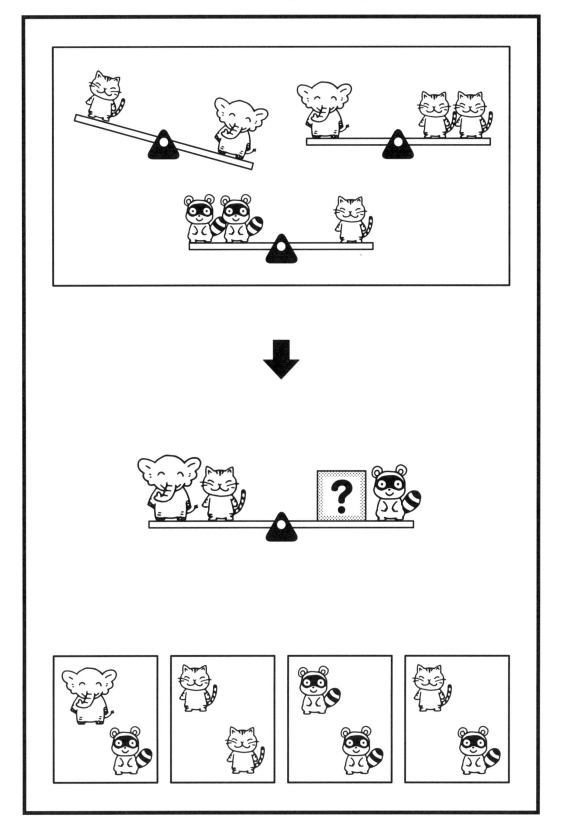

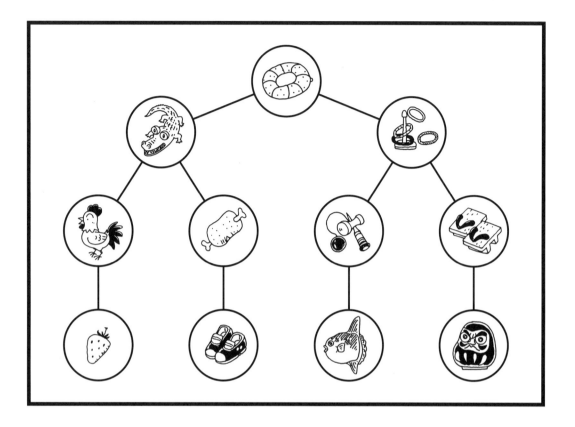

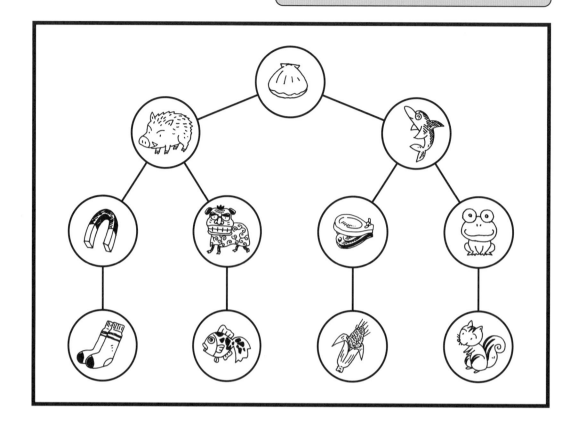

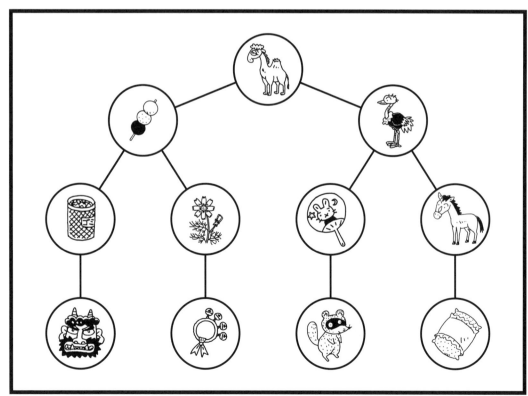

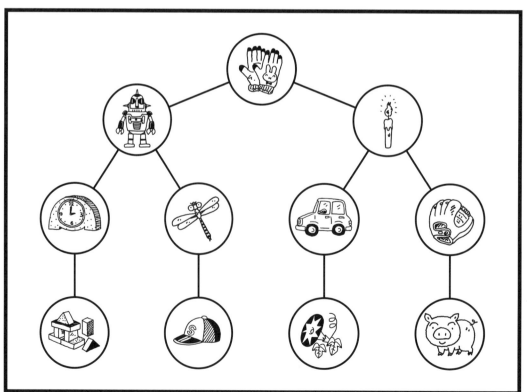

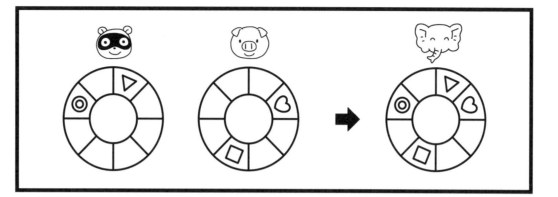

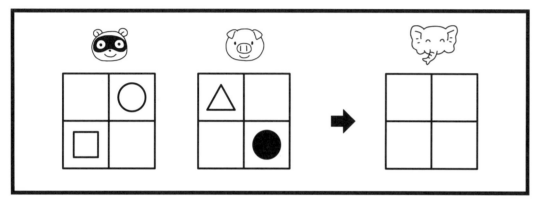

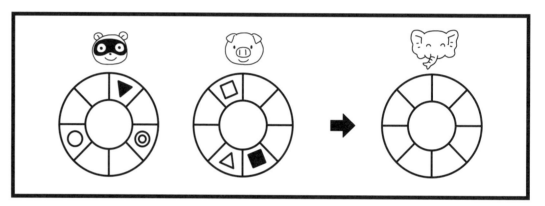

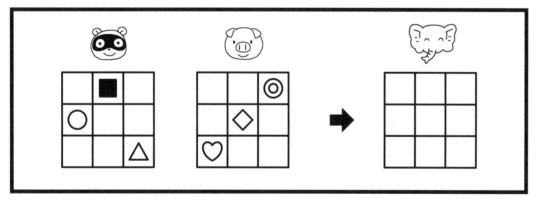

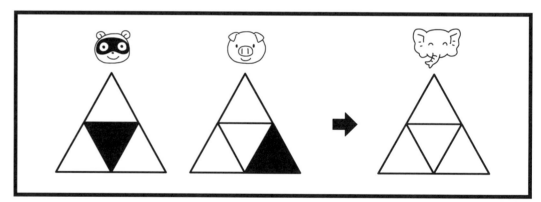

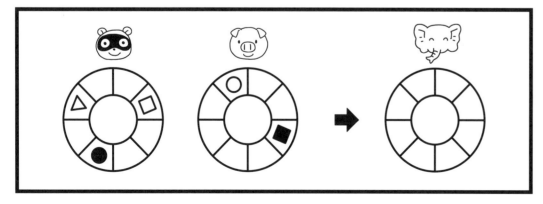

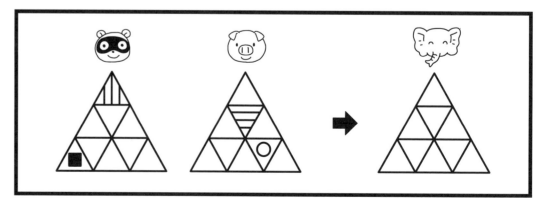

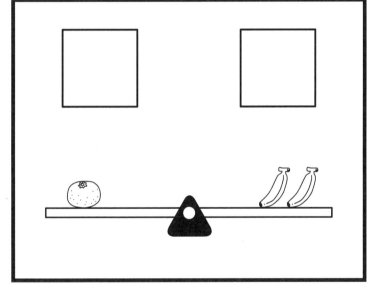

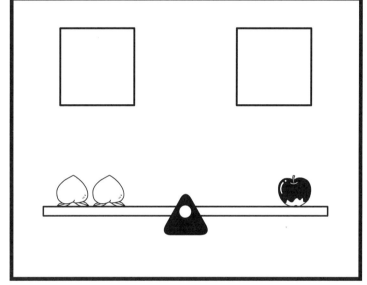

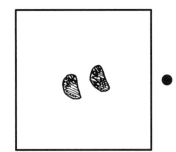 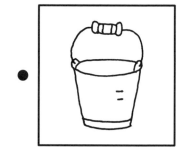

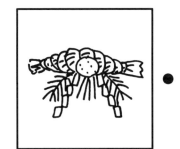 

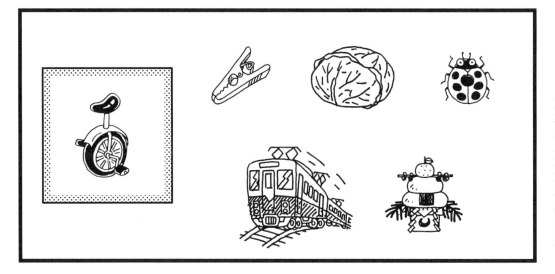

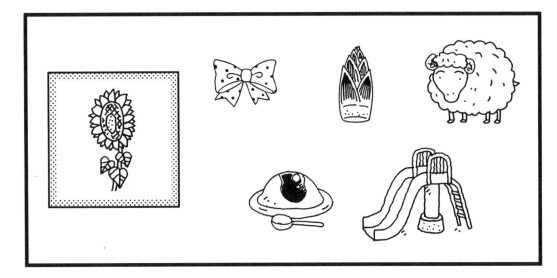

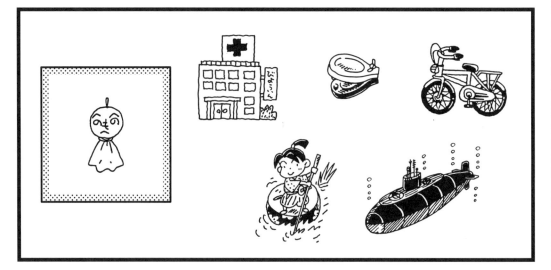

大阪教育大学附属平野小学校

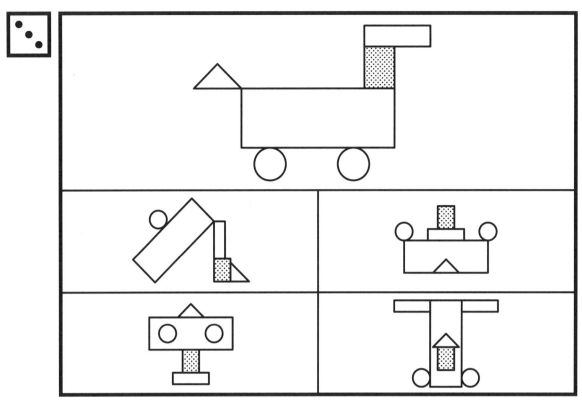

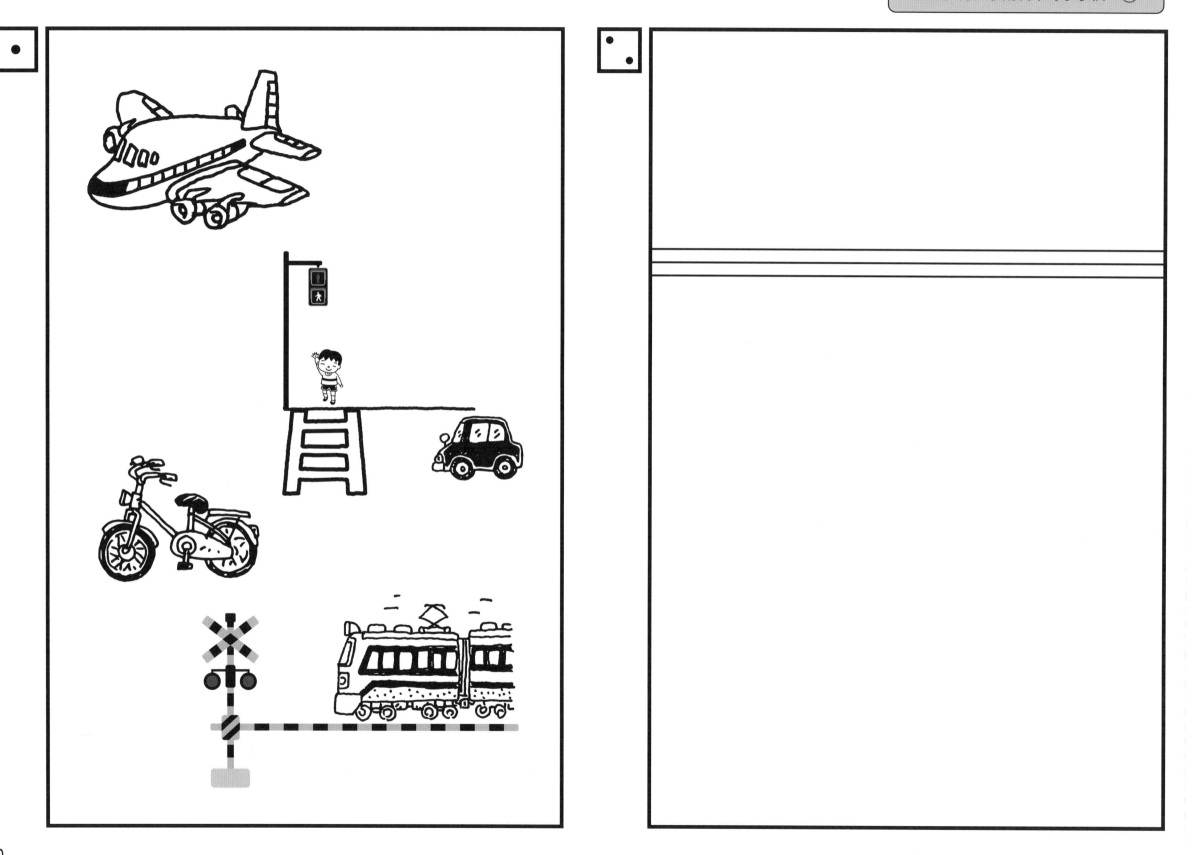

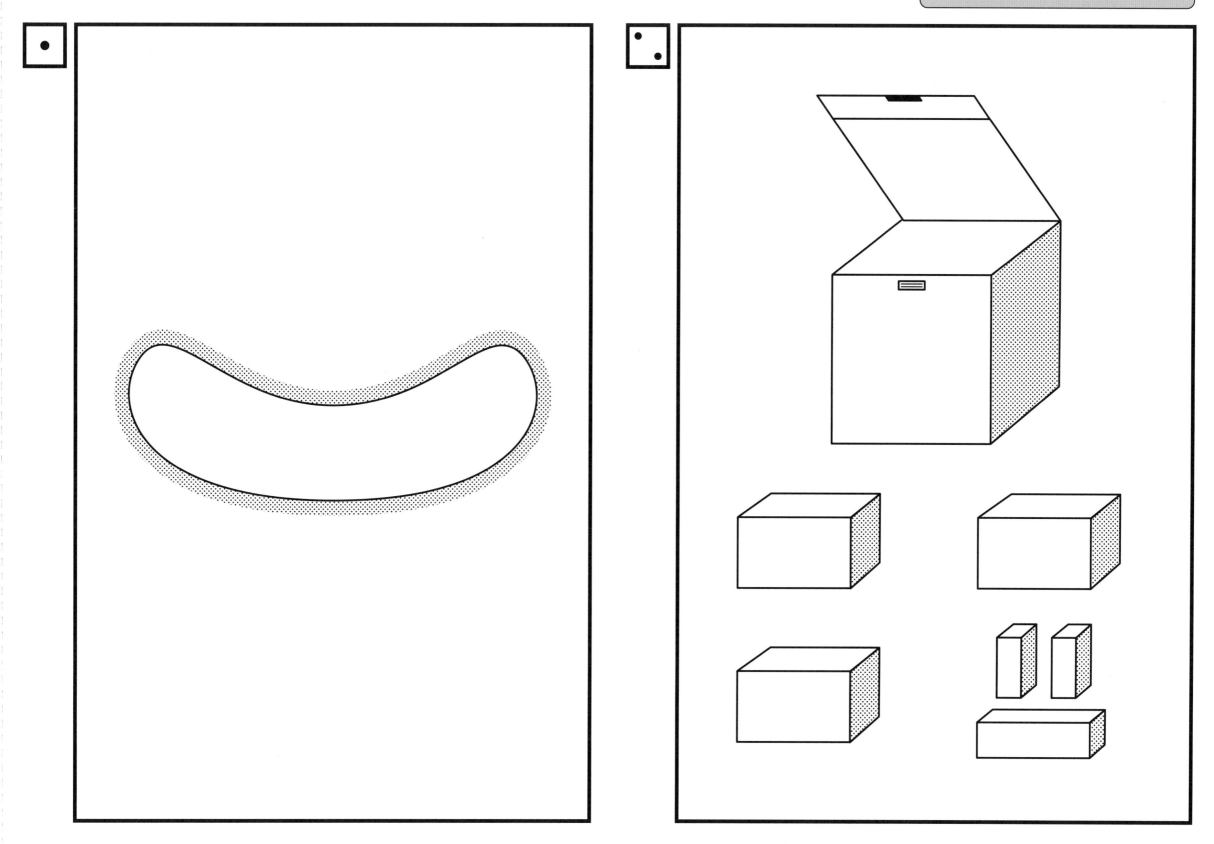

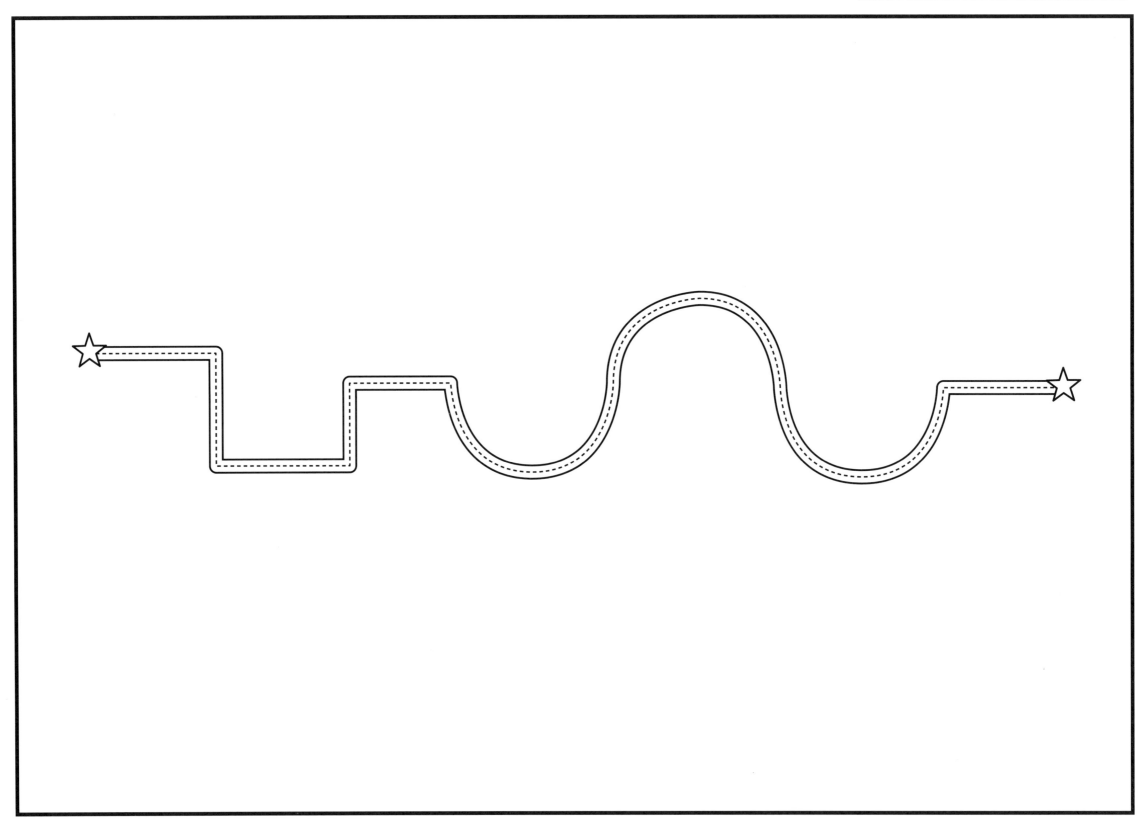

※切り取ってご使用下さい。

京都教育大学附属京都小中学校初等部

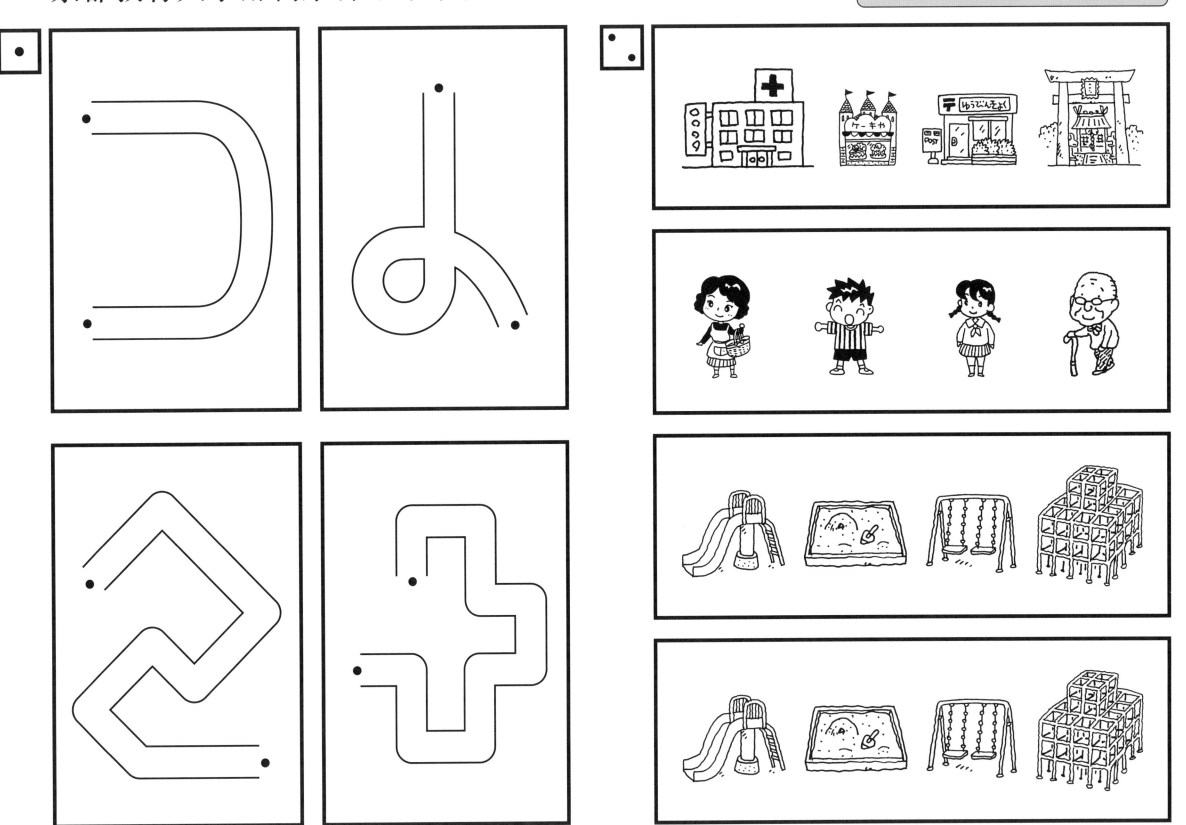

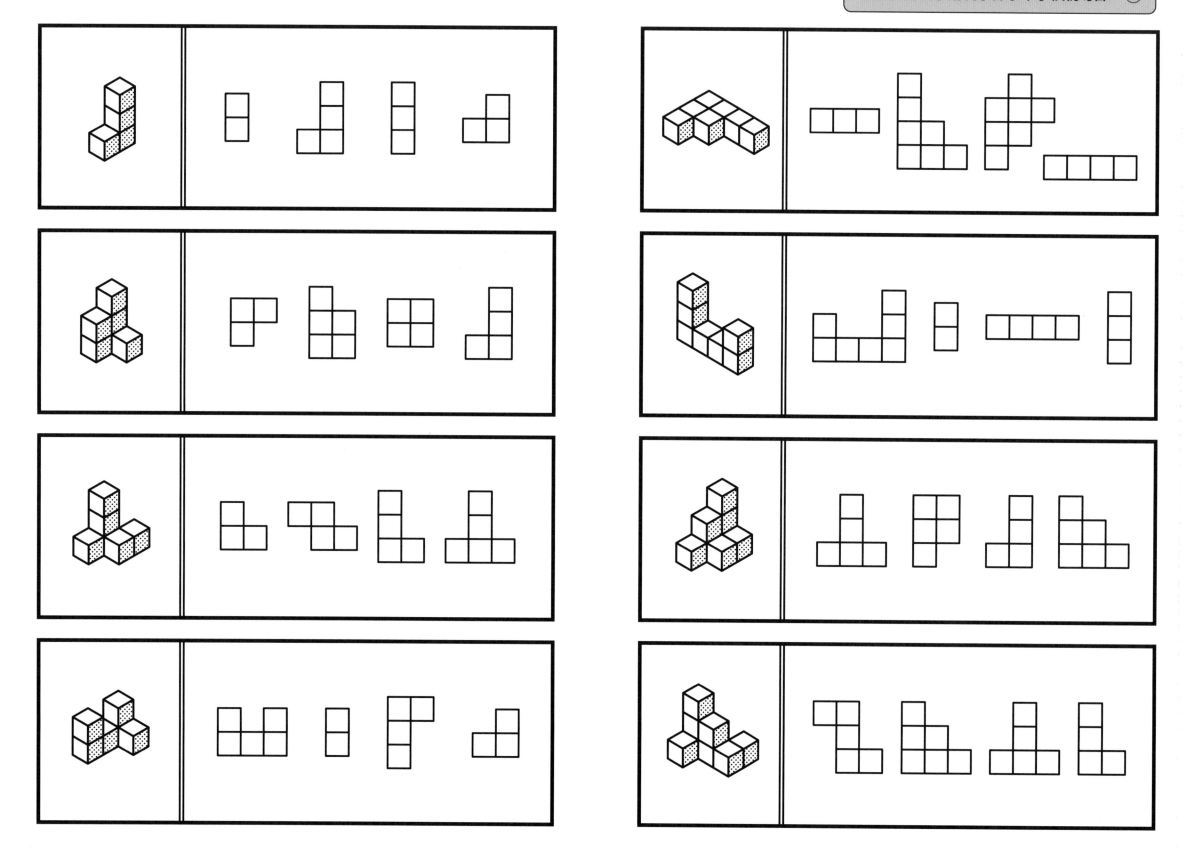

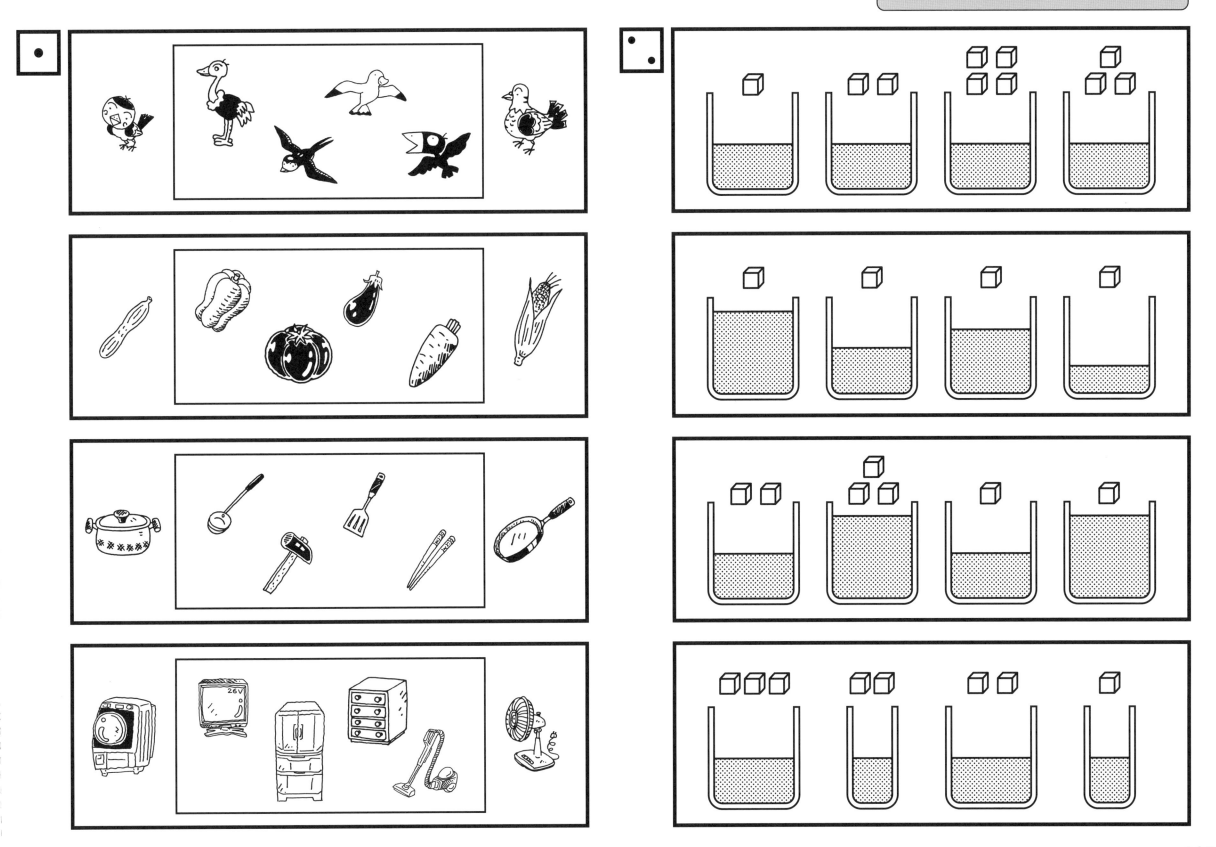

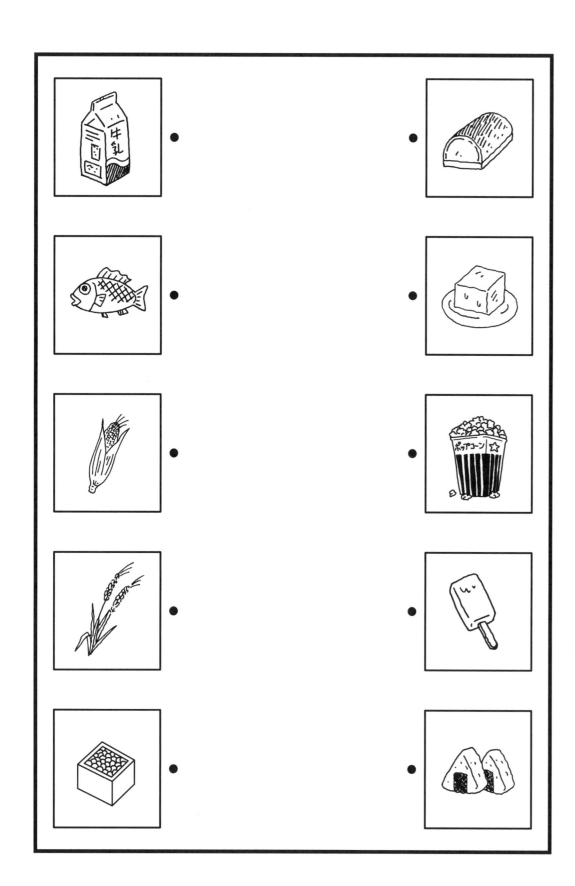

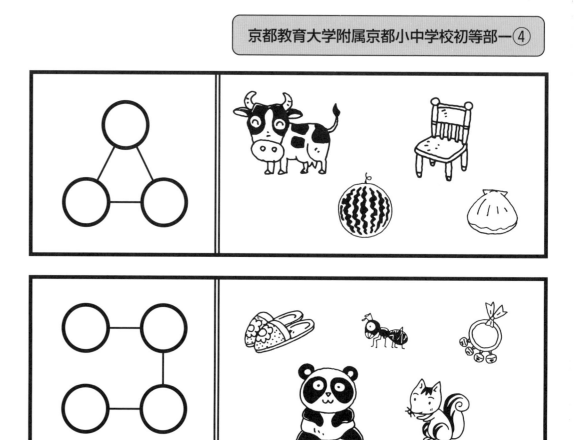

追手門学院小学校

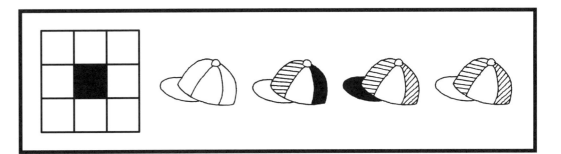

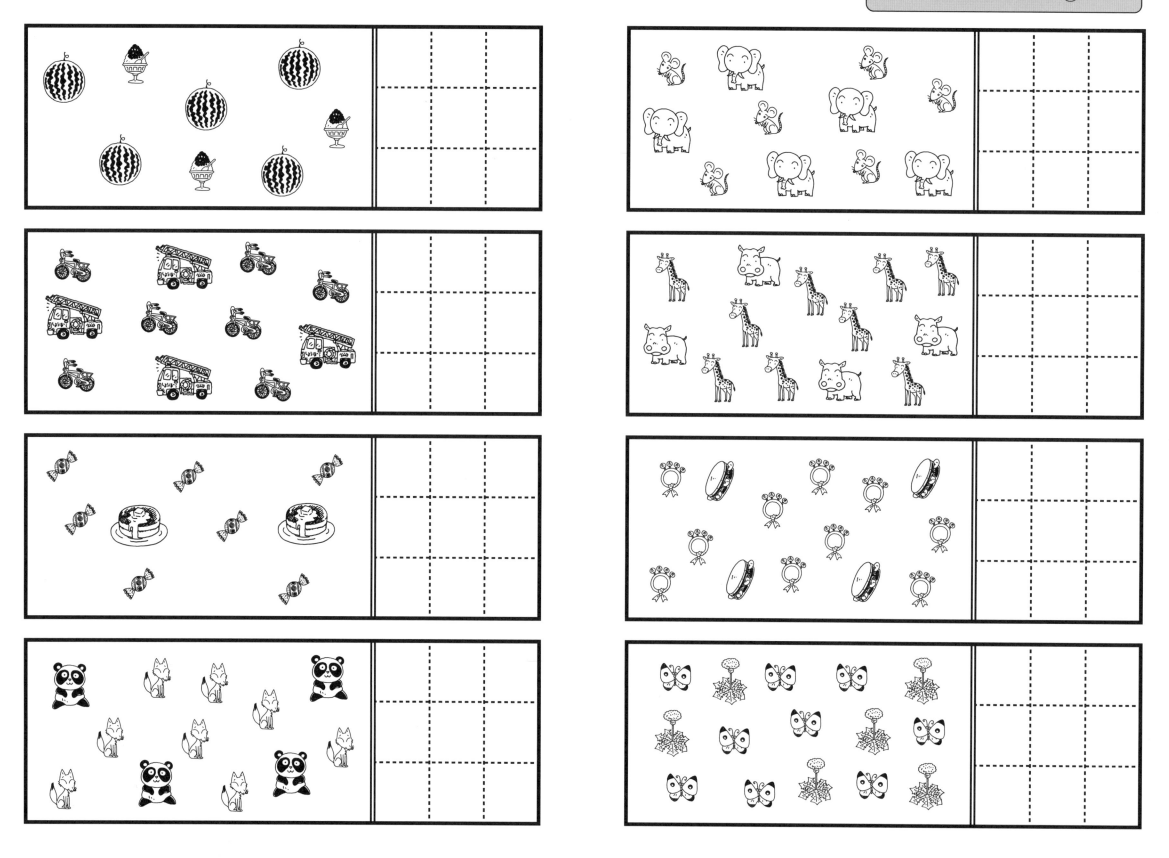

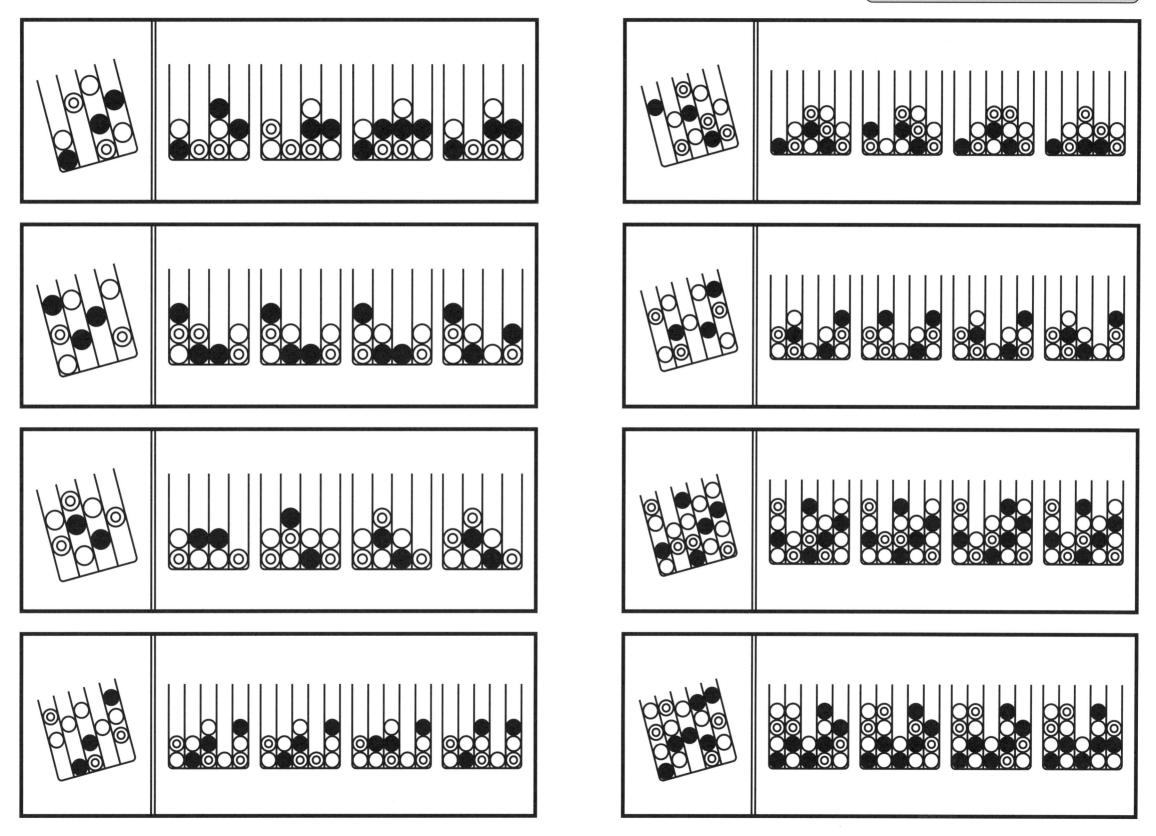

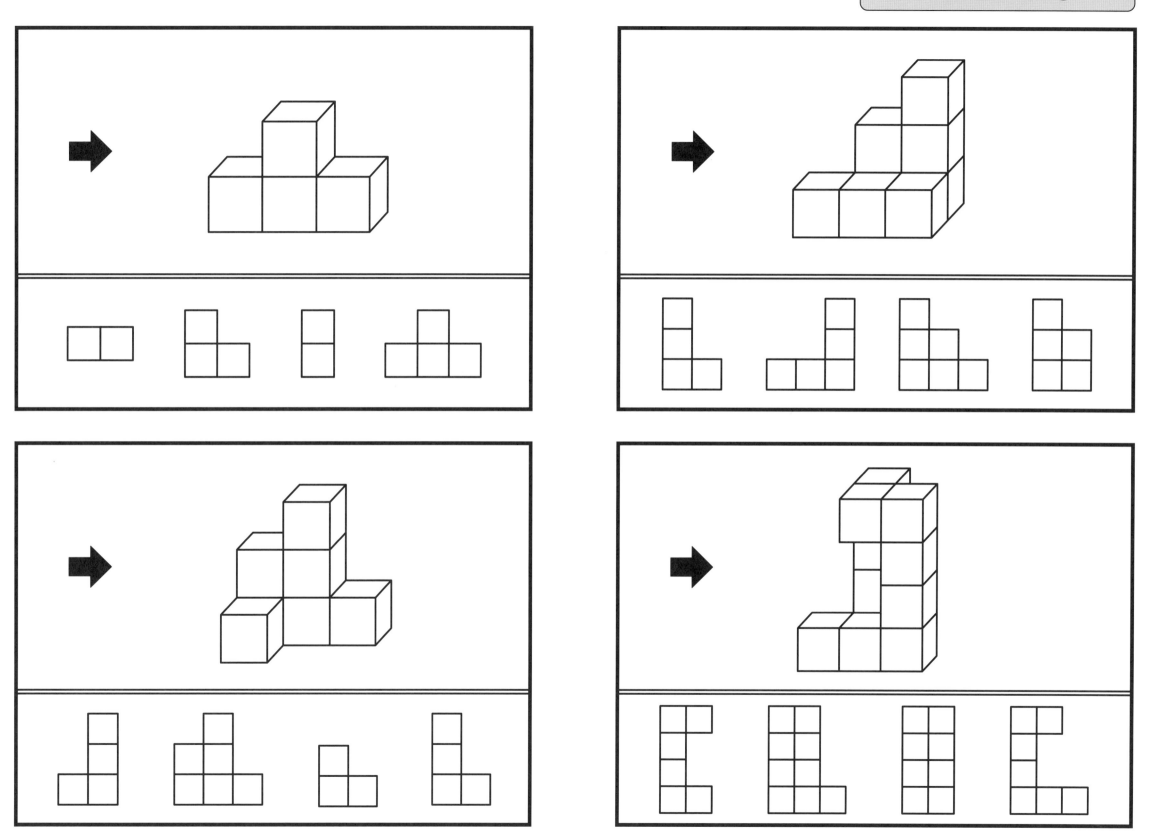

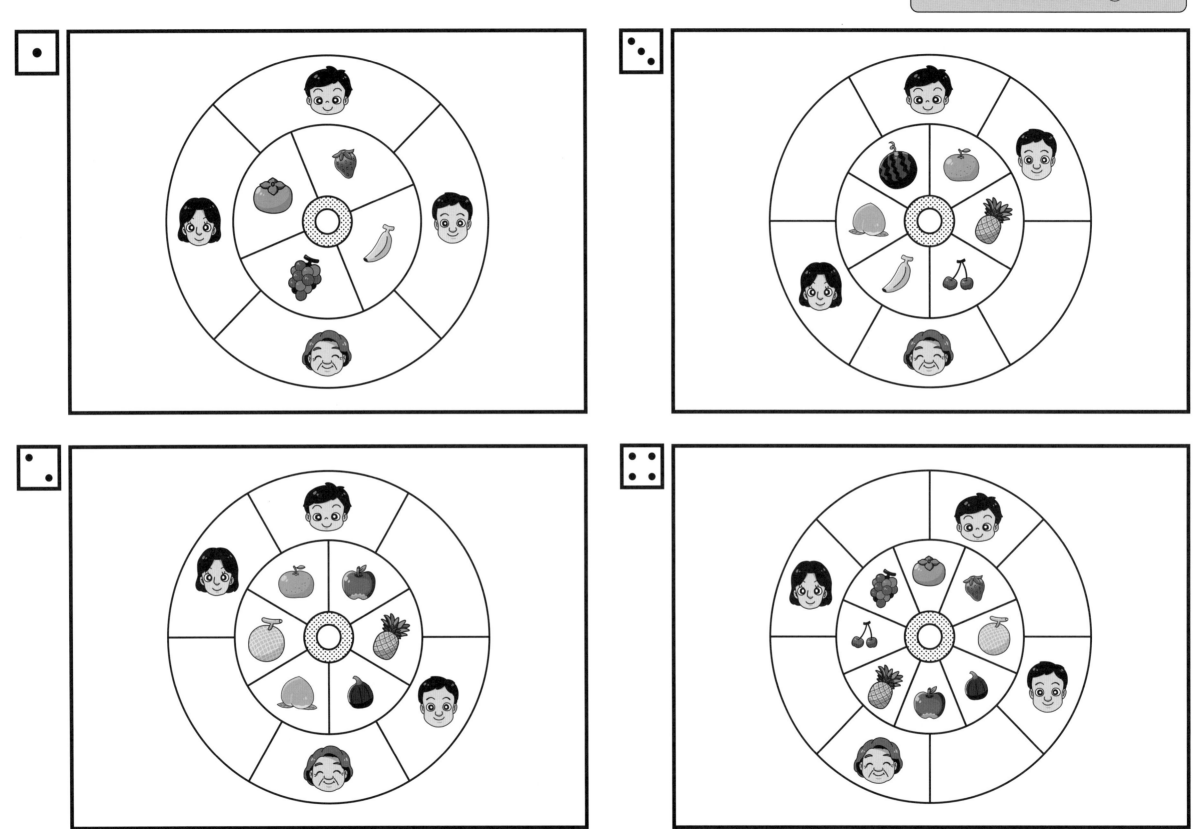

関西創価小学校

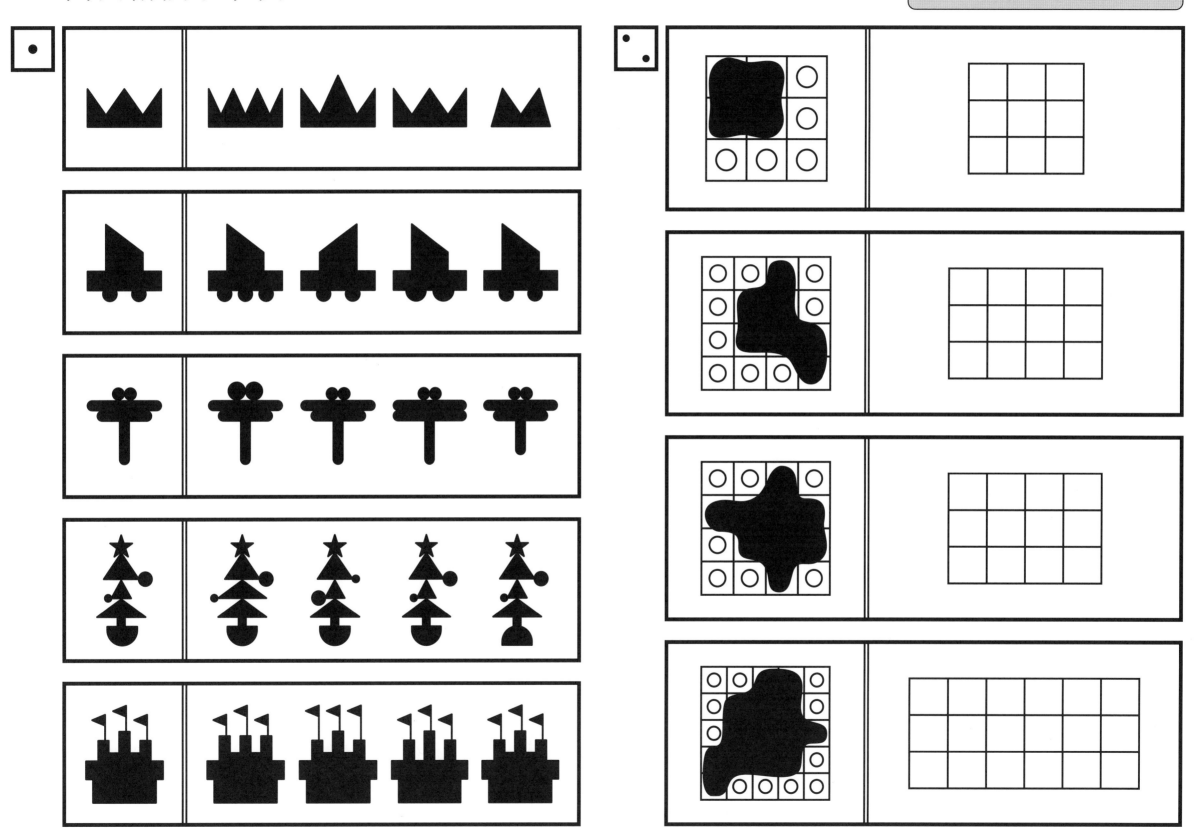

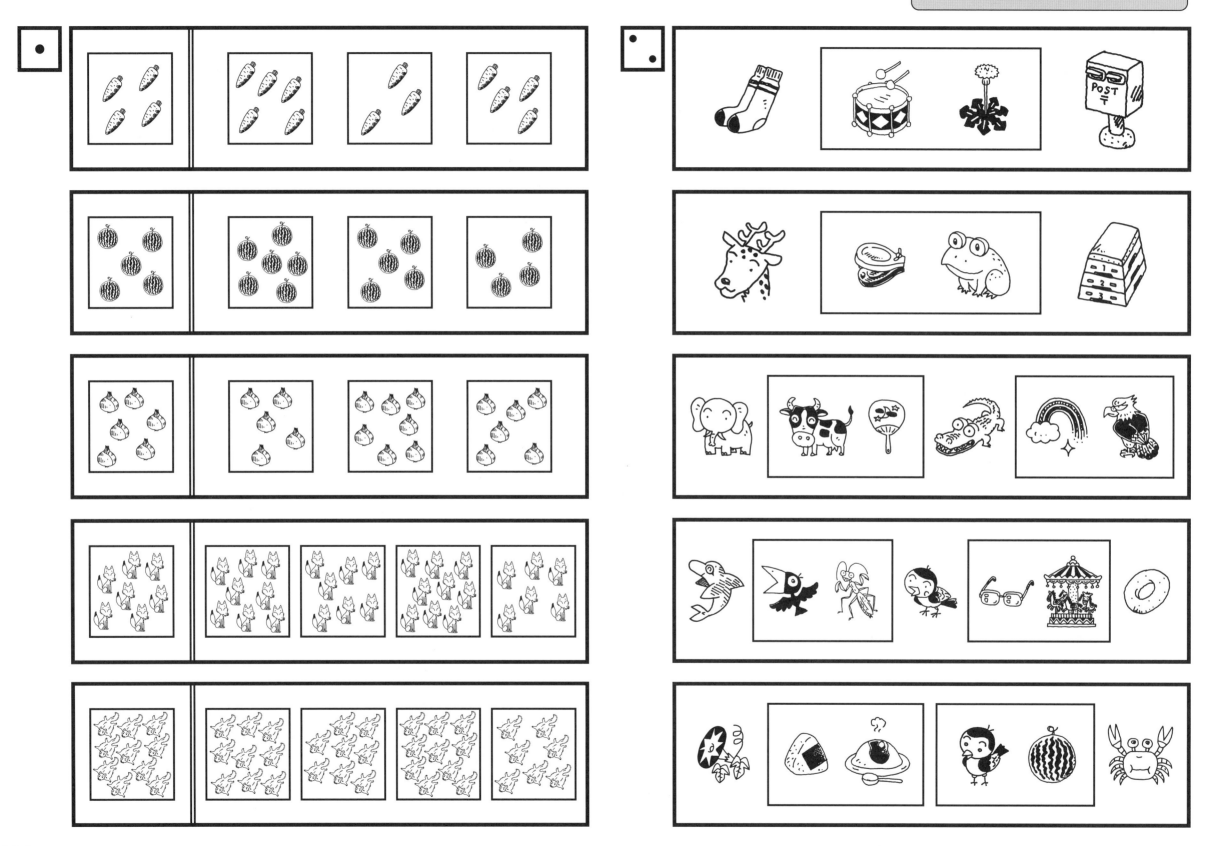

134

関西大学初等部

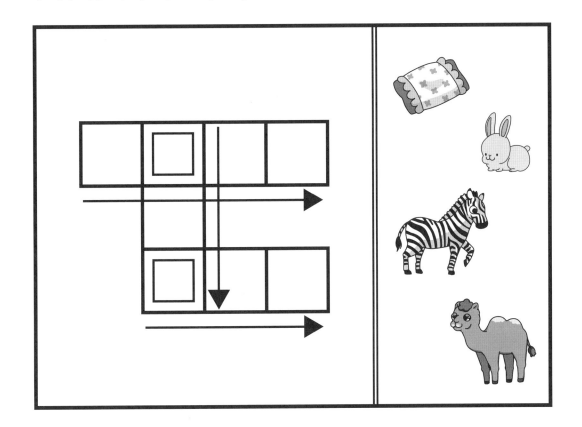

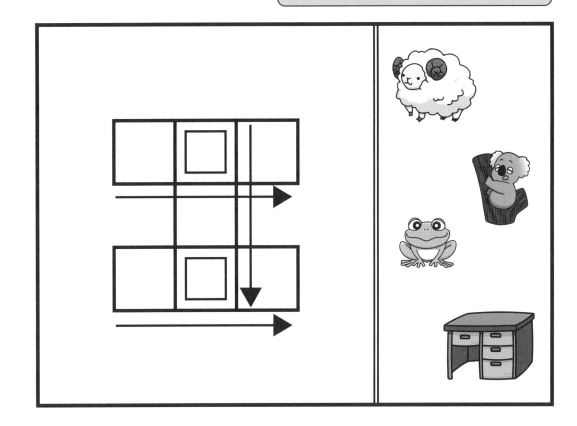

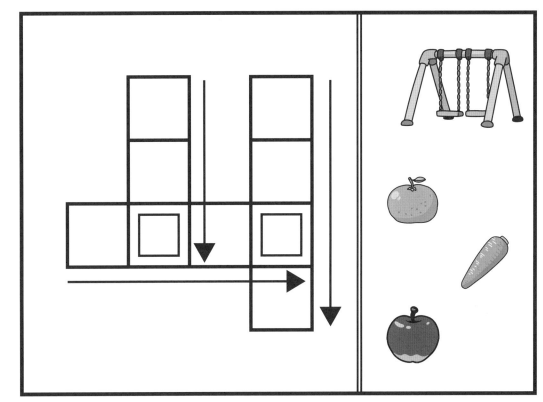

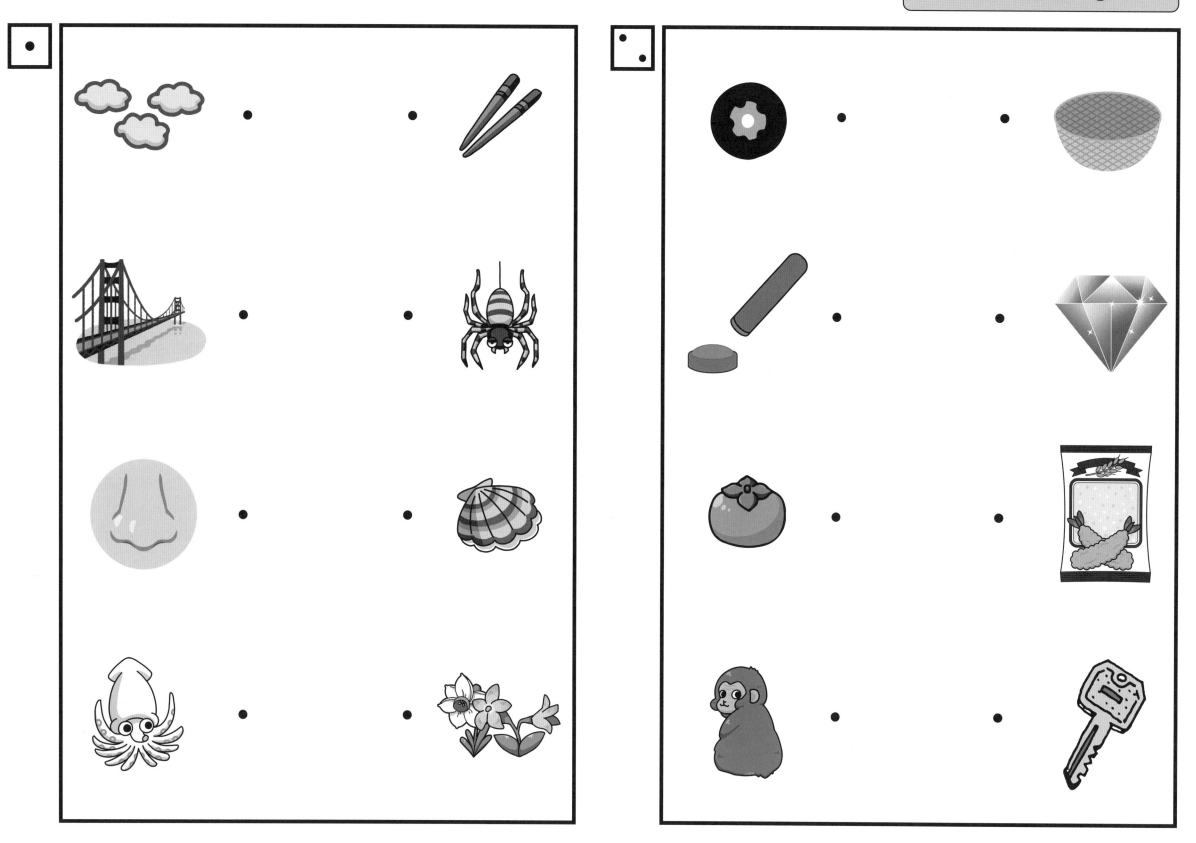

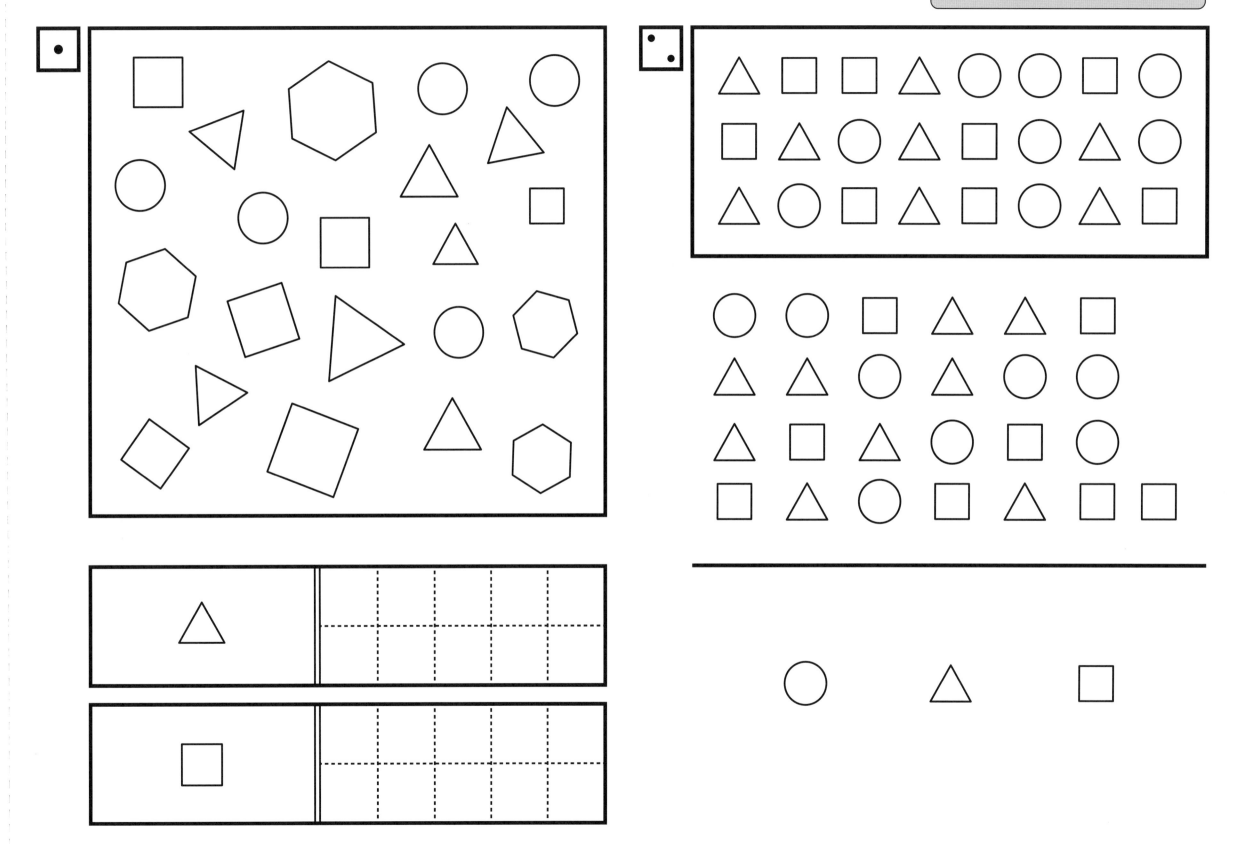

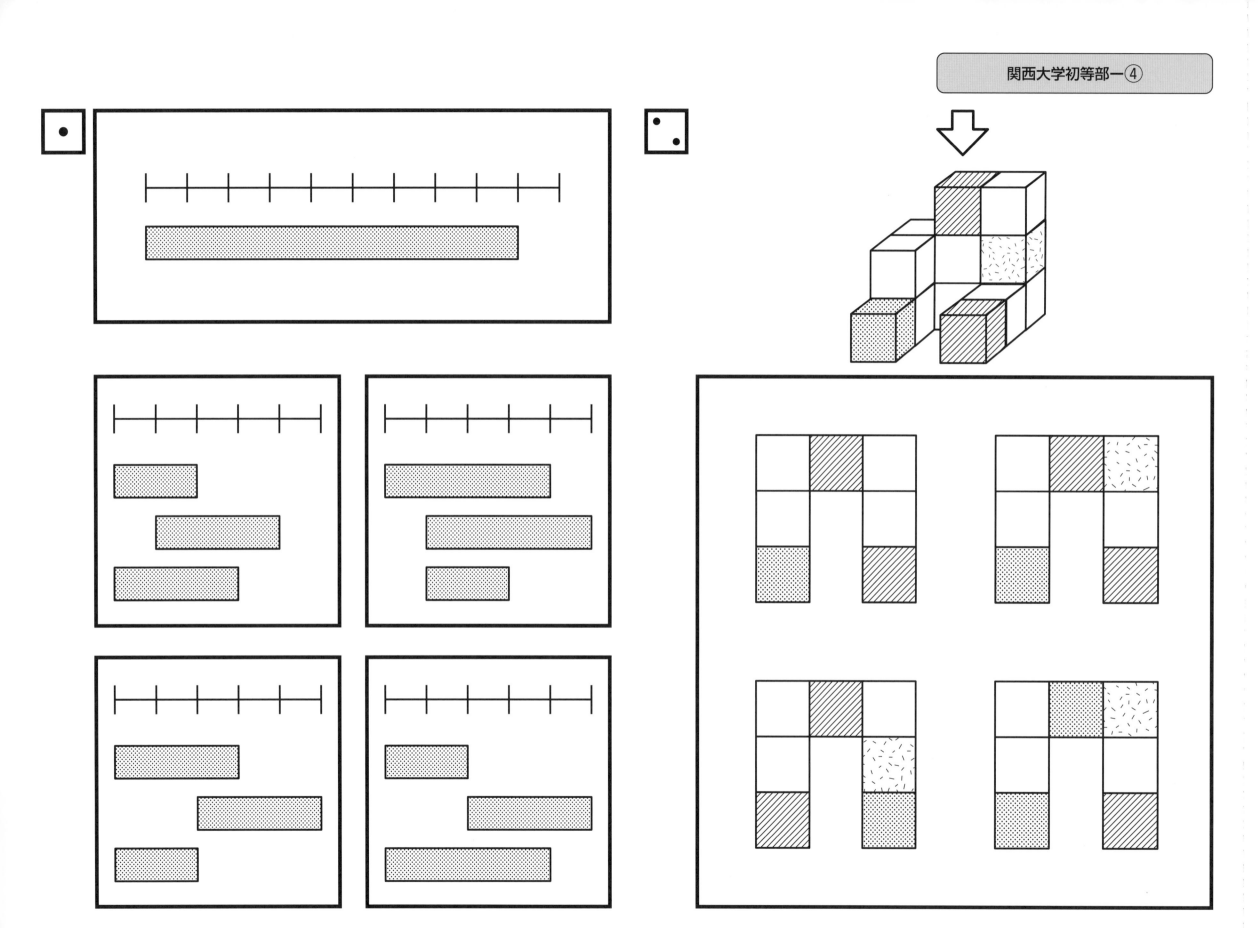

138

賢明学院小学校

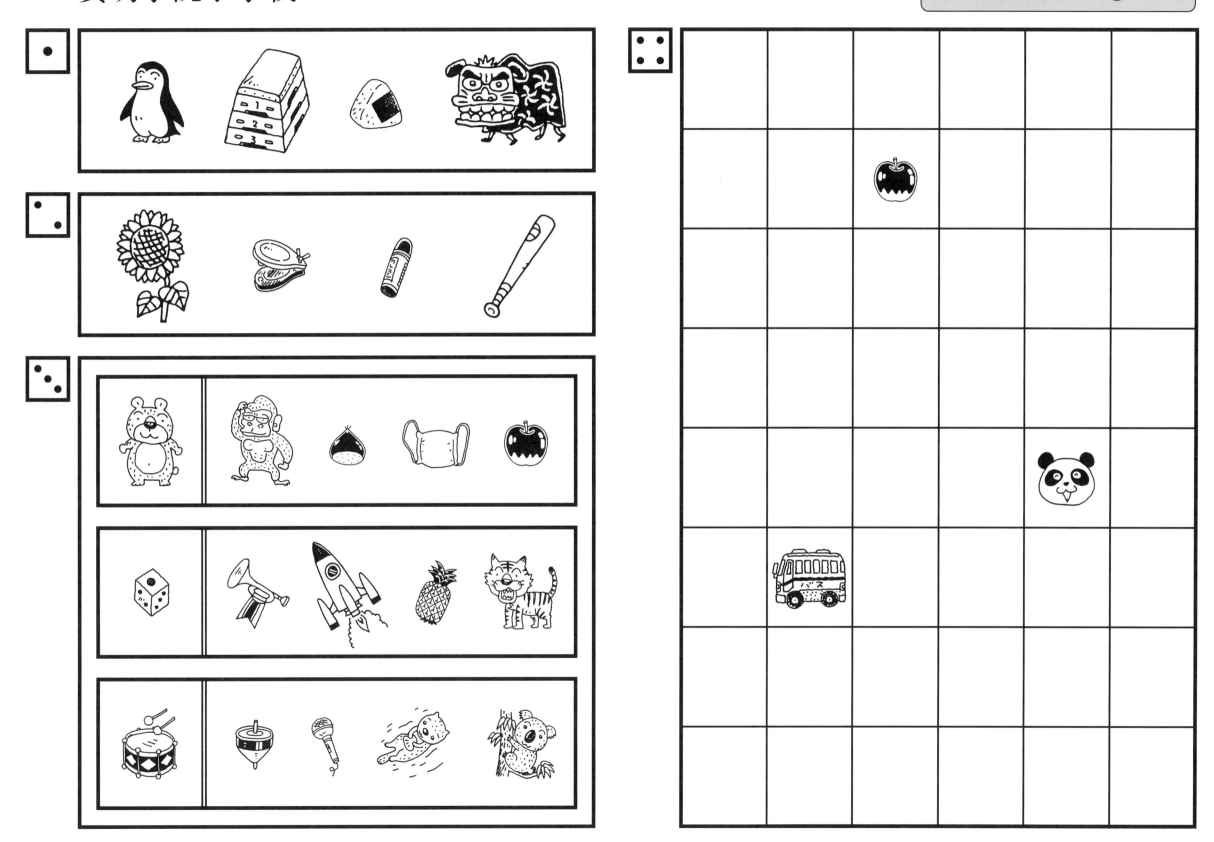

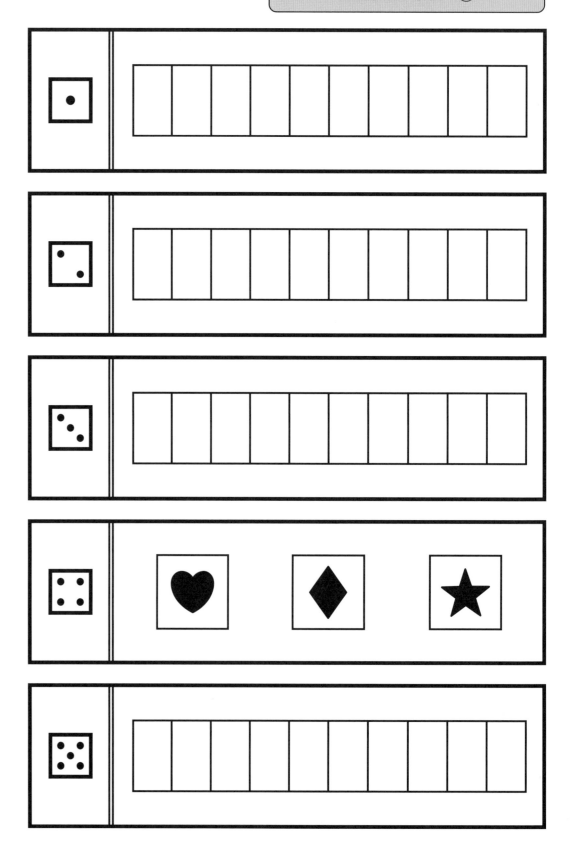

香里ヌヴェール学院小学校

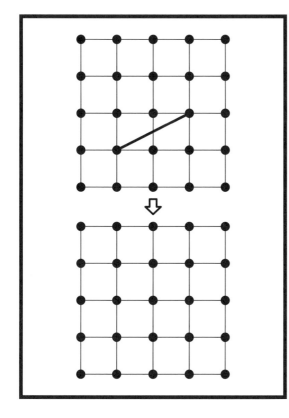

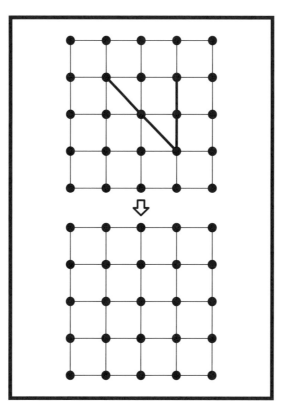

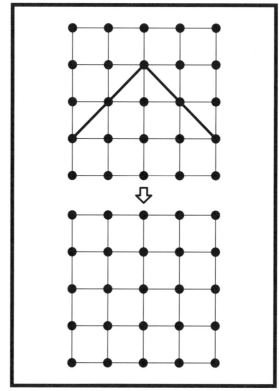

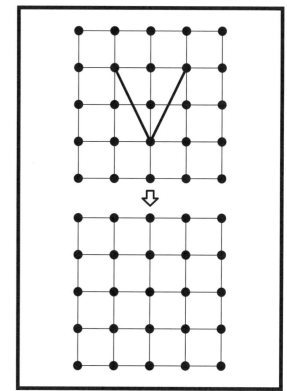

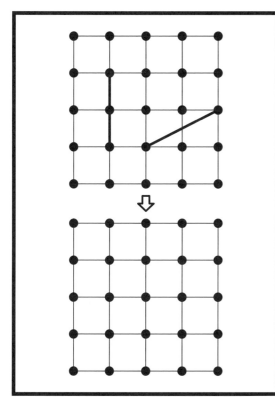

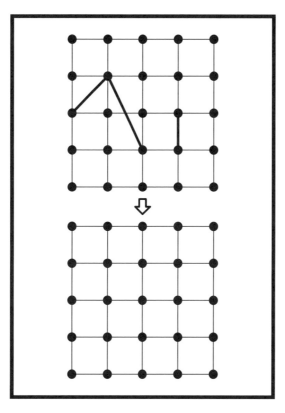

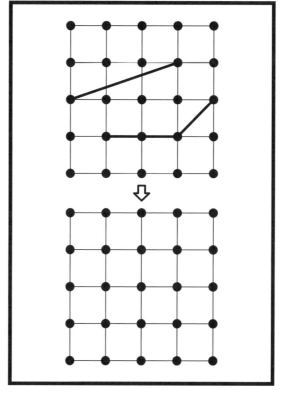

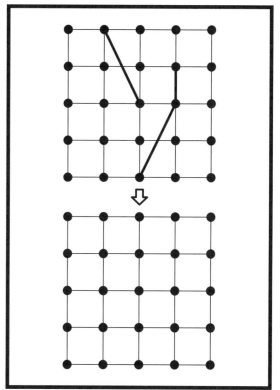

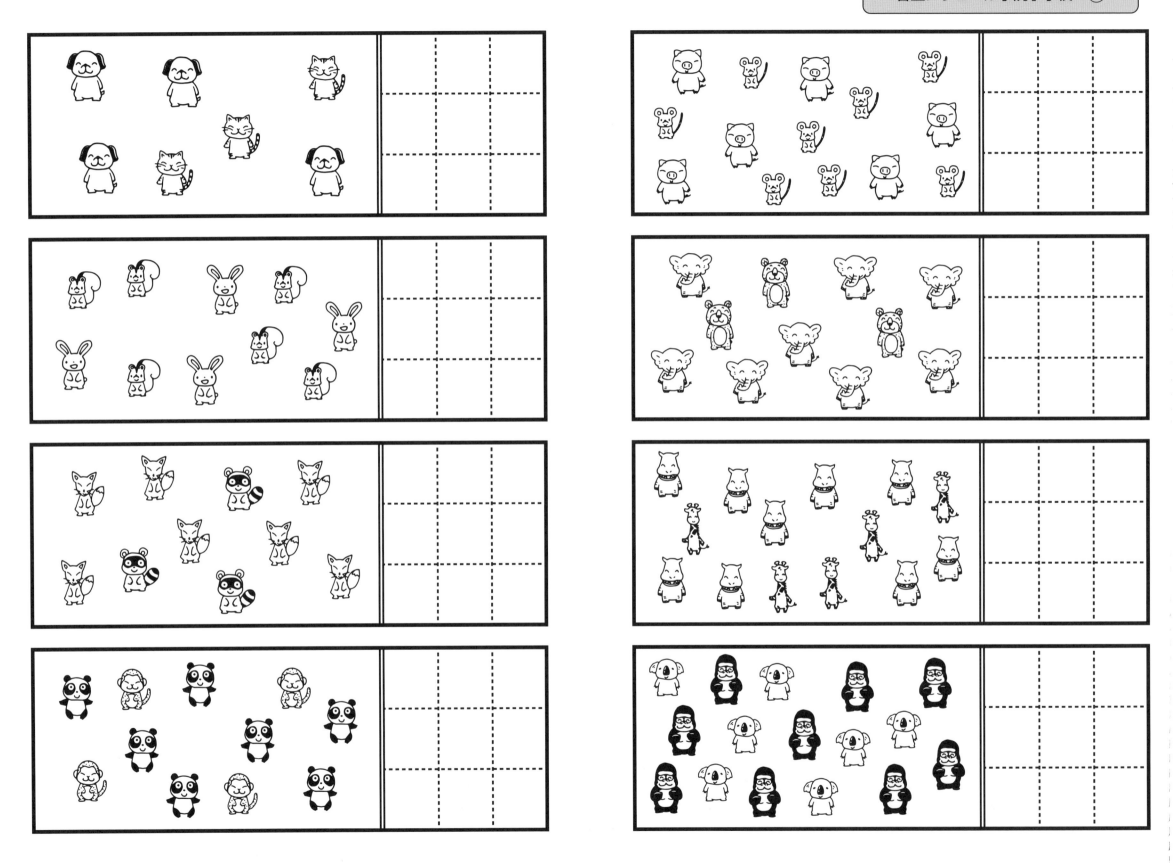

四天王寺小学校

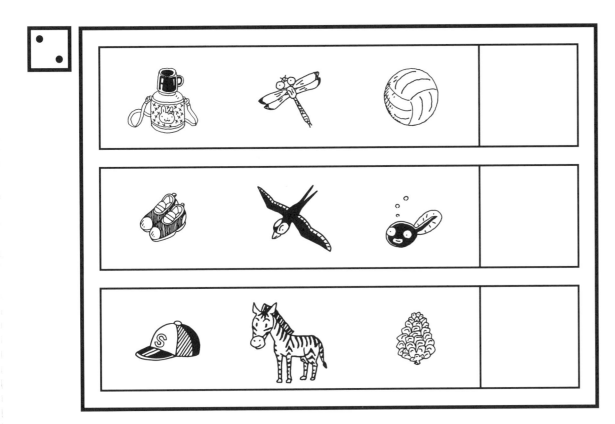

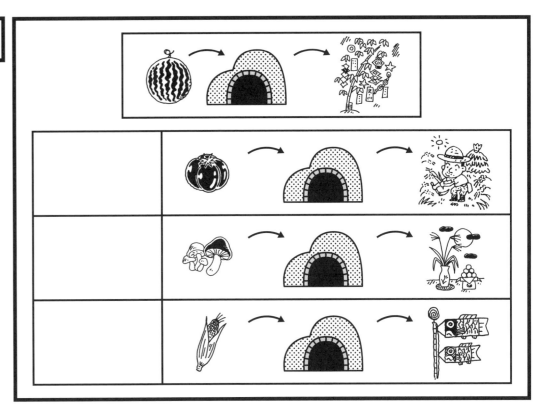

城星学園小学校

（記憶用）

（解答用）

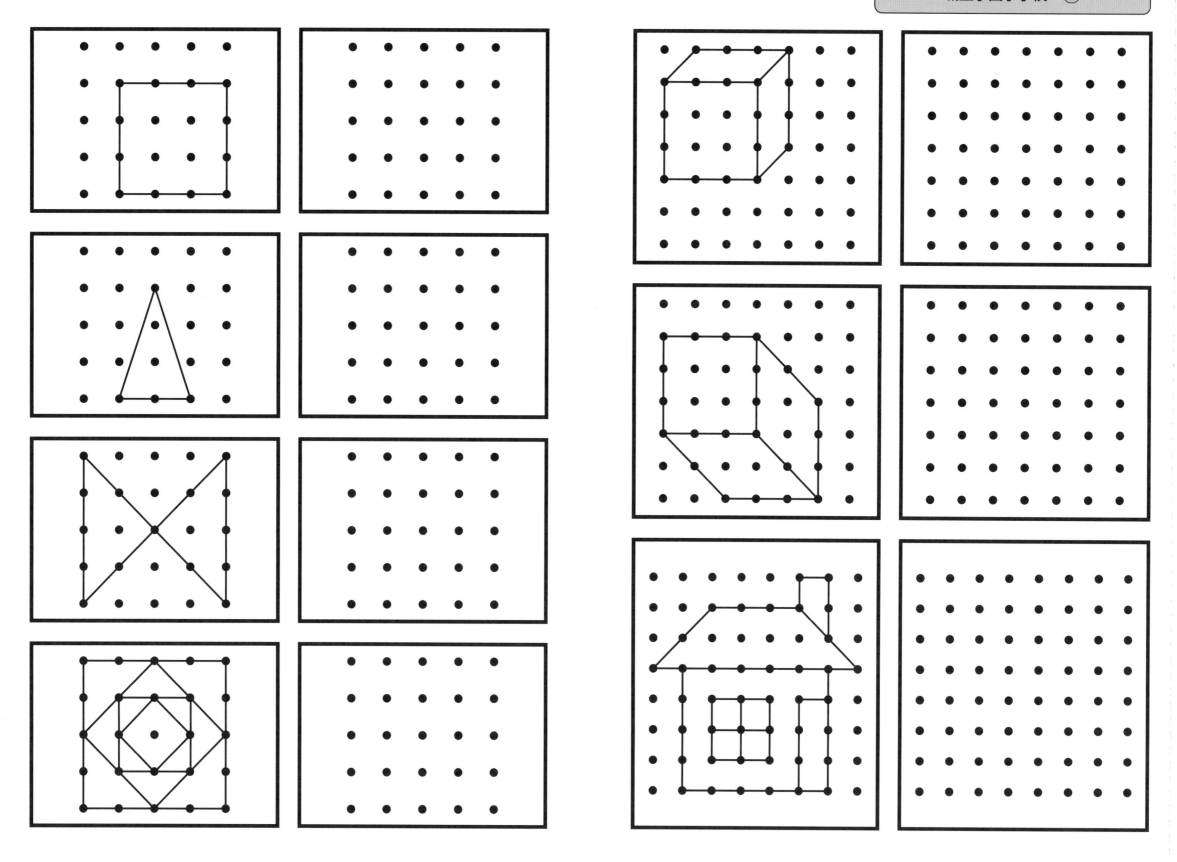

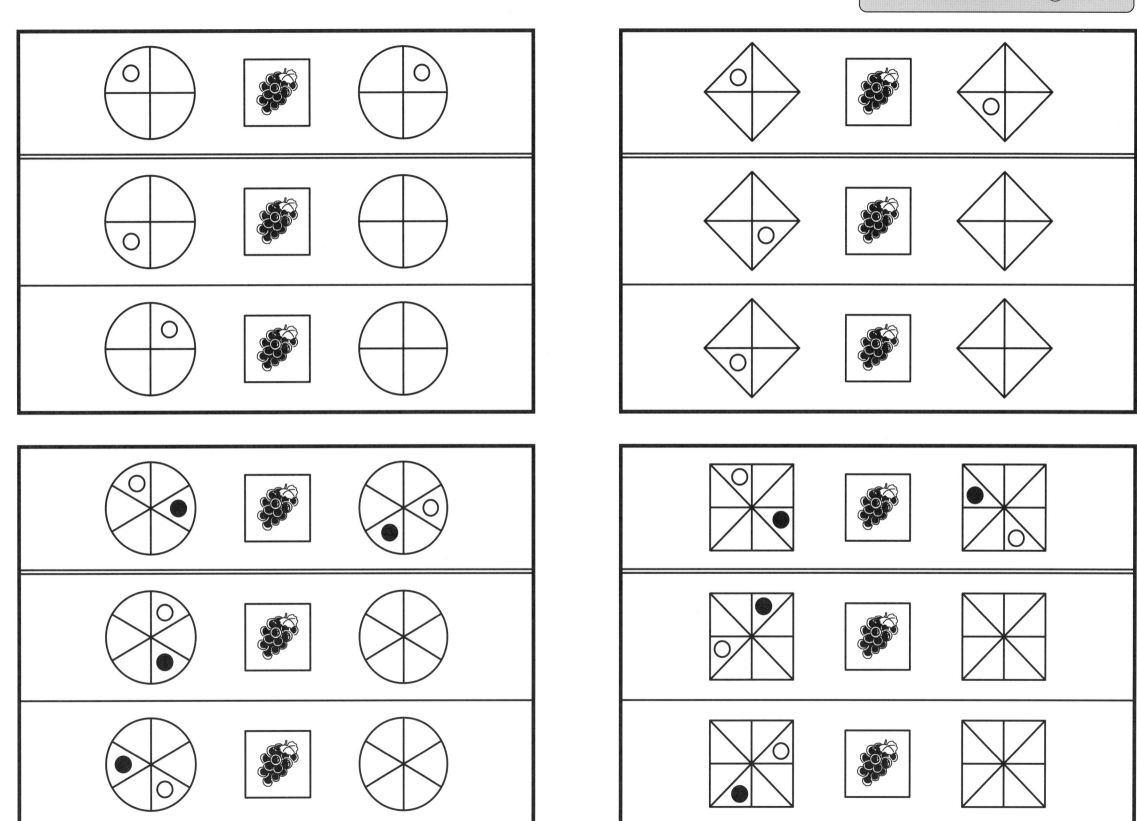

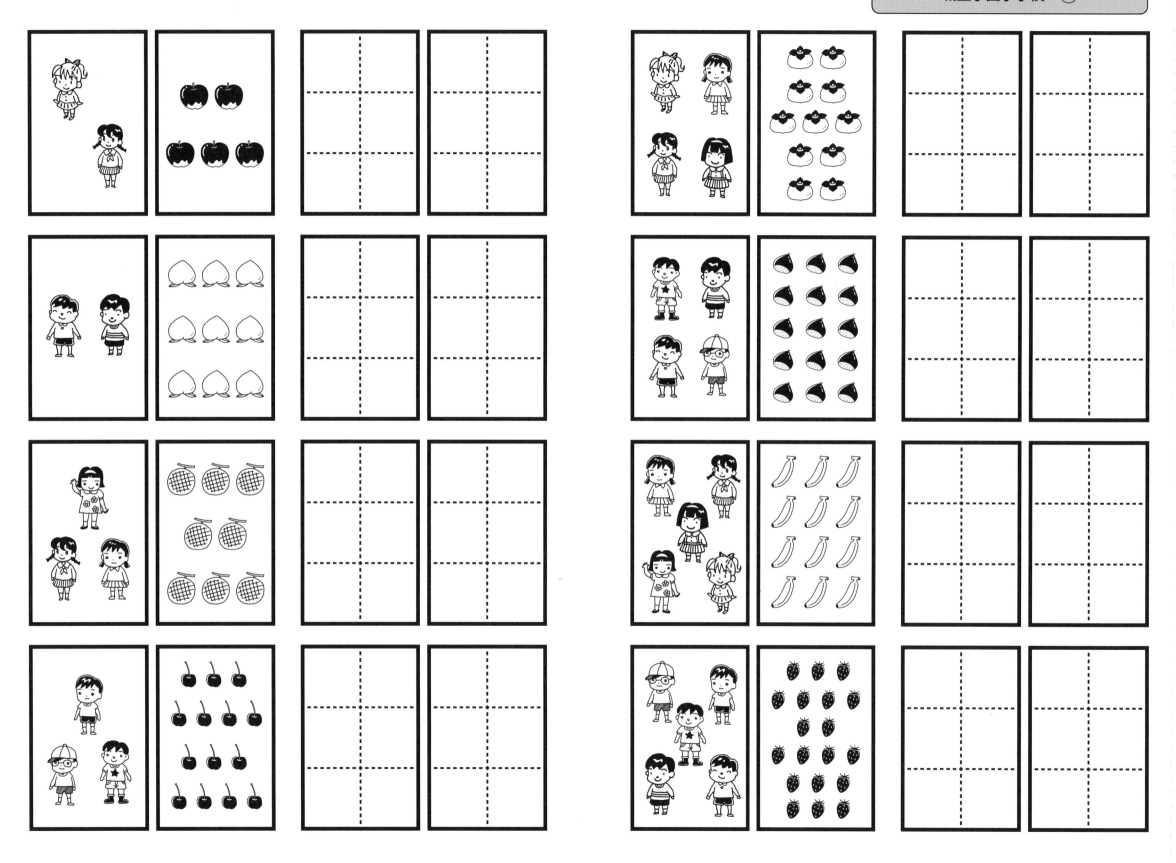

城南学園小学校

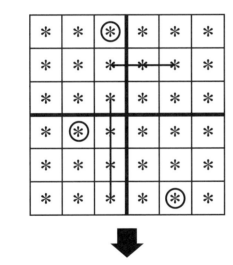 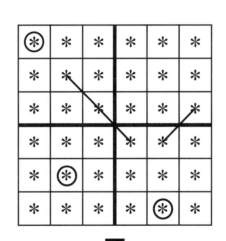 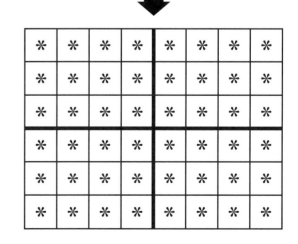

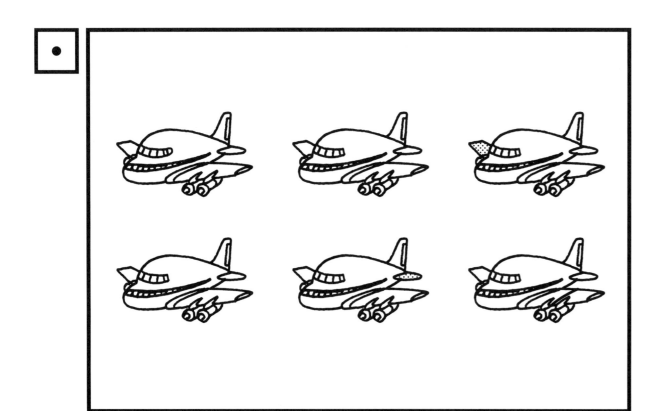

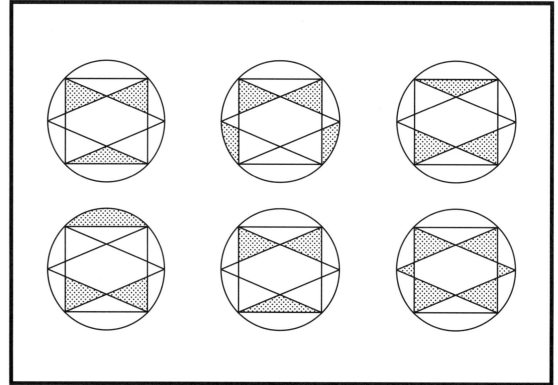

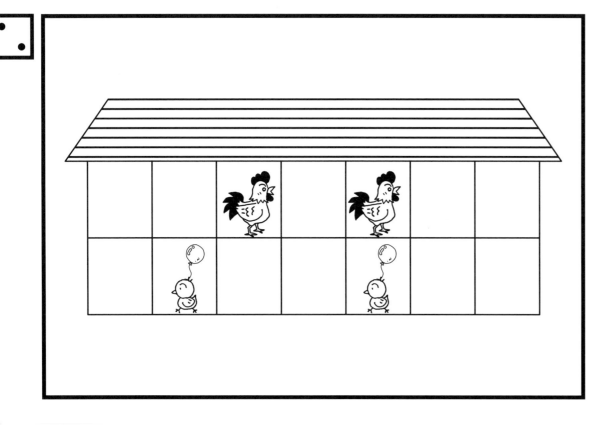

帝塚山学院小学校

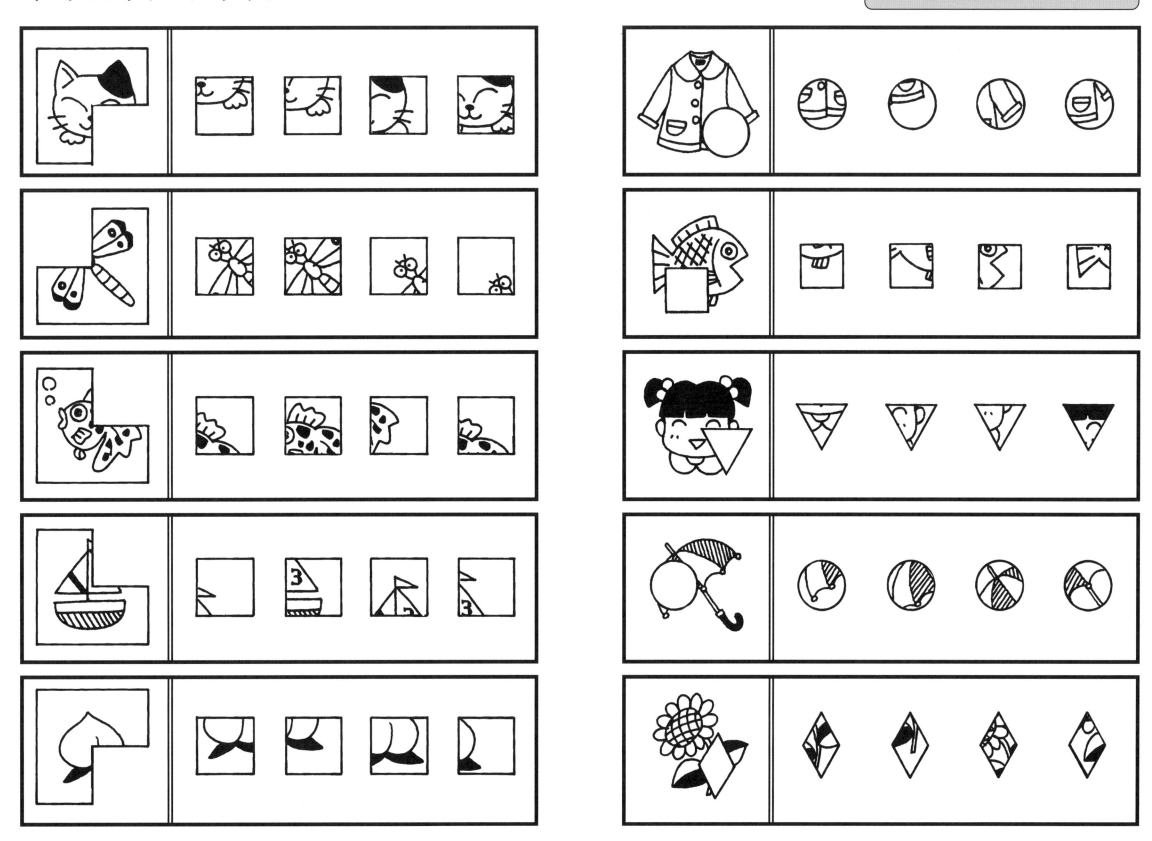

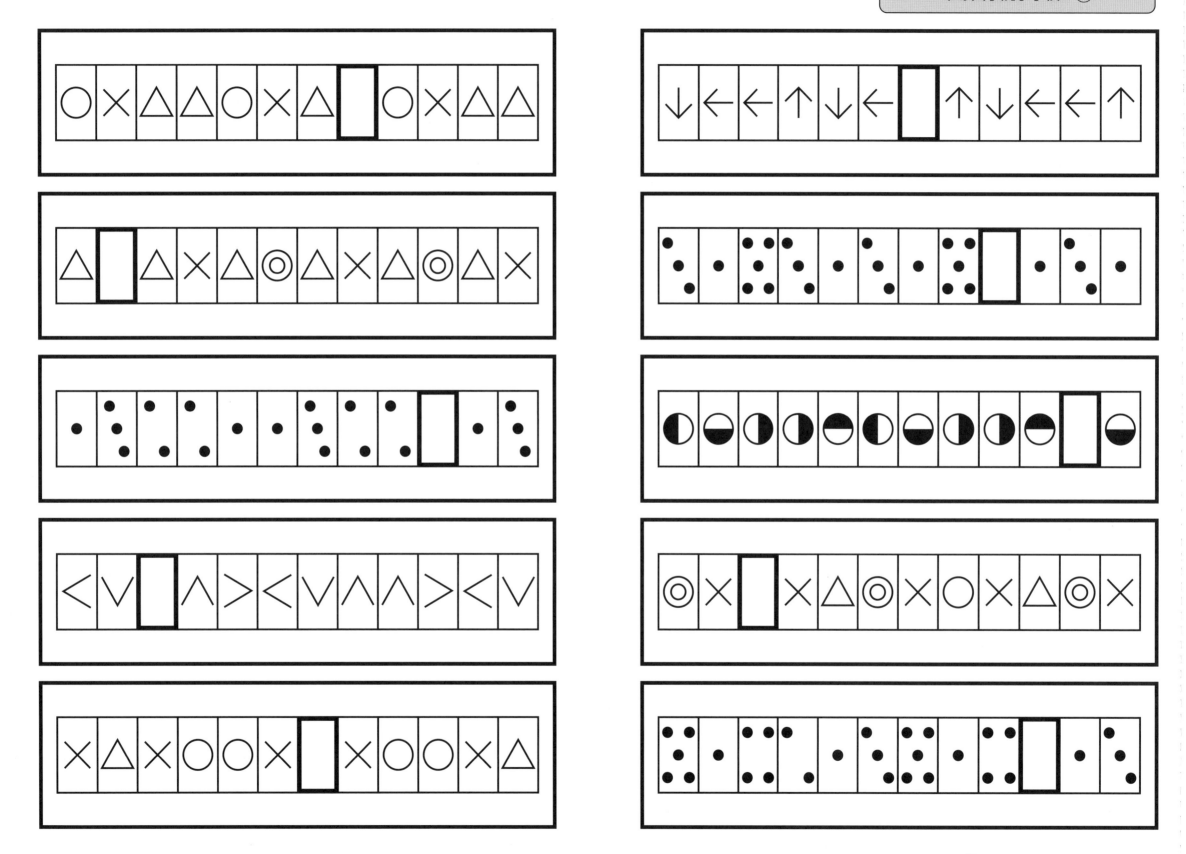

はつしば学園小学校

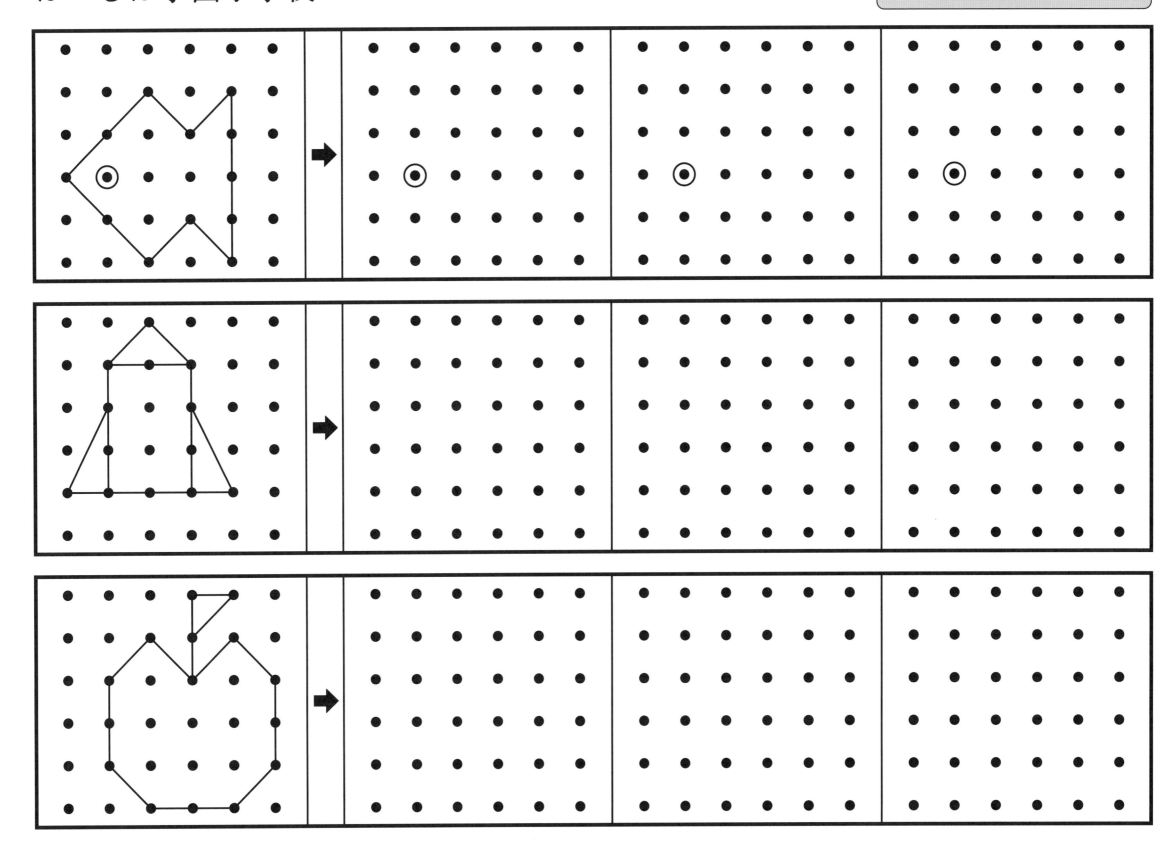

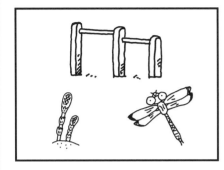    

   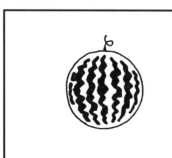 

箕面自由学園小学校

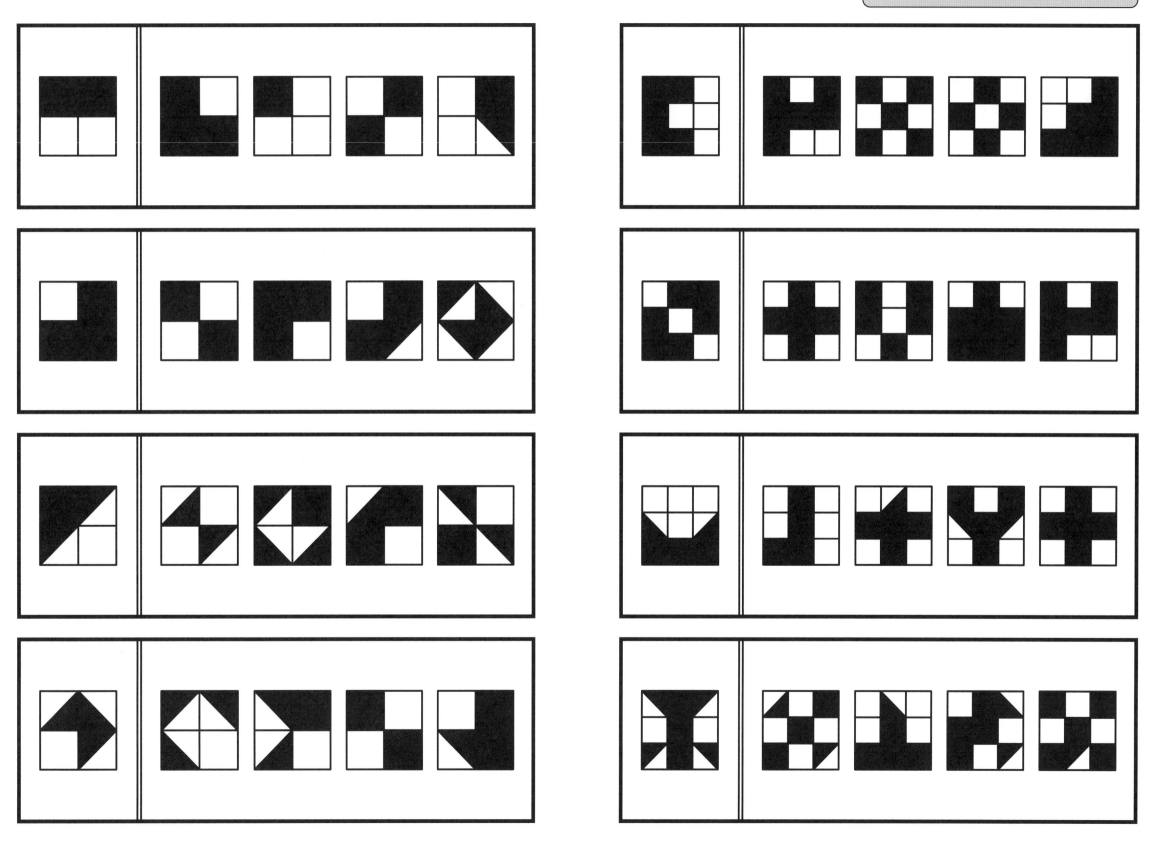

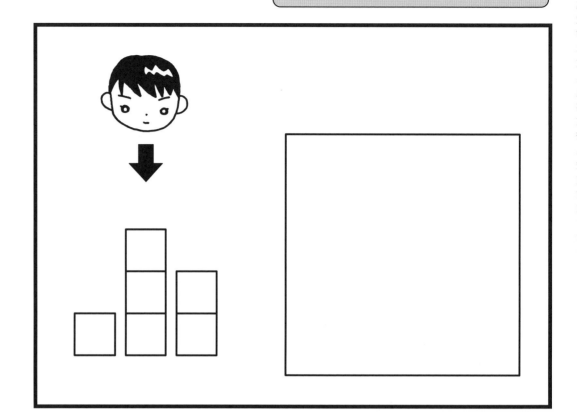

小林聖心女子学院小学校

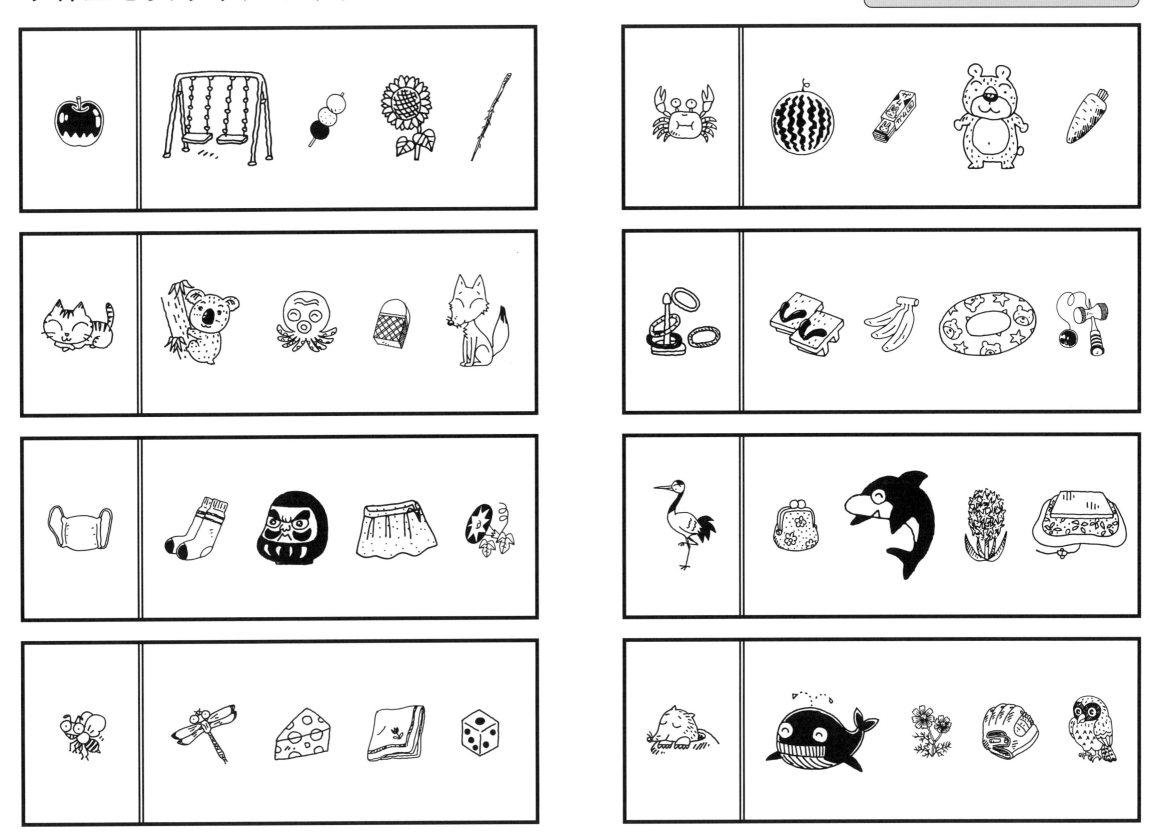

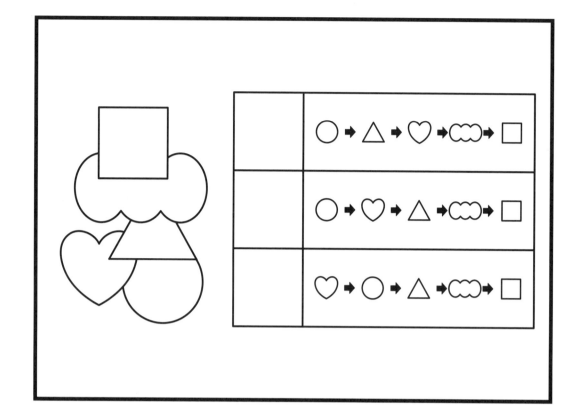

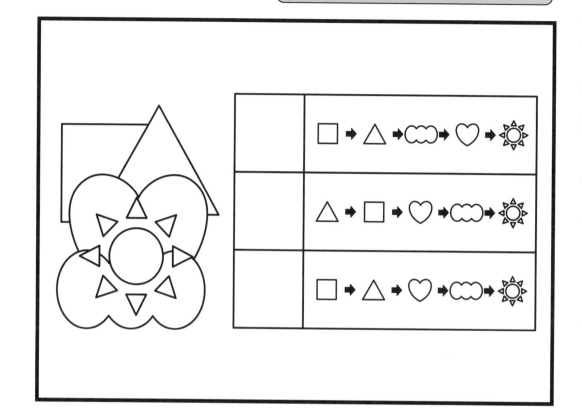

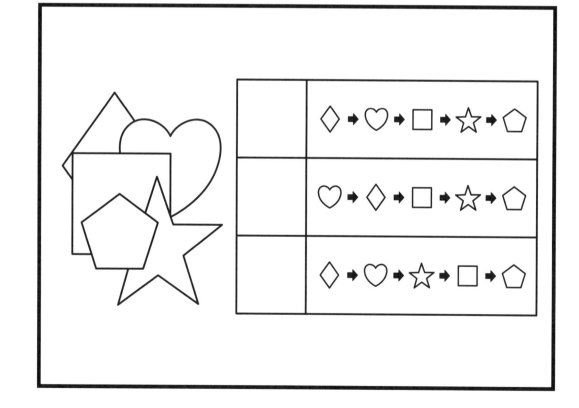

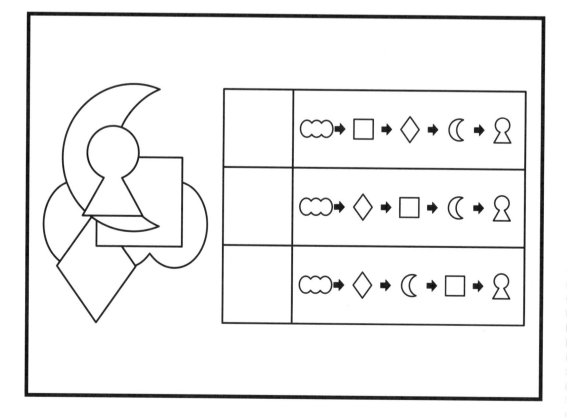

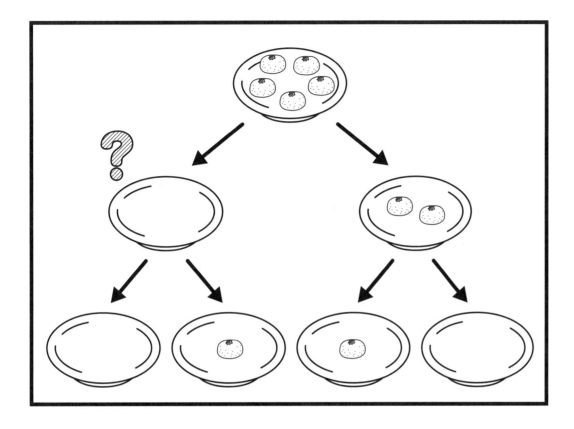

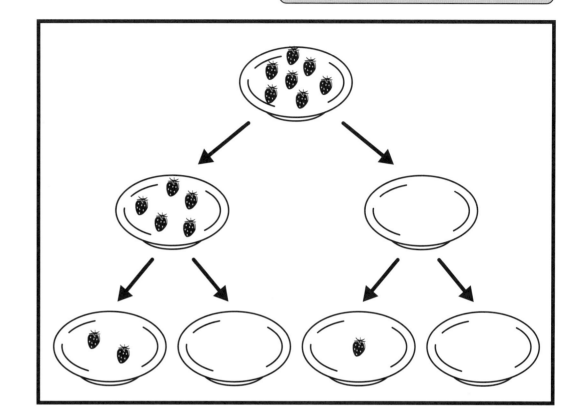

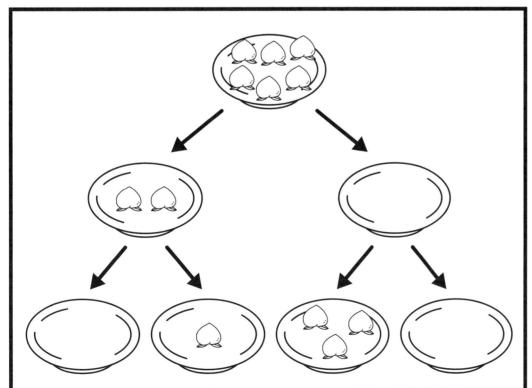

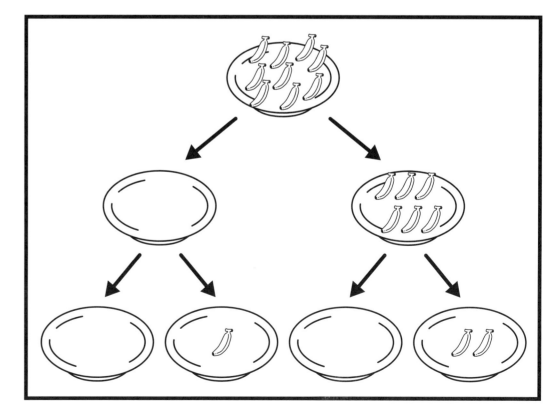

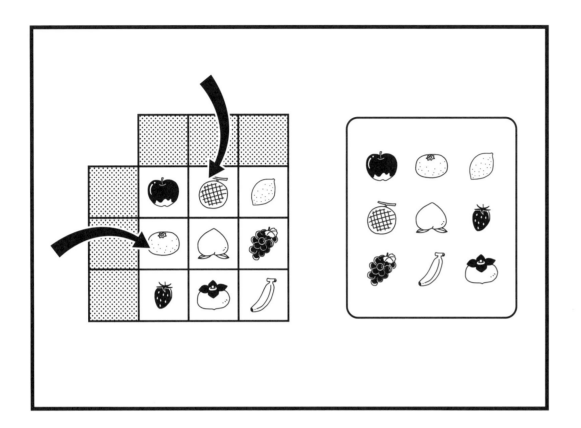

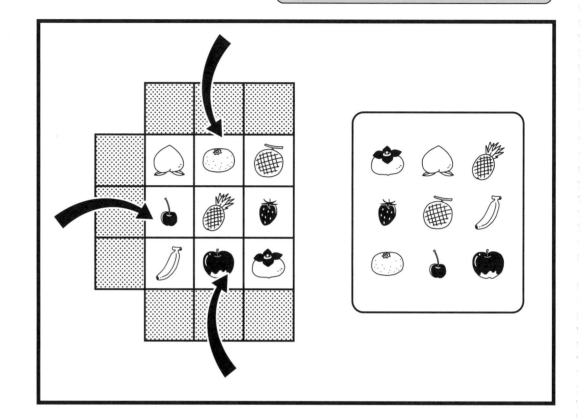

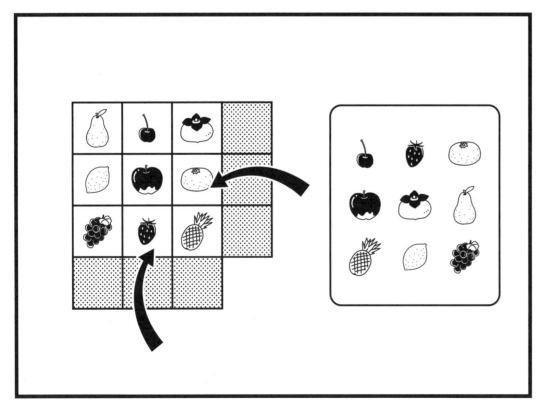

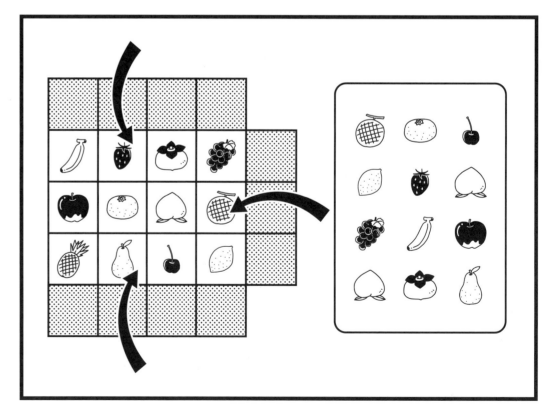

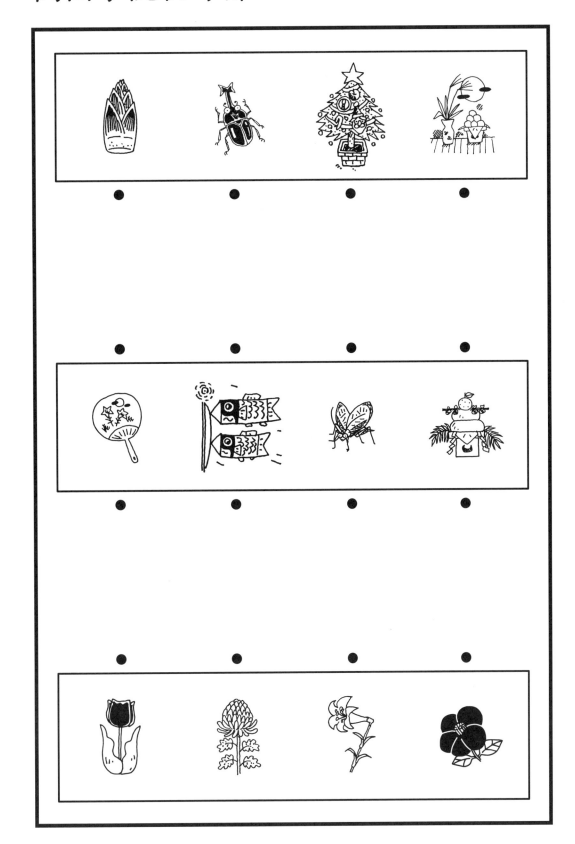

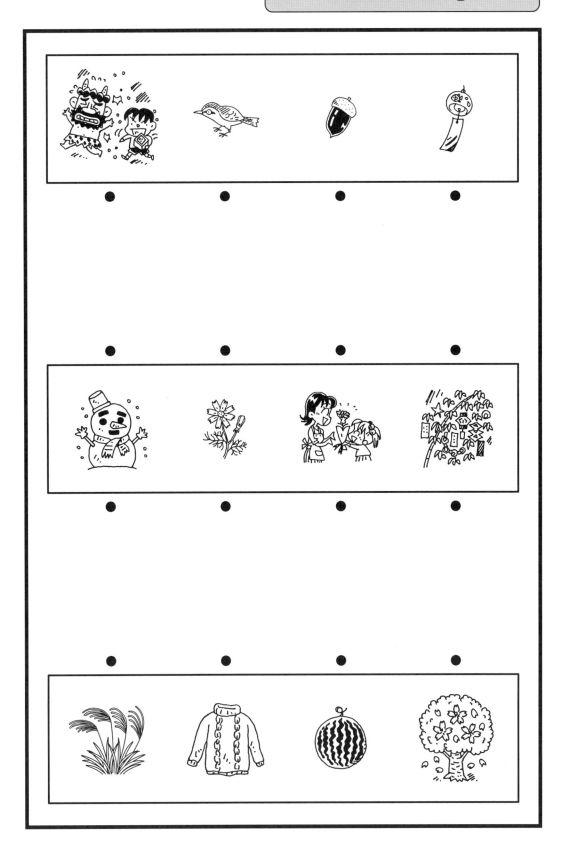

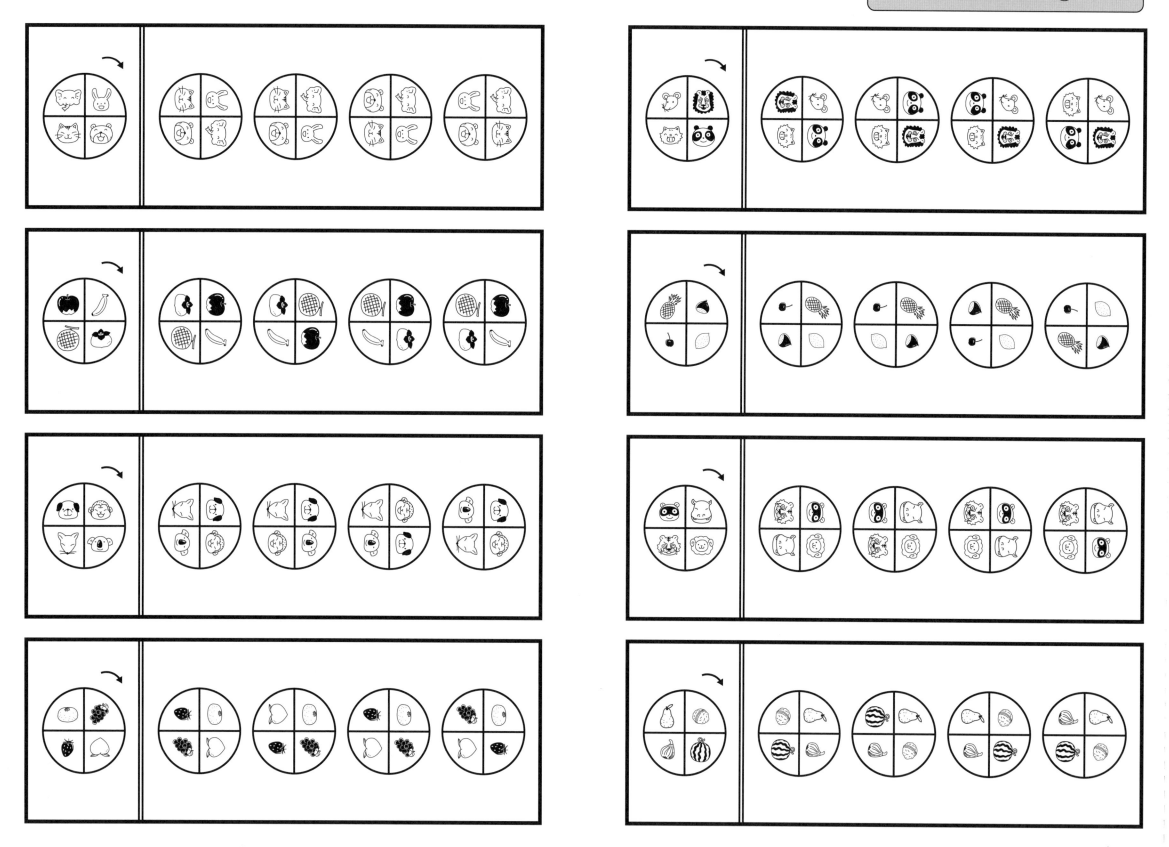

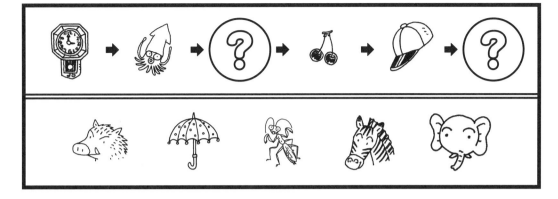

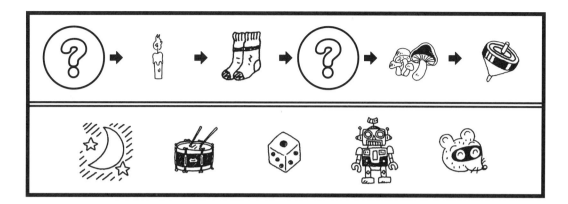

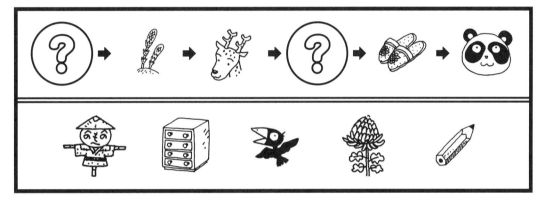

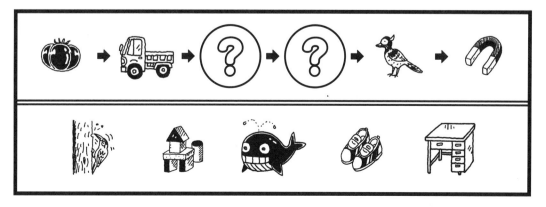

甲南小学校

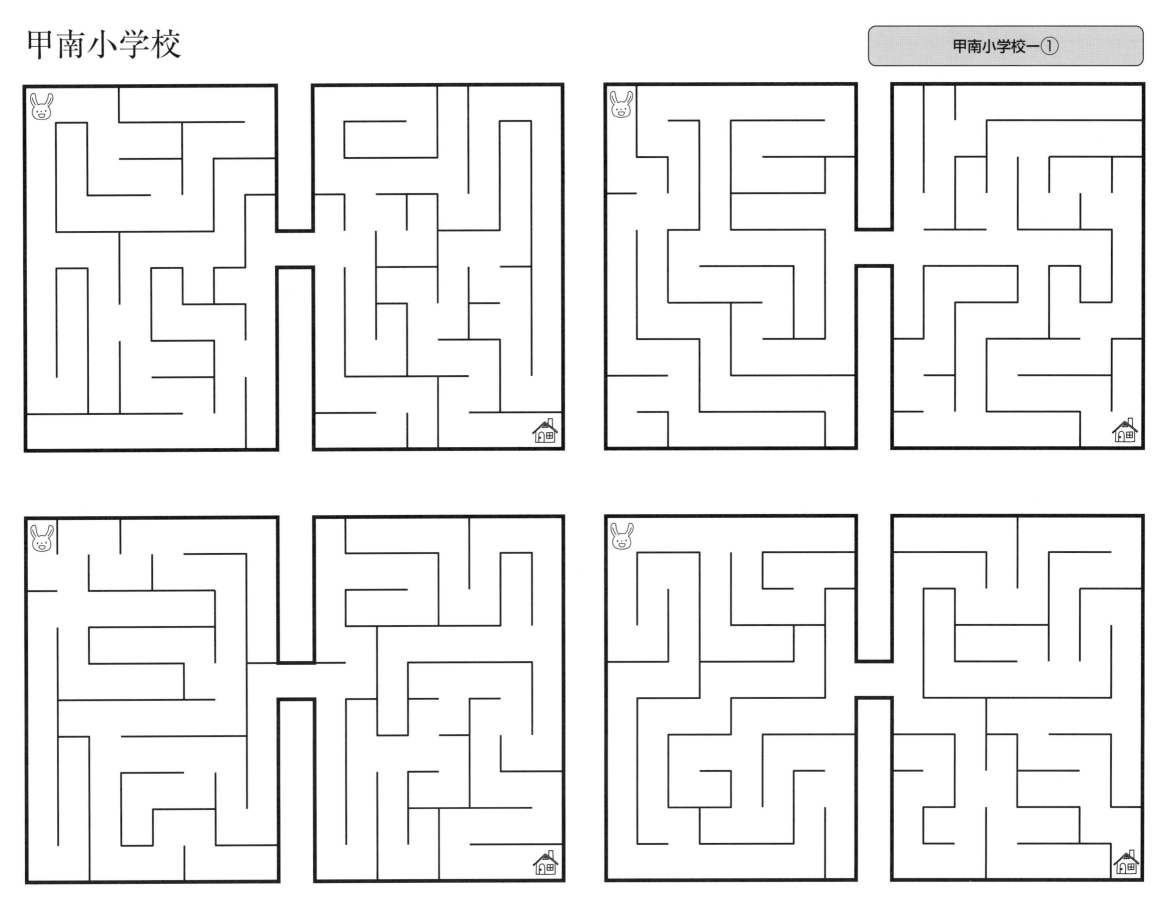

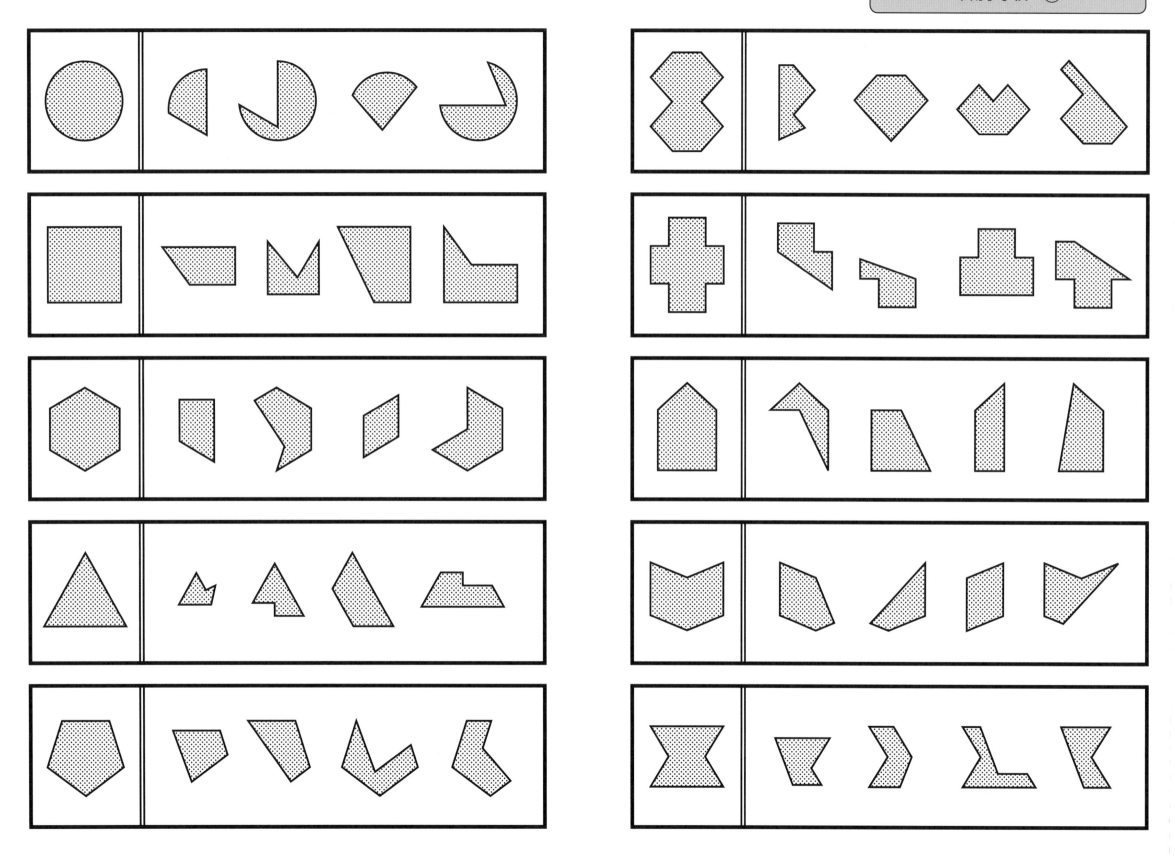

神戸海星女子学院小学校

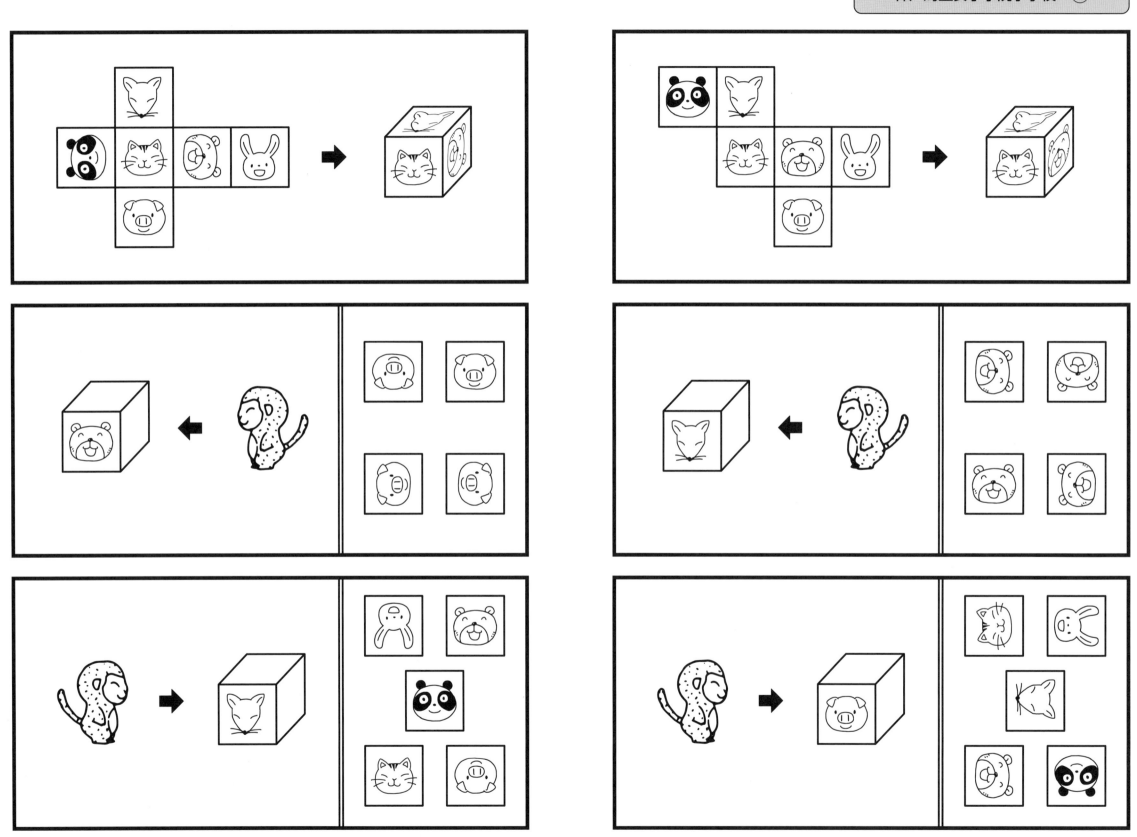

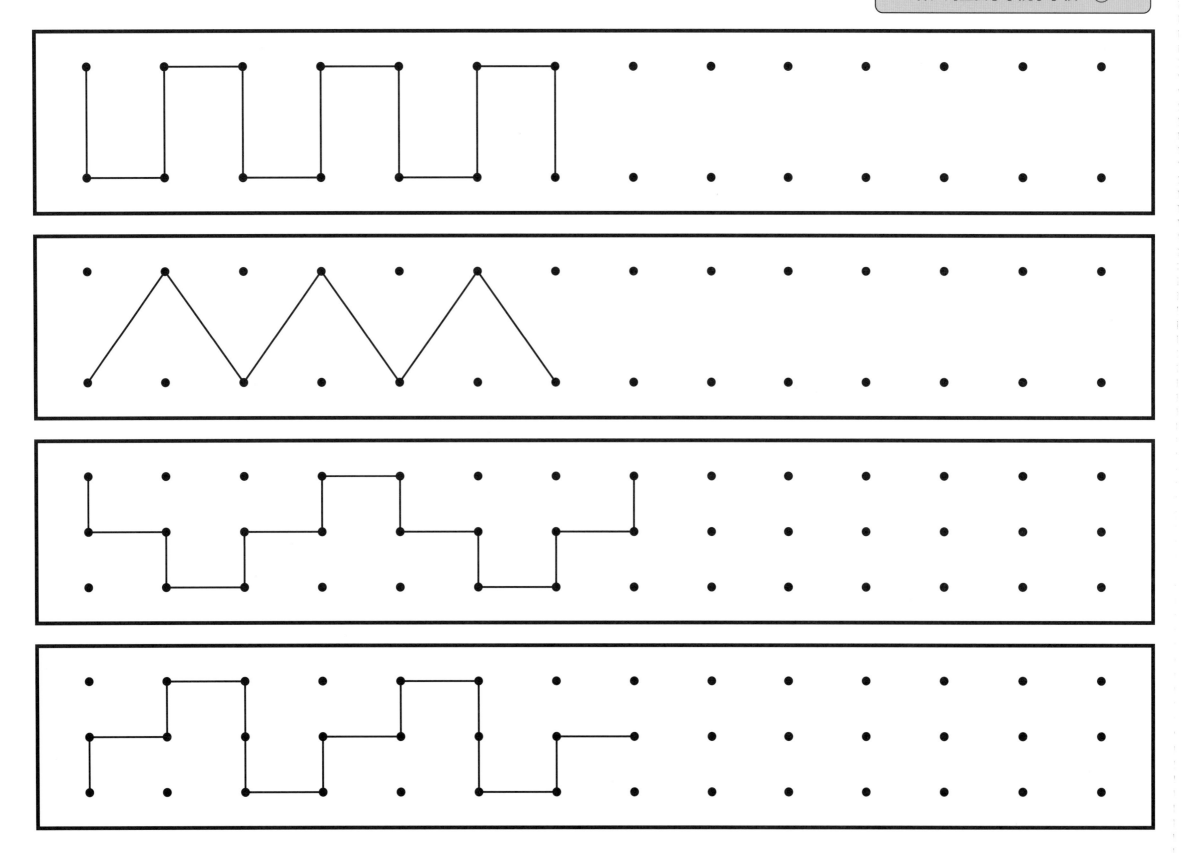

仁川学院小学校

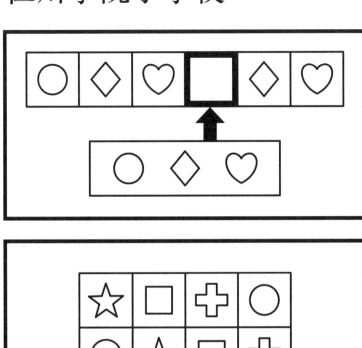

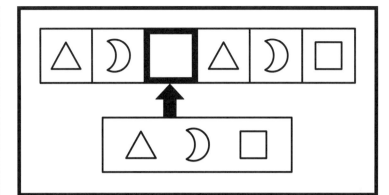

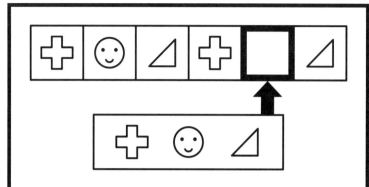

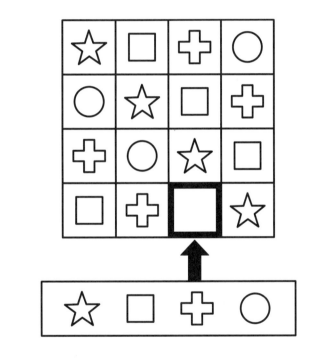

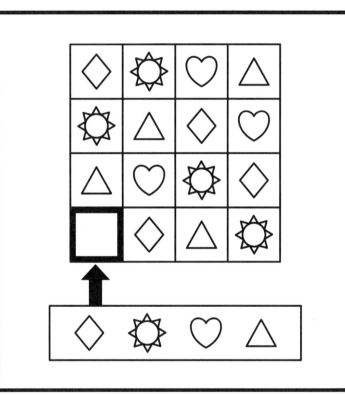

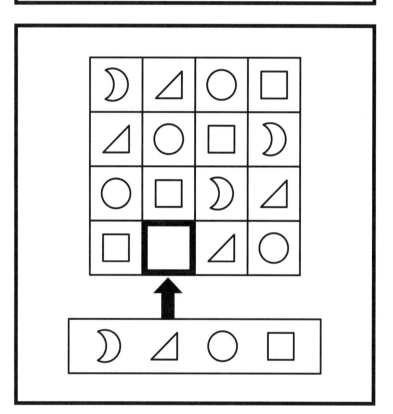

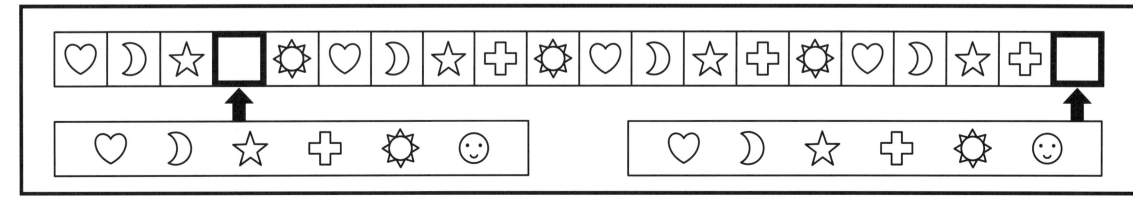

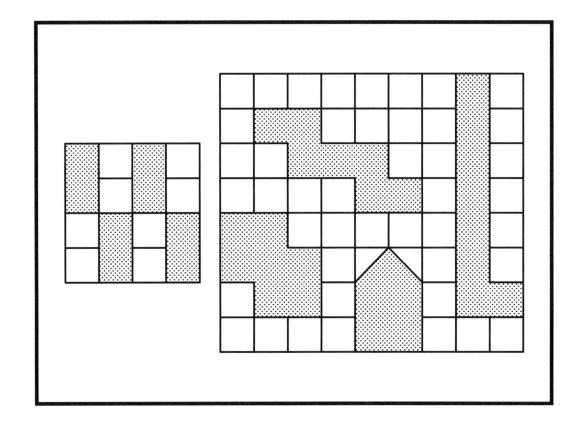

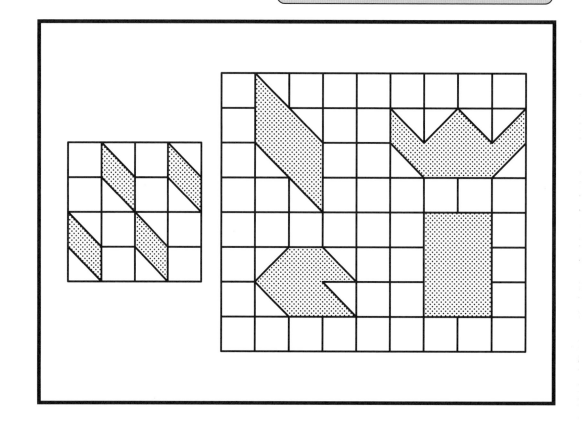

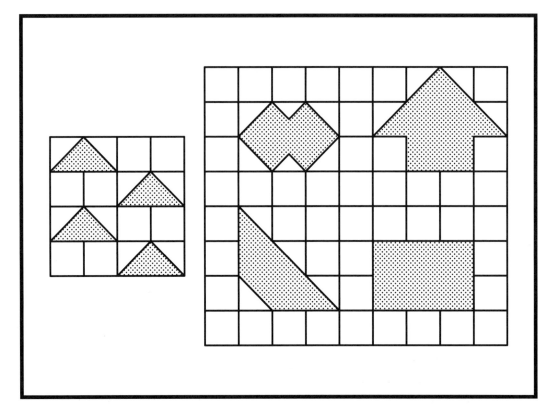

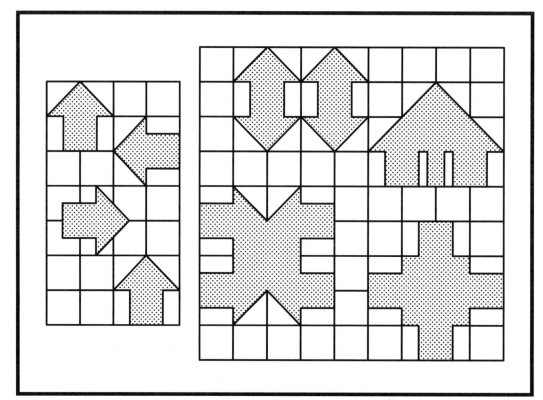

174

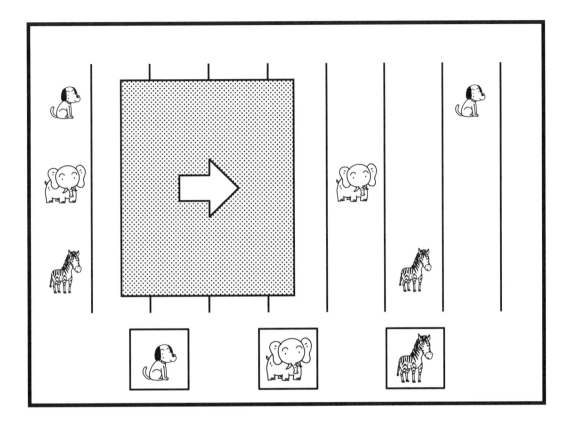
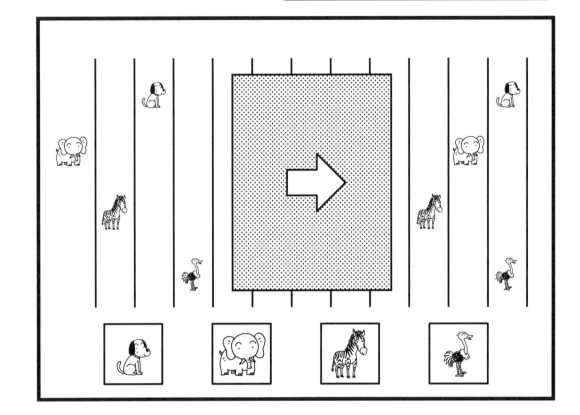
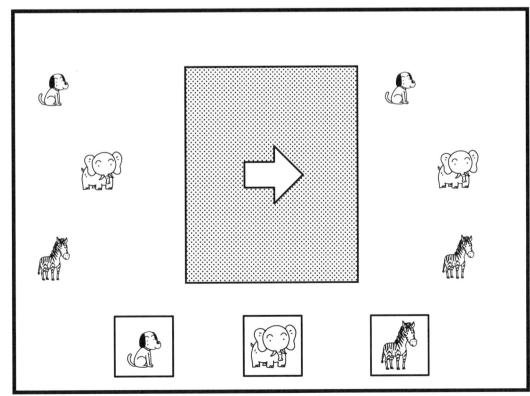
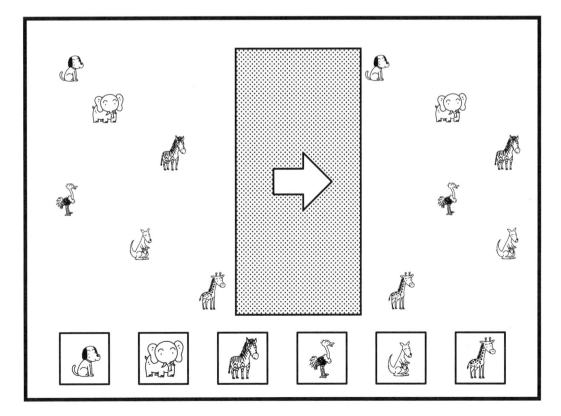

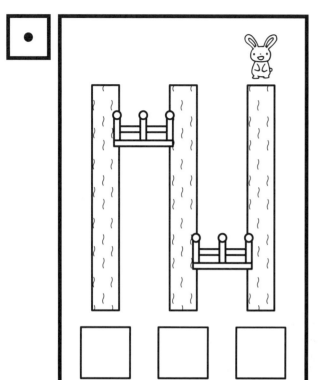

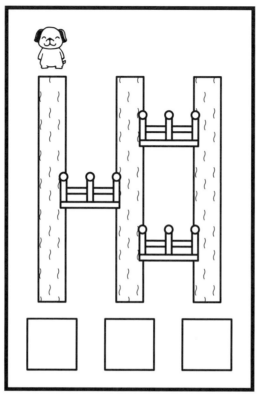

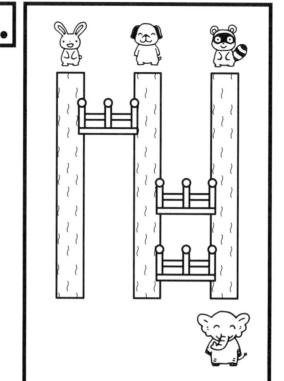

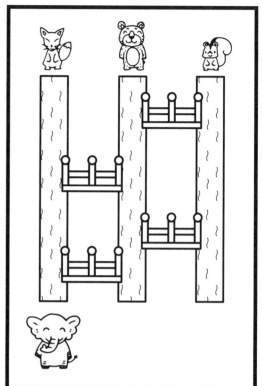

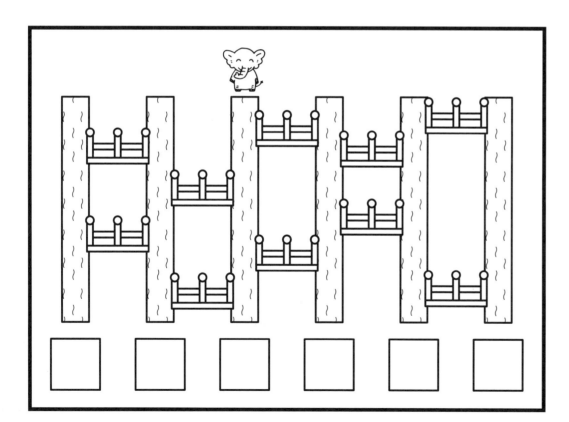

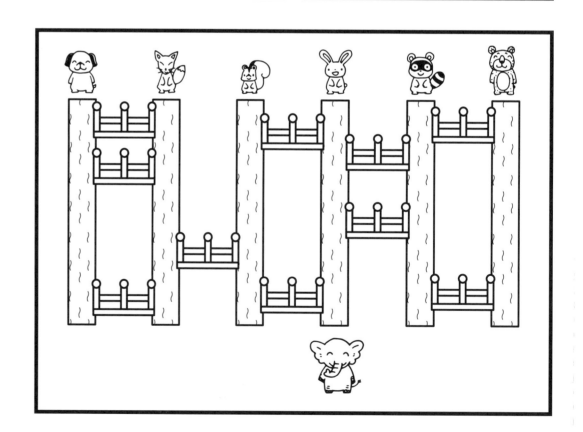

雲雀丘学園小学校

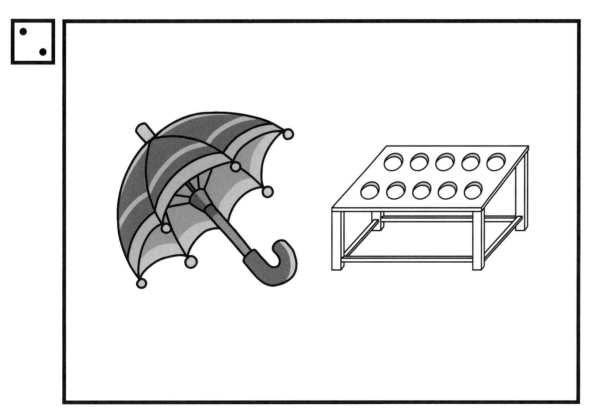

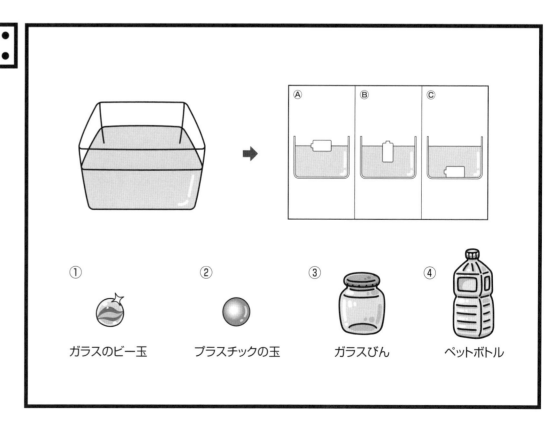

① ガラスのビー玉　② プラスチックの玉　③ ガラスびん　④ ペットボトル

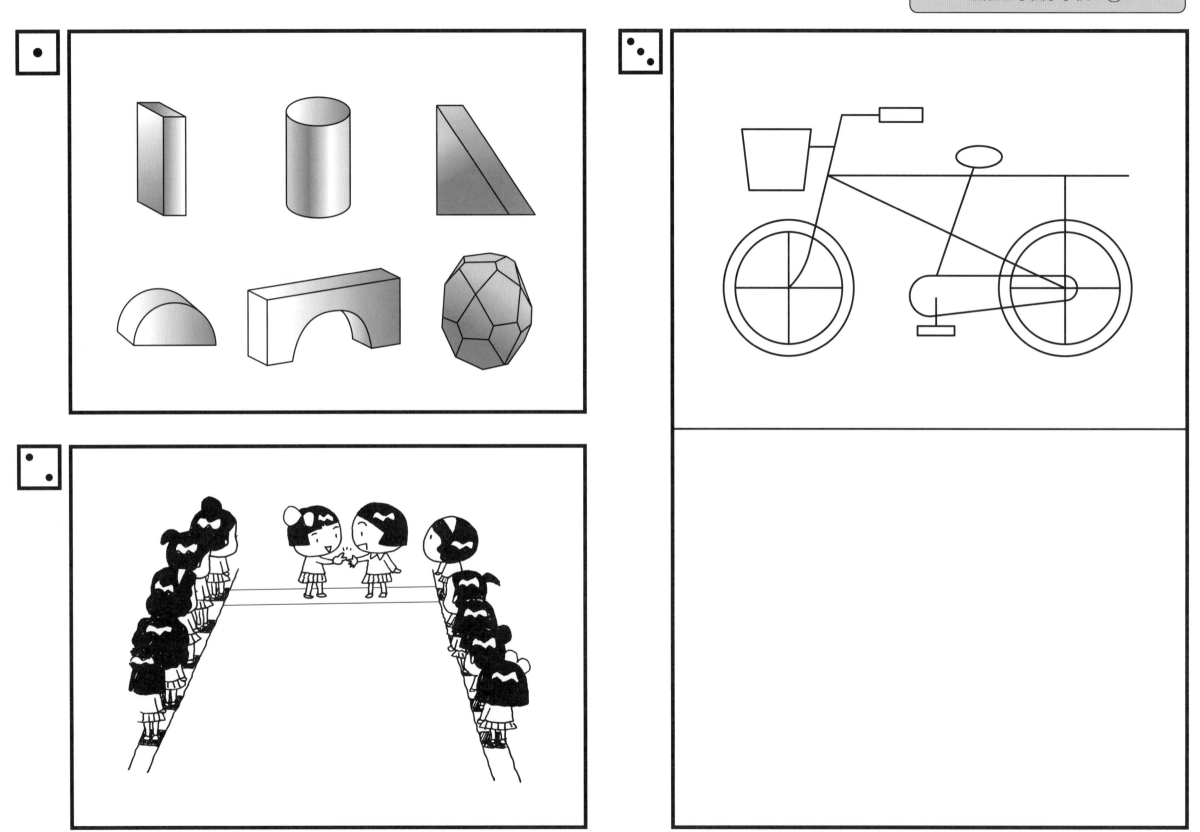

京都女子大学附属小学校

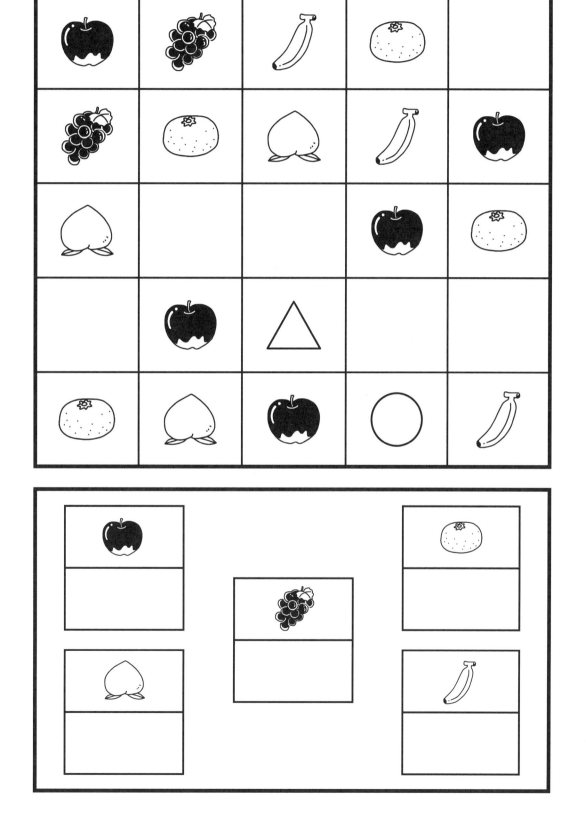

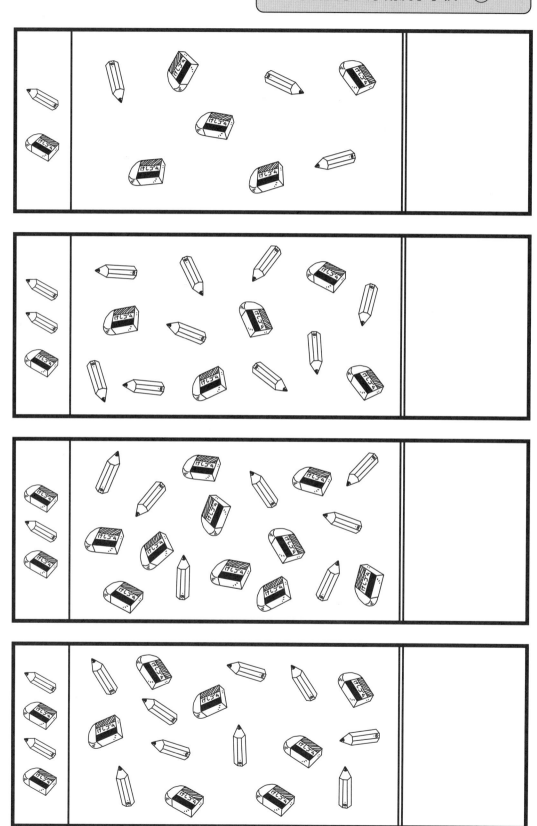

179

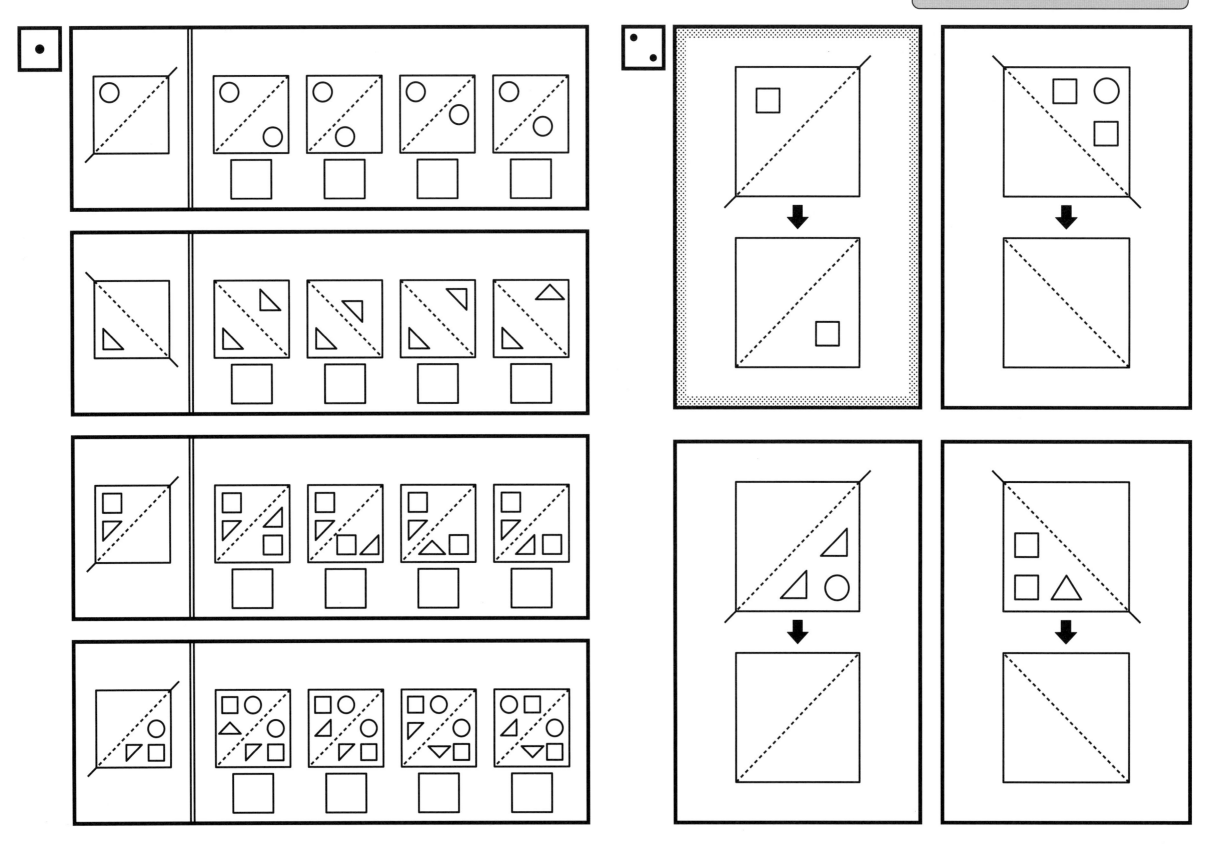

180

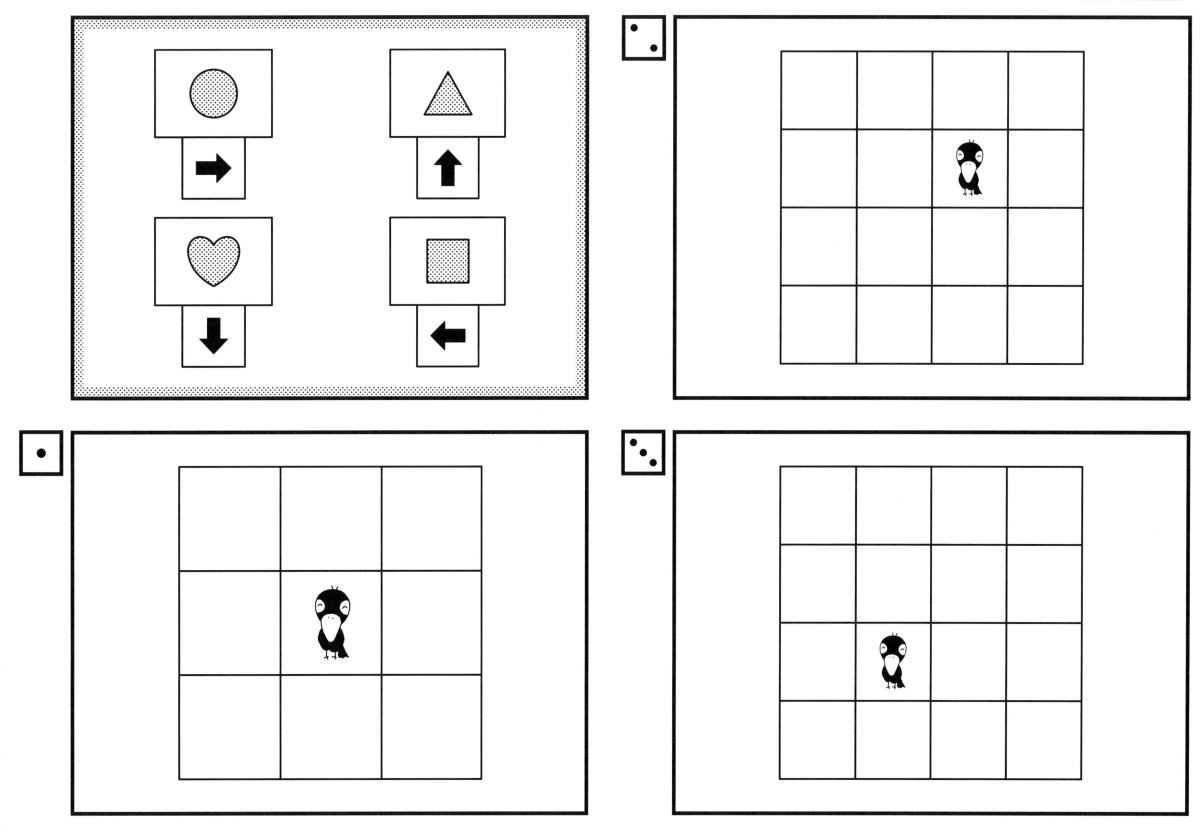

同志社小学校

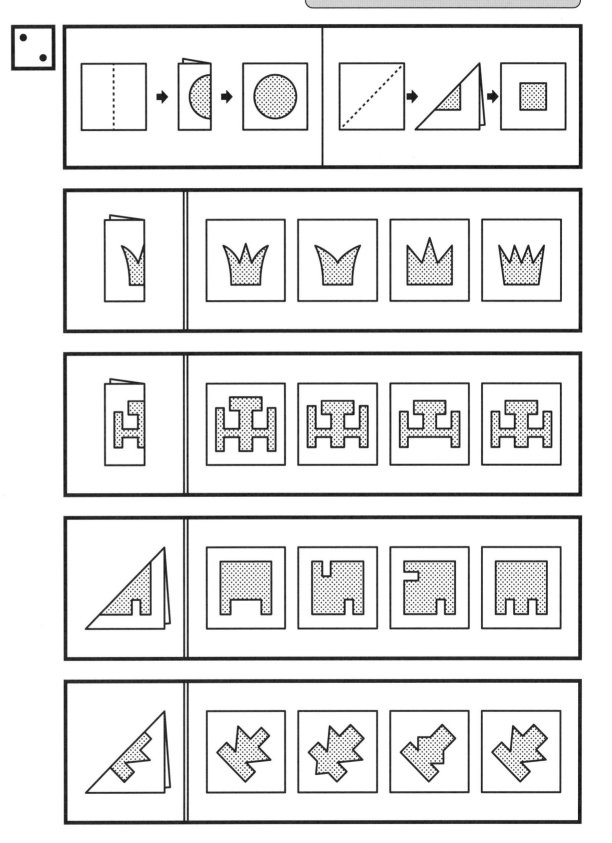

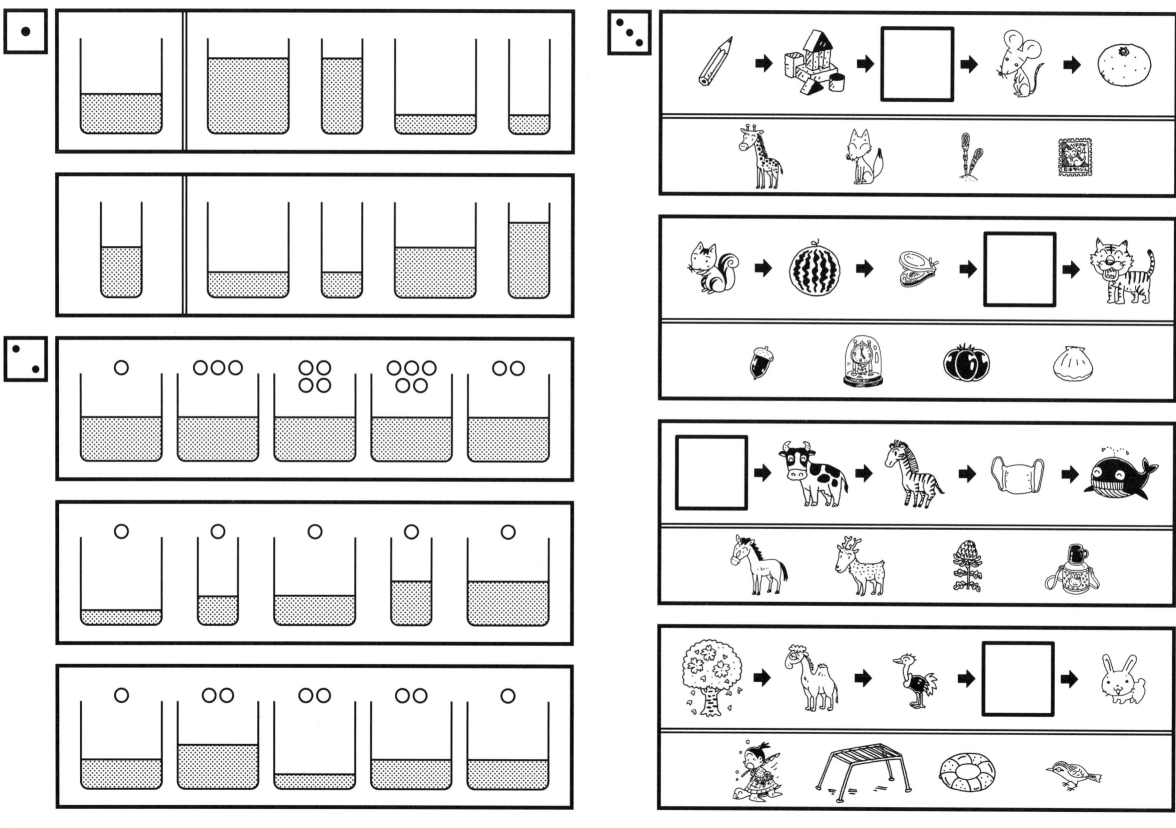

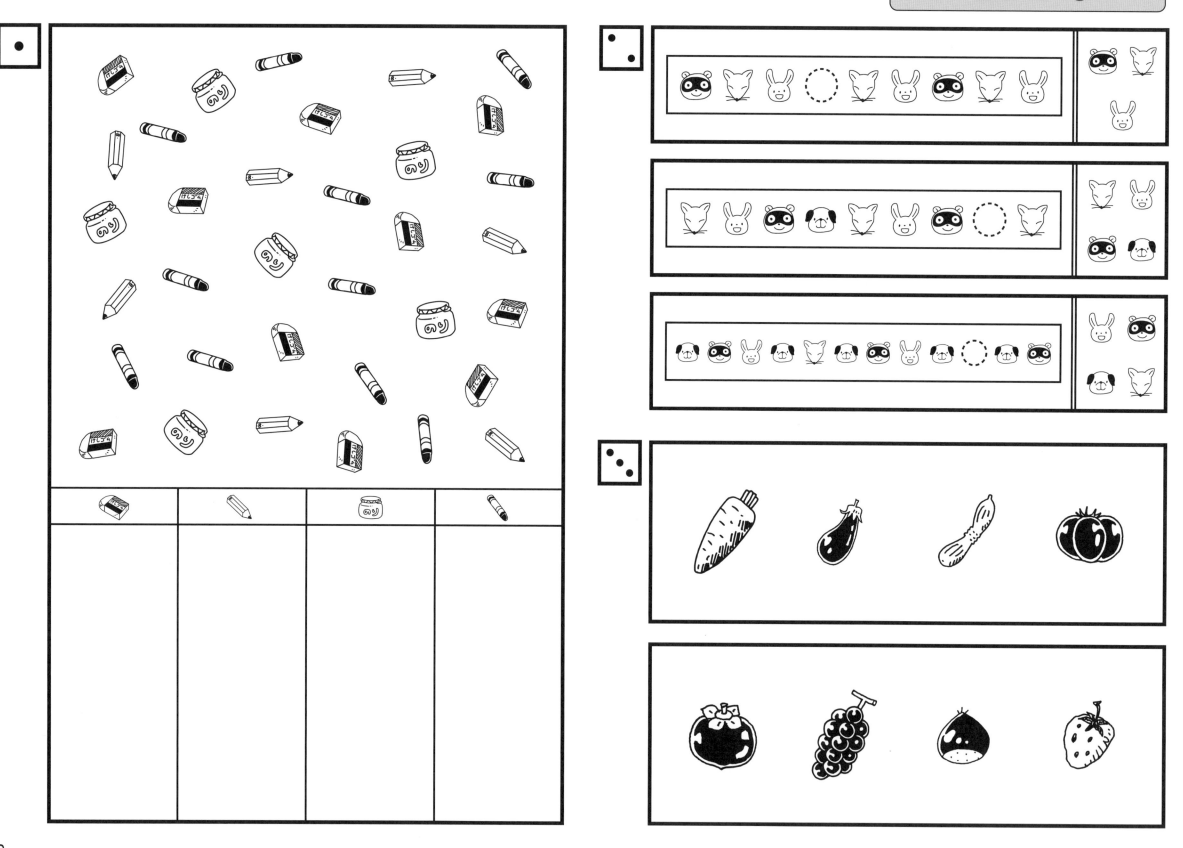

ノートルダム学院小学校

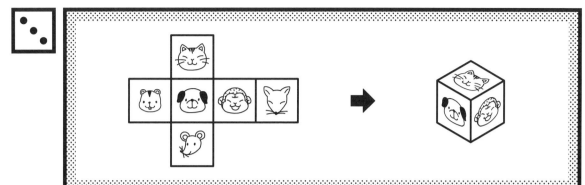

にち	げつ	か	すい	もく	きん	ど
		1	2	3	4	5
6	7	8	9	10	11	12
13	14	15	16	17	18	19
20	21	22	23	24	25	26
27	28	29	30	31		

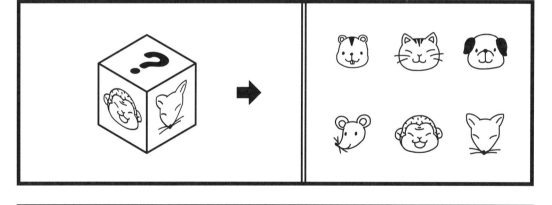

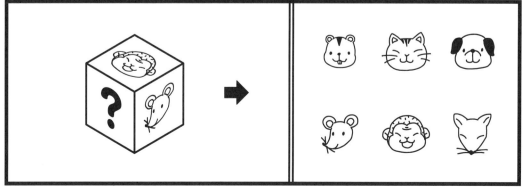

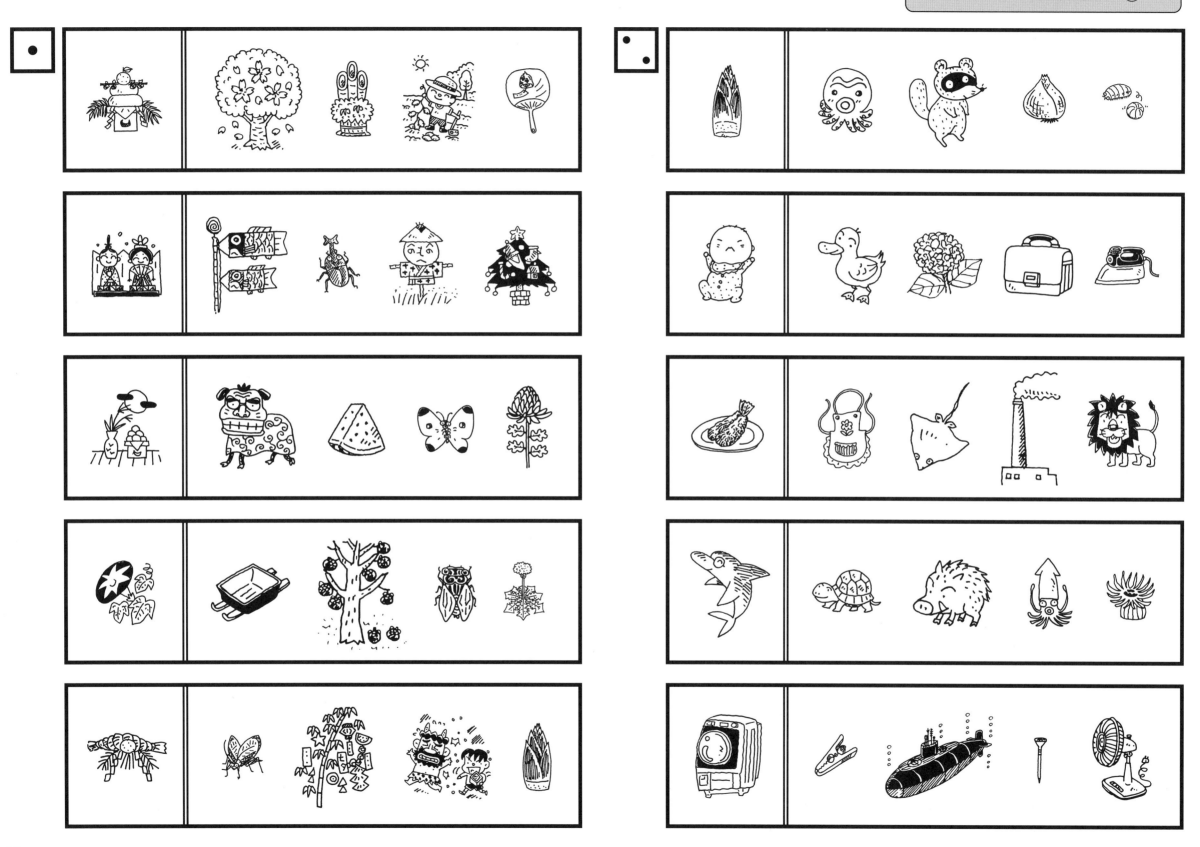

洛南高等学校附属小学校

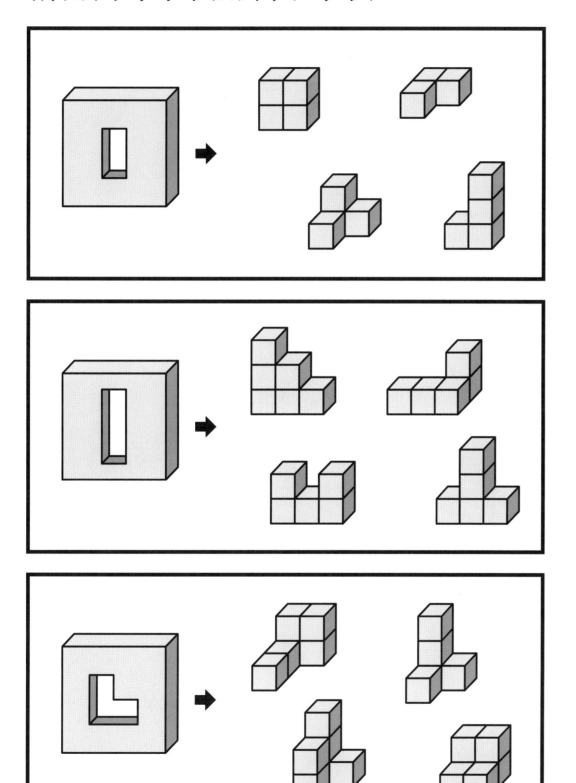

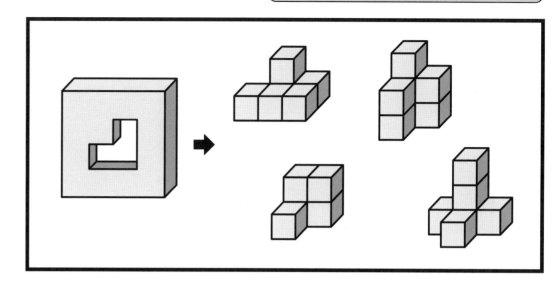

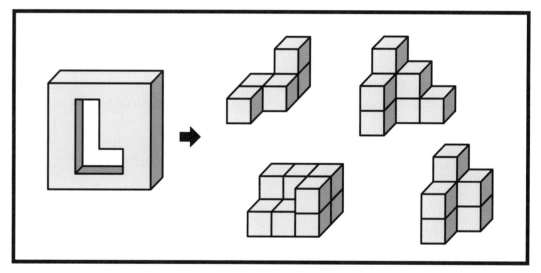

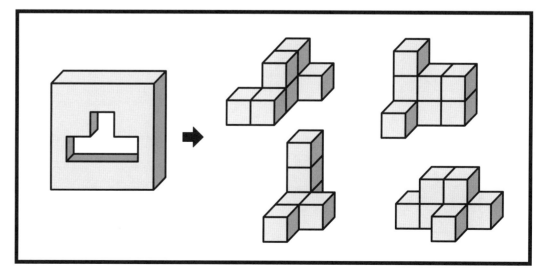

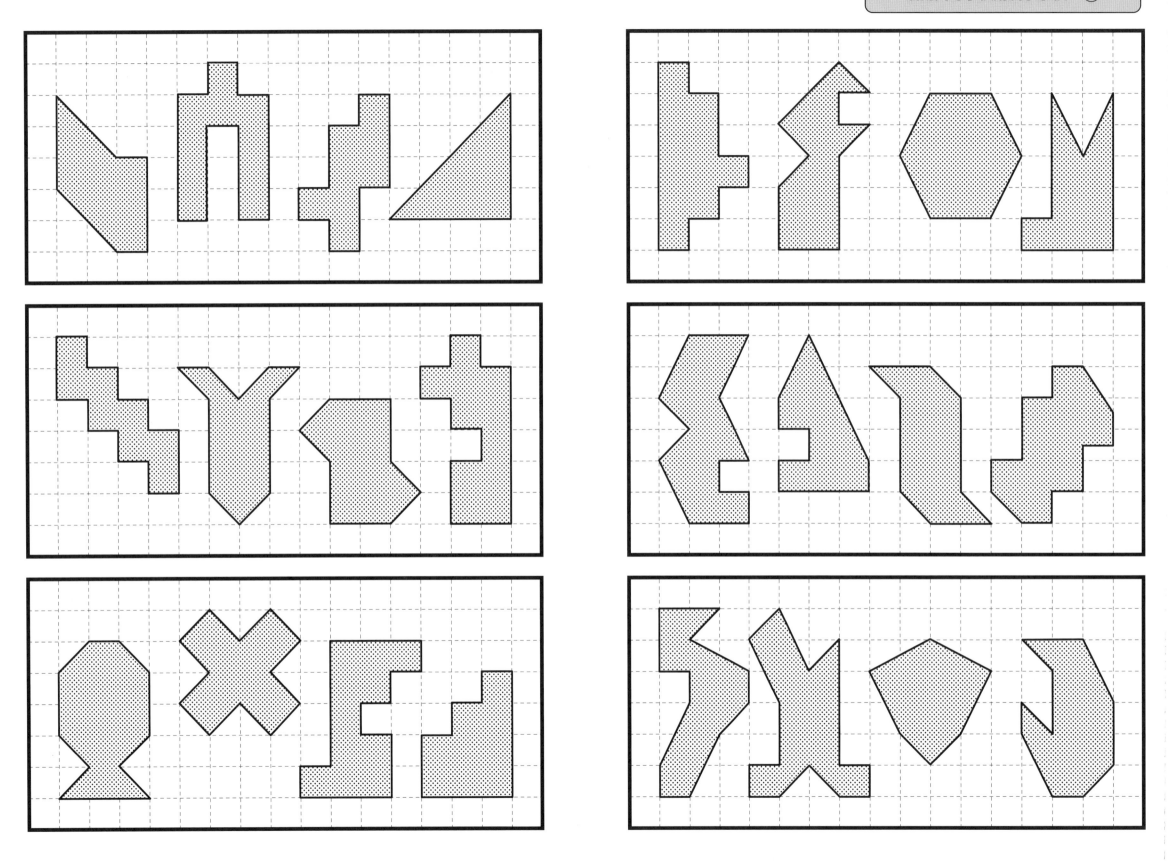

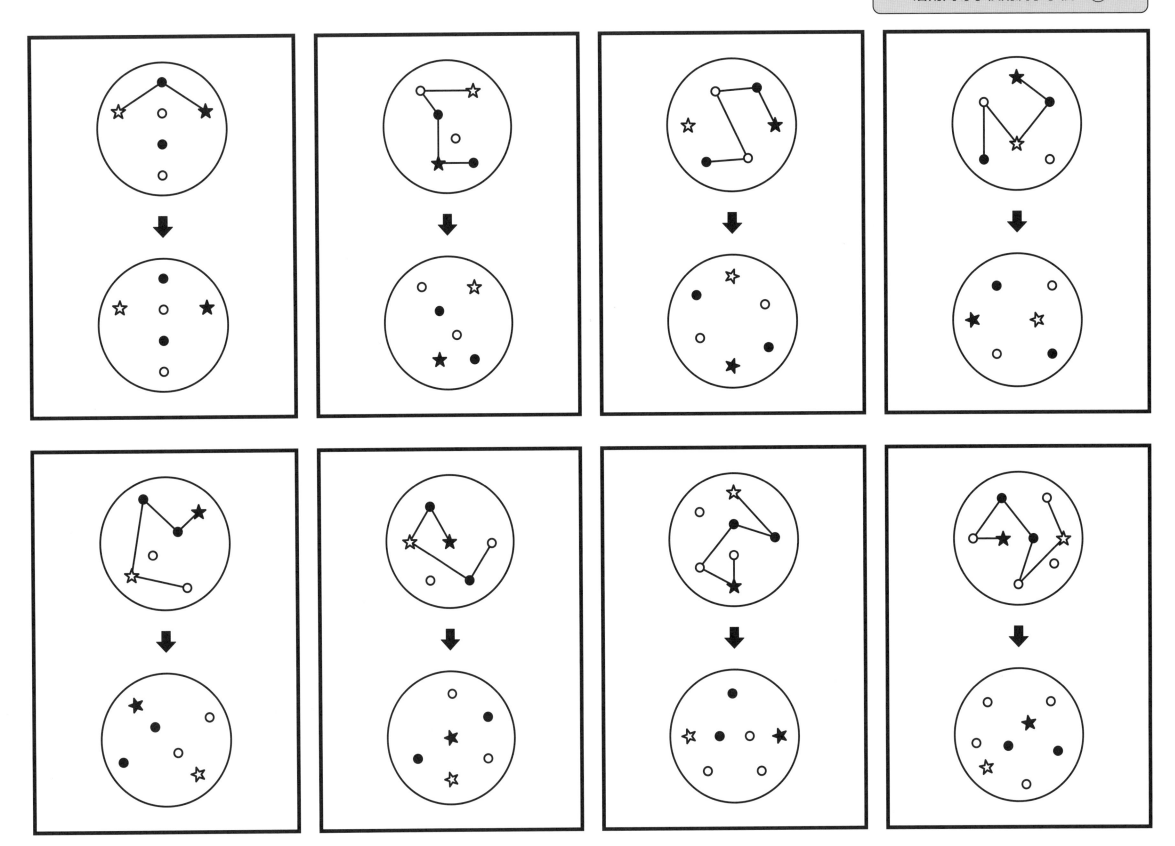

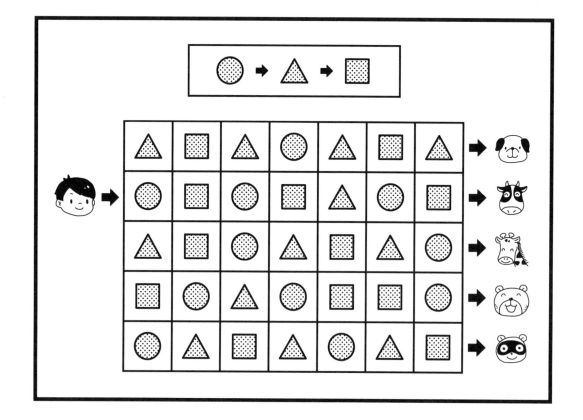

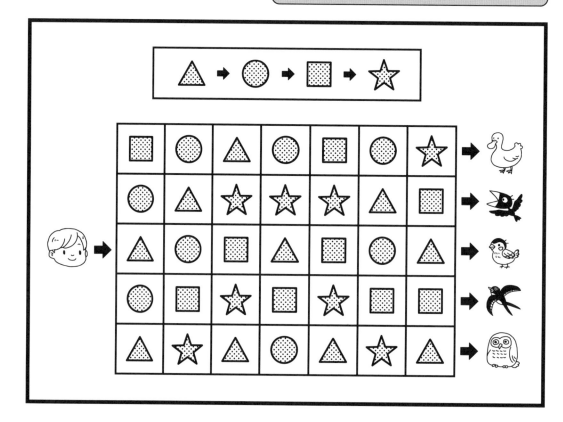

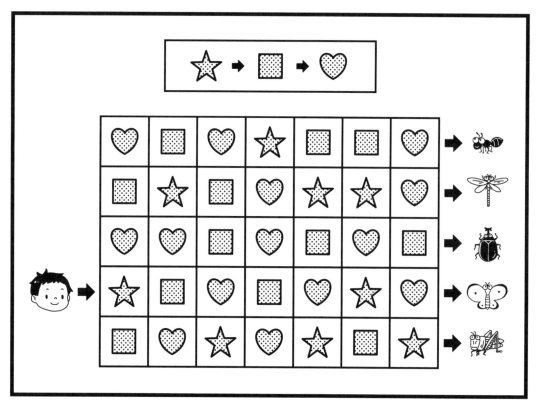

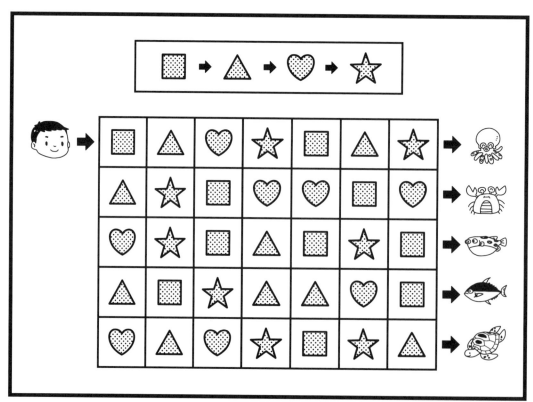

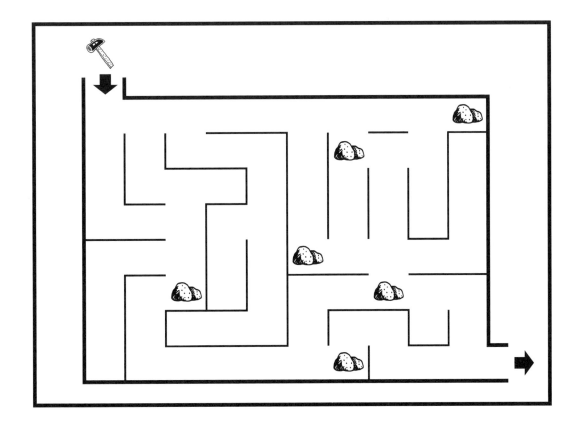

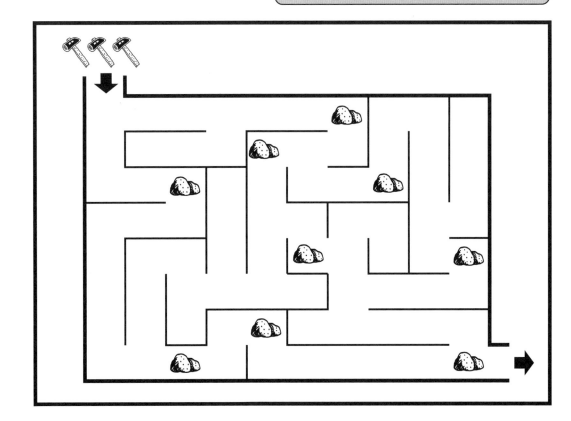

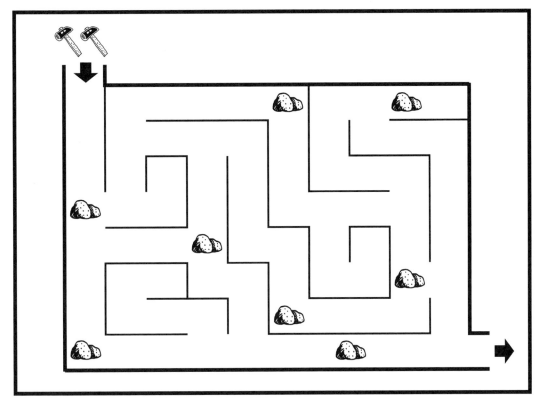

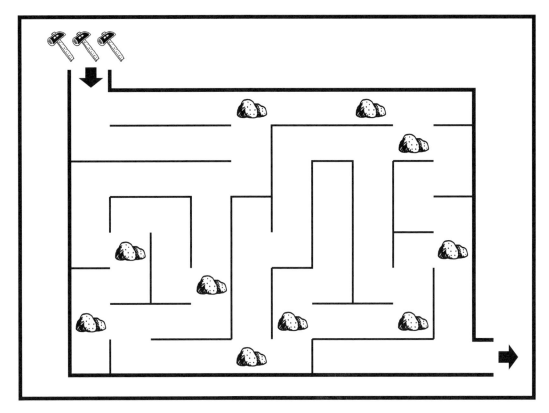

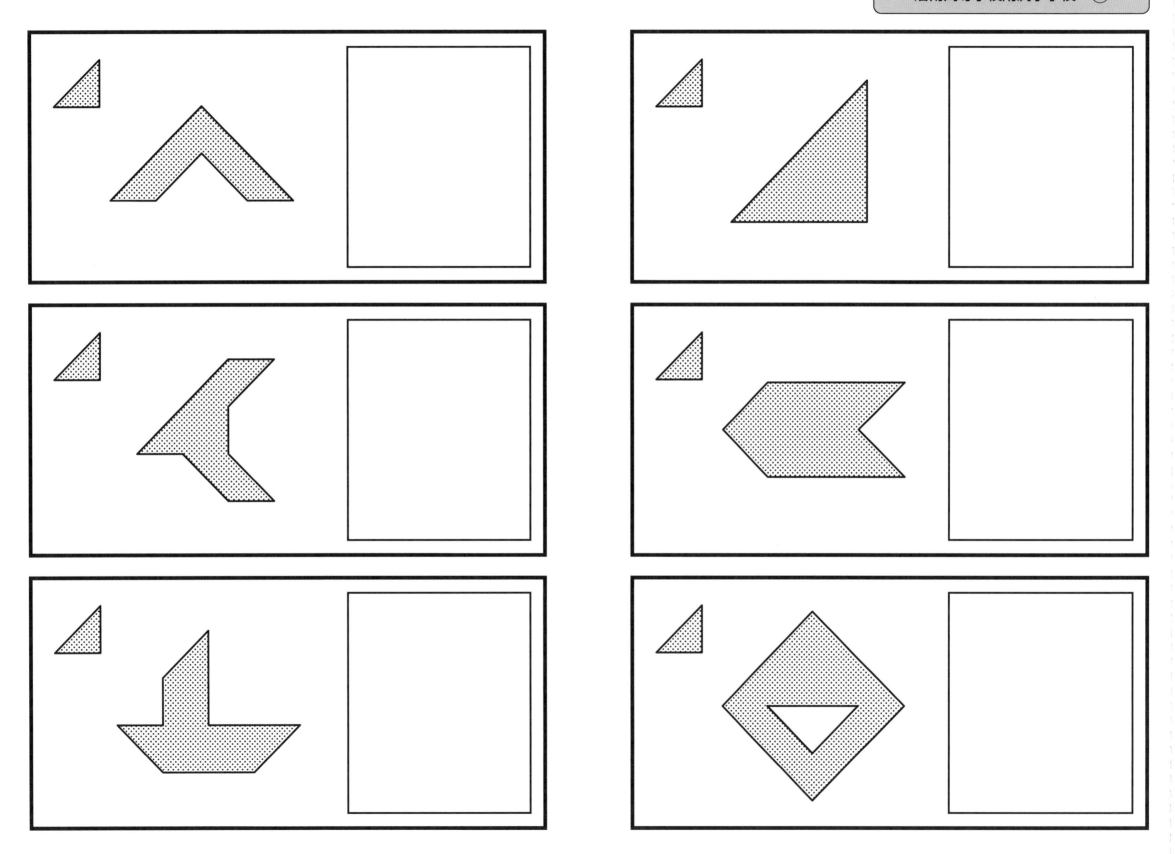

立命館小学校

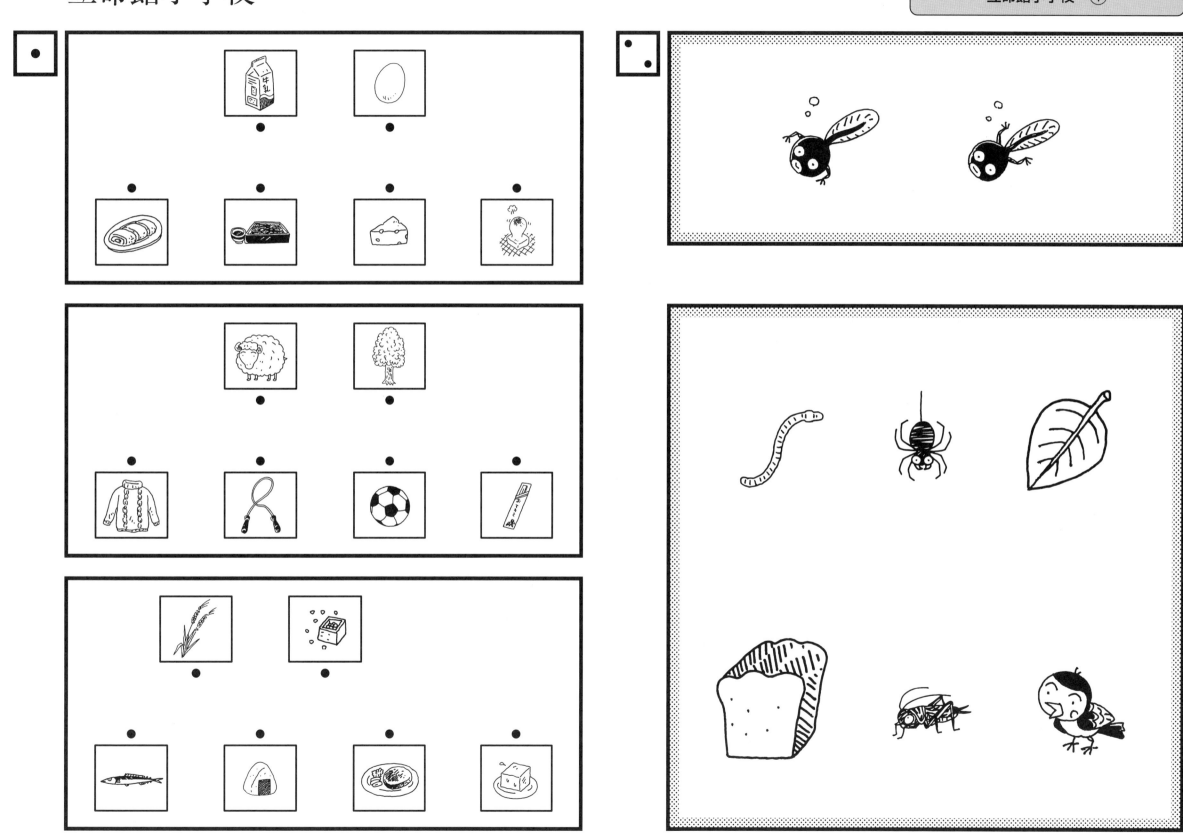

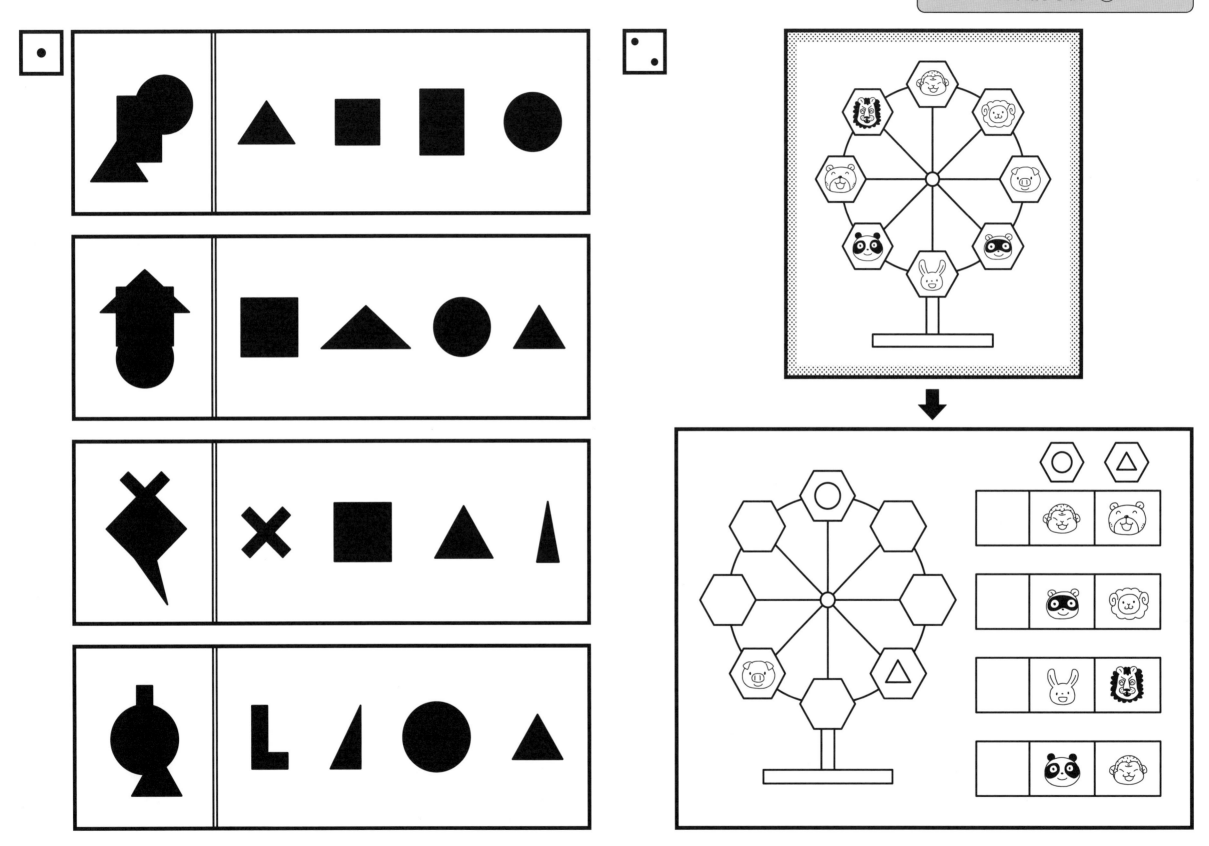

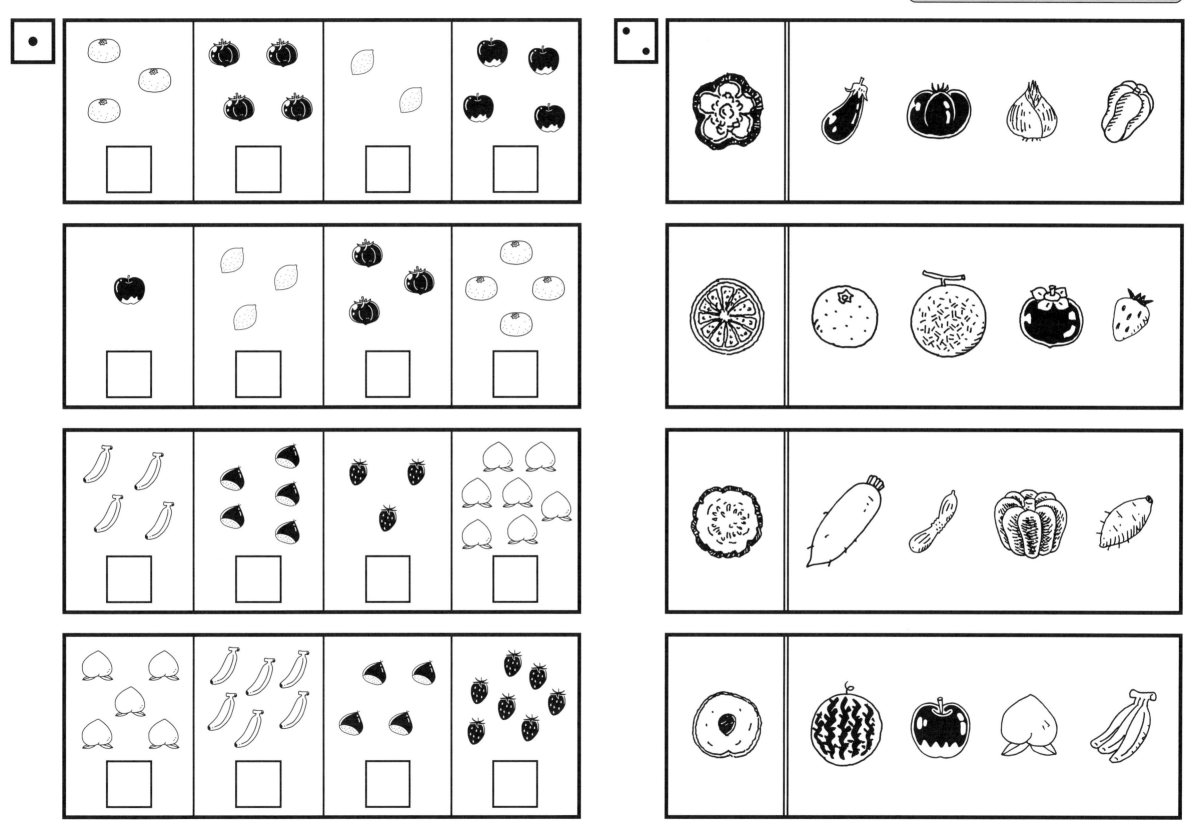

197

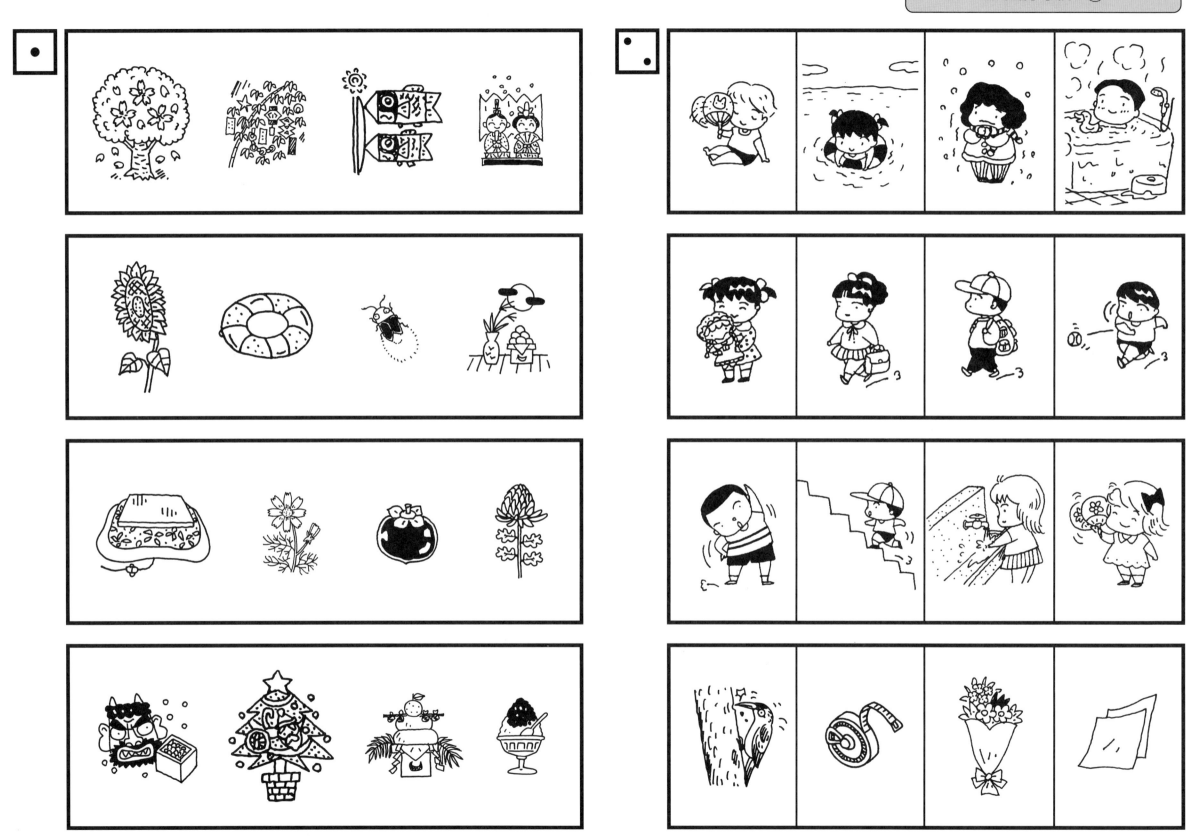

近畿大学附属小学校

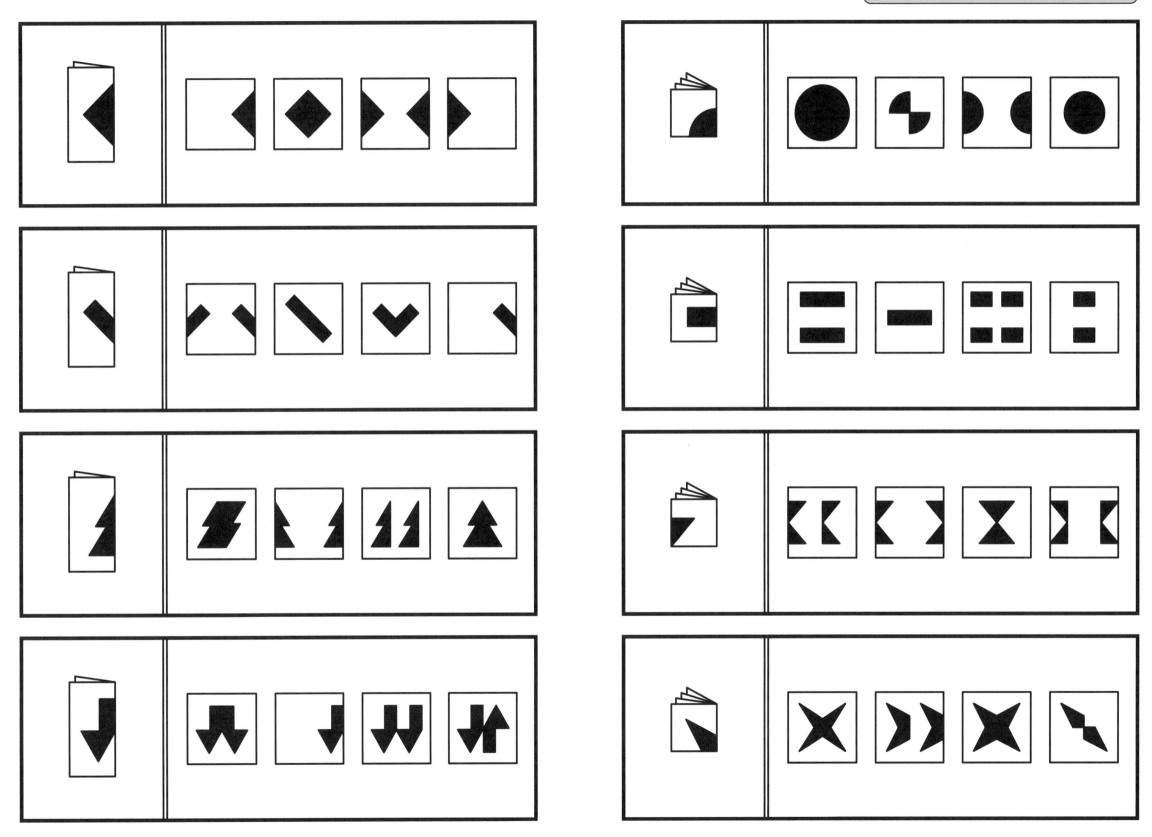

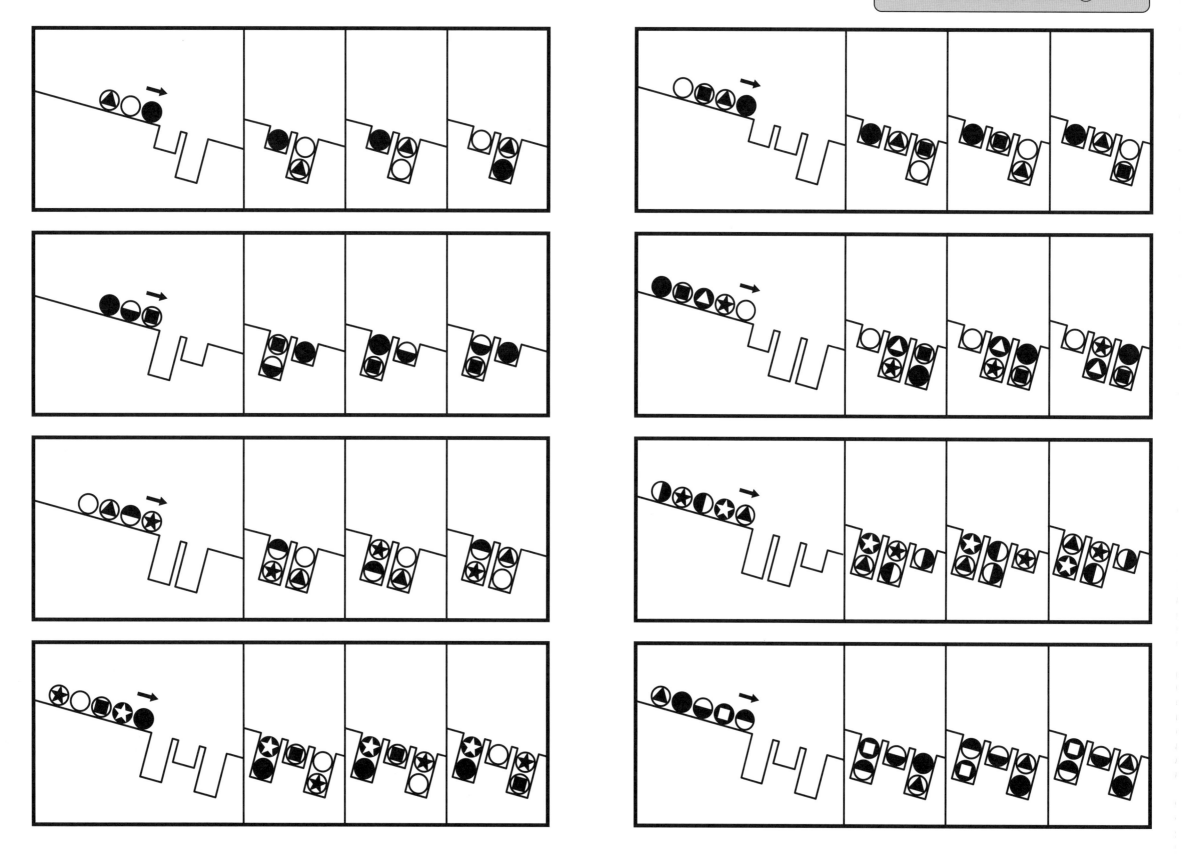

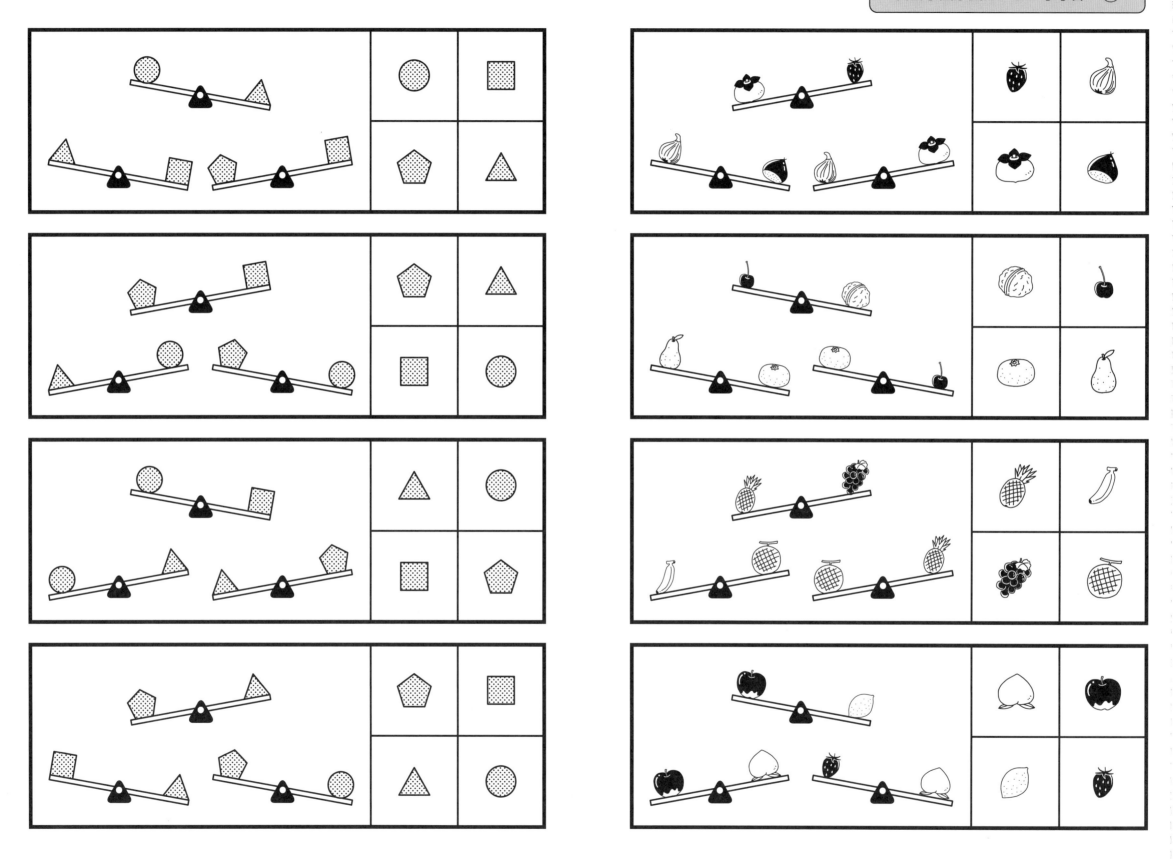

帝塚山小学校

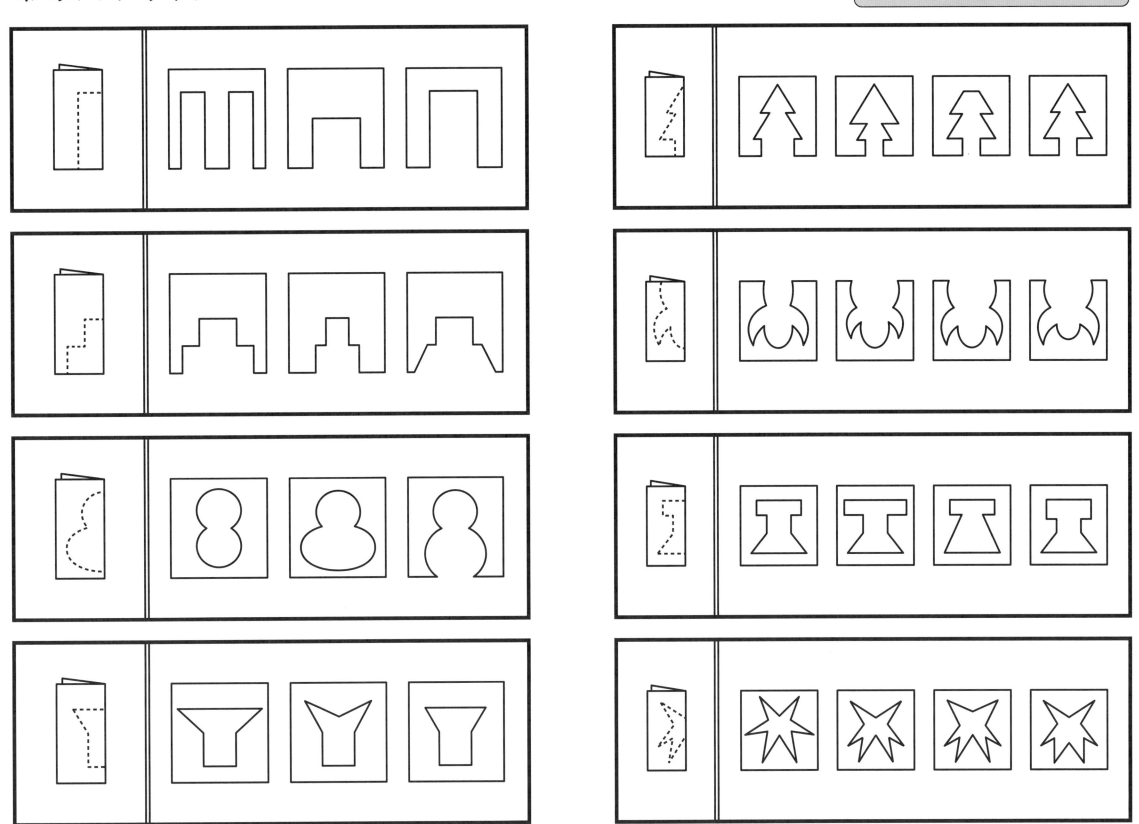

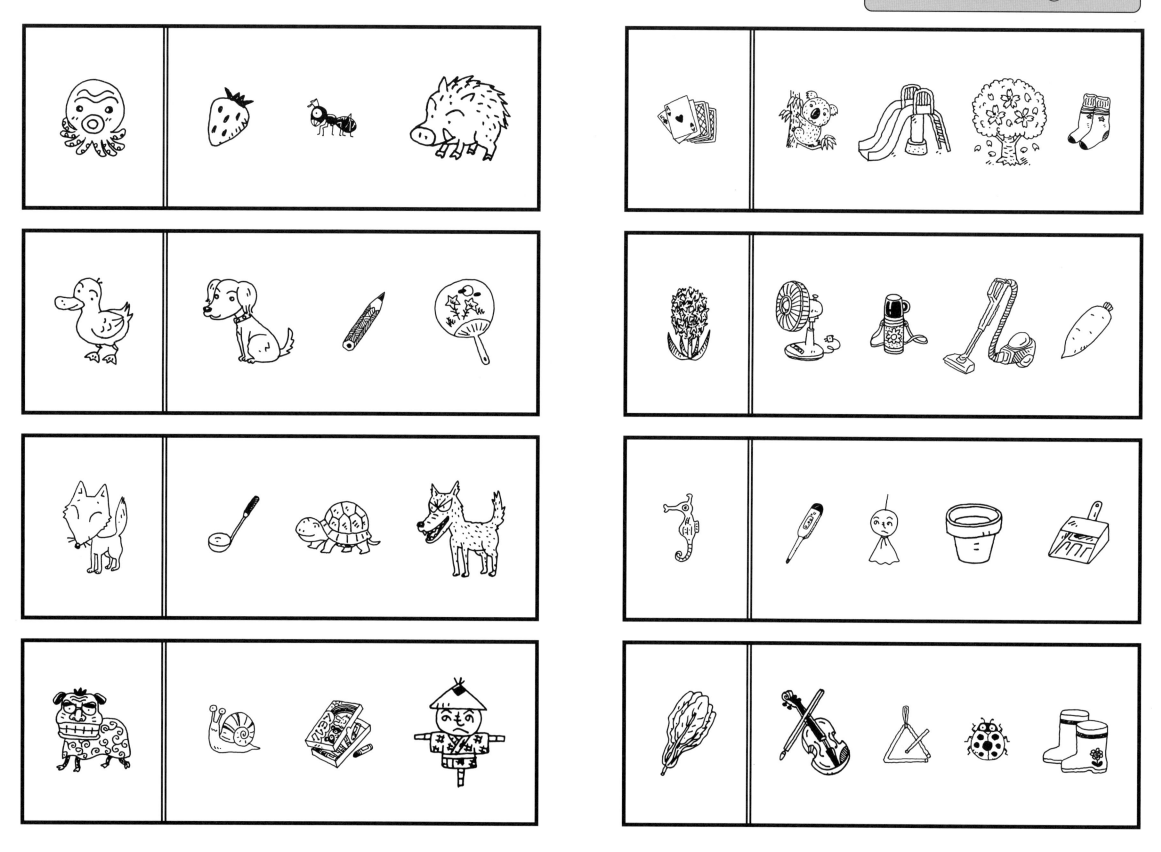

奈良学園小学校

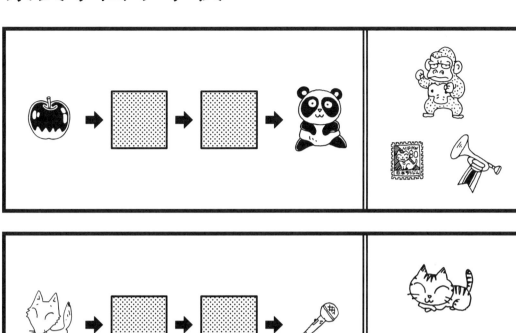

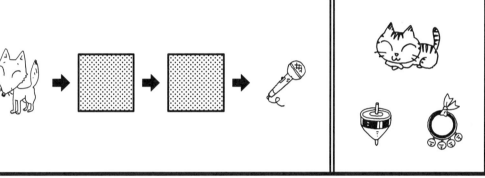

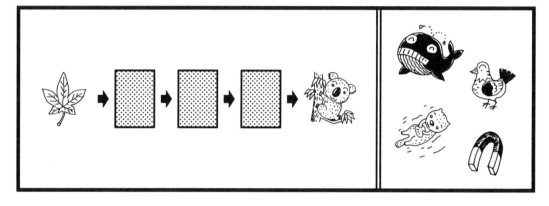

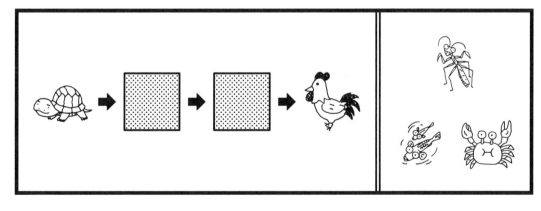

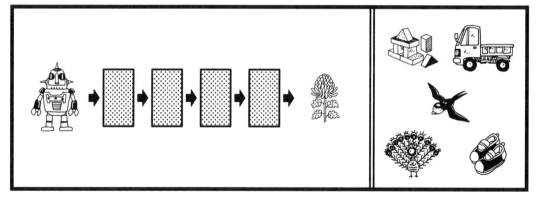

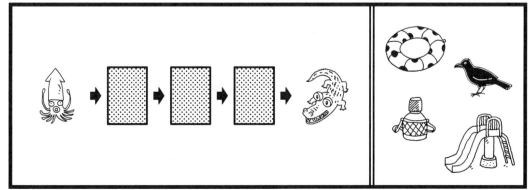

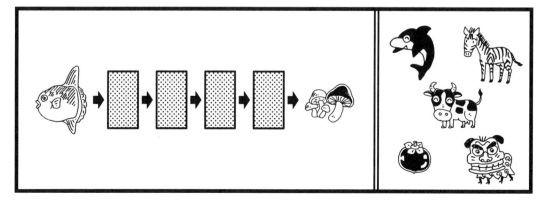

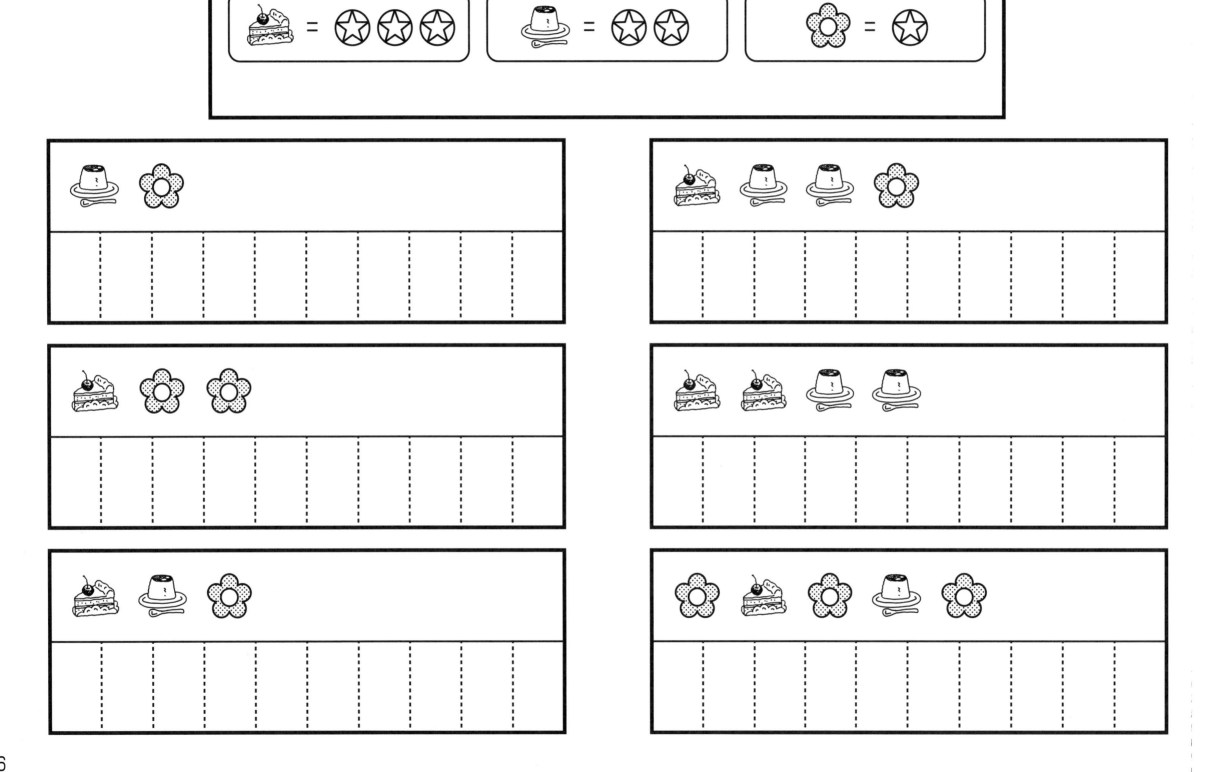

智辯学園和歌山小学校

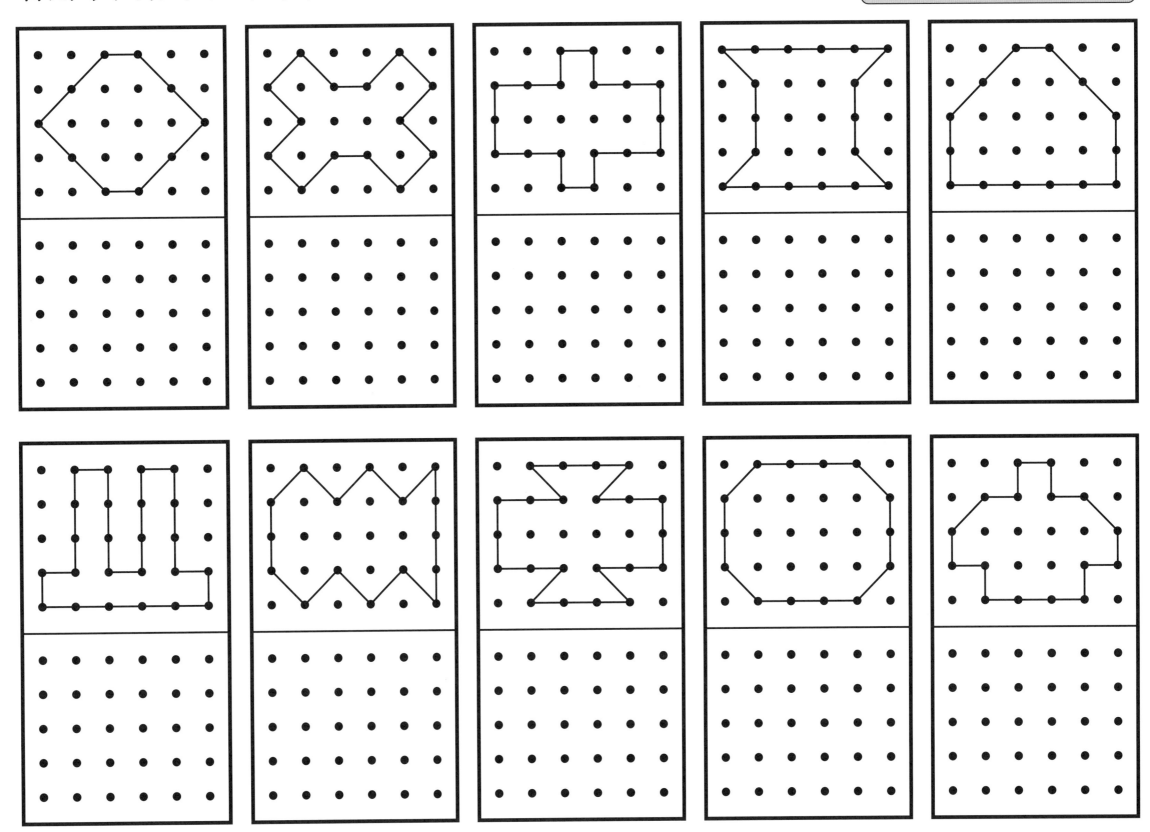

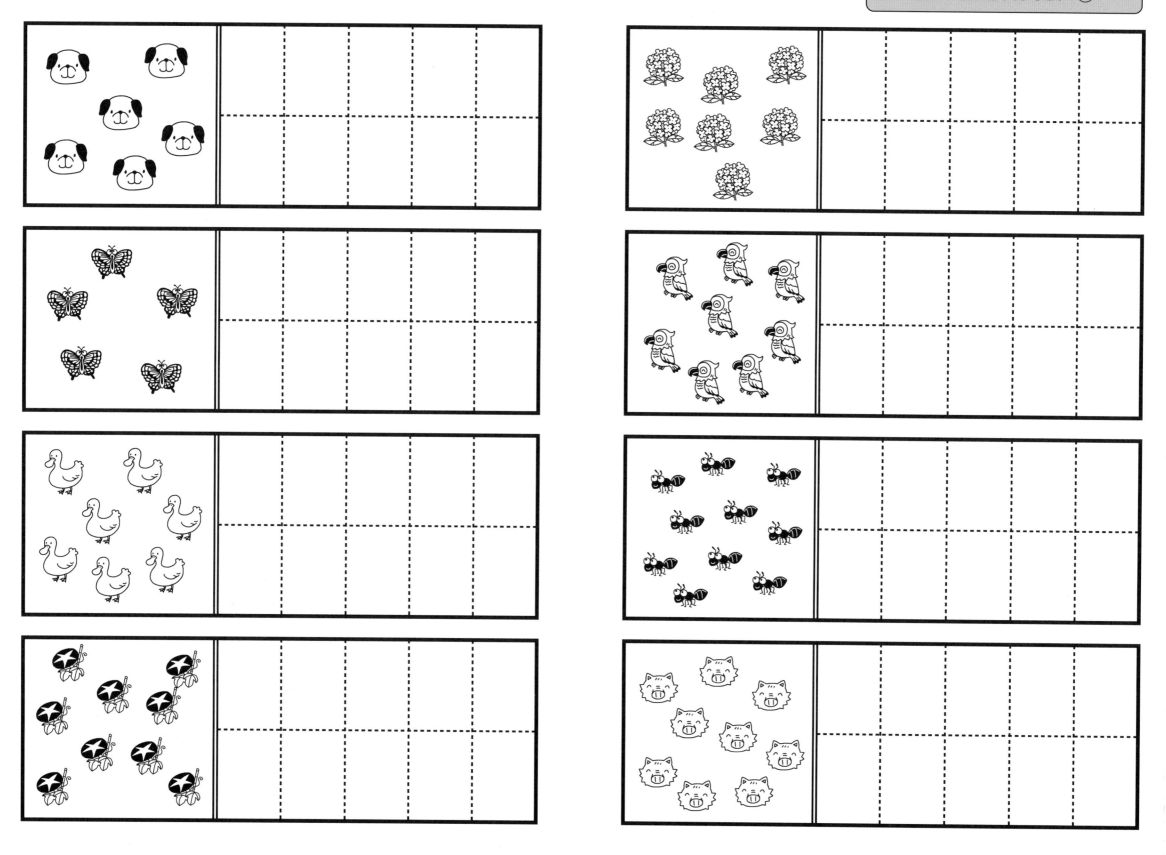

これだけはやっておこう
予想問題ベスト **50**

これだけはやっておこう！！

予想問題ベスト50・問題の解説

これだけはやっておこう
予想問題ベスト50

問題の解説

実施にあたって

準備 下記の準備が必要です。
- ●実施前に、あらかじめテスト用紙を切り離しておいて下さい。
- ●問題の解説に必ず目を通し、内容を把握しておいて下さい。
- ●準備物…鉛筆（B2本）、クーピーまたはクレヨン（12色）

実施 入試準備が初期の方へ
- ●実際の入試問題に慣れる、ということを主眼において下さい。
- ●時間を制限せず、全問とけるまでじっくりと取り組ませて下さい。
- ●お子様が解けない問題や、効率的でない解き方をしている場合は、その都度指導してあげて下さい。
- ●1日の実施枚数は、お子様が「もう少し解きたい」と思う程度に止めておき、「ヤル気」を引き出すようにして下さい。

入試準備が進まれている方へ
- ●実力テストとしてご使用下さい。
- ●制限時間を厳守して下さい。
- ●お子様への解答中のアドバイスは控え、テスト終了後にご指導下さい。
- ●1日の実施枚数を決め、気分に左右されないで問題を解けるようにして下さい。

予想問題 1 ▶ 問題用紙は 227 ページ　計100点
● 時間 各10秒
● 配点 10点×10＝100点

問　題

●お話の記憶①

ある日、タヌキさんとネコさんとクマさんはりんご狩りをしに森へ行くことにしました。クマさんはりんごを入れるかごを、タヌキさんはリュックサック、ネコさんはみんなのお弁当を持って出発です。3匹が森へ向かって歩いていくと、小川の橋の上でキツネさんに会いました。キツネさんも大きなバケツを持ってりんご狩りへ行くところだったので、みんなで一緒に森へ歩いて行きました。

森の中の曲がりくねった一本道を歩いて行くと、りんごの木がたくさんある場所に着きました。みんなはさっそくりんごをとり始めました。でもキツネさんは「もっと大きいりんごがあるかもしれない。」と思って、ひとりで森の奥へ入って行きました。

しばらくして、みんな持って来た入れ物がりんごでいっぱいになったので、お弁当を食べることにしました。するとキツネさんが森の奥からきのこをたくさん持ってきました。「りんごを探しに行ったら、きのこがたくさんはえてたんだ。」といって、みんなにきのこを分けました。

その後、りんごときのこでいっぱいになった入れ物を持って、みんなで村の方へ歩いて行くと、途中の畑でヒツジさんに会いました。ヒツジさんは畑でとれたじゃがいもを分けてくれたので、みんなもりんごときのこをヒツジさんにあげました。そしてまた少し歩いて行くと、今度はお山の方から歩いてくるブタさんに会いました。ブタさんはお山へ栗ひろいに行った帰りで、栗がたくさんとれたのでみんなに分けてくれました。そこでみんなはりんごときのことことじゃがいもをあげました。

そうやってみんな色んな野菜や果物をお家に持って帰ることができました。ネコさんはりんごでアップルパイを、クマさんはじゃがいもときのこのシチューを、タヌキさんは栗のケーキを、キツネさんはりんごを丸ごとお腹いっぱい食べました。

（りんご）森へ行くとき、タヌキさんは何を持って行きましたか。見つけて○をつけましょう。

（みかん）タヌキさん達が、キツネさんと会った場所はどこですか。見つけて○をつけましょう。

（いちご）森の中の道はどんな様子でしたか。見つけて○をつけましょう。

（バナナ）りんごをとるとき、ひとりだけ森の奥へ行ったのは誰でしたか。見つけて○をつけましょう。

（ぶどう）キツネさんは森の奥で何をとってきましたか。見つけて○をつけましょう。

（メロン）じゃがいもをくれたのは誰でしたか。見つけて○をつけましょう。

（か　き）ブタさんは、お山へ何をとりに行っていましたか。見つけて○をつけましょう。

（く　り）アップルパイを作ったのは誰ですか。見つけて○をつけましょう。

（すいか）タヌキさんは何を作りましたか。見つけて○をつけましょう。

（も　も）この日、りんご狩りへ行ったのは誰ですか。見つけて○をつけましょう。

解　答

予想問題 2 ▶ 問題用紙は 228 ページ　計100点
● 時間 各10秒
● 配点 10点×10＝100点

問　題

●お話の記憶②

サトル君は動物が大好きな男の子。お家で白いウサギと黒いネコを飼っています。動物の本もたくさん持っていて、珍しい動物の名前も知っています。お部屋の机には、サトル君が一番好きな動物のライオンの写真が飾ってあります。明日の日曜日に、お父さんとお母さんと妹のマリちゃんとサトル君の家族みんなで動物園へ行くことになりました。サトル君は嬉しくてはりきって準備をしました。リュックサックに動物の図鑑とノートと鉛筆、遠くの動物を見るために双眼鏡も入れて枕の横に置いて、わくわくしながら眠りました。

日曜日の朝、サトル君達は朝ご飯を食べた後、駅まで歩いて行って電車に乗りました。そして7つ目の駅で降りると動物園行きのバスに乗りました。入り口で券を買って、すぐにフラミンゴの池がありました。その隣にはアヒルと白鳥のいる大きな池がありました。鳥が好きなマリちゃんは、この池の前でおばあちゃんと一緒に写真を撮りました。それから少し歩いて行くと、キリンとシマウマの檻がありました。そして森の奥でサトル君の好きなライオンがいました。ライオンは全部で5頭いて、みんな眠そうに寝そべっていました。サトル君は、ライオンを持ってきた図鑑と見比べたり、双眼鏡でながめたりしました。ライオンの隣にはトラがいました。トラも眠そうに石の上で寝そべっていました。そこから少し歩いて行くと広場があったので、そこでお弁当を食べました。

その後、ゾウさんを見て、ヘビのいる建物に入りました。でもマリちゃんはヘビが怖いのでお母さんと一緒に外のベンチで休憩していました。それからみんなでサルを見た後、おしまいに売店でサトル君とお父さんはソフトクリームを、おばあちゃんとお母さんは缶ジュースを、マリちゃんはポップコーンを買って食べました。帰りの電車で、サトル君とマリちゃんは疲れて眠ってしまいました。

（りんご）サトル君がお家で飼っているのはどれですか。見つけて○をつけましょう。

（みかん）サトル君の机にはどんな動物の写真が飾ってありますか。見つけて○をつけましょう。

（いちご）サトル君の家族は、サトル君を入れて何人ですか。同じ数だけ○をかきましょう。

（バナナ）サトル君はリュックサックにどんなものを入れましたか。見つけて○をつけましょう。

（ぶどう）動物園へ行くのに、どんな乗り物に乗りましたか。見つけて○をつけましょう。

（メロン）マリちゃんは、何がいる所で写真を撮りましたか。見つけて○をつけましょう。

（か　き）ライオンの隣にはどんな動物がいましたか。見つけて○をつけましょう。

（く　り）お昼ご飯の後で、最初に見た動物はどれですか。見つけて○をつけましょう。

（すいか）サトル君がヘビを見ている間、マリちゃんはどうしましたか。見つけて○をつけましょう。

（も　も）売店で買ったものはどれですか。見つけて○をつけましょう。

解　答

予想問題 3 ▶ 問題用紙は 229 ページ　計100点
● 時間 各10秒
● 配点 10点×10＝100点

問　題

●お話の記憶③

コウちゃんは少しあわてんぼうで元気な男の子です。ある日、お部屋で椅子に座ってかちかち山の絵本を読んでいると、お母さんがやってきて「おつかいへ行ってきてちょうだい。」とたのまれました。コウちゃんは、すこし面倒だなと思いましたが、お母さんが「これからプリンを作るから、おつかいから帰ってきたら一緒に食べようね。」と言ったので、プリンの大好きなコウちゃんはすぐにおつかいへ行きました。白い手ぶくろを持って野球帽をかぶったコウちゃんは、商店街に着くと看板とメモを見ながら買い物をしました。最初に八百屋さんへ行ってニンジンを2本とトマトを2つ買いました。それから、果物屋さんでイチゴを、お肉屋さんでコロッケを5つ買いました。その後に本屋さんへ行く途中で、お友達のユミちゃんに会いました。ユミちゃんは白い帽子をかぶって犬を連れていました。犬の好きなコウちゃんは、犬をなでさせてもらいました。そしてユミちゃんとさよならすると、本屋さんへ行くことを忘れてお家へ帰ってしまいました。そして、お家に着くと買ってきたものをお母さんに渡しました。するとお母さんが「本屋さんへは行かなかったの。」と聞きました。コウちゃんはドキッとして「忘れちゃった。」と言いました。お母さんは笑いながら「じゃあ明日、お父さんに行ってもらおうね。」と言って、プリンと紅茶を出しました。コウちゃんはホッとして、お母さんと一緒におやつを食べました。

夕方、お父さんが早く帰ってきたので、コウちゃんはお父さんと一緒に本屋さんへ行きました。お父さんは注文していた本の他に浦島太郎の絵本も買ってくれました。そして帰りにケーキ屋さんに寄って、一緒にソフトクリームを食べました。その後ペット屋さんにも行きました。子犬を嬉しそうにながめるコウちゃんを見て、お父さんは「来年の誕生日を過ぎたら、犬を飼ってもいいよ。」と言いました。コウちゃんは「やったー。」と言って喜びました。

（りんご）コウちゃんは、お部屋で何をしていましたか。その様子の絵を見つけて○をつけましょう。

（みかん）コウちゃんの好きなものはどれですか。見つけて○をつけましょう。

（いちご）買い物へ行ったときのコウちゃんは、どれですか。見つけて○をつけましょう。

（バナナ）コウちゃんが、八百屋さんで買ったものはどれですか。見つけて○をつけましょう。

（ぶどう）コウちゃんはコロッケをいくつ買いましたか。同じ数だけ○をつけましょう。

（メロン）ユミちゃんはどれですか。見つけて○をつけましょう。

（か　き）お母さんは、おやつに何を出してくれましたか。見つけて○をつけましょう。

（く　り）お父さんに買ってもらった絵本のお話はどれですか。見つけて○をつけましょう。

（すいか）ペット屋さんの前に行ったお店はどれですか。見つけて○をつけましょう。

（も　も）この日、コウちゃんが行かなかった所はどれですか。見つけて○をつけましょう。

解　答

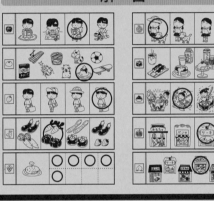

予想問題 4 ▶ 問題用紙は 230 ページ　計100点
● 時間 各10秒
● 配点 10点×10＝100点

問　題

●お話の記憶④

この前の日曜日、僕はお父さんとお母さんと妹のマリちゃんと一緒にデパートへお買い物に行きました。デパートへは電車に乗って行きました。デパートに着くとエスカレーターで4階へ行きました。そしてお父さんのネクタイを2本買いました。1本は黒と白の縞模様で、もう1本はチェックの模様でした。その後、またエスカレーターに乗って7階へ行きました。そして子供服売り場へ行って、僕のTシャツと半ズボン、それからマリちゃんのスカートを買いました。次に同じ階の楽器売り場へ行きました。そこで僕は学校で使うたて笛を買ってもらいました。マリちゃんは、前から欲しがっていたカスタネットを買ってもらって、とても嬉しそうでした。

その後10階のレストランへ行って、お昼ご飯を食べました。僕とお父さんはカレーライスを、マリちゃんはお子様ランチを、お母さんはサンドイッチと紅茶をたのみました。お父さんはあとでコーヒーもたのみました。マリちゃんは、お子様ランチについていたプリンを半分僕にくれました。その後、5階へ行ってお母さんがお料理の時に使うおたまとフライパンを買いました。それからエレベーターで地下へ降りました。そして食料品売り場でコロッケ6つとシュークリームを5つ買いました。

そしてまた電車に乗って、お家へ帰りました。すると夕方に、近所に住んでいるお婆ちゃんが来ました。お婆ちゃんは、僕の大好きな巻き寿司をたくさん作って持って来てくれました。それで、晩ご飯はお婆ちゃんも一緒に食べることになりました。晩ご飯の後で、お婆ちゃんに紅茶をいれてデパートで買ったシュークリームを出してくれました。お婆ちゃんは「おいしい、おいしい。」と言って喜んで食べてくれました。その後、お父さんが車でお婆ちゃんをお家まで送って行きました。僕は買ってもらった笛の練習を少ししてから、お布団に入りました。

（りんご）この男の子は誰とデパートへ行きましたか。見つけて○をつけましょう。

（みかん）4階で、お父さんが買ったものはどれですか。見つけて○をつけましょう。

（いちご）子供服売り場で買ったものはどれですか。見つけて○をつけましょう。

（バナナ）楽器売り場は何階にありましたか。同じ数だけ○をかきましょう。

（ぶどう）楽器売り場で、マリちゃんは何を買ってもらいましたか。見つけて○をつけましょう。

（メロン）レストランで注文しなかったものはどれですか。見つけて○をつけましょう。

（か　き）食料品売り場で5つ買ったものはどれですか。見つけて○をつけましょう。

（く　り）お婆ちゃんは、何を持って来てくれましたか。見つけて○をつけましょう。

（すいか）この日、男の子は誰と一緒に晩ご飯を食べましたか。見つけて○をつけましょう。

（も　も）晩ご飯の後、みんなで食べたのはどれですか。見つけて○をつけましょう。

解　答

予想問題 5 ▶ 問題用紙は 231 ページ　計100点
●時間　各10秒
●配点　10点×10＝100点

問 題

●お話の記憶⑤

ミミとキキは、双子の子ウサギ。ミミはお母さんと同じで真っ白、キキは真っ黒の毛をしています。ある日、2人がいつものように原っぱで遊んでいると、ミミがヒマワリの葉っぱの上に小さな妖精がいるのに気がつきました。妖精は、黒い長い服を着て黒いとがった帽子と黒いブーツを履いていました。2人が見ていると、妖精は何も言わずに森の方へ歩き出しました。2人は妖精に誘われるように後をついて行きました。

暗い森の中を妖精はどんどん歩いて行きました。そして川のそばを歩いていると、突然ぴゅーっと強い風が吹きました。ミミとキキはびっくりして目を閉じました。そして次に目を開けると妖精はどこにもいませんでした。ミミとキキは、今歩いて来た道をひきかえす事にしました。すると道のそばの切り株に大きなクマさんが座っていました。ミミとキキが怖くて立ち止まると、クマさんは「子供だけで森に来たらあぶないよ。」と言ってニッコリ笑いました。2人はホッとしてクマさんに妖精の事を話しました。するとクマさんは「それはコウモリの妖精で、時々そんなイタズラをするのさ。」と言いました。そして2人が妖精にイタズラされないように、お守りに丸い石のついたペンダントをくれました。

2人は、森の出口で来ると後ろを振り向きました。すると不思議な事に今歩いてきた道は消えていて、大きな岩があるだけでした。2人は原っぱの池で顔を洗ってからお家へ帰りました。そして宝箱にペンダントを大事にしまいました。お母さんに今日あった事を話すと「もう2人だけで森へ行ってはいけませんよ。」と言いました。2人が「はい。」と返事をすると、お母さんはニッコリ笑って「さあ、おやつのケーキをお食べ。」と言いました。安心したミミは2つ、キキは3つもケーキを食べました。

（りんご）ミミとキキのお母さんはどれですか。見つけて○をつけましょう。
（みかん）ミミが見つけた時、妖精はどの花の葉っぱの上にいましたか。見つけて○をつけましょう。
（いちご）ミミが見つけた妖精はどれですか。見つけて○をつけましょう。
（バナナ）妖精がいなくなった場所はどこですか。見つけて○をつけましょう。
（ぶどう）切り株に座っていたのはだれですか。見つけて○をつけましょう。
（メロン）クマさんは、2人が見た妖精を何の妖精だと言いましたか。見つけて○をつけましょう。
（かき）クマさんは2人に何をくれましたか。見つけて○をつけましょう。
（くり）森の出口で2人が振り返った時に見たものはどれですか。見つけて○をつけましょう。
（すいか）お家に帰る前に2人が原っぱでした事はどれですか。見つけて○をつけましょう。
（もも）ミミとキキは、合わせていくつケーキを食べましたか。答えの数だけ○をかきましょう。

解 答

予想問題 6 ▶ 問題用紙は 232 ページ　計100点
●時間　各10秒
●配点　○10点×4＝40点　○0点×6＝60点

問 題

●お話の記憶⑥

5月のある日、動物村の子供達はお弁当を持って海へ遊びに行くことにしました。キツネ君はおにぎり2個とリンゴ、ウサギさんはおにぎり1個とみかん、リス君はサンドイッチを持って行きました。みんなは、海へ行く途中に、白い屋根の2階建てのお家の前でひなたぼっこしているタヌキさんと会いました。みんなが「一緒に海へ行こうよ。」と誘うと、タヌキさんも一緒に海へ行くことになりました。

海に着くと、ウサギさんとタヌキさんは貝拾いをしました。キツネ君とリス君はビーチボールで遊びました。その後、みんなでお弁当を食べました。タヌキさんは、お弁当を持ってこられなかったので、キツネさんからおにぎりを1個とウサギさんからみかんを半分、リス君からサンドイッチを一切れもらいました。その後、みんなでお絵描きをしました。キツネ君は遠くにいるヨットのお絵を描きました。リス君は灯台を描きました。ウサギさんとタヌキさんは一緒に木の下に座って、お魚の絵を描きました。その後、みんなで砂浜の砂でお城を作りました。

それからたくさん遊んで、みんなはお家へ帰りました。ウサギさんは拾った貝をお皿に入れて飾りました。リス君は、砂だらけだったのでお母さんとお風呂に入りました。キツネ君は、もっと遊びたかったのでお家の前でビーチボールで遊びました。タヌキさんは、ウサギさんと描いた絵をお父さんに貼ってもらいました。その夜は、雨がザーザー降りました。でも海で遊んだ動物の子供達はぐっすり眠っていたので、気がつきませんでした。

（りんご）5月にする行事はどれですか。見つけて○をつけましょう。
（みかん）ウサギさんのお弁当はどれですか。見つけて○をつけましょう。
（いちご）タヌキさんのお家はどれですか。見つけて○をつけましょう。
（バナナ）海に着いて、キツネ君とリス君は最初に何をしましたか。見つけて○をつけましょう。
（ぶどう）お弁当の時、タヌキさんがみんなからもらったのはどれですか。見つけて○をつけましょう。
（メロン）リス君が描いた絵はどれですか。見つけて○をつけましょう。
（かき）ウサギさんは、拾った貝をどんな風にしましたか。見つけて○をつけましょう。
（くり）お家に帰った後、ビーチボールで遊んだのは誰ですか。見つけて○をつけましょう。
（すいか）タヌキさんは、お父さんに絵をどこに飾ってもらいましたか。見つけて○をつけましょう。
（もも）この日の夜のお天気はどれですか。見つけて○をつけましょう。

解 答

予想問題 7 ▶ 問題用紙は 233 ページ　計100点
●時間　各10秒
●配点　10点×10＝100点

問 題

●お話の記憶⑦

トモちゃんは、お花が大好きな女の子。誕生日にお婆ちゃんからもらったアサガオの鉢植えを大事に育てています。今朝もじょうろで水をあげてから幼稚園へ行きました。幼稚園では、園長先生と一緒に花だんにお花を植えています。花だんには、ヒマワリとユリを育てています。今日は、先生と一緒に草ひきをしました。お絵描きの時間には、ヒマワリの絵を描きました。お弁当も、お母さんにお花のハンカチで包んでもらいます。でも水筒にはネコの絵がついています。トモちゃんは、動物も大好きなので。トモちゃんのお隣のお家には、白いネコと黒いネコがいて、とてもかわいいのでトモちゃんはいつかネコを飼ってみたいな、と思っています。

この日、トモちゃんは幼稚園から帰ると、近くの公園へ行きました。するとお友達のサトコちゃんに会いました。2人はブランコで遊ぼうとしましたが、中学生のお兄さん達が乗っていたので、すべり台で少し遊んで、その後、シーソーで少し遊んで、砂場で遊びました。そしてお山を2つ作って、お山とお山の間にくねくね曲がった川も作りました。さよならする時、サトコちゃんはチョコレートとキャンディをくれました。

公園から帰ると、トモちゃんは手を洗ってからおやつにお団子を食べました。そして夕方に、もう一度アサガオにお水をあげました。その後、お風呂に入って晩ご飯を食べました。そして夜、トモちゃんは「明日、アサガオが咲いていたらいいのにな。」と思いながらベッドに入ると、すぐに眠ってしまいました。

（りんご）トモちゃんは、誕生日に誰から何をもらいましたか。見つけて○をつけましょう。
（みかん）トモちゃんはどんな風にアサガオの水やりをしましたか。見つけて○をつけましょう。
（いちご）幼稚園の花だんで、トモちゃんが育てているのはどれですか。見つけて○をつけましょう。
（バナナ）この日、トモちゃんが幼稚園の花のお話でしたことはどれですか。見つけて○をつけましょう。
（ぶどう）トモちゃんのお弁当と水筒はどれですか。見つけて○をつけましょう。
（メロン）トモちゃんのお隣のお家にいる動物はどれですか。見つけて○をつけましょう。
（かき）トモちゃんとサトコちゃんが、砂場で作ったのはどれですか。見つけて○をつけましょう。
（くり）トモちゃんとサトコちゃんが、遊ばなかったのはどれですか。見つけて○をつけましょう。
（すいか）トモちゃんが、おやつに食べたものはどれですか。見つけて○をつけましょう。
（もも）トモちゃんが公園から帰った後、晩ご飯までの間にした事はどれですか。見つけて○をつけましょう。

解 答

予想問題 8 ▶ 問題用紙は 234 ページ　計100点
●時間　各10秒
●配点　10点×10＝100点

問 題

●お話の記憶⑧

ある日ケンちゃんは、お母さんに頼まれて、駅前におばさんを迎えに行く事になりました。おばさんは、毎年夏休みにやってきて、ケンちゃんにお誕生日プレゼントをくれるのです。ケンちゃんは、お家の近くの交番のある角を曲がって、駅まで歩いて行きました。駅前のベンチに座って待っていると、花柄のスカートをはいて、白い日傘をさしたおばさんが駅から出て来ました。おばさんは、ケンちゃんを見つけると手をふって「こんにちは。」と言いました。

ケンちゃんとおばさんは、お家に帰るとお母さんと3人でスイカを食べました。その後、お母さんとおばさんがお話している間、ケンちゃんは部屋で「いっすんぼうし」の絵本を読みました。するとおばさんが部屋にやってきて、誕生日プレゼントに絵本をくれました。ケンちゃんは絵本が大好きなので、とても嬉しくて元気に「ありがとう。」と言いました。

おばさんが帰る時、ケンちゃんとお母さんは一緒に駅までお見送りに行きました。そして、その帰りにお買い物をしました。お母さんは、パン屋さんで食パンを、八百屋さんでトマトとキュウリを、お肉屋さんでウインナーを買いました。そして最後にケーキ屋さんでソフトクリームを買ってくれました。ケンちゃんはそれをお店の前のベンチに座って食べました。

お買い物から帰ると、ケンちゃんは「かちかち山」の絵本を読み始めました。でも途中で晩ご飯の時間になったので、ご飯の後に続きが読めるようにロケットの絵のついたものさしを呼んでいたページにはさみました。ケンちゃんは、早くお話の続きが読みたくてご飯を急いで食べていると、お父さんが笑いながら「もっとゆっくり食べなさい。」と言いました。

（りんご）駅へ行く時、ケンちゃんは何がある所で曲がりましたか。見つけて○をつけましょう。
（みかん）ケンちゃんは、駅のどこでおばさんを待っていましたか。見つけて○をつけましょう。
（いちご）駅を出て来た時のおばさんはどれですか。見つけて○をつけましょう。
（バナナ）ケンちゃんは、おばさんとお母さんと何を食べましたか。見つけて○をつけましょう。
（ぶどう）おばさんとお母さんがお話してる間に、ケンちゃんはどのお話の絵本を読みましたか。見つけて○をつけましょう。
（メロン）おばさんは、誕生日プレゼントに何をくれましたか。見つけて○をつけましょう。
（かき）この日のお買い物で、お母さんが買った物はどれですか。見つけて○をつけましょう。
（くり）この日のお買い物で、行かなかったお店はどれですか。見つけて○をつけましょう。
（すいか）ケンちゃんが、買い物から帰ってから読んだのはどのお話の絵本ですか。見つけて○をつけましょう。
（もも）ケンちゃんは読みかけのページに何をはさみましたか。見つけて○をつけましょう。

解 答

予想問題 9 ▶ 問題用紙は 235 ページ　計100点
● 時間 各10秒　● 配点 10点×10＝100点

問 題

●お話の記憶⑨

今日は朝から雨が降っているので、お外で遊べません。マミちゃんはお部屋で赤ずきんちゃんの絵本を読むことにしました。マミちゃんのお気に入りの黄色いイスに座って絵本を読んでいると、赤ずきんちゃんがオオカミに食べられそうになるページで赤ずきんちゃんが、マミちゃんに話しかけてきました。「マミちゃん、マミちゃん、助けてよう。食べられちゃうよぉ。」マミちゃんがびっくりして「どうやって助けたらいいの？」と聞くと、赤ずきんちゃんは「マミちゃんのウサギの絵のついたハンカチを私の上に置いて、1、2、3って数えて。」と言いました。マミちゃんはタンスの右の上から2番目のひき出しからハンカチを出して、赤ずきんちゃんの言う通りにすると、絵本の中から赤ずきんちゃんがとび出してきました。赤ずきんちゃんは「どうもありがとう。一緒に遊ぼう。」と言いました。マミちゃんが「いいよ。だけど今日は雨が降っているからお外に行けないよ。積み木とままごとをして遊ぼうか。」と言うと、赤ずきんちゃんは「マミちゃん、雨が降っているのは雲の下だけだよ。雲の上へ行けば大丈夫。昼のお月さまに会いに行きましょう。」と言って、マミちゃんと手をつなぎ、ピョンと1度ジャンプをしました。すると、もうそこは雲の上でした。赤ずきんちゃんは「お昼のお月さまは眠っているけど、イチゴが大好きだからイチゴを持っていったらすぐに起きるよ。」と言いました。そしてマミちゃんの右手をポンッとたたくとマミちゃんの手の上にカゴに入ったイチゴが現れました。赤ずきんちゃんとマミちゃんはさっそくお月さまの所へ行きました。今日のお月さまは三日月です。お月さまは赤ずきんちゃんの言った通り、イチゴの匂いに気づくとすぐに目を覚ましました。そして「おや、マミちゃんじゃないか。いつもお空から見ているよ。嫌いなピーマンやナスもこの頃は残さずに食べて、おりこうさんだね。」と言いました。マミちゃんがお月さまにイチゴをあげると、「おいしい、おいしい。」と言って、あっという間に全部食べてしまいました。そしてお月さまがまた眠ってしまったので、赤ずきんちゃんがお月さまの鼻のところをくすぐると、「ハッハッハックショーン！」と大きなクシャミをしました。あんまり大きなクシャミだったので、赤ずきんちゃんもマミちゃんもふきとばされてしまいました。「助けてー」とマミちゃんが大きな声で叫ぶと、お母さんの声がしました。「マミちゃん、マミちゃん。お昼寝ならベットでしなさい。こんな所で寝てはだめよ。」マミちゃんは絵本を読んでいるうちに眠ってしまっていたのでした。マミちゃんはもう少し赤ずきんちゃんと遊びたかったなと思いました。

（リンゴ）マミちゃんの読んだ絵本は何でしたか。見つけて下の箱に○をかきましょう。
（ミカン）マミちゃんのイスは何色でしたか。同じ色のものに○をつけましょう。
（バナナ）マミちゃんのハンカチについていたのは何の絵でしたか。見つけて○をつけましょう。
（クリ）ハンカチはタンスのどこのひき出しにありましたか。見つけて○をつけましょう。
（レモン）マミちゃんはお部屋で何をして遊ぼうと言いましたか。見つけて下の箱に○をかきましょう。
（パイナップル）お月さまは何が好きでしたか見つけて○をつけましょう。
（メロン）マミちゃんの嫌いなものは何でしたか。見つけて○をつけましょう。
（モモ）今日の天気は何でしたか。見つけて下の箱に○をかきましょう。

解 答

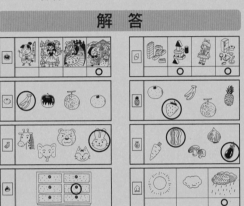

予想問題 10 ▶ 問題用紙は 236 ページ　計100点
● 時間 各10秒　● 配点 10点×10＝100点

問 題

●お話の記憶⑩

ある夏の日の夕方のことです。雨が降り出しそうだったのでヒロシ君は、お母さんに傘を持って駅までお父さんをむかえに行って、帰りにお買い物をしてくるように言われました。そこで、ヒロシ君は傘を2本と買い物のメモを持って出かけました。ヒロシ君は、本屋さんが向かいにあるお家を出ると真っすぐ歩いてポストのある角を右に曲がりました。しばらく行くといろんなお店が並んでいる商店街があります。ヒロシ君は、商店街の中を進むとパン屋さんの角を左に曲がりました。曲がってすぐのところに犬の散歩をしているヨシオ君に会いました。そして、そのまま真っすぐ行くと駅に着きました。駅前で待っていると、半袖のカッターシャツを着て黒いカバンを持ったお父さんが駅から出てきました。

雨が降っていなかったので傘は使わずに、2人で商店街の方へ歩いて行きました。そしてメモを見ながら2人で買い物をしました。八百屋さんでトマトを2つ、お肉屋さんでコロッケを6つ、パン屋さんでドーナツを3つ、果物屋さんでリンゴを2つ買いました。

買い物がすむと、お父さんは商店街のはしっこのケーキ屋さんでソフトクリームを買ってくれました。2人でケーキ屋さんの前のベンチでソフトクリームを食べていると、雨がまつぽつ降り出しました。2人はいそいでソフトクリームを食べると、ヒロシ君の持ってきた傘をさしてお家に帰りました。

お家に着くとヒロシ君はお父さんと一緒にお風呂に入りました。お風呂の中でお父さんは「ソフトクリームを食べた事は、お母さんに内緒だぞ。」と言いました。お風呂から出ると晩ご飯の用意が出来ていました。この日の晩ご飯は、ヒロシ君が買ってきたコロッケとサラダとおみそ汁とご飯でした。ヒロシ君はコロッケを2つ食べました。

晩ご飯の後、リンゴを食べながらみんなでテレビをていると、アイスクリームが映りました。それでヒロシ君は思わず「今日食べたソフトクリームおいしかったなぁ。」と言ってしまいました。言ってしまってから、はっとしてお父さんとお母さんの方を見ると、2人ともクスクス笑っていました。お母さんは、ヒロシ君が何か食べて帰って来た事を知っていたのです。なぜかというと、ヒロシ君はいつもコロッケを3つ食べるのに、今日は2つしか食べなかったからでした。お母さんは何でも解るんだな、とヒロシ君は思いました。

（リンゴ）ヒロシ君の家から駅までの道順に線を引きましょう。
ヨシオ君がいたところに○をつけましょう。
（ミカン）出かける時のヒロシ君はどれですか。見つけて○をつけましょう。
（イチゴ）ヒロシ君のお父さんはどれですか。見つけて○をつけましょう。
（バナナ）商店街で、お肉屋さんの次に行ったお店はどれですか。見つけて○をつけましょう。
（ブドウ）八百屋さんと果物屋さんでは何を買いましたか。見つけて○をつけましょう。
（レモン）肉屋さんで買ったコロッケの数だけ○をかきましょう。
（モモ）パン屋さんで買ったドーナツの数だけ○をかきましょう。
（メロン）ヒロシ君が家に帰った後したことはどれですか。見つけて○をつけましょう。
（カキ）この日の晩ご飯はどれですか。見つけて○をつけましょう。

解 答

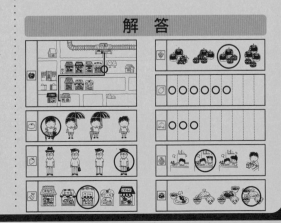

予想問題 11 ▶ 問題用紙は 237 ページ　計100点
● 時間 ①2分 ②3分　● 配点 ①10点×4＝40点 ②15点×4＝60点

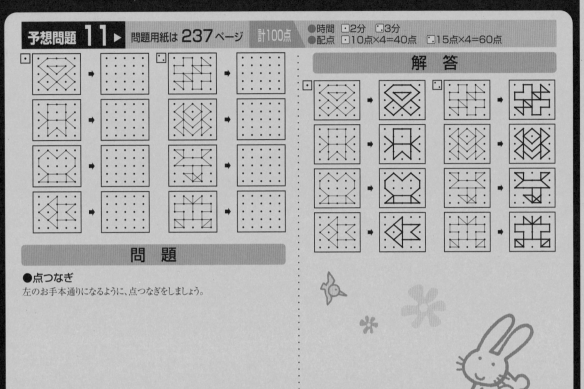

解 答

問 題

●点つなぎ

左のお手本通りになるように、点つなぎをしましょう。

予想問題 12 ▶ 問題用紙は 238 ページ 計100点
● 時間 ⚫2分 🔲2分15秒
● 配点 ⚫10点×4=40点 🔲15点×4=60点

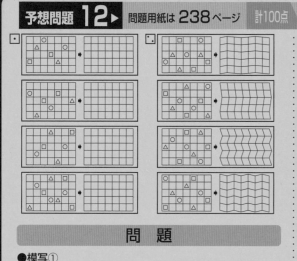

解答

問題

● 模写①
左がわの図を見ながら、右がわの図の同じ位置に○・△・□をかいていきましょう。

予想問題 13 ▶ 問題用紙は 239 ページ 計100点
● 時間 2分30秒
● 配点 10点×10=100点

解答

問題

● 模写②
左の絵と同じになるように右に線を引いていきましょう。

予想問題 14 ▶ 問題用紙は 240 ページ 計100点
● 時間 4分
● 配点 10点×10=100点

解答

問題

● 図形の合成①
3つの形を使って左の形を作るには、右のどの形を使うとよいかを見つけて○をつけましょう。図形はまわしてもよいですが、裏返してはいけません。

予想問題 15 ▶ 問題用紙は 241 ページ 計100点
● 時間 3分30秒
● 配点 10点×10=100点

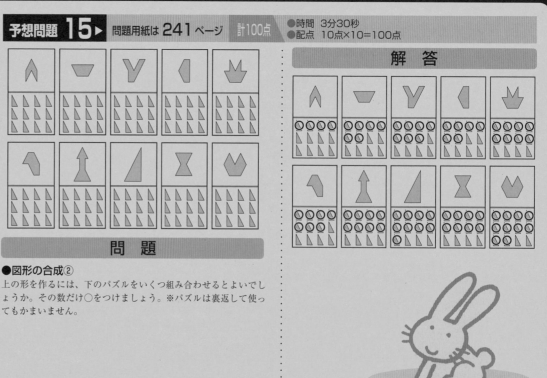

解答

問題

● 図形の合成②
上の形を作るには、下のパズルをいくつ組み合わせるとよいでしょうか。その数だけ○をつけましょう。※パズルは裏返して使ってもかまいません。

予想問題 16 ▶

問題用紙は **242** ページ　計100点
● 時間　2分20秒
● 配点　10点×10＝100点

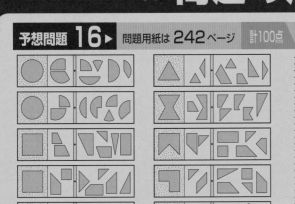

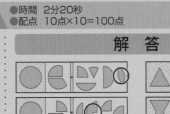

解答

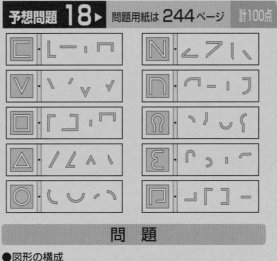

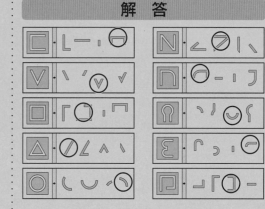

問題

● 図形の合成③

左と同じ形を作るには、まん中の2つの形にあと、右のどの形を合わせるとよいでしょうか。1つ見つけて○をつけましょう。

予想問題 18 ▶

問題用紙は **244** ページ　計100点
● 時間　3分
● 配点　10点×10＝100点

解答

問題

● 図形の構成

左の白く抜けているところに右の形をはめ込んだとき、1つだけ使わないものができます。では、その使わない形に○をつけましょう。

予想問題 17 ▶

問題用紙は **243** ページ　計100点
● 時間　3分30秒
● 配点　10点×10＝100点

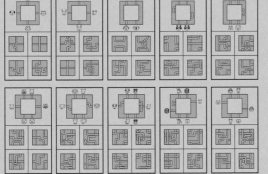

解答

問題

● 欠所補完

同じ動物どうしがつながるようにするには、空いているところに下のどれを入れるとよいですか。1つ見つけて○をつけましょう。

予想問題 19 ▶
問題用紙は 245 ページ　計100点
- 時間　1分30秒
- 配点　10点×10=100点

解 答

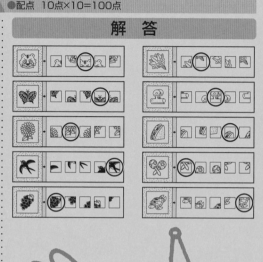
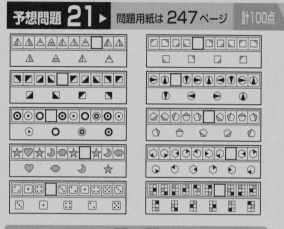

問 題

●パズル
左の絵を作るのに使わないものを右の中から1つ見つけて○をつけましょう。

予想問題 21 ▶
問題用紙は 247 ページ　計100点
- 時間　1分30秒
- 配点　10点×10=100点

解 答

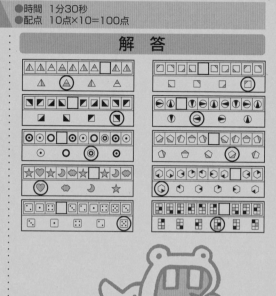

問 題

●系列完成
並んでいる順番通りに、抜けているところに入る絵を下から見つけて○をつけましょう。

予想問題 20 ▶
問題用紙は 246 ページ　計100点
- 時間　1分
- 配点　10点×10=100点

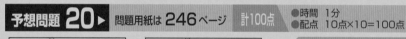

解 答

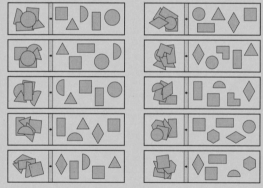

問 題

●図形の重なり
左の重なっている図形の中で、上から3番目のものを右から見つけて○をつけましょう。

予想問題 22 ▶
問題用紙は 248 ページ　計100点
- 時間　2分
- 配点　10点×10=100点

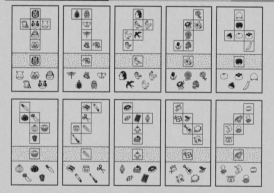

解 答

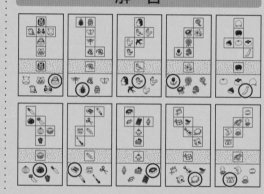

問 題

●展開図
上の形を組み立てたとき、まん中にかいてある絵の裏にはどの絵がくるでしょうか。下の中から1つ見つけて○をつけましょう。

予想問題 23 ▶ 問題用紙は 249 ページ 計100点

● 時間 2分30秒
● 配点 10点×10=100点

解 答

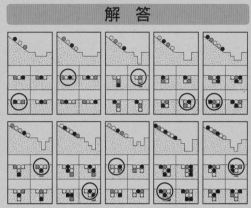

問 題

●推理

上の絵のように玉を転がすと、穴の中には玉がどのように入るでしょうか。下から1つ見つけて○をつけましょう。

予想問題 24 ▶ 問題用紙は 250 ページ 計100点

● 時間 2分
● 配点 10点×10=100点

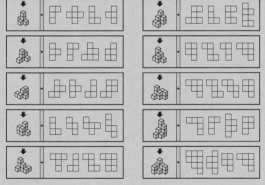

解 答

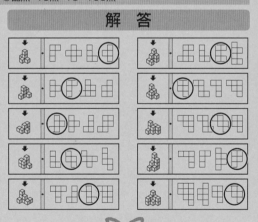

問 題

●推理（上から見たら）

左の積み木を上から見ると、右のどの形に見えるでしょうか。1つ見つけて○をつけましょう。

予想問題 25 ▶ 問題用紙は 251 ページ 計100点

● 時間 2分
● 配点 10点×10=100点

解 答

問 題

●推理（物の見え方）

机の上の積み木を男の子と女の子が見ています。では、それぞれが上のようにみえるのは下のどの積み木でしょうか。見つけて○をつけましょう。

予想問題 26 ▶ 問題用紙は 252 ページ 計100点

● 時間 ①50秒 ②50秒
● 配点 ①10点×5=50点 ②10点×5=50点

解答

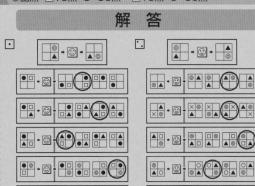

問題

● ブラックボックス
上のお約束通りのものを右から見つけて○をつけましょう。

予想問題 27 ▶ 問題用紙は 253 ページ 計100点

● 時間 1分30秒
● 配点 10点×10=100点

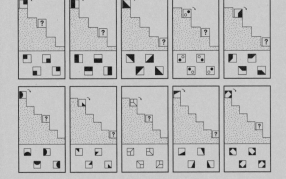

解答

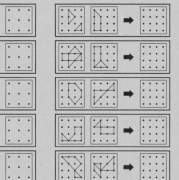

問題

● 図形の回転①
上の箱が転がって?のところまできたとき、箱はどの向きになっているでしょうか。下の4つの中から1つ見つけて○をつけましょう。

予想問題 28 ▶ 問題用紙は 254 ページ 計100点

● 時間 2分30秒
● 配点 10点×10=100点

解答

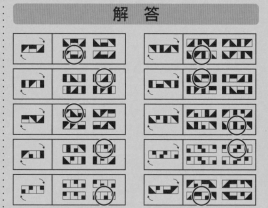

問題

● 図形の回転②
左の図形を矢印のほうへまわして逆さまにすると、右のどれになりますか。
1つ見つけて○をつけましょう。

予想問題 29 ▶ 問題用紙は 255 ページ 計100点

● 時間 3分15秒
● 配点 10点×10=100点

解答

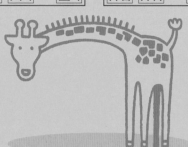

問題

● 重ね図形
左の2つの模様は透き通った紙にかいてあります。この2つの模様をぴったり重ねるとどのようになるでしょうか。右の箱にかきましょう。

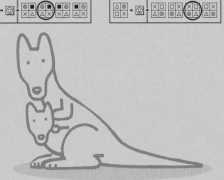

予想問題 30 ▶　問題用紙は 256 ページ　計100点
●時間 2分
●配点 10点×10＝100点

解 答

問 題

●推理（折り紙）

上のように折り紙を点線のところで2回折ります。そのあとで、黒いところをハサミで切り取って紙を広げると、下のどれになるでしょうか。1つ見つけて○をつけましょう。

予想問題 31 ▶　問題用紙は 257 ページ　計100点
●時間 3分30秒
●配点 10点×10＝100点

解 答

問 題

●数 量

矢印のところをハサミで切りとると、ヒモは何本になりますか。その数だけ下の箱に○をかきましょう。

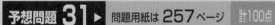
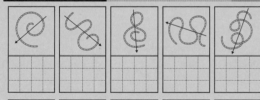

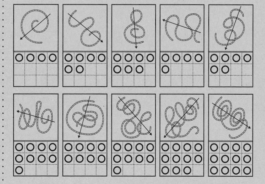

予想問題 32 ▶　問題用紙は 258 ページ　計100点
●時間 1分45秒
●配点 10点×10＝100点

解 答

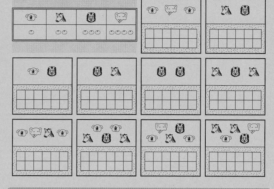
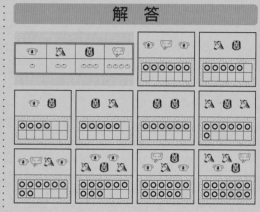

問 題

●合わせた数

左上は、動物たちが食べるミカンの数の絵です。では、それぞれが食べる数を合わせるといくつになるのかを数えて、その数だけ下の箱に○をかきましょう。

予想問題 33 ▶

問題用紙は **259** ページ　計100点

●時間　2分
●配点　10点×10＝100点

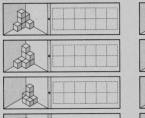

解 答

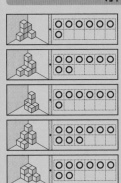

問 題

●積み木の数

左は壁にくっつけてある積み木の絵です。では、積み木の数をかぞえて、その数だけ右の箱に○をかきましょう。

予想問題 34 ▶

問題用紙は **260** ページ　計100点

●時間　2分30秒
●配点　10点×10＝100点

解 答

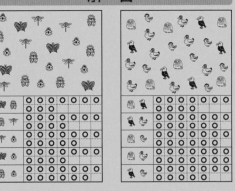

問 題

●絵の数

上の絵を見ながら、左の2つを合わせると全部で何匹になるかを数えて、その数だけ○をかきましょう。

予想問題 35 ▶

問題用紙は **261** ページ　計100点

●時間　1分30秒
●配点　10点×10＝100点

解 答

問 題

●重さ比べ①

左のてんびんの絵を見ながら、いちばん重いものを見つけて、右の中のその絵に○をつけましょう。

予想問題 36 ▶

問題用紙は **262** ページ　計100点

●時間　3分
●配点　10点×10＝100点

解 答

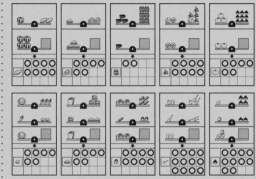

問 題

●重さ比べ②

上のシーソーのお約束通りに下のシーソーを同じ重さどうしでつり合うようにします。下のシーソーの黒い箱には、絵のものが何こいるでしょうか。その数だけ○をかきましょう。

予想問題 37 ▶ 問題用紙は 263 ページ　計100点
●時間 2分30秒
●配点 10点×10＝100点

問題

●足りない数
少ないほうの数を多いほうの数と同じにするには、あといくつ増やすとよいでしょうか。その数だけ○をかきましょう。

予想問題 38 ▶ 問題用紙は 264 ページ　計100点
●時間 3分
●配点 5点×20＝100点

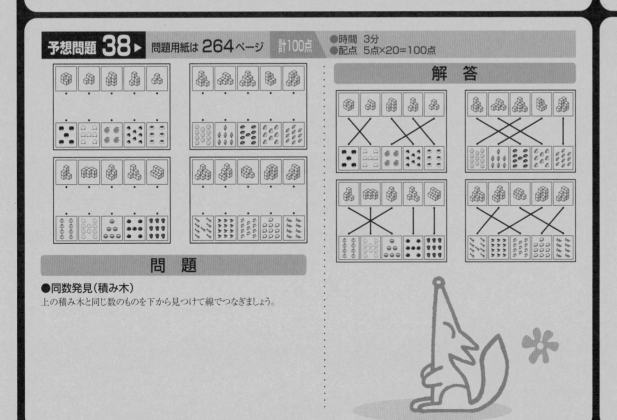

問題

●同数発見（積み木）
上の積み木と同じ数のものを下から見つけて線でつなぎましょう。

予想問題 39 ▶ 問題用紙は 265 ページ　計100点
●時間 2分
●配点 10点×10＝100点

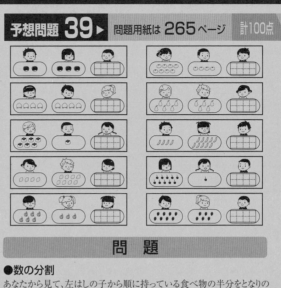

解答

問題

●数の分割
あなたから見て、左はしの子から順に持っている食べ物の半分をとなりの子に渡していくとすると、右はしの子の食べ物はいくつになっているでしょうか。その数だけ○をかきましょう。

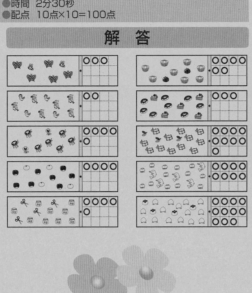

予想問題 40 ▶ 問題用紙は 266 ページ｜計100点

● 時間　4分
● 配点　10点×10=100点

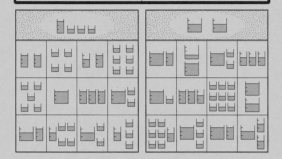

解答

問題

● 水の量

お約束の絵のコップには、それぞれ同じ量の水が入っています。では、上のコップと同じ量の水が入っているものを下から見つけて○をつけましょう。

予想問題 42 ▶ 問題用紙は 268 ページ｜計100点

● 時間　①40秒　②1分
● 配点　①10点×5=50点　②10点×5=50点

解答

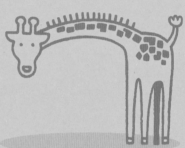

問題

● 言語①

①絵の名前の始めの言葉をつなぐと、右のどの絵になるでしょうか。
②絵の名前のおしまいの言葉をつなぐと、右のどの絵になるでしょうか。

予想問題 41 ▶ 問題用紙は 267 ページ｜計100点

● 時間　1分45秒
● 配点　10点×10=100点

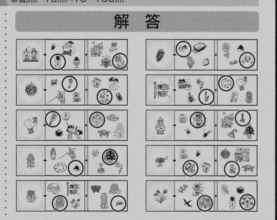

解答

問題

● 季節感

左と同じ季節のものをまん中から見つけて○をつけましょう。また、○をつけた絵の次の季節の絵を右から見つけて○をつけましょう。

予想問題 43 ▶ 問題用紙は 269 ページ｜計100点

● 時間　2分30秒
● 配点　10点×10=100点

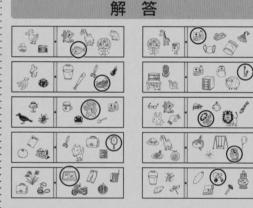

解答

問題

● 言語②

左の絵のまん中の言葉を合わせると、右のどれかの名前になります。では、その絵を見つけて○をつけましょう。

予想問題 44 ▶

問題用紙は **270** ページ　計100点　● 時間　2分　● 配点　10点×10＝100点

解 答

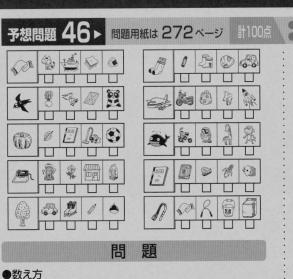

問 題

● 言語③
左の絵の名前から言葉（音）をいくつか取ってできるものを右から見つけて○をつけましょう。

予想問題 46 ▶

問題用紙は **272** ページ　計100点　● 時間　1分15秒　● 配点　10点×10＝100点

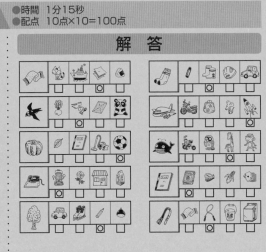

解 答

問 題

● 数え方
左の絵と同じ数え方をするものを右から1つ見つけて下の箱に○をつけましょう。

予想問題 45 ▶

問題用紙は **271** ページ　計100点　● 時間　2分　● 配点　10点×10＝100点

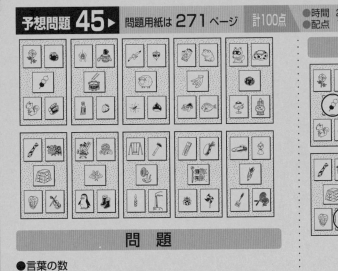

解 答

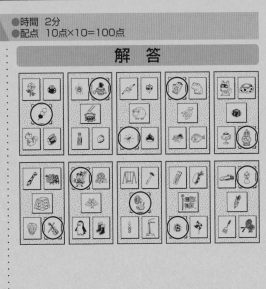

問 題

● 言葉の数
絵の中で言葉（音）の数がいちばん多いものに○をつけましょう。

予想問題 47 ▶

問題用紙は **273** ページ　計100点
- ●時間　5分
- ●配点　10点×10=100点

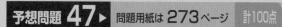

解　答

問　題

●しりとり

6つの絵を全部使って「しりとり」をします。「しりとり」の一番始めの絵には○を、おしまいの絵には△をかきましょう。

予想問題 48 ▶

問題用紙は **274** ページ　計100点
- ●時間　3分30秒
- ●配点　10点×10=100点

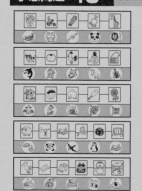
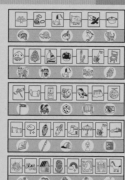

解　答
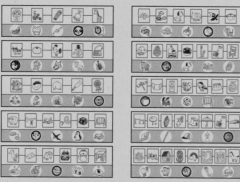

問　題

●読みとり

名前のはじめの言葉（音）をつなぐとクイズになります。その答えを下から見つけて○をつけましょう。

予想問題 49 ▶

問題用紙は **275** ページ　計100点
- ●時間　30秒
- ●配点　□20点　□10点×5=50点　□10点×5=50点

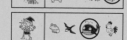

解　答

問　題

●仲間あつめ

- □お手本と仲良しのものを2つずつ見つけて○をつけましょう。
- □お手本のお話に出てくるものを1つずつ見つけて○をつけましょう。

予想問題 50 ▶

問題用紙は **276** ページ　計100点
- ●時間　各10秒
- ●配点　10点×10=100点

問　題

●知　識

左側（一段目）左はしの絵と同じ季節のものを2つ見つけて○をつけましょう。
　（二段目）赤ちゃんで生まれてくるものを見つけて○をつけましょう。
　（三段目）左のお手本からできるものを見つけて○をつけましょう。
　（四段目）同じ数え方をするものを2つ見つけて○をつけましょう。
　（五段目）左のお手本のお話にでてくるものを見つけて○をつけましょう。

右側（一段目）「赤」が光っているのは、どの信号機でしょうか。見つけて○をつけましょう。
　（二段目）左はしの種から右のどの花が咲くでしょうか。見つけて○をつけましょう。
　（三段目）干支にはでてこないものを見つけて○をつけましょう。
　（四段目）左はしの巣に住んでいるのは右のどれでしょうか。見つけて○をつけましょう。
　（五段目）左はしのしっぽは右のどの動物のものでしょうか。見つけて○をつけましょう。

解　答

左側（一段目）サンタクロース・かど松（完答）
　（二段目）パンダ
　（三段目）ホットケーキ
　（四段目）皿と葉っぱ（完答）
　（五段目）玉手箱とかめ（完答）

右側（一段目）右はし
　（二段目）たんぽぽ
　（三段目）コアラ
　（四段目）はち
　（五段目）ライオン

これだけはやっておこう！！

予想問題ベスト50

本年度も出題されそうな問題を **しょうがく社** が50問選びました。

これだけはやっておこう
予想問題ベスト **50**　さぁ、がんばって やってみよう。

点

点

点

点

点

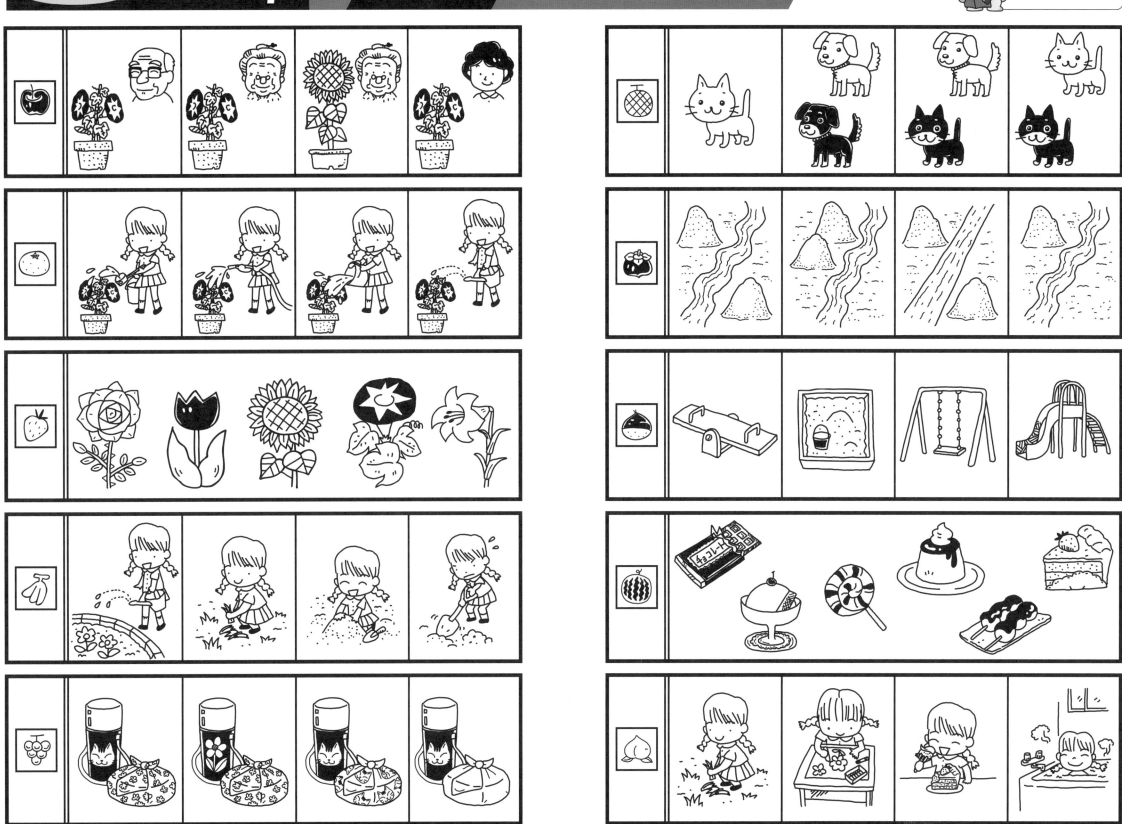

235

点

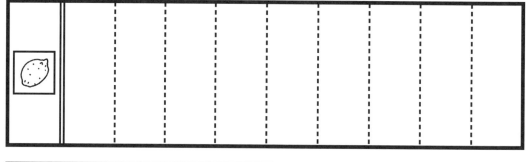

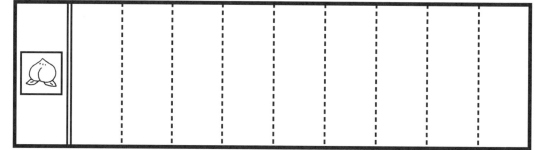

予想問題 11 分野 図形・注意力 点つなぎ

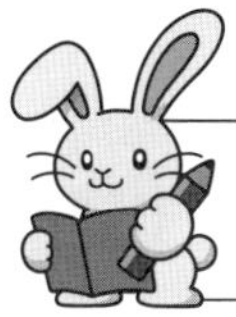

点

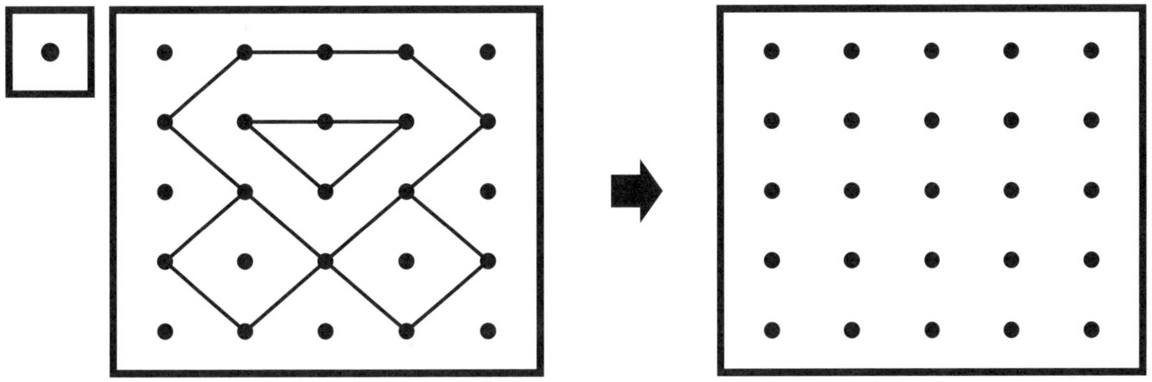

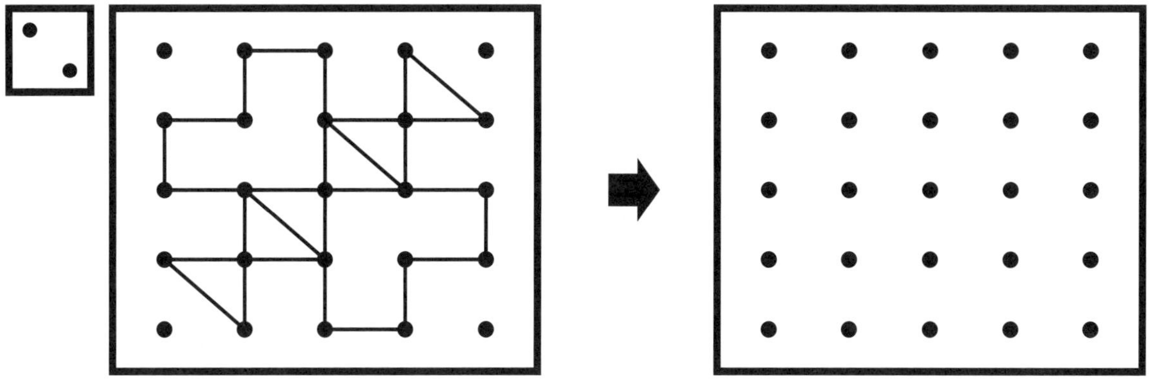

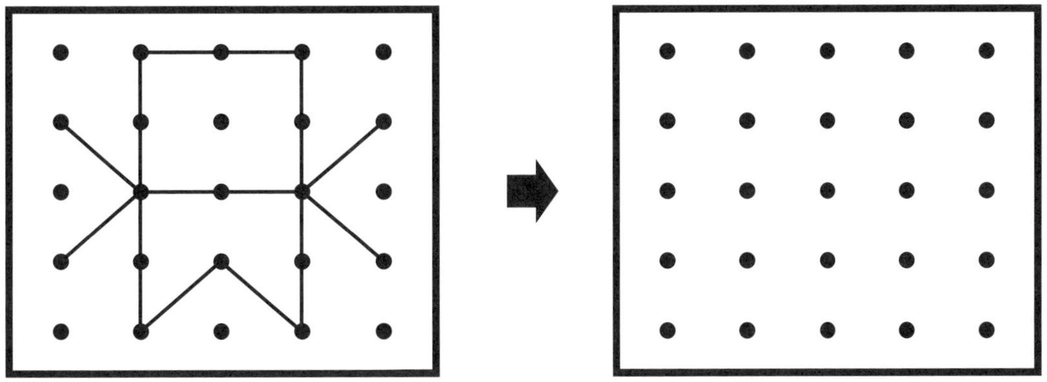

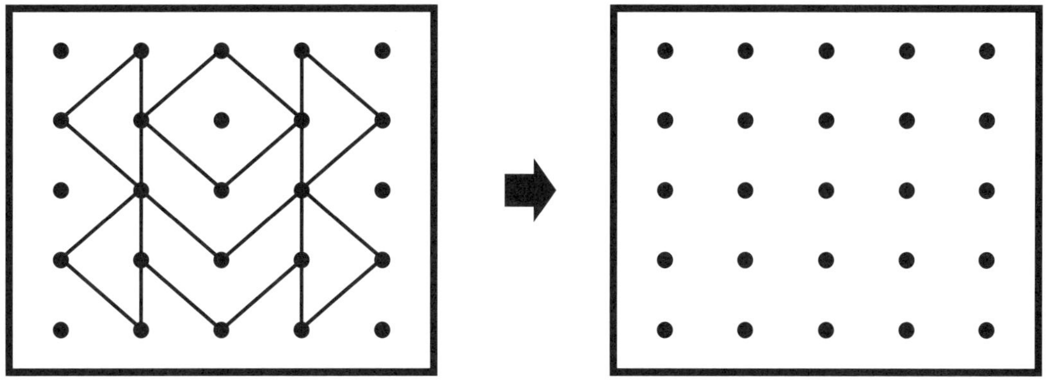

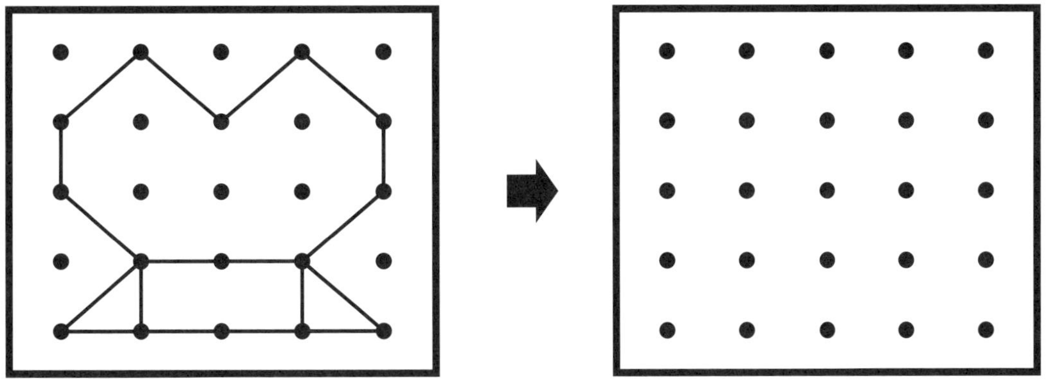

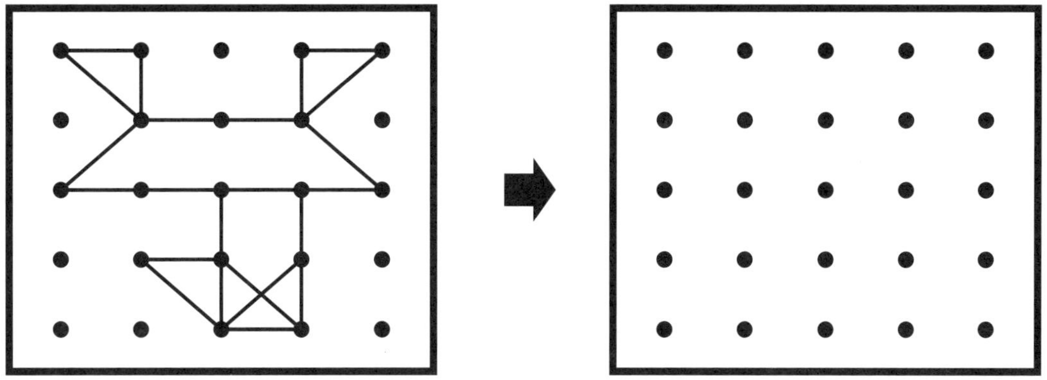

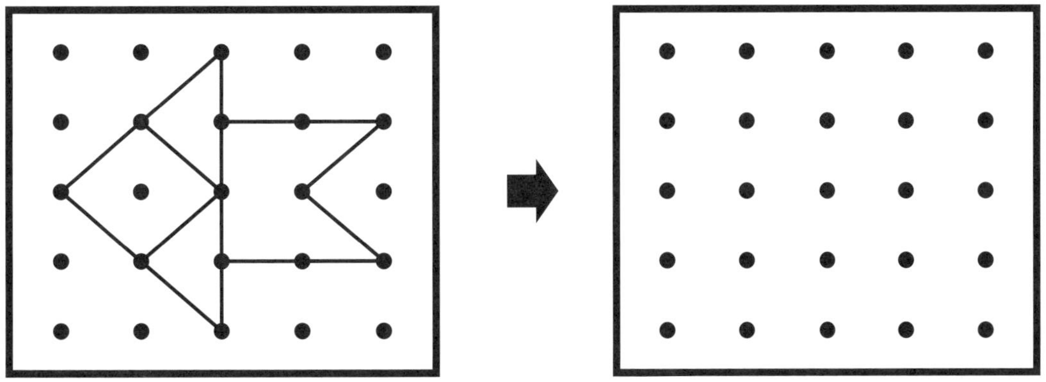

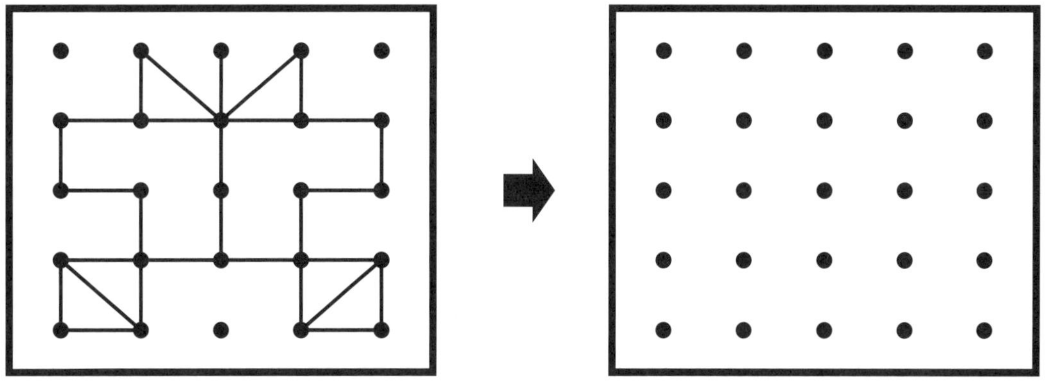

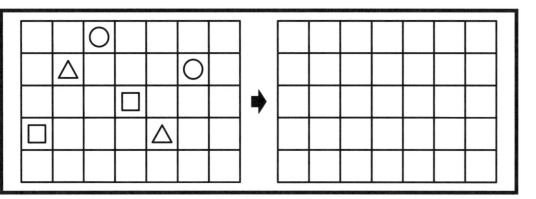

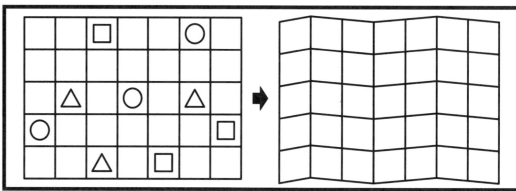

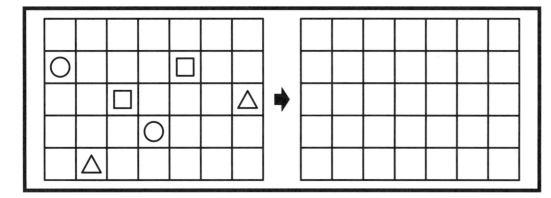

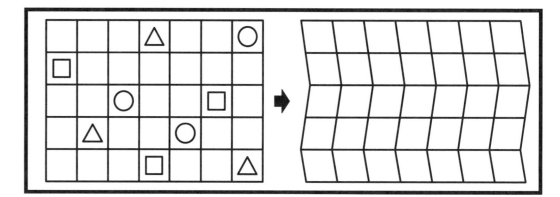

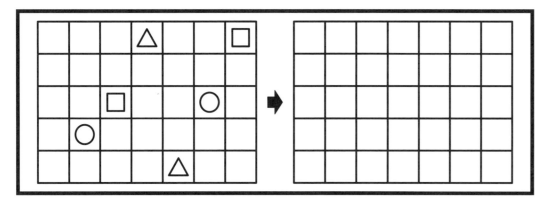

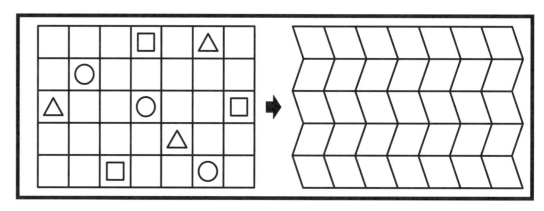

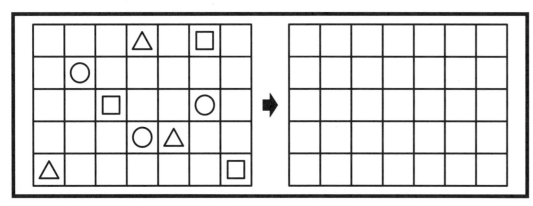

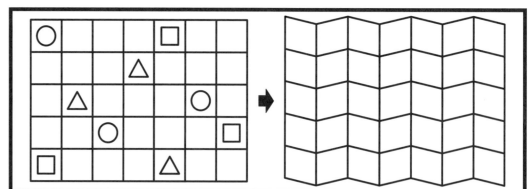

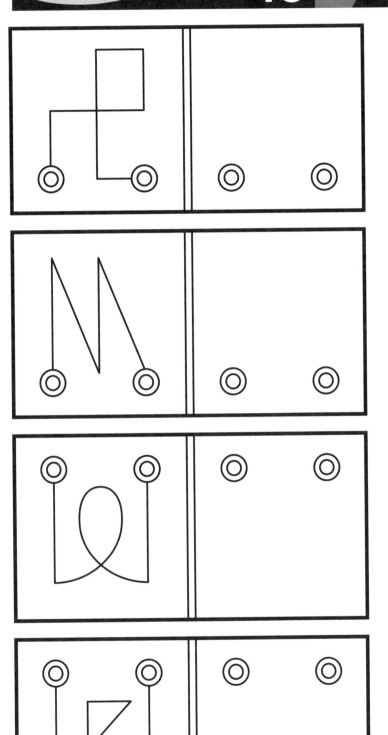

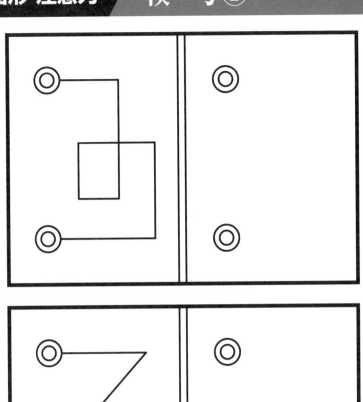

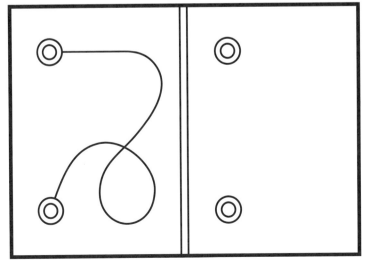

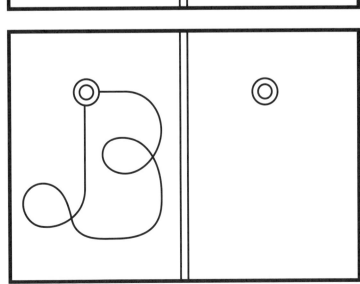

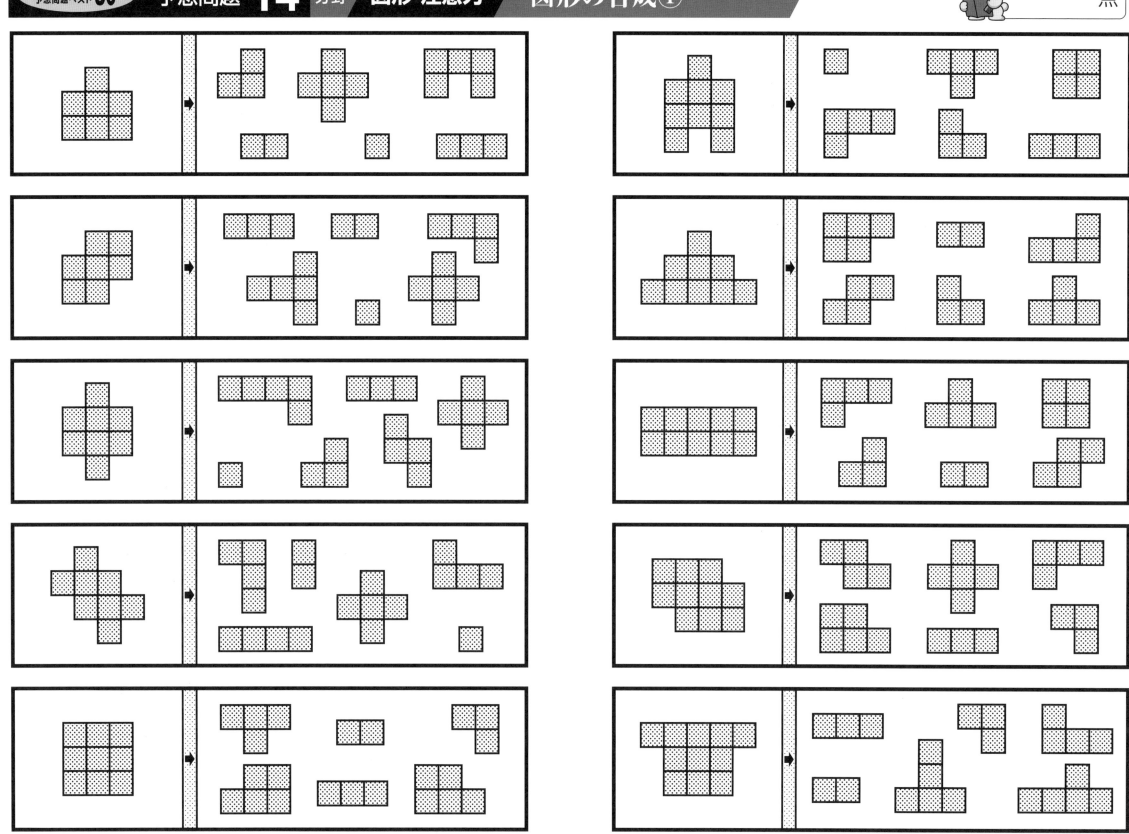

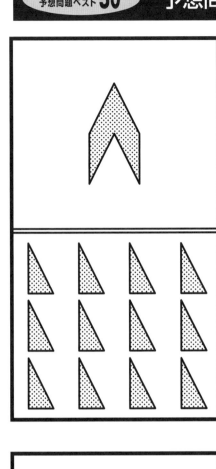

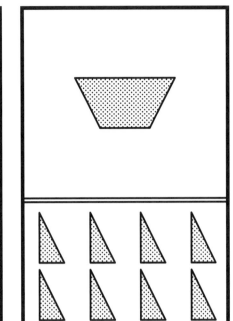

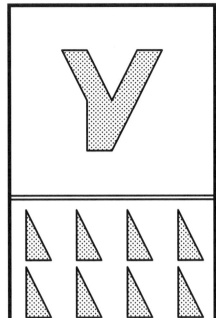

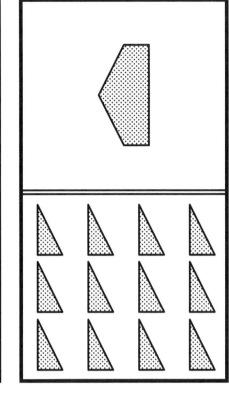

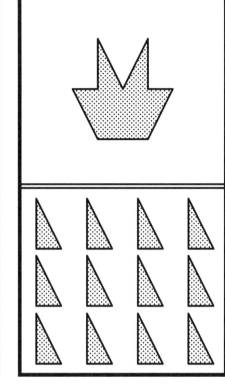

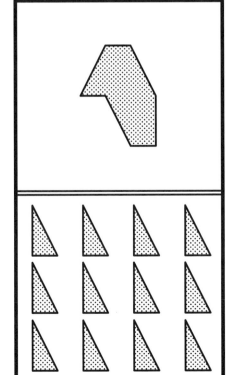

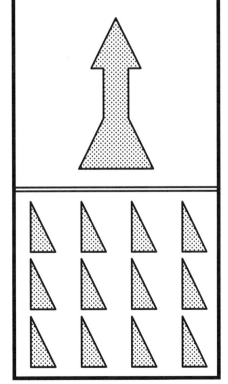

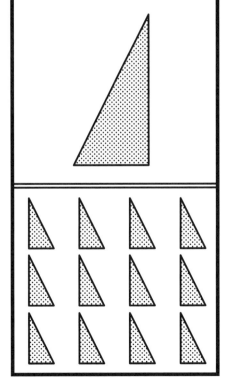

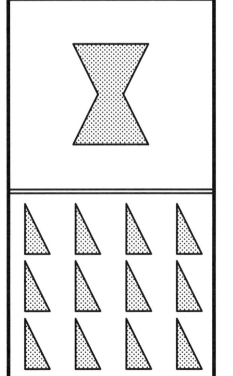

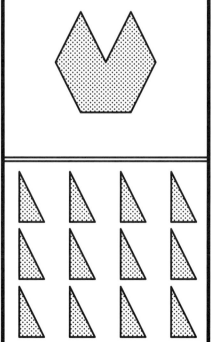

点

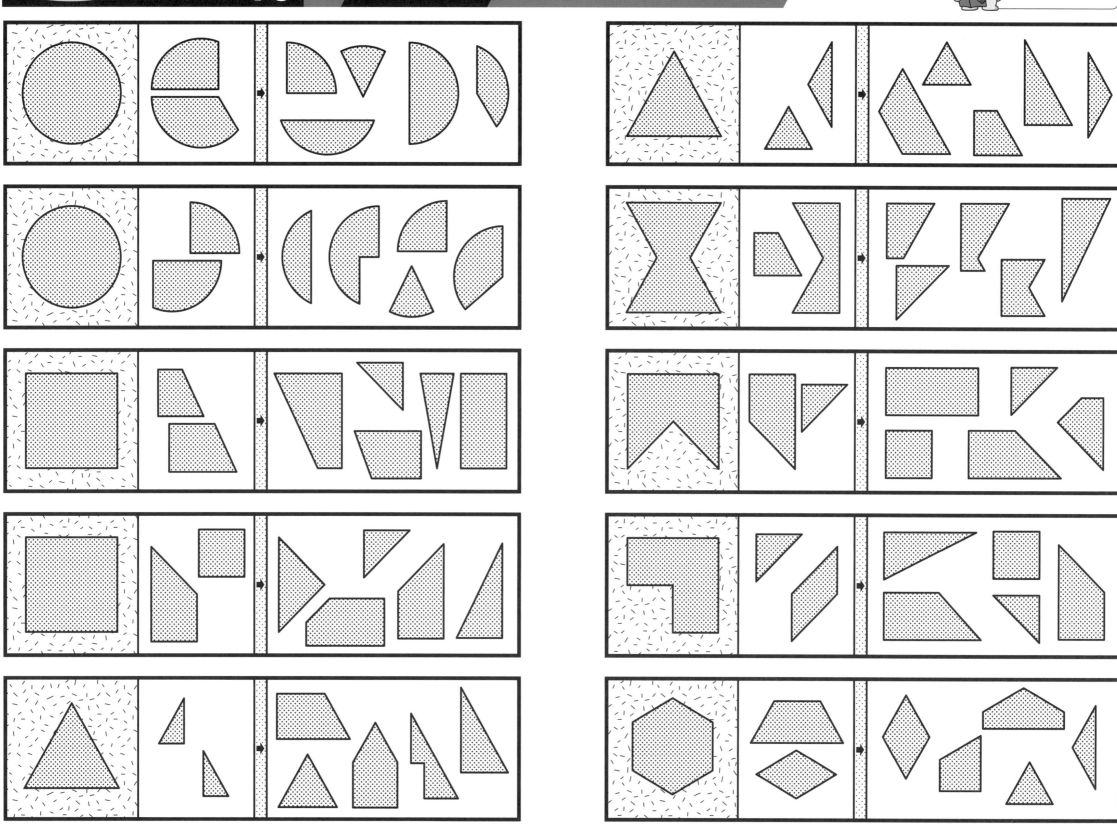

点

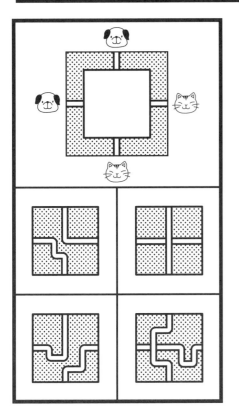

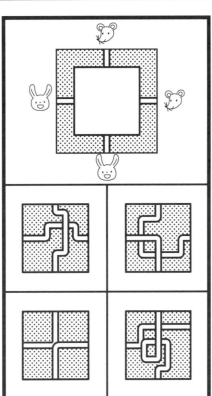

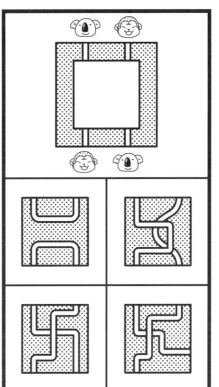

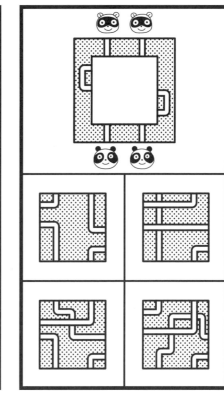

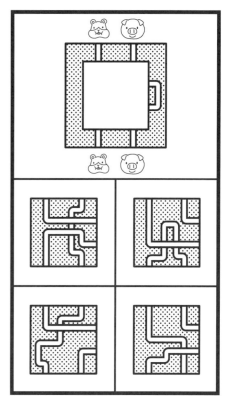

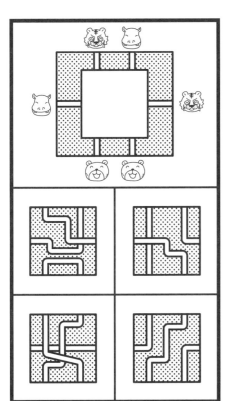

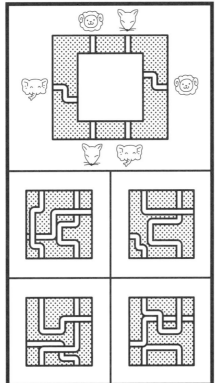

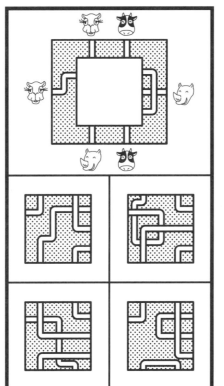

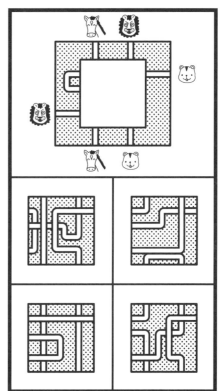

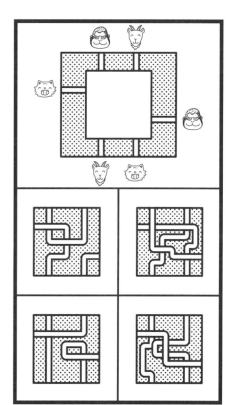

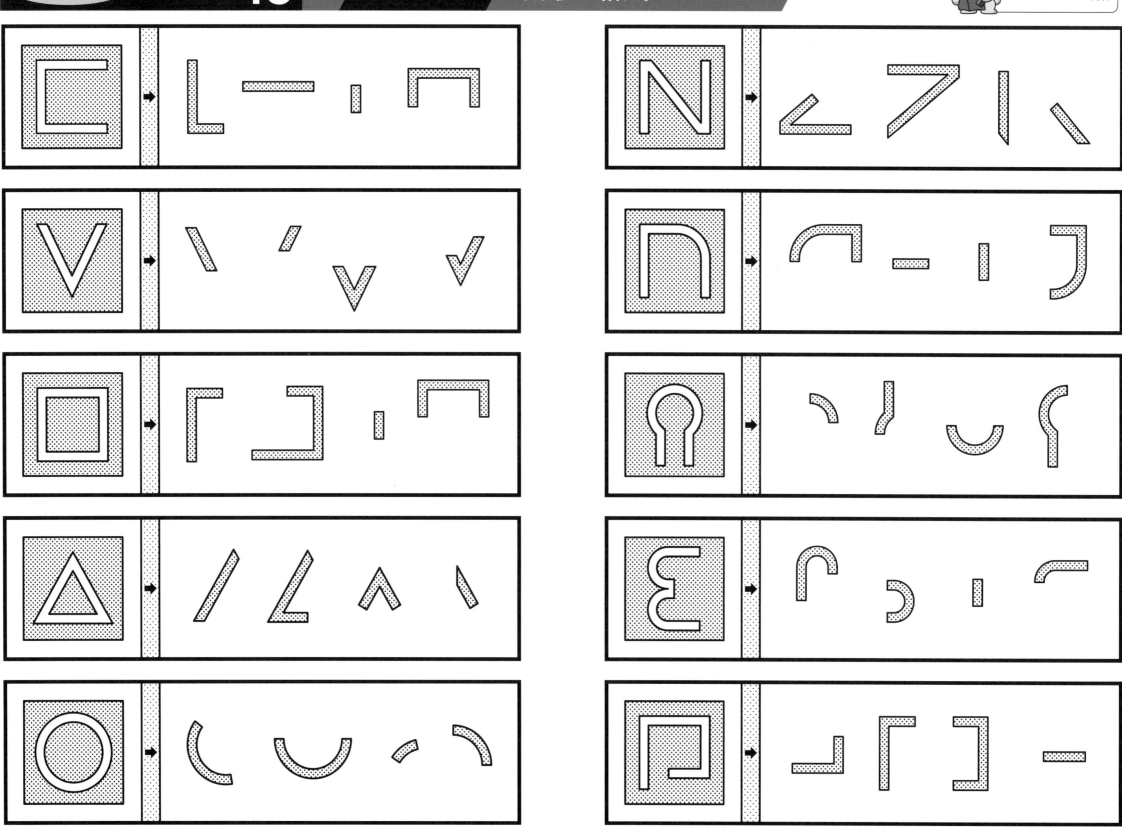

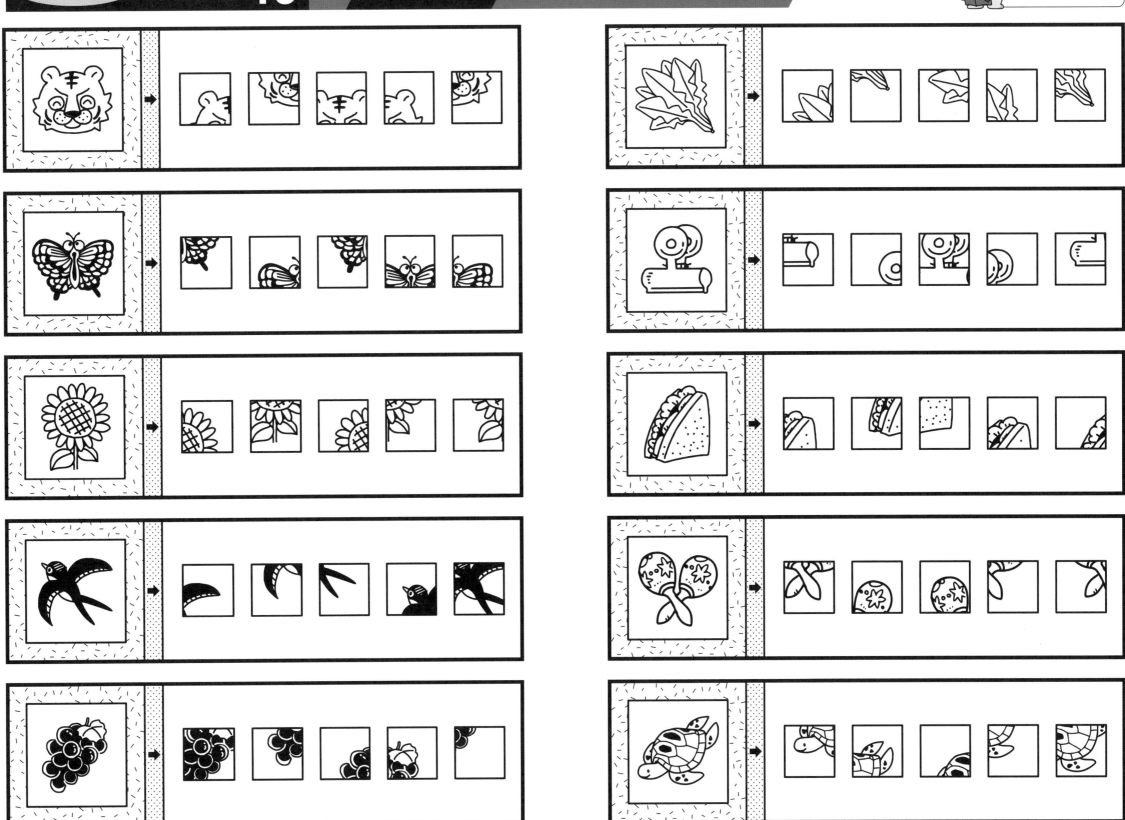

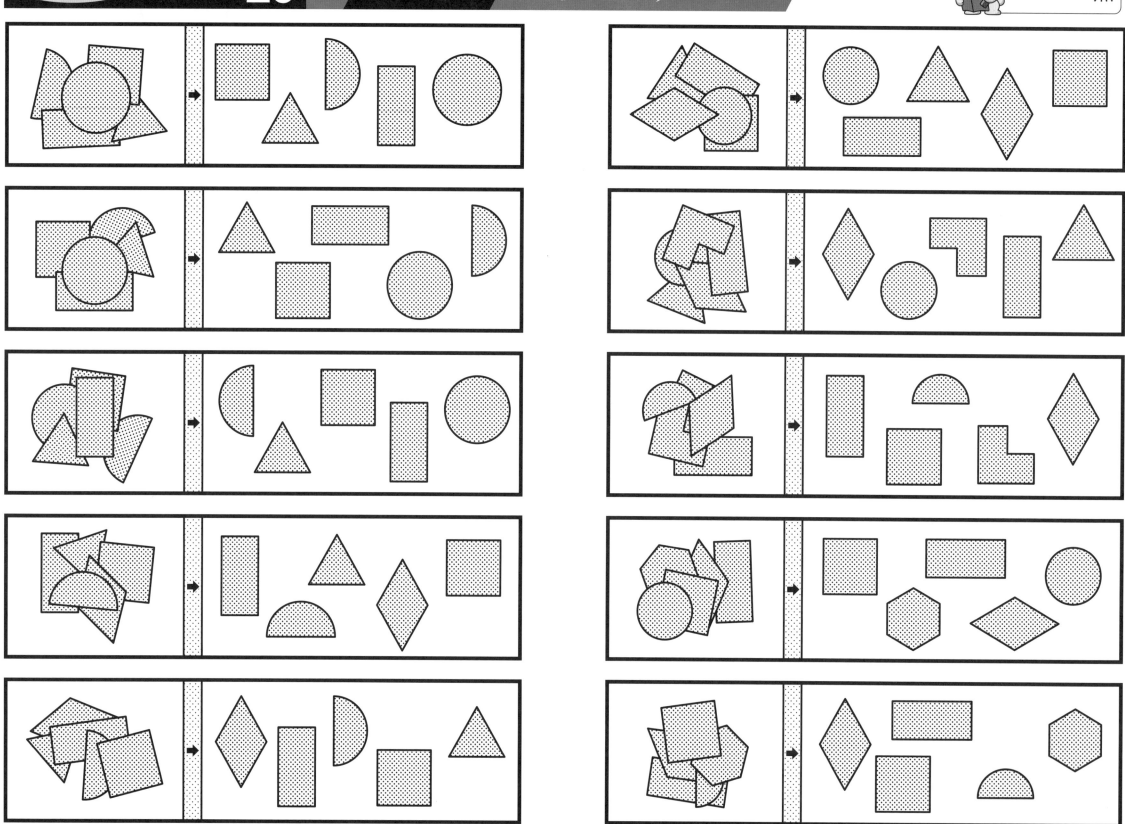

点

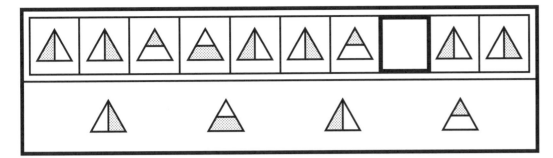

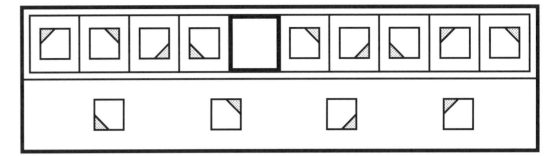

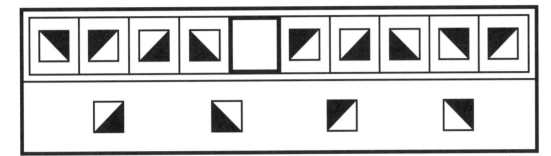

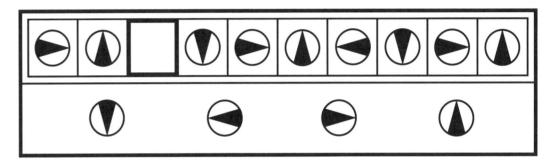

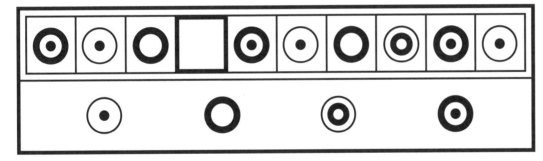

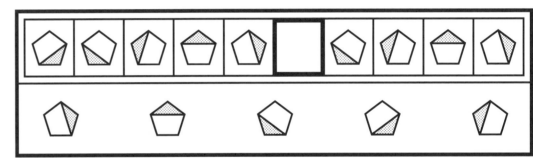

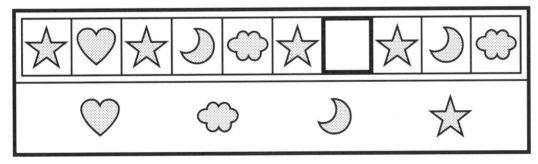

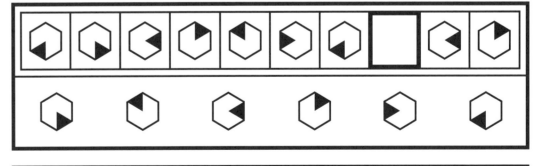

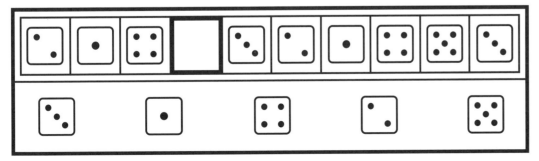

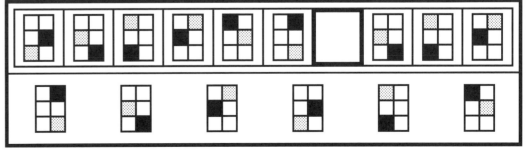

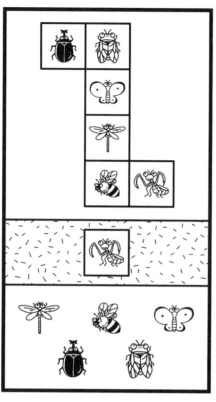

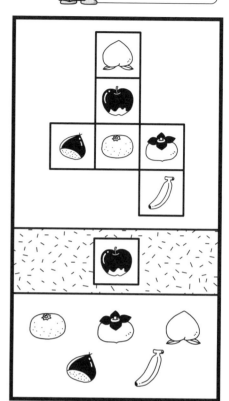

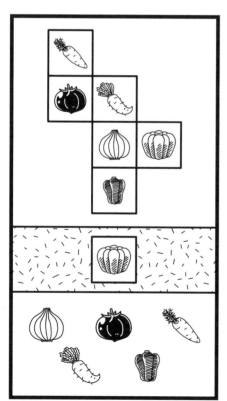

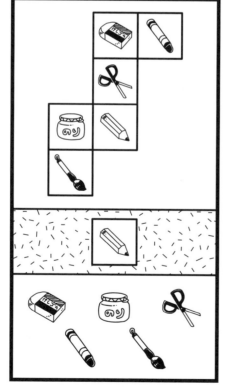

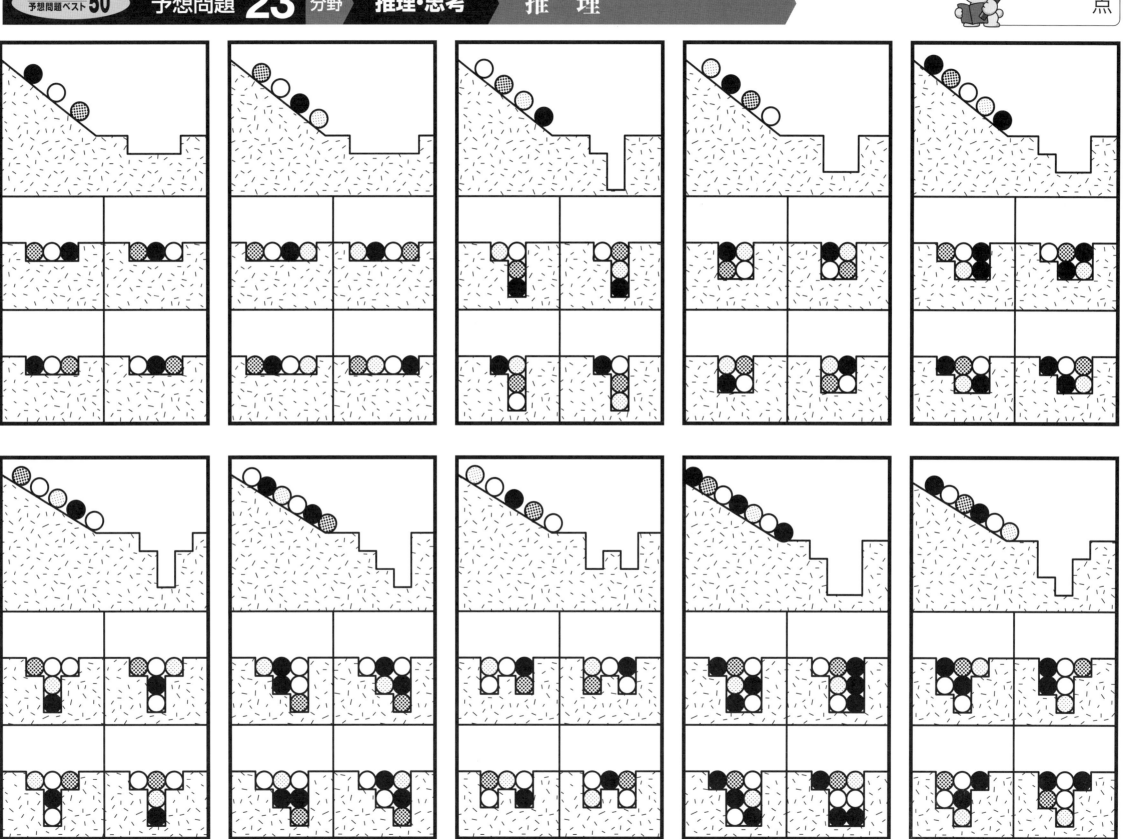

点

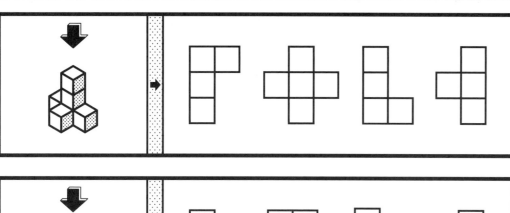

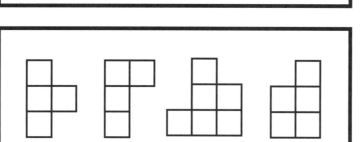

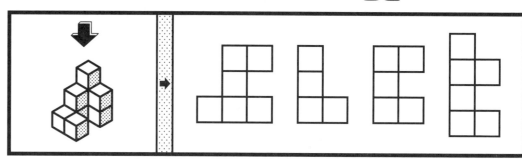

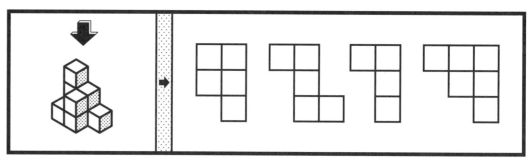

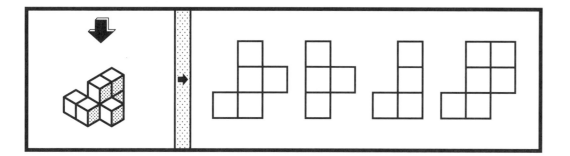

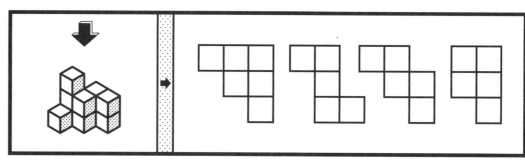

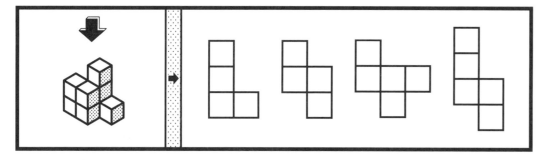

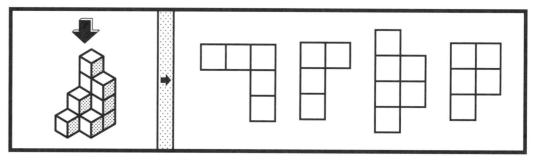

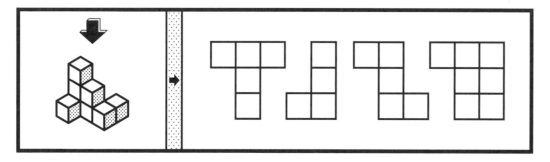

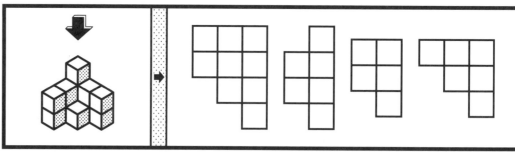

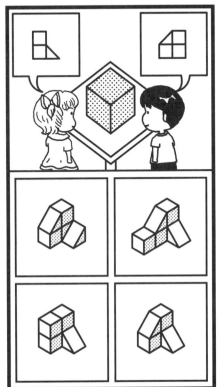

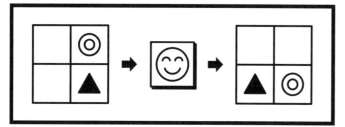

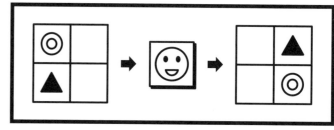

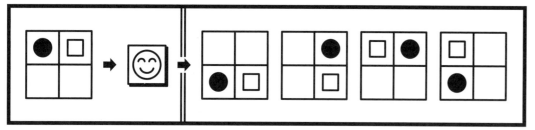

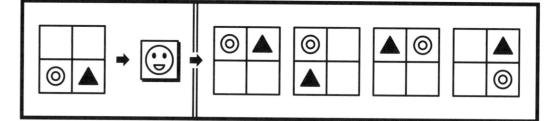

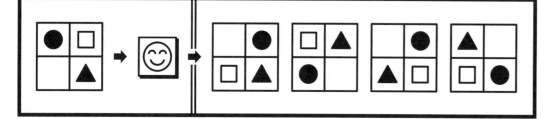

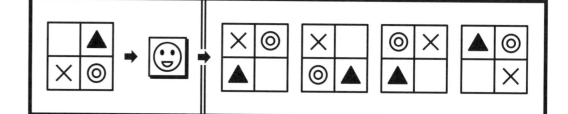

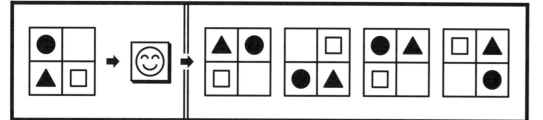

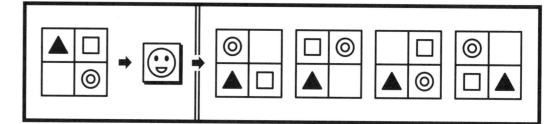

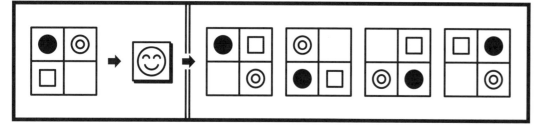

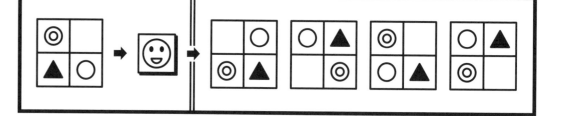

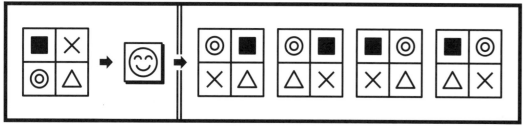

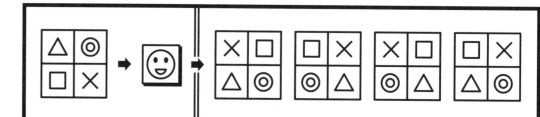

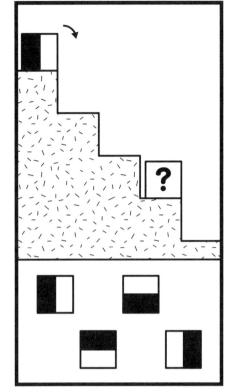

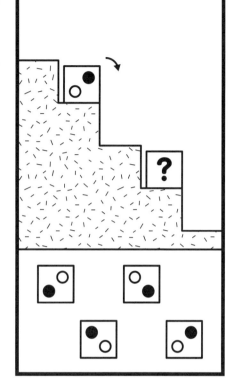

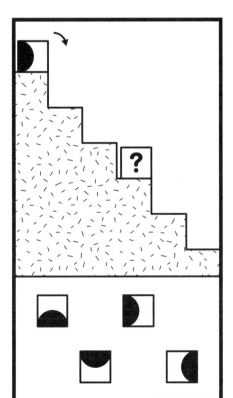

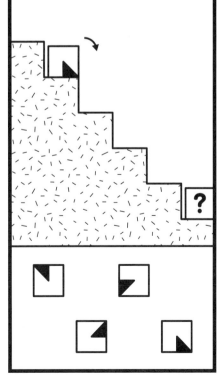

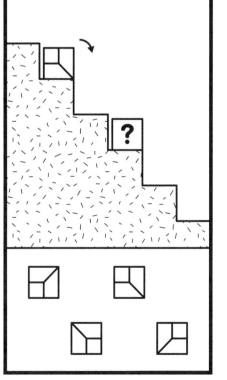

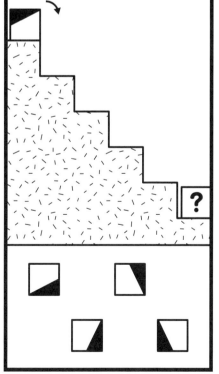

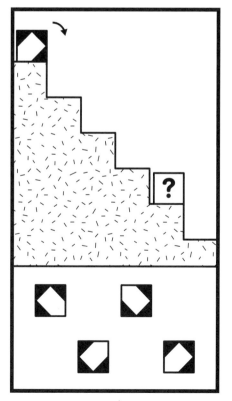

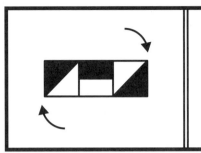 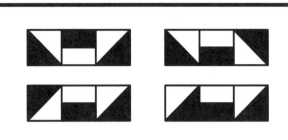

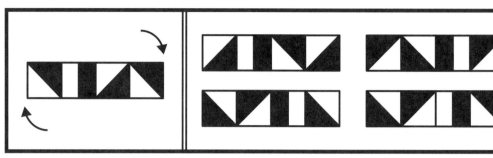

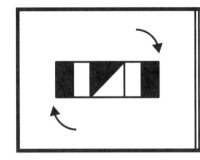 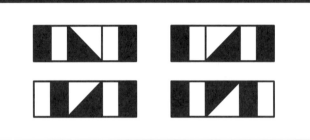

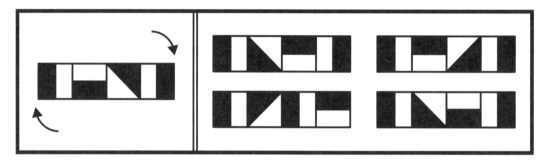

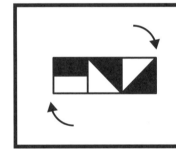 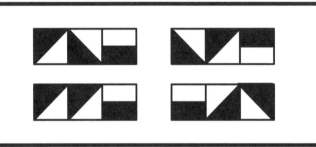

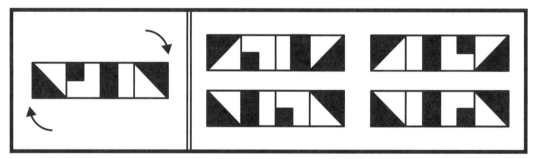

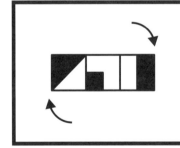 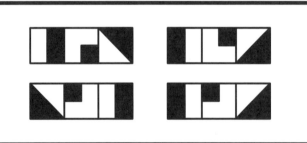

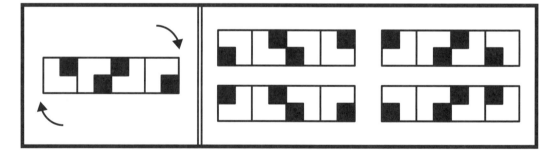

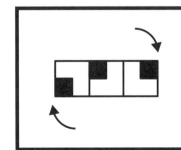 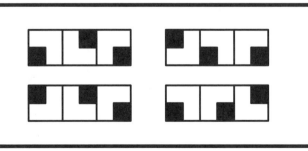

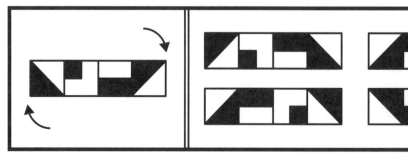

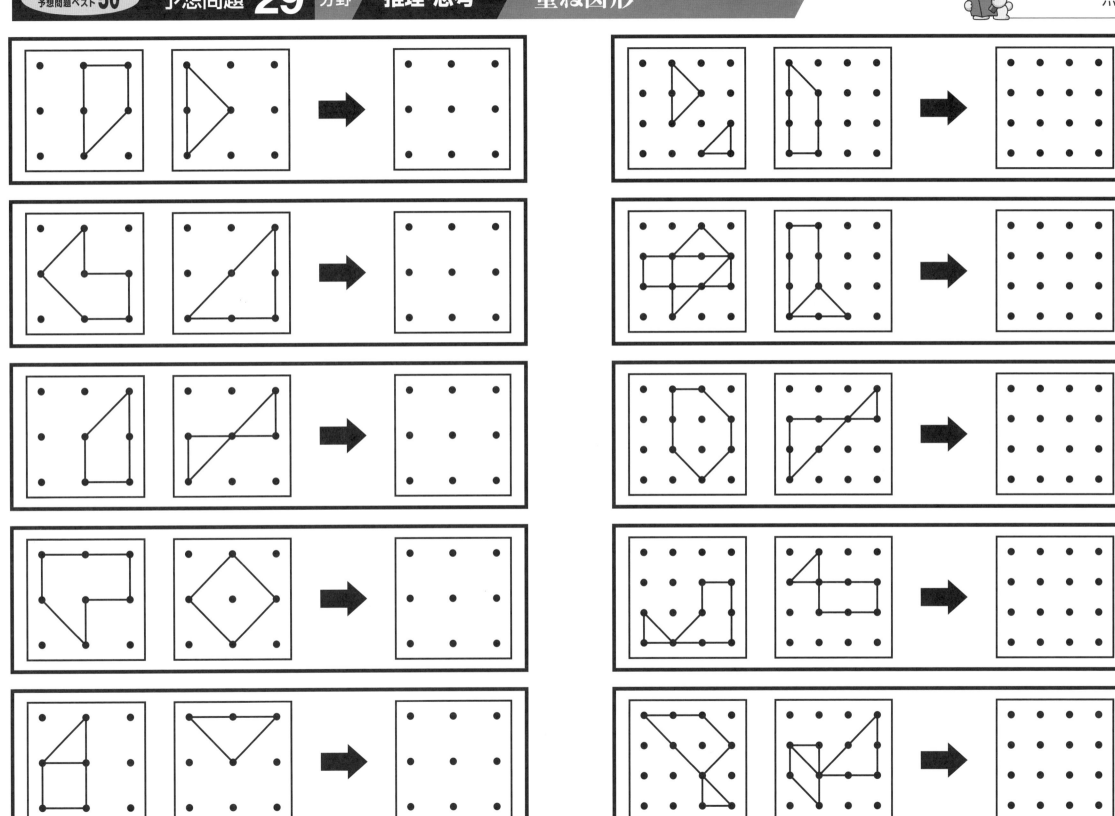

点

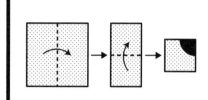

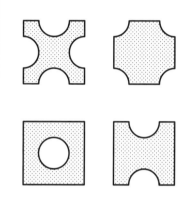

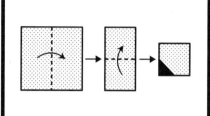

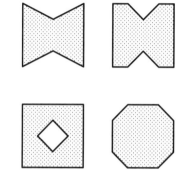

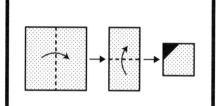

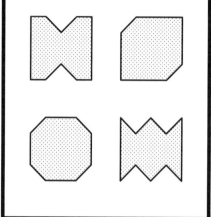

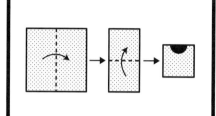

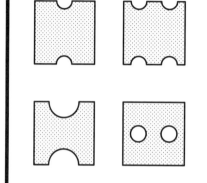

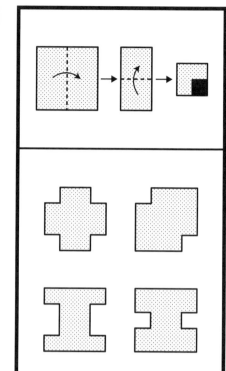

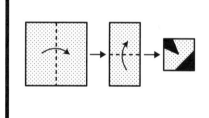

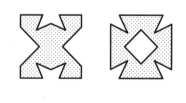

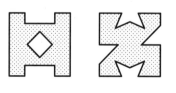

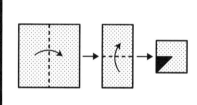

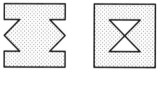

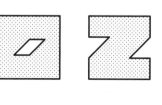

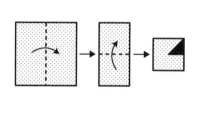

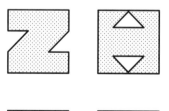

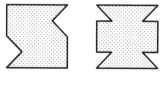

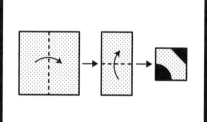

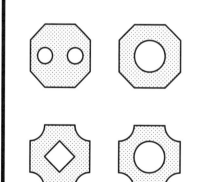

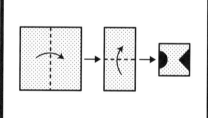

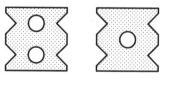

点

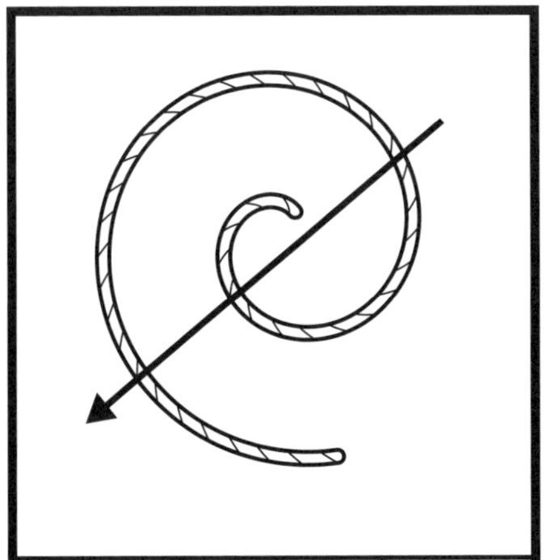
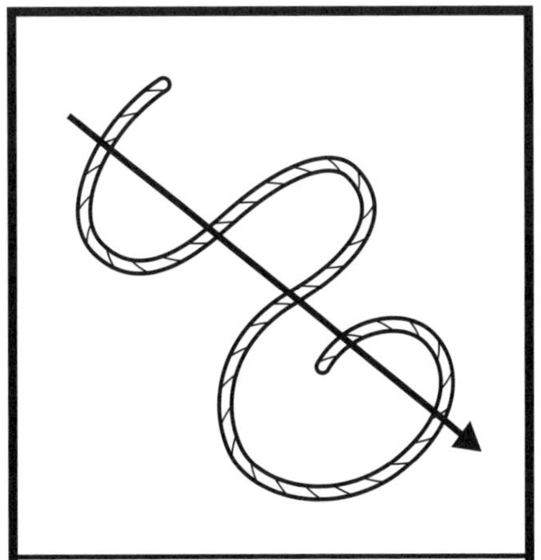
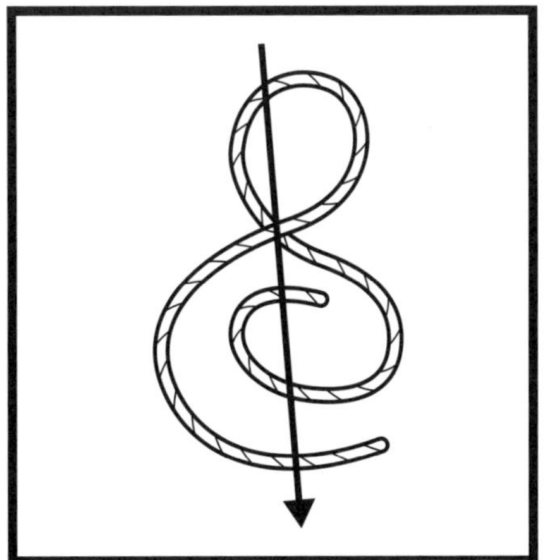
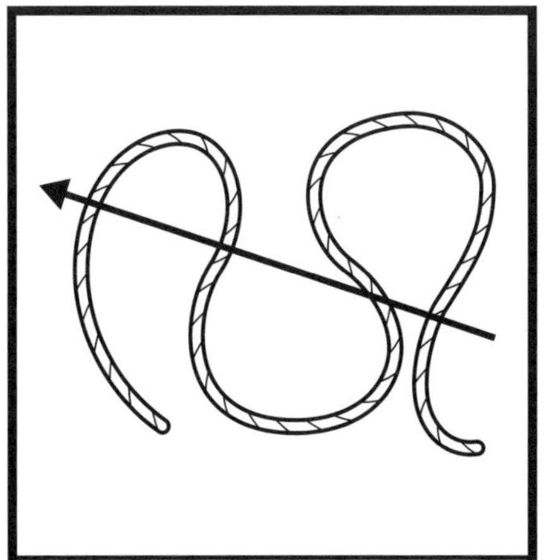
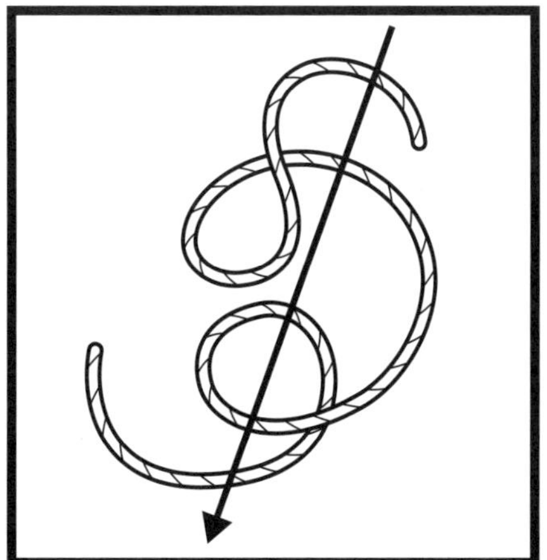
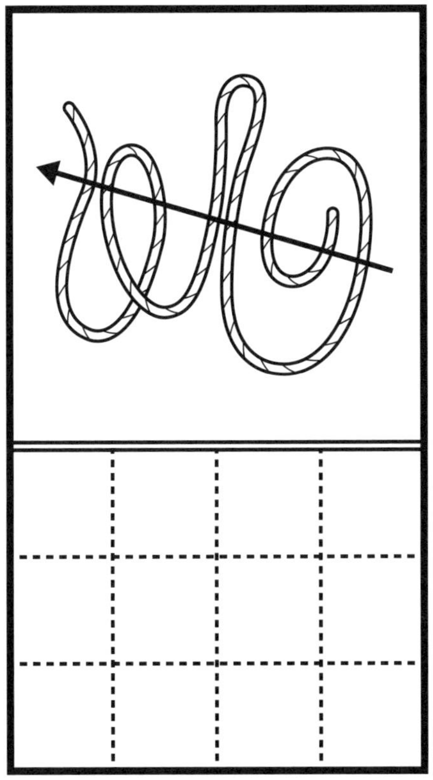
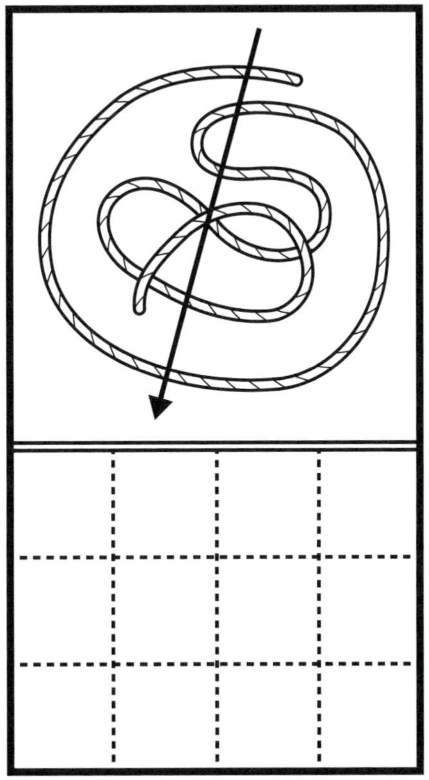
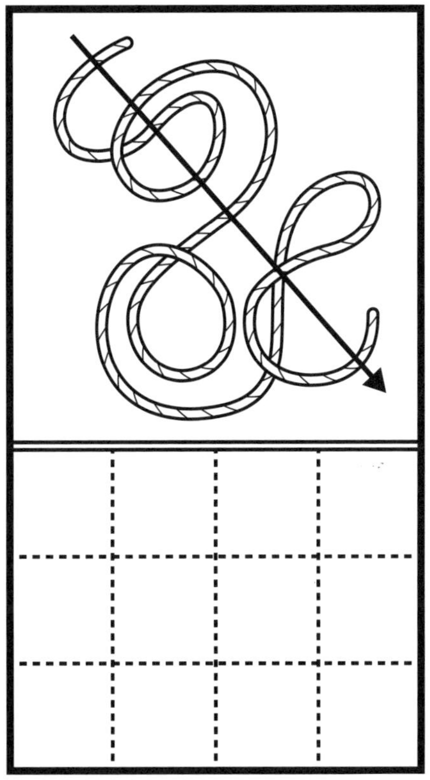
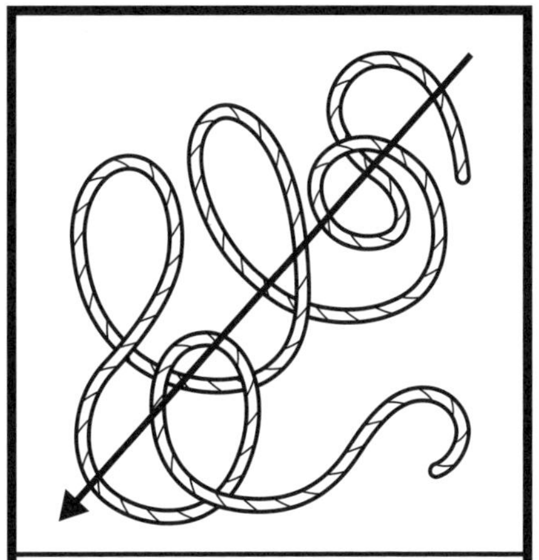
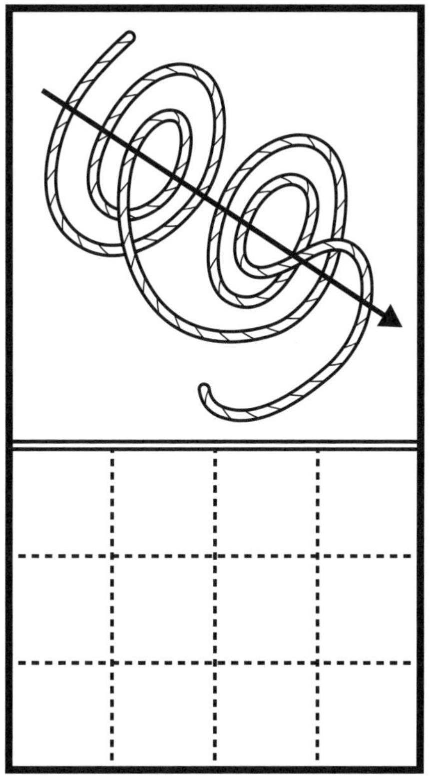

点

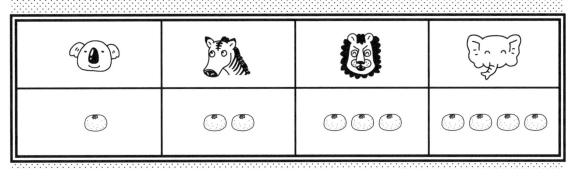

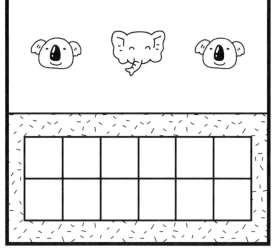

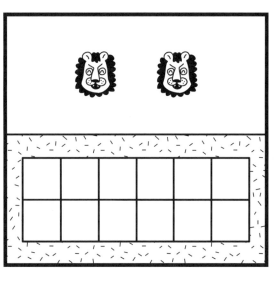

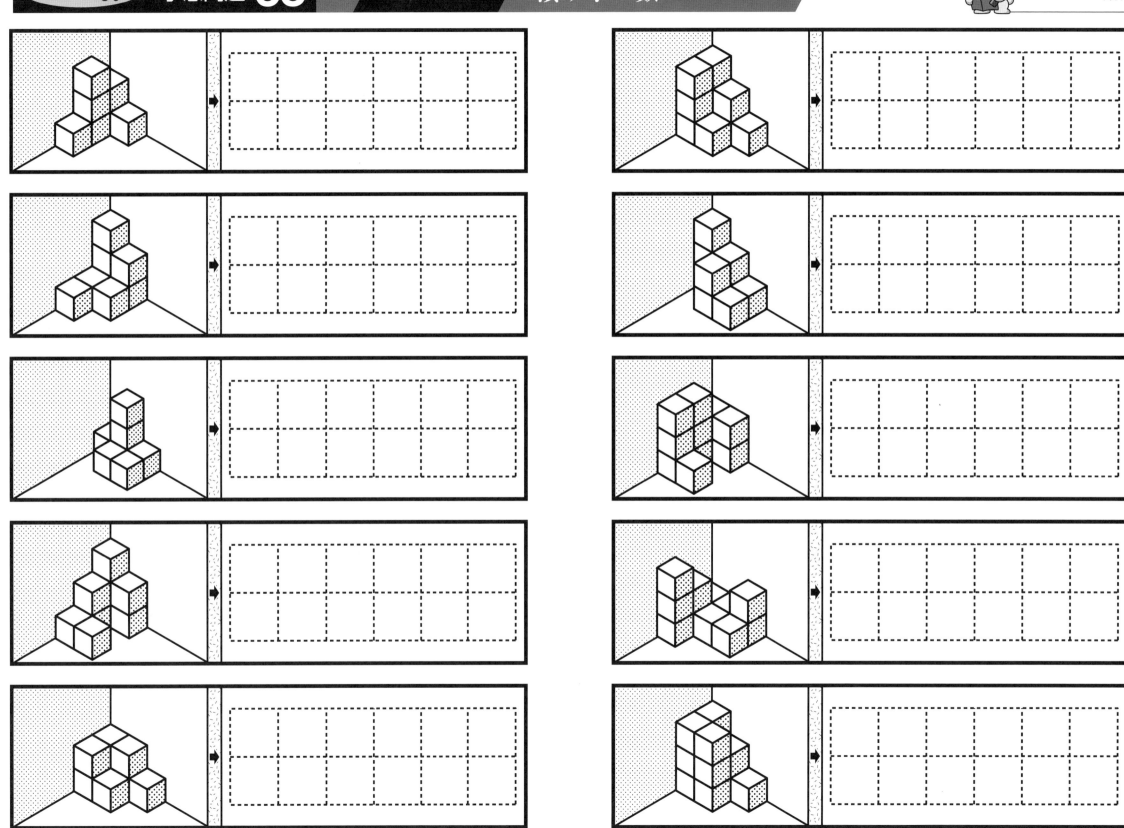

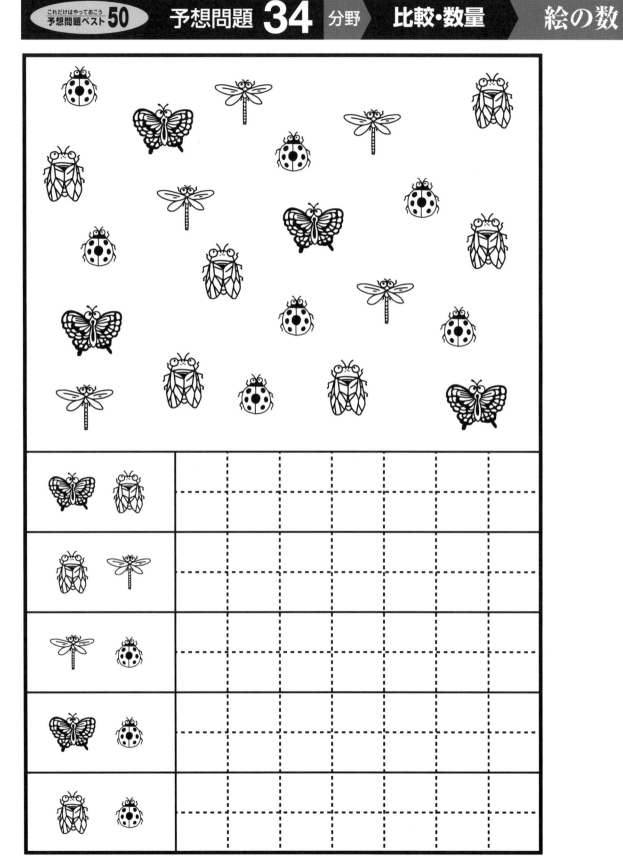

260

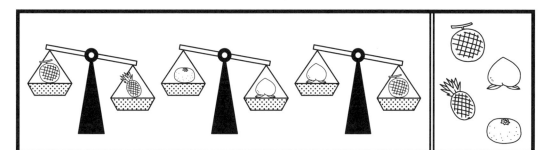

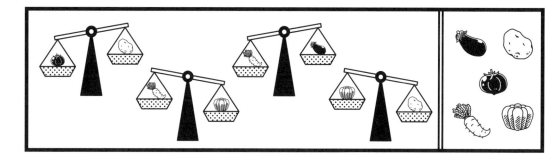

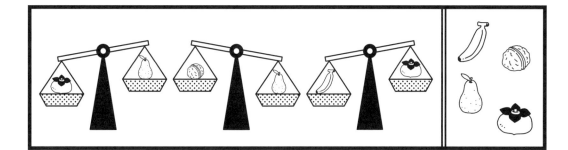

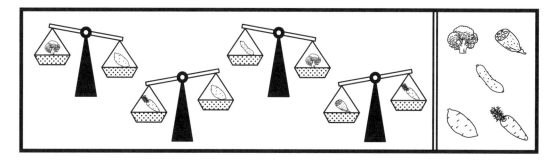

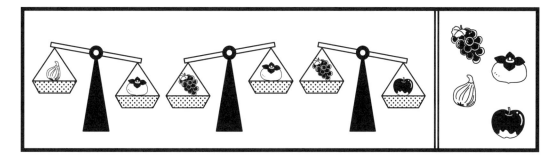

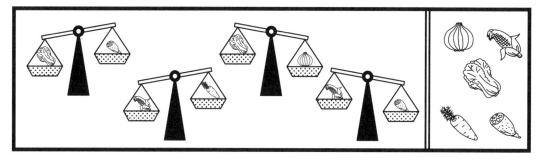

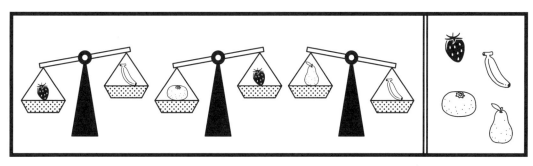

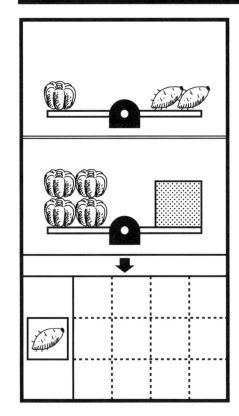
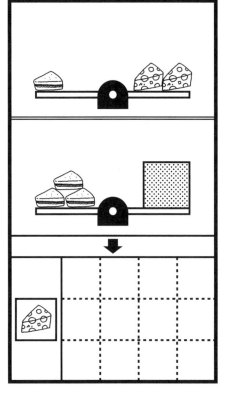
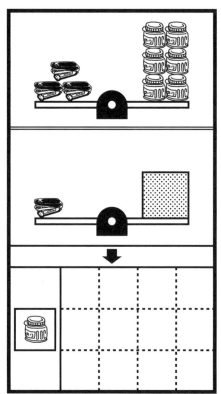
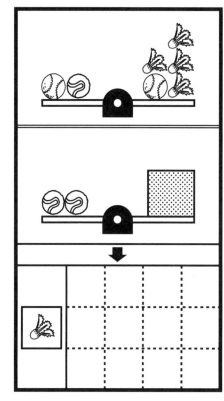
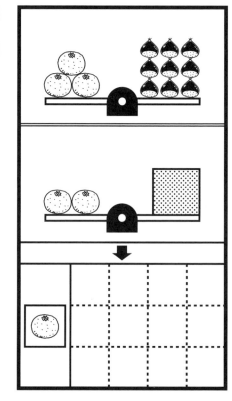

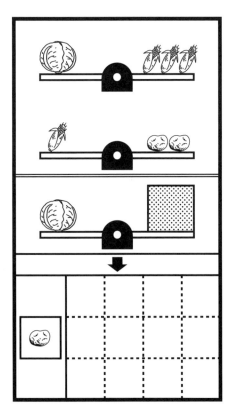

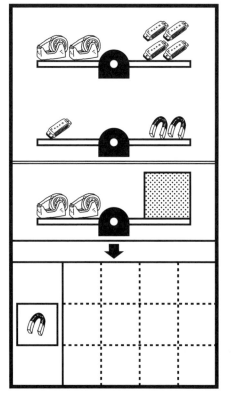
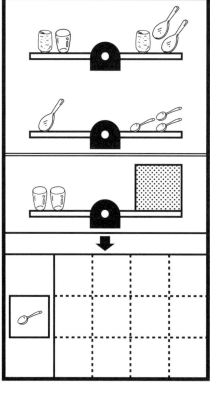
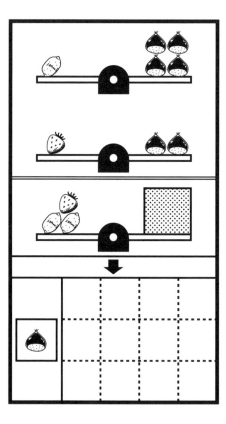

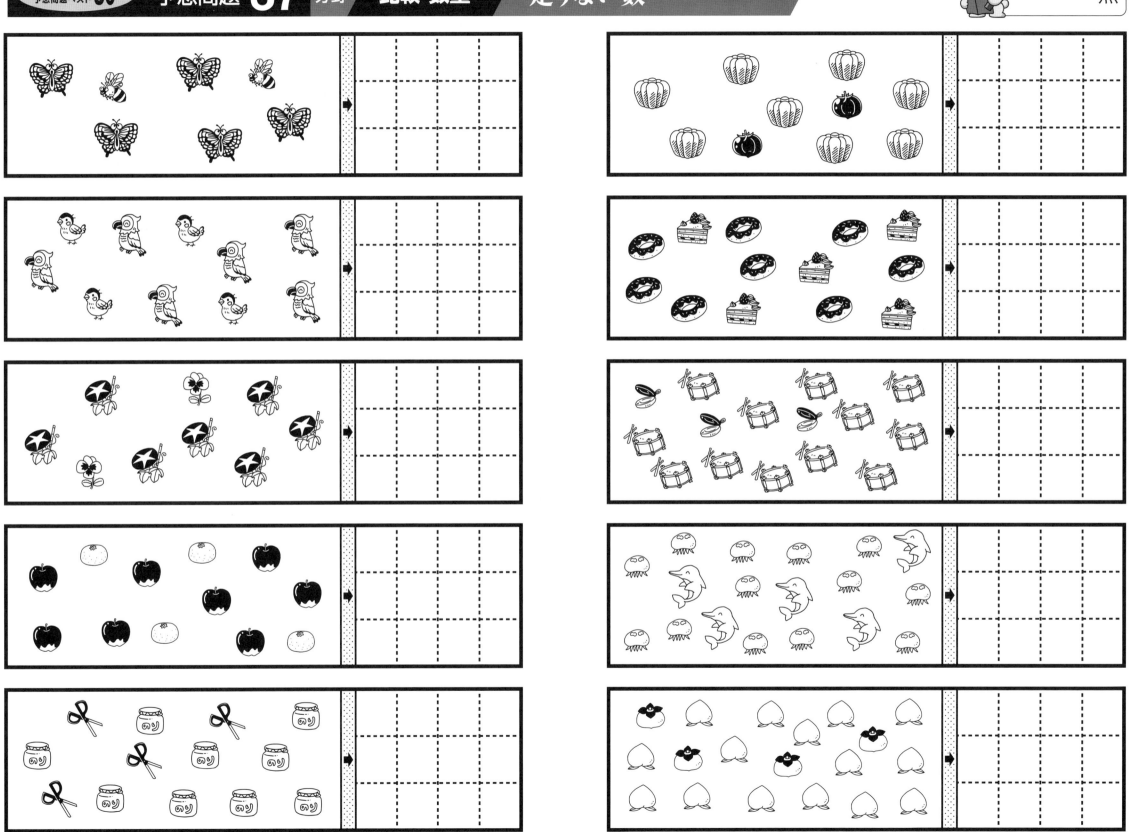

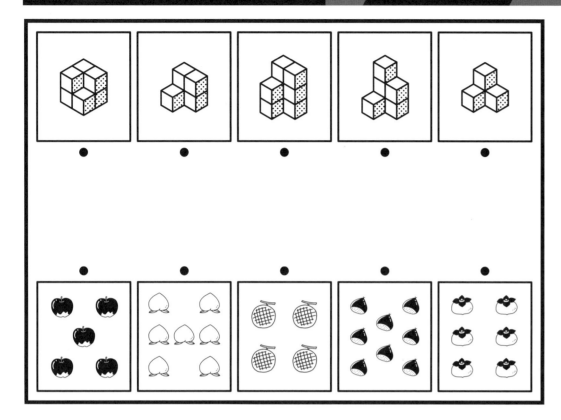

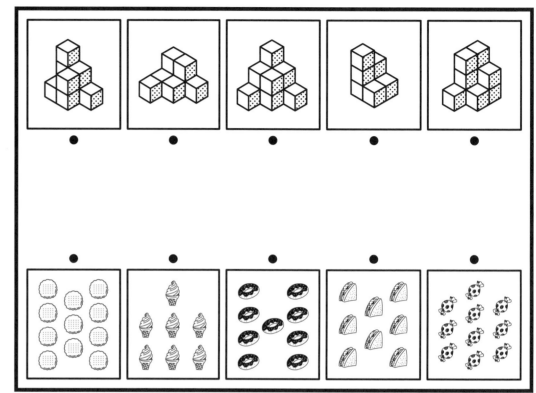

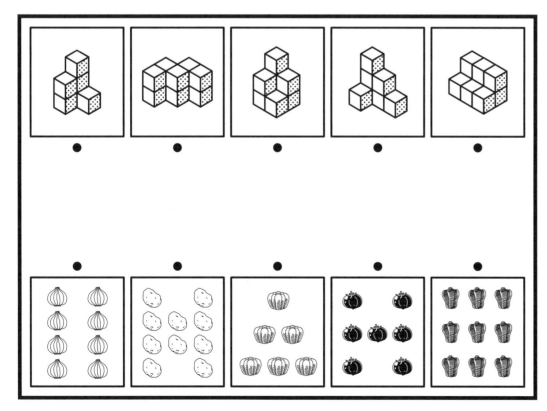

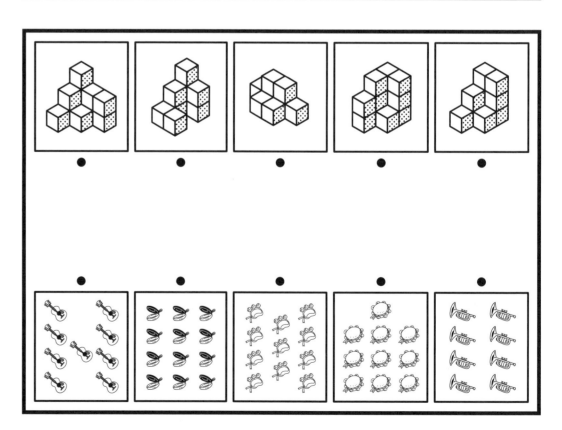

おやくそく

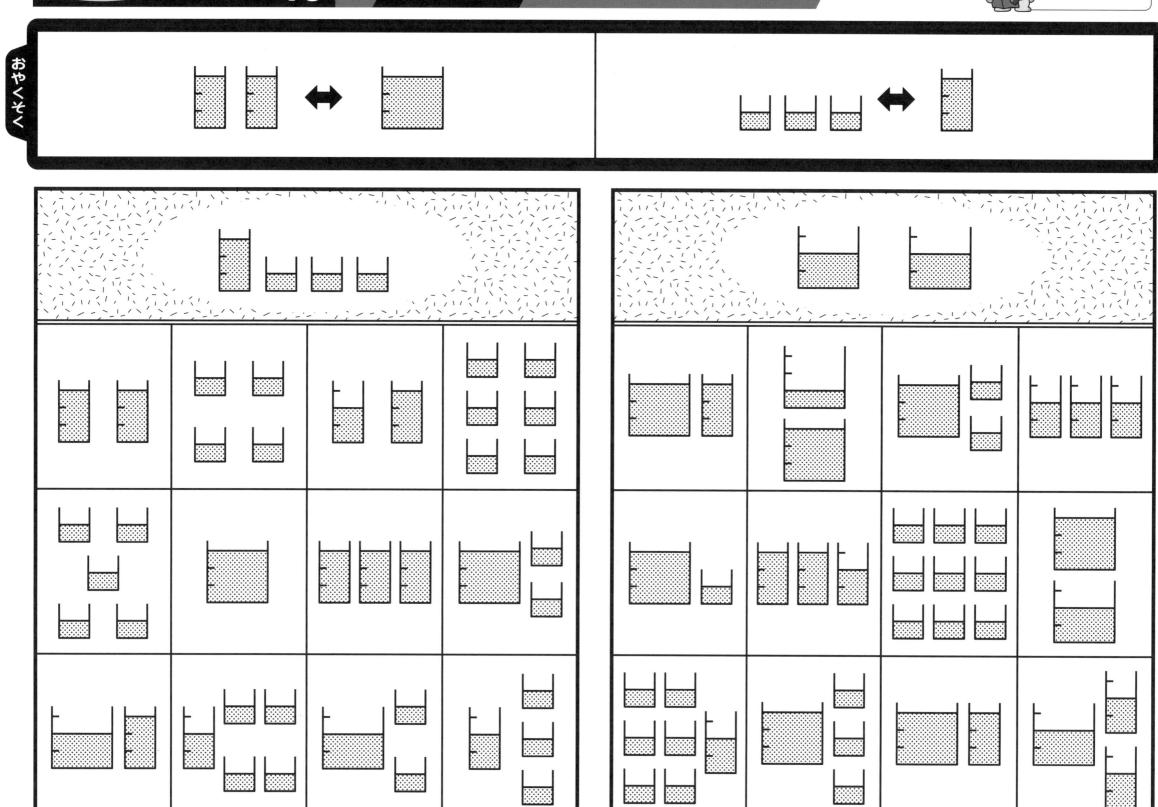

点

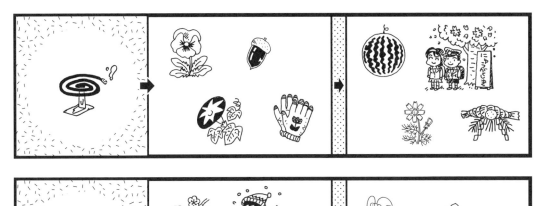

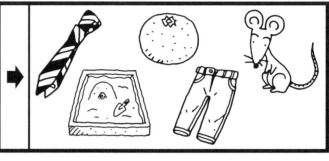

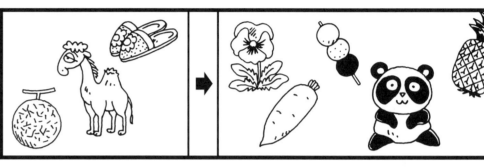

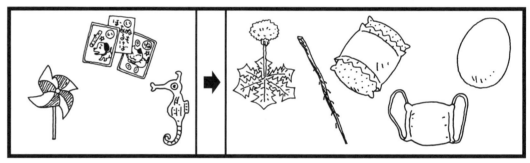

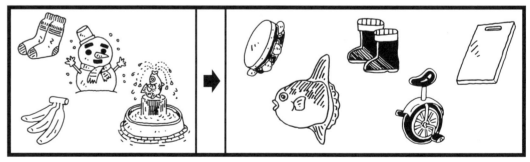

点

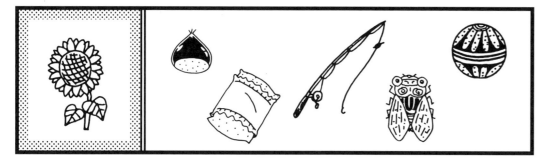
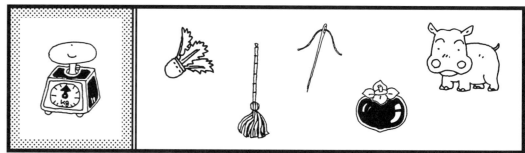

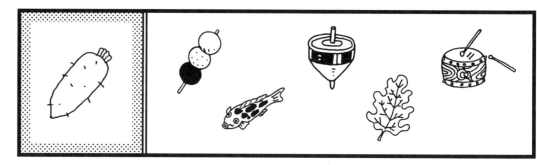

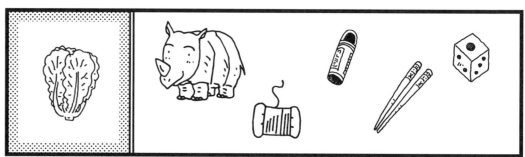

点

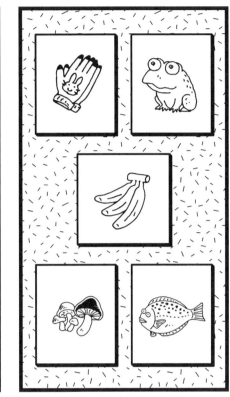

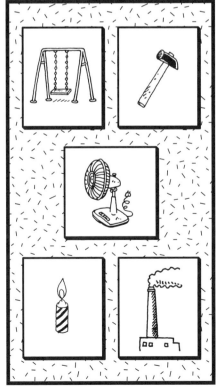

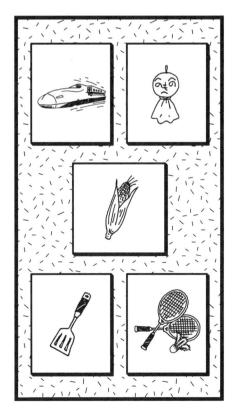

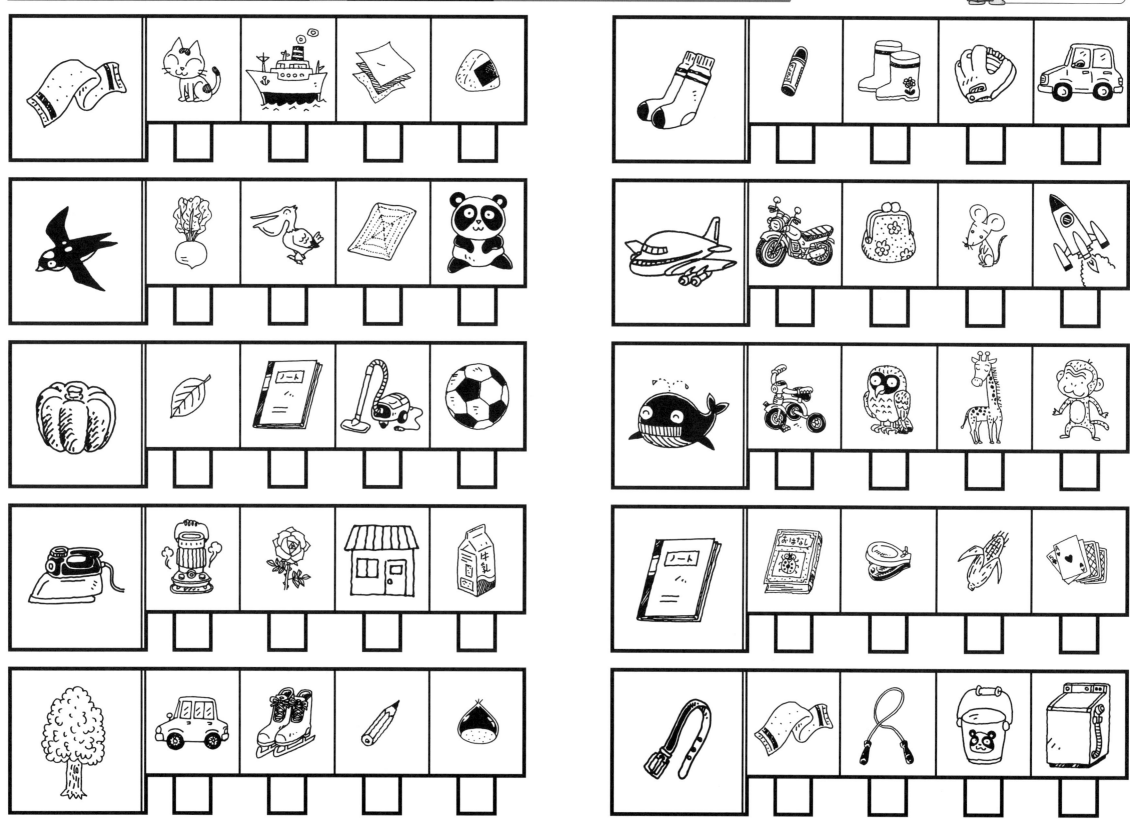

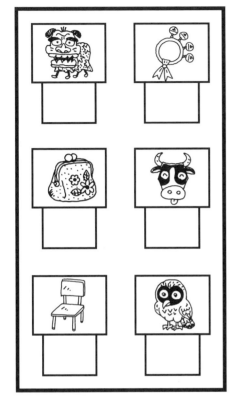

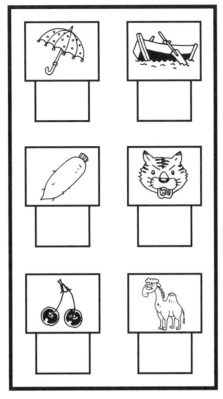

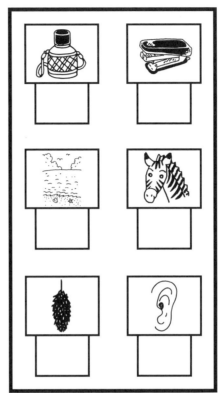

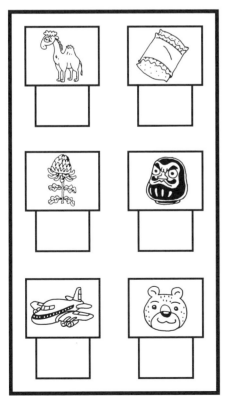

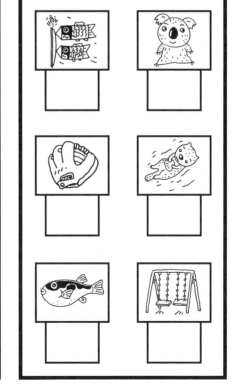

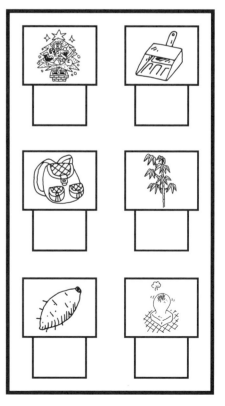

点

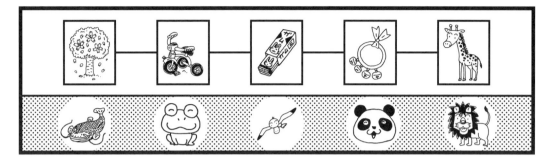

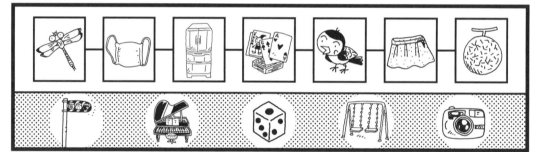

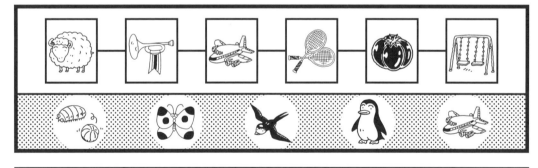

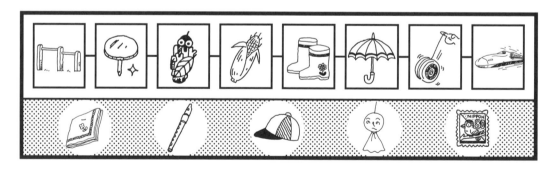

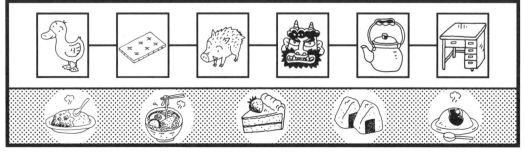

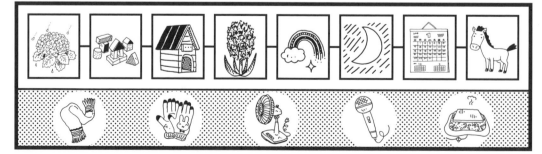

点

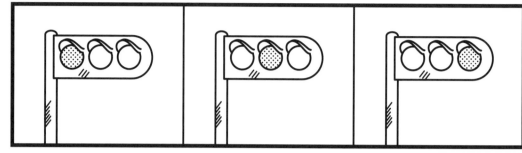

◆図形の構成
・左と同じ模様を作るには右のパズルを組み合わせてできますが、1つだけ使わないものがあります。
では、そのパズルを見つけて○をつけましょう。（パズルはまわして使ってもかまいません。）

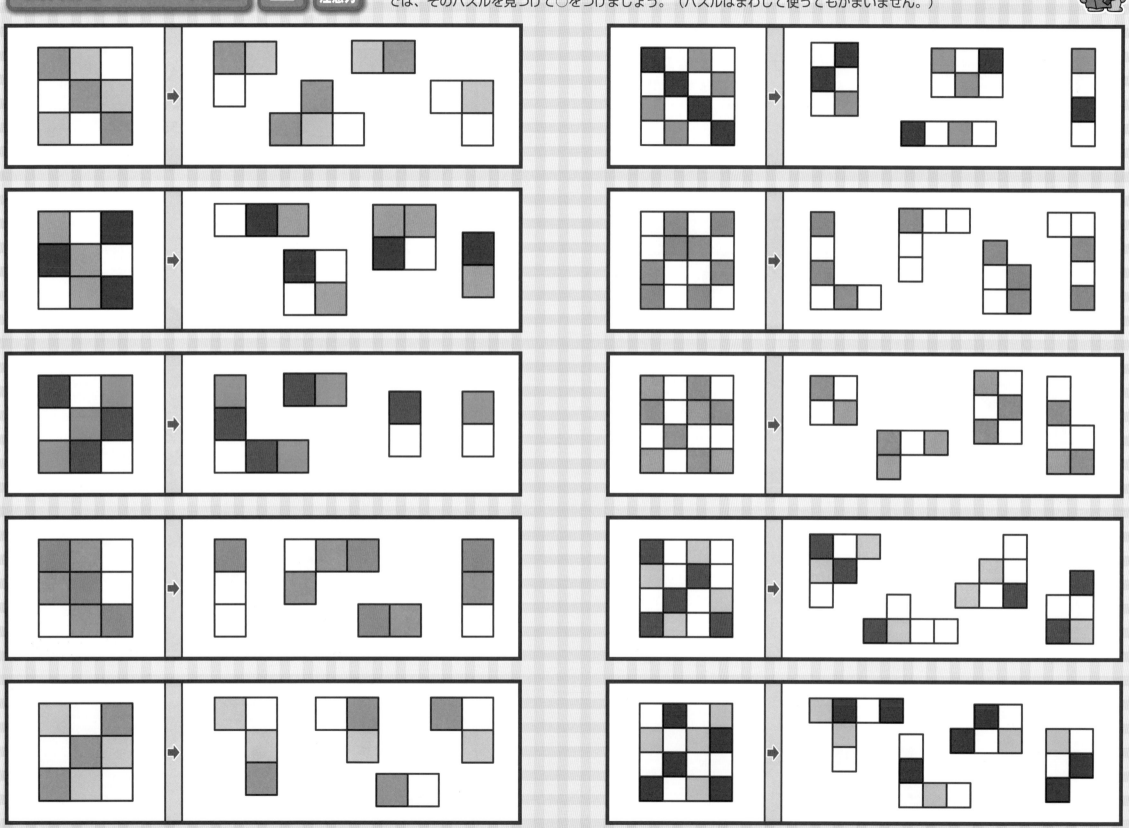

◆**系列完成**
・お約束を考えて、空いているところにちょうどよいものを右の中から見つけて○をつけましょう。

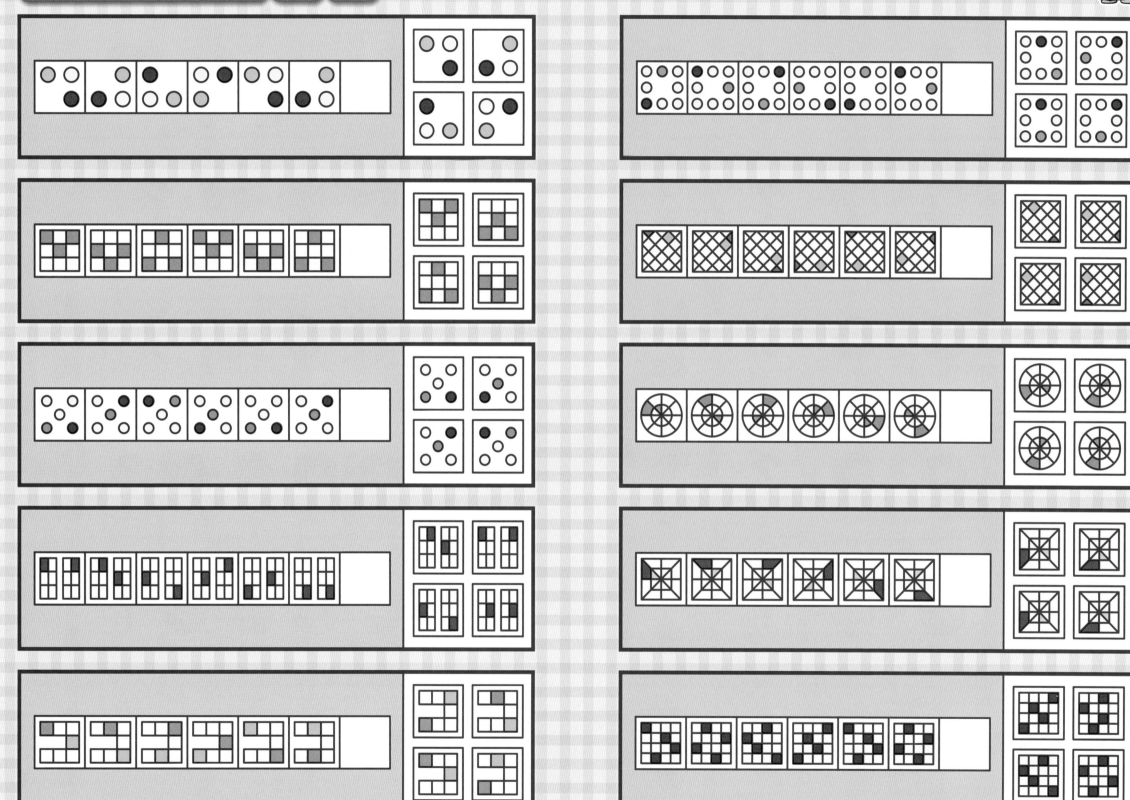

◆マジックボックス
・上のお約束通りに絵がかわるとすると、それぞれ左の絵は？のところで右のどれになりますか。
1つ見つけて○をつけましょう。

おやくそく

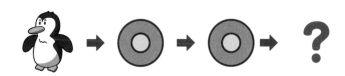 

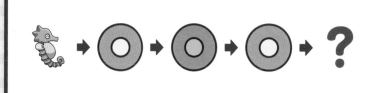 

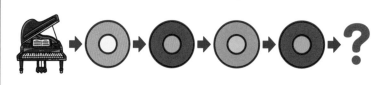 

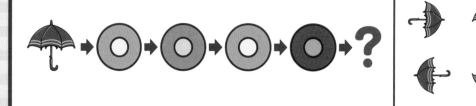

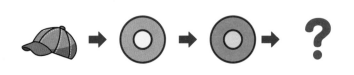 

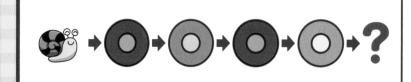   

◆重ね図形
・上は2つの色が重なると、右の色にかわるというお約束の絵です。
では、それぞれ左の四角が重なったとき、右のどれになりますか。1つ見つけて○をつけましょう。

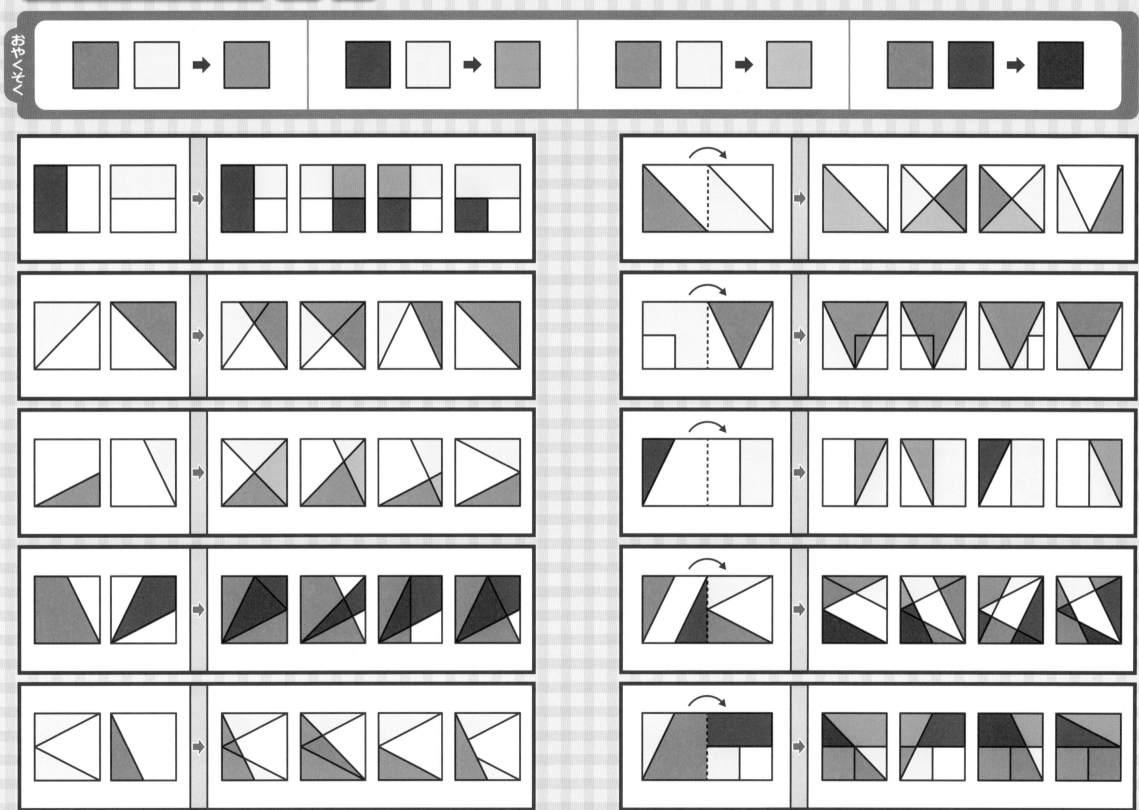

◆数　量
・左の動物が上のお約束通りに旗の順に進むとどこにたどりつきますか。
　その場所に○をかきましょう。

おやくそく

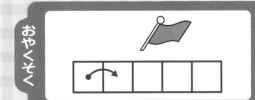  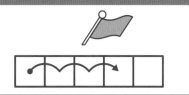 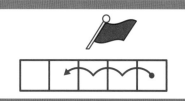 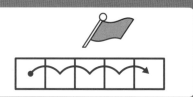

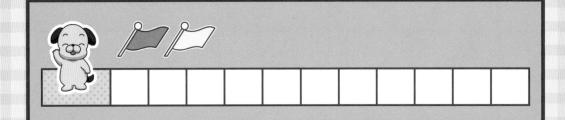

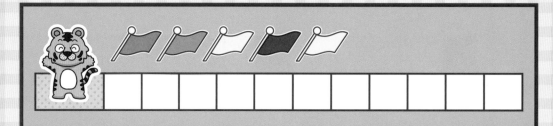

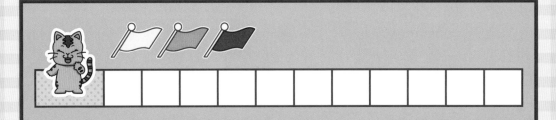

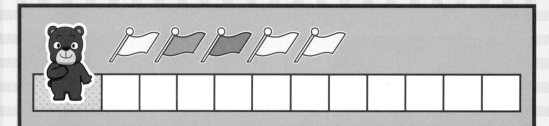

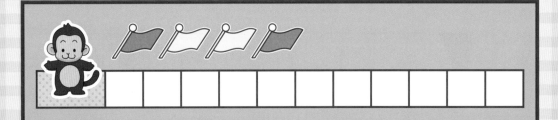

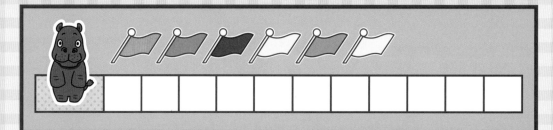

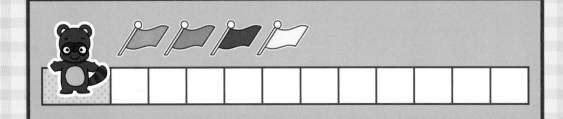

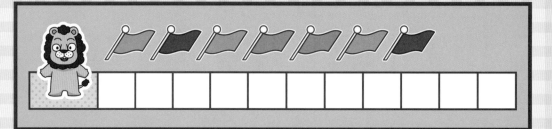

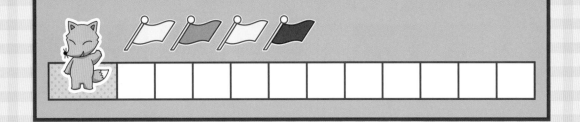

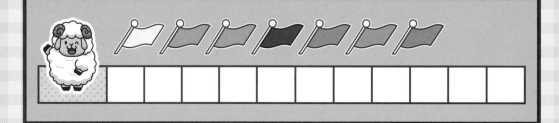

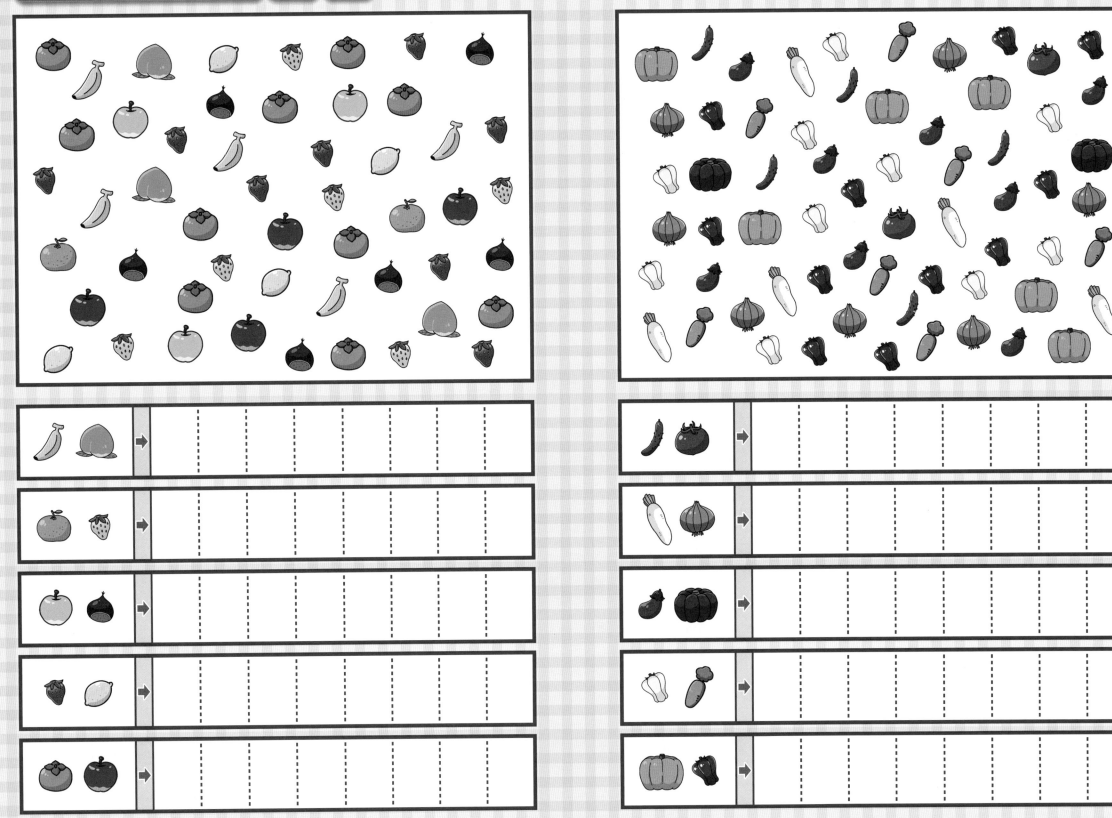

新傾向 カラー問題の解答

新傾向 カラー問題 ❶   図形・注意力

新傾向 カラー問題 ❷   図形・注意力

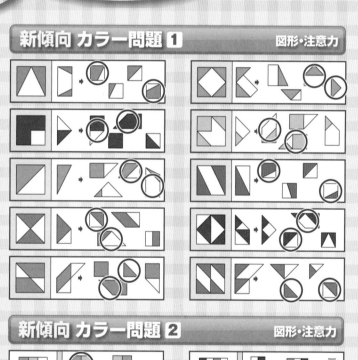

新傾向 カラー問題 ❸   推理・思考

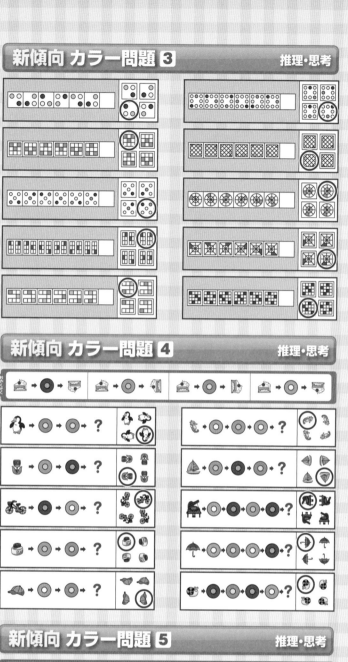

新傾向 カラー問題 ❹   推理・思考

新傾向 カラー問題 ❺   推理・思考

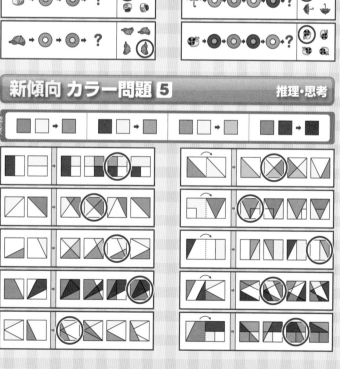

新傾向 カラー問題 ❻   比較・数量

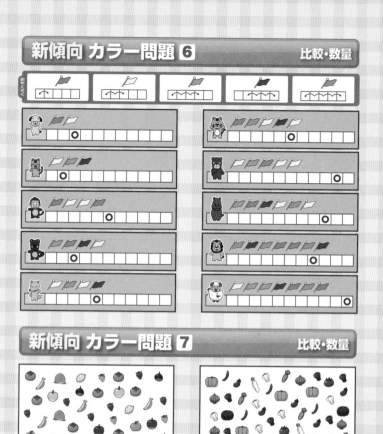

新傾向 カラー問題 ❼   比較・数量